Katarina Röpke
Gläubigerschutzregime
im europäischen Wettbewerb
der Gesellschaftsrechte

Schriften zum Europäischen
und Internationalen Privat-, Bank-
und Wirtschaftsrecht

EIW Band 21

Schriften zum Europäischen und Internationalen Privat-, Bank- und Wirtschaftsrecht

EIW Band 21

De Gruyter Recht · Berlin

Katarina Röpke

Gläubigerschutzregime im europäischen Wettbewerb der Gesellschaftsrechte

W DE G RECHT

De Gruyter Recht · Berlin

Dr. iur. *Katarina Röpke*, Humboldt-Universität zu Berlin

∞ Gedruckt auf säurefreiem Papier,
das die US-ANSI-Norm über Haltbarkeit erfüllt.

ISBN 978-3-89949-400-6

Bibliografische Information der Deutschen Nationalbibliothek

Die Deutsche Nationalbibliothek verzeichnet diese Publikation in der Deutschen Nationalbibliografie; detaillierte bibliografische Daten sind im Internet über http://dnb.d-nb.de abrufbar.

Printed in Germany
Umschlaggestaltung: Christopher Schneider, Berlin
Datenkonvertierung/Satz: WERKSATZ Schmidt & Schulz GmbH, Gräfenhainichen
Druck und Bindung: Hubert & Co., Göttingen

Vorwort

Die Abschätzung von Folgen respektive Wirkungen einer Rechtsentwicklung stößt schnell an ihre Grenzen, wenn man sich ausschließlich des rechtswissenschaftlichen Instrumentariums bedient. Das gilt insbesondere dann, wenn – wie im europäischen Kontext – verschiedene nationale Rechtsordnungen in die Betrachtung mit einbezogen werden. Das Europäische Gesellschaftsrecht, in dem durch die Rechtsprechung des EuGH der Grundsatz der gegenseitigen Anerkennung und damit die freie Rechtswahl verwirklicht wurde, und die damit angefachte rechtswissenschaftliche Diskussion sind beispielhaft dafür. Rechtsvergleichende Untersuchungen bieten zwar erste Ansatzpunkte und Erkenntnisse, eine grundlegende Analyse der Wirkungen von Rechtswahlentscheidungen auf die verschiedenen Akteure machen sie jedoch nicht möglich; denn die für eine Folgenabschätzung grundlegenden Fragen nach der Erforderlichkeit und der Zweckmäßigkeit einer rechtlichen Regelung können sie nicht beantworten. Ein Instrumentarium, das eine solche weitergehende Analyse juristischer Probleme ermöglicht, bietet die Ökonomik.

Im Rahmen der Ökonomischen Theorie des Rechts, die das (institutionen-) ökonomische Instrumentarium auf rechtswissenschaftliche Fragestellungen anwendet, ist es möglich, sowohl Regelungsprobleme interpersoneller Beziehungen zu identifizieren als auch konkrete rechtliche Regelungen auf ihre Wirkung als Problemlösungsmechanismen hin zu analysieren. Diese Herangehensweise ist von großem Wert, wenn es, wie im Europäischen Gesellschaftsrecht, um die Abschätzung der Folgen und die Ermittlung der Grenzen von freier Rechtswahl vor allem im Hinblick auf den Schutz der Unternehmensgläubiger geht.

Der vorliegenden Arbeit, die die Wirkungen der freien Rechtswahl und des damit entstehenden Wettbewerbs der Gesellschaftsrechte auf die Unternehmensgläubiger untersucht, liegt daher ein solcher interdisziplinärer Ansatz zugrunde. Die Arbeit wurde im Sommersemester 2006 von der Humboldt-Universität zu Berlin als Dissertation angenommen.

Die Verknüpfung von Rechtswissenschaft und Ökonomik kann zweifelsohne als wichtigstes wissenschaftliches Anliegen meines sehr verehrten akademischen Lehrers, Prof. Dr. Dr. Christian Kirchner, gesehen werden. Er war es, der mein Interesse an einer interdisziplinären Arbeit weckte, mich dazu ermutigte und mir als wissenschaftliche Mitarbeiterin an seinem Lehrstuhl die optimalen Voraussetzungen schaffte, um dieses Interesse in eine wissenschaftliche Arbeit umzusetzen. Dafür möchte ich ihm ganz herzlich danken.

Mein ganz besonderer Dank gilt PD Dr. Klaus Heine, der großen Anteil am Gelingen dieser Arbeit hat, vor allem, weil er mir ein unersetzlicher Gesprächspartner war und ein guter Freund ist, ohne den ich nur schwer mein heutiges ökonomisches Verständnis erlangt hätte.

Großen Dank aussprechen möchte ich auch Wolfgang Zenker für die vielfältigen Anregungen, die kritischen Anmerkungen – die immer eine besondere Herausforderung darstellten – und die freundschaftliche Zusammenarbeit an der Fakultät.

Ebenso möchte ich Prof. Dr. Anne van Aaken, Dr. Matthias Meyer, Prof. Dr. Christoph Paulus, Renate Ribbe, Prof. Dr. Wolfgang Ribbe und Dr. Thomas Gutsche danken, die in den verschiedenen Stadien der Arbeit auf ganz unterschiedliche Art und Weise sehr wertvolle Beiträge geleistet haben.

Darüber hinaus gilt mein Dank meinen Kolleginnen und Kollegen am Lehrstuhl, insbesondere Karin Weber, PD Dr. Klaus Richter und David Dietrich, die es mir ermöglicht haben, die vorliegende Arbeit in einem produktiven und gleichzeitig entspannten und fröhlichen Arbeitsumfeld anzufertigen.

Herrn Prof. Dr. Stefan Grundmann danke ich für die Erstellung des Zweitgutachtens.

Und *last but not least* möchte ich meiner Familie und meinen Freunden danken, die mich auf dem steinigen Weg der Dissertation mit all seinen Höhen und Tiefen begleitet und immer wieder zum Weitermachen ermutigt haben. Dieser Dank richtet sich besonders an meine Mutter, Dr. Roswitha Röpke. Ihr widme ich diese Arbeit.

Abkürzungsverzeichnis

ABl.	Amtsblatt
AcP	Archiv für die civilistische Praxis
AnfG	Anfechtungsgesetz
AG	Die Aktiengesellschaft
AktG	Aktiengesesetz
Anh.	Anhang
Art.	Artikel
BAG	Bundesarbeitsgericht
Bay. ObLG	Bayrisches Oberstes Landesgericht
BB	Der Betriebsberater
Bd.	Band
BGB	Bürgerliches Gesetzbuch
BGBl.	Bundesgesetzblatt
BGH	Bundesgerichtshof
BGHZ	Entscheidungen des Bundesgerichtshofs in Zivilsachen
Brdbg.	Brandenburg
CA [*engl.*]	Companies Act
CDDA [*engl.*]	Company Directors Disqualification Act
DB	Der Betrieb
ders.	derselbe
dies.	dieselbe
DStR	Deutsches Steuerrecht
DTI [*engl.*]	Department of Trade and Industry
EG	Vertrag über die Europäische Gemeinschaft (im Zusammenhang mit Art.-Angaben) oder auch Europäische Gemeinschaft
EGBGB	Einführungsgesetz zum Bürgerlichen Gesetzbuch
Einl.	Einleitung
EU	Europäische Union
EuGH	Gerichtshof der Europäischen Gemeinschaft
EuInsVO	Verordnung des Rates über Insolvenzverfahren (Europäische Insolvenzverordnung)
EuGVÜ	Übereinkommen der Europäischen Gemeinschaft über die gerichtliche Zuständigkeit und die Vollstreckung gerichtlicher Entscheidungen in Zivil- und Handelssachen
EuGVVO	Verordnung über die gerichtliche Zuständigkeit und die Anerkennung und Vollstreckung von Entscheidungen in Zivil- und Handelssachen
EuR	Europarecht
EUV	Vertrag über die Europäische Union
EuZW	Europäische Zeitschrift für Wirtschaftsrecht
EWG	Europäische Wirtschaftsgemeinschaft
Fn.	Fußnote
GbR	Gesellschaft bürgerlichen Rechts
GmbH	Gesellschaft mit beschränkter Haftung

GmbHG	Gesetz betreffend die Gesellschaft mit beschränkter Haftung
GmbHR	GmbHRundschau
HGB	Handelsgesetzbuch
Hrsg.	Herausgeber
IA [*engl.*]	Insolvency Act
InsO	Insolvenzordnung
IntGesR	Internationales Gesellschaftsrecht
IPRax	Praxis des Internationalen Privat- und Verfahrensrechts
Jg.	Jahrgang
JuS	Juristische Schulung
JZ	Juristen-Zeitung
KAGG	Gesetz über Kapitalanlagegesellschaften
KG Berlin	Kammergericht Berlin
KWG	Gesetz über das Kreditwesen
ltd. [*engl.*]	private limited company
NJW	Neue Juristische Wochenschrift
NJW-RR	NJW-Rechtsprechungs-Report
NZG	Neue Zeitschrift für Gesellschaftsrecht
NZI	Neue Zeitschrift für Insolvenzrecht und Sanierung
MüKo	Münchener Kommentar
OLG	Oberlandesgericht
ORDO	Jahrbuch für die Ordnung von Wirtschaft und Gesellschaft
RabelsZ	Zeitschrift für ausländisches und internationales Privatrecht
Rdn.	Randnummer
RIW	Recht der internationalen Wirtschaft
Rl.	Richtlinie
S.	Seite
s. [*engl.*]	section (englische Paragraphenangabe)
SE	Societas Europaea (Europäische Aktiengesellschaft)
ss. [*engl.*]	sections (Plural)
Slg.	(Amtliche) Entscheidungssammlung des EuGH
StGB	Strafgesetzbuch
v.	vom
VAG	Versicherungsaufsichtsgesetz
VO	Verordnung
Vol. [*engl.*]	Volume (Band)
WPg	Die Wirtschaftsprüfung
WuW	Wirtschaft und Wettbewerb
ZEuP	Zeitschrift für Europäisches Privatrecht
ZfB	Zeitschrift für Betriebswirtschaft
ZfBf	Zeitschrift für betriebswirtschaftliche Forschung
ZfRV	Zeitschrift für Rechtsvergleichung
ZGR	Zeitschrift für Unternehmens- und Gesellschaftsrecht
ZHR	Zeitschrift für das gesamte Handels- und Wirtschaftsrecht
ZIP	Zeitschrift für Wirtschaftsrecht
ZPO	Zivilprozessordnung
ZZP	Zeitschrift für Zivilprozess

Inhaltsverzeichnis

I. Zur Einführung: Ausgangssituation und Fragestellung der Arbeit

Das europäische Gesellschaftsrecht ist derzeit von weitreichenden Veränderungen gekennzeichnet. Zum einen ist nach jahrzehntelanger Diskussion die Europäische Aktiengesellschaft (SE) Wirklichkeit geworden, die nun als vertikales Angebot zu den nationalen Rechtsformangeboten der Mitgliedstaaten hinzutritt.[1] Zum anderen ebnete der EuGH durch seine Urteile *„Centros“*[2], *„Überseering“*[3] und *„Inspire Art“*[4] zur Niederlassungsfreiheit von Gesellschaften in der Europäischen Gemeinschaft (Art. 43, 48 EG) auf der horizontalen Ebene der Mitgliedstaaten den Weg für eine einheitliche, kollisionsrechtliche Anknüpfung an das Gründungsstatut einer Gesellschaft. Hier setzt die Problemstellung dieser Arbeit ein. Bis zu diesen Urteilen des EuGH folgten die Mitgliedstaaten in der Europäischen Union keiner einheitlichen, kollisionsrechtlichen Linie. Durch die unterschiedlichen kollisionsrechtlichen Anknüpfungskonzepte „Sitztheorie“ und „Gründungstheorie“ für die Bestimmung der für gesellschaftsrechtliche Fragen maßgeblichen Rechtsordnung (Gesellschaftsstatut) ergaben sich für die Gesellschaften in der Europäischen Union unterschiedliche Bedingungen für die Freizügigkeit (Niederlassungsfreiheit), abhängig davon, in welchem Mitgliedstaat sie gegründet wurden und in welchen Mitgliedstaat sie wechseln, d.h. ihren Verwaltungssitz verlegen wollten.[5] So ist es unter Geltung der Sitztheorie einer Gesellschaft nicht möglich, ihren Verwaltungssitz grenzüberschreitend zu verlegen, ohne dass sie zunächst aufgelöst und nach dem Recht des Zuzugstaates neu gründet wird. Die Mobilität von Gesellschaften wird durch die Sitztheorie demnach erheblich beschränkt.[6] Diesbezüglich brachte die Entscheidung des EuGH im Falle *„Centros“* eine Wende. Seit dieser Entscheidung hat der EuGH in einer kontinuierlichen Fortentwicklung wiederholt statuiert, dass die Inanspruchnahme der Niederlassungsfreiheit des EG-Vertrages zwingend die Anerkennung einer Gesellschaft, die wirksam nach dem Recht eines Mitgliedstaates gegründet worden ist, durch alle Mitgliedstaaten voraussetzt, in denen sie sich

---

1 Verordnung (EG) Nr. 2157/2001 des Rates über das Statut der Europäischen Gesellschaft (SE) vom 8.10.2001, ABl. EG Nr. L 294, S. 1 v. 10.11.2001 sowie Richtlinie 2001/86/EG des Rates zur Ergänzung des Statuts der Europäischen Gesellschaft hinsichtlich der Beteiligung der Arbeitnehmer, ABl. EG Nr. L 294, S. 22 v. 10.11.2001. Zu den sich dadurch ergebenden Möglichkeiten eines vertikalen Regulierungswettbewerbs vgl. *Röpke/Heine* (2005a); *dies.* (2005b); *Eidenmüller* (2005a), S. 591 f.

2 EuGH v. 9.3.1999 – Rs. C-212/97, NJW 1999, 2027 (Centros).

3 EuGH v. 5.11.2002 – Rs. C-208/00, NJW 2002, 3614 (Überseering).

4 EuGH v. 30.9.2003 – Rs. C-167/01, NJW 2003, 3331 (Inspire Art).

5 Vgl. u.a. *Blaurock* (1998), S. 462.

6 Vgl. dazu *Knobbe-Keuk* (1990), S. 2578 f.

niederlassen will.[7] Anerkennung dieser Gesellschaft bedeutet, dass sie als solche, das heißt in ihrer Identität und ihrem Bestand (in der Rechtsform) als ausländische Gesellschaft, anerkannt wird. Die Gründe, aus denen eine Gesellschaft in einem bestimmten Mitgliedstaat errichtet wird, sind dabei mit Ausnahme von Betrugs- und Missbrauchsfällen für die Anwendung der Vorschriften über die Niederlassungsfreiheit irrelevant.[8] Dies bedeutet nunmehr aber auch, dass nicht nur die nachträgliche (Verwaltungs-) Sitzverlegung einer bereits bestehenden Gesellschaft, sondern auch die Rechtsformwahlfreiheit im Sinne einer gezielten Neugründung einer Gesellschaft von der Niederlassungsfreiheit erfasst wird.[9]

Unter dem Einfluss der Entwicklung der europäischen Rechtsprechung erlebt auch das deutsche Recht, in dem sich keine positiv-rechtliche Regelung zur kollisionsrechtlichen Anknüpfung des Gesellschaftsstatuts findet und kraft Gewohnheitsrecht die Sitztheorie galt,[10] derzeit eine Wende.[11] Als gesichert darf dabei gelten, dass die Sitztheorie in ihrer bisherigen Ausprägung keine Anwendung mehr findet. Der Einfluss der europäischen Rechtsprechungsentwicklung beschränkt sich jedoch grundsätzlich auf das europäische Internationale Gesellschaftsrecht, sodass durchaus eine unterschiedliche Entwicklung in Bezug auf europäisches Internationales Gesellschaftsrecht und nicht europäisches Internationales Gesellschaftsrecht zu erwarten ist. Eine Abkehr von der Sitztheorie im nicht europäischen Kontext zeichnet sich bisher jedenfalls noch nicht ab. Eine Sonderrolle kommt jedoch dem US-amerikanischen Gesellschaftsrecht zu. Aufgrund des deutsch-amerikanischen Freundschafts-, Handels- und Schifffahrtsvertrages vom 29. Oktober 1954[12] ist der rechtliche Status von wirksam in den USA errichteten Gesellschaften im Gebiet der Bundesrepublik Deutschland anzuerkennen (vgl. Art. XXV Abs. 5 S. 2).[13]

Aus dieser aktuellen Entwicklung wird in der vorliegenden Arbeit das horizontale Verhältnis der nationalen Gesellschaftsrechte der Mitgliedstaaten der Europäischen Union herausgegriffen, das maßgeblich von der Rechtsprechung des EuGH beeinflusst wird.

Auf den ersten Blick fallen insbesondere die kollisionsrechtlichen Implikationen der Rechtsprechung des EuGH zur Niederlassungsfreiheit auf, denn sie führt zu einer Kollisionsrechtsvereinheitlichung in Bezug auf das Gesellschaftsstatut. Wäh-

7 Siehe insbesondere EuGH, NJW 2002, 3614, Rdn. 59 (Überseering).

8 EuGH, NJW 2003, 3331, 3333, Rdn. 95 (Inspire Art); EuGH, NJW 1999, 2027, 2028, Rdn. 18 (Centros).

9 Vgl. auch EuGH, NJW 2003, 3331, 3333, Rdn. 95 und 96 (Inspire Art).

10 Vgl. u.a. BGH v. 30.1.1970, BGHZ 53, 181–184; OLG München v. 6.5.1986, NJW 1986, 2197–2199; KG Berlin v. 1.2.1997, GmbHR 1997, 708–710; Thüringer OLG v. 17.12.1997, IPRax 1998, 364–366; Brdbg. OLG v. 31.5.2000, NJW-RR 2001, 29–30 sowie OLG Düsseldorf v. 10.9. 1998, JZ 2000, 203.

11 BGH v. 13.3.2003, NJW 2003, 1461–462 = BGHZ 154, 185–190; BGH v. 14.3.2005, NJW 2005, 1648–1650; OLG Frankfurt v. 28.5.2003, IPRax 2004, 56–59.

12 BGBl. II 1956, 487.

13 Vgl. BGH v. 29.1.2003, BGHZ 153, 353–358 sowie für eine weiterführende Auseinandersetzung mit diesem Urteil *Dammann* (2004), S. 607–652; vgl. auch BGH v. 5.7.2004, NJW-RR 2004, 1618–1619; BGH v. 23.04.2002, NJW-RR 2002, 1359–1363.

rend der EuGH also die grundsätzliche Diskussion um das Für und Wider der verschiedenen kollisionsrechtlichen Anknüpfungskonzepte zugunsten der Anknüpfung an das Gründungsstatut entschieden und dieser Diskussion somit die Grundlage entzogen hat, eröffnet er zugleich eine neue Dimension. Denn für Rechtsnachfrager stehen nunmehr auf der sachrechtlichen Ebene unterschiedliche nationale Rechtsformen (Unternehmensstrukturen) für ihre unternehmerische Tätigkeit zur Auswahl. Die wählenden Akteure können aus dem gesellschaftsrechtlichen Angebot der unterschiedlichen Mitgliedstaaten diejenigen Regelungen wählen, die ihnen für ihre unternehmerische Tätigkeit als besonders vorteilhaft erscheinen, und das vor allem unabhängig von einer (späteren) Standortentscheidung. Die Rechtsnachfrager erhalten somit ein zusätzliches Maß an Wahlfreiheit (Angebot) und können daraus Vorteile ziehen. Diesen Vorteilen können aber möglicherweise Nachteile für andere Teilnehmer am Rechtsverkehr im Staat der Niederlassung (Zuzugstaat) gegenüberstehen, wenn diese durch zwingendes Recht des Niederlassungsstaates geschützt werden und diese Regelungen aufgrund der Wahlfreiheit nun zur Disposition der Wählenden stehen. Denn in der Mehrzahl der nationalen Gesellschaftsrechtsordnungen der EU, so auch im deutschen Gesellschaftsrecht, sind Regelungsadressaten nicht nur die Anteilseigner/Gründer, sondern auch externe Transaktionspartner eines Unternehmens.[14] Es unterliegt somit nicht nur das Innenverhältnis einer Gesellschaft, d.h. das Verhältnis der Anteilseigner (Gesellschafter) untereinander und zur Gesellschaft, sondern auch das Außenverhältnis einer Gesellschaft, d.h. das Verhältnis einer Gesellschaft zu seinen externen Transaktionspartnern, (zwingenden) gesellschaftsrechtlichen Regelungen. Diese Unterscheidung zwischen dem Innen- und dem Außenverhältnis eines Unternehmens ist nicht nur von grundlegender Bedeutung für das (deutsche) Gesellschaftsrecht, sondern erlangt nun auch vor allem unter dem Aspekt der Rechtsformwahlfreiheit der Akteure Relevanz. Während es die zukünftigen Anteilseigner (Gründer) selbst sind, die entscheiden, welche gesellschaftsrechtlichen Regelungen des Innenverhältnisses ein präferenzgerechtes Angebot für sie darstellen, sind die Akteure des Außenverhältnisses nicht an der Rechtswahl beteiligt. Machen die Gründer von ihrer Rechtswahlmöglichkeit Gebrauch, wählen sie – soweit das gesellschaftsrechtliche Rechtsformangebot eines Staates in seiner Gesamtheit wählbar ist – auch den Teil des Gesellschaftsrechts mit, der das Verhältnis eines Unternehmens zu seinen externen Transaktionspartnern regelt.

Aus dieser Doppelgesichtigkeit des Gesellschaftsrechts folgen nun im Kontext der Rechtswahlfreiheit die Fragen, inwieweit beide Komplexe gleichermaßen Gegenstand der ausschließlich von den Gründern ausgeübten Rechtswahlfreiheit sind und welche Folgen respektive Wirkungen das sowohl für die an der Rechtswahl beteiligten als auch die an der Wahlentscheidung nicht beteiligten Akteure hat. Die Reichweite der Rechtswahlfreiheit und die Folgen respektive Wirkungen der Rechtswahlfreiheit auf die nicht an der Rechtswahl beteiligten Akteure sind es, die im Mittelpunkt der vorliegenden Arbeit stehen. Hauptziel der Arbeit ist es zu unter-

14 Vgl. u.a. *Kirchner* (2004), S. 619; *Zimmer* (1996), S. 29 f.

suchen, welche Wirkungen die Rechtswahlfreiheit für die externen Transaktionspartner, konkret die Unternehmensgläubiger hat.

Die Fragen sowohl nach der Reichweite als auch nach den Folgen respektive Wirkungen der Rechtswahlfreiheit auf die Unternehmensgläubiger sind angesiedelt an der Schnittstelle zwischen einer juristischen und einer ökonomischen Analyse. Aus der juristischen Perspektive geht es um die Bestimmung der Regelungsbereiche des Gesellschaftsstatuts, die kollisionsrechtliche Zuordnung des Dritt- bzw. Gläubigerschutzes, die Abgrenzung des Gesellschaftsstatuts von anderen kollisionsrechtlichen Statuten wie Delikts-, Vertrags- und Insolvenzstatut sowie um Fragen des Inhalts und der Beschränkbarkeit der Niederlassungsfreiheit des EG-Vertrages. In Bezug auf die Unternehmensgläubiger geht es also um die Frage, ob und in welchem Maße inländische gläubigerschützende Vorschriften unter den Maßgaben der Niederlassungsfreiheit weitergelten und auch auf ausländische Gesellschaften angewandt werden. Eine rein juristische Analyse stößt jedoch an ihre Grenzen, wenn es um die Bearbeitung der Fragen nach der Wirkung der Rechtswahlfreiheit geht. Zwar kann im Weg der rechtsvergleichenden Untersuchung dargelegt werden, ob andere nationale Rechtsordnungen vergleichbare Regelungen zum Gläubigerschutz enthalten. Jedoch ist damit insbesondere noch nichts über die Erforderlichkeit eines solchen Schutzes ausgesagt. Das ist aber für die Frage nach der Geltung und der Beschränkbarkeit der Niederlassungsfreiheit zentral. Es ist daher notwendig, den Regelungsbedarf einer konkreten Beziehung zu ermitteln und rechtliche Regelungen auf ihre Wirkung als Problemlösungsmechanismus hin zu analysieren. Dies erfordert eine Funktions- und Wirkungsanalyse. Denn erst wenn herausgearbeitet ist, welche Funktion und Wirkung konkrete rechtliche Regelungen in einem konkreten Verhältnis haben, können auch Aussagen über die Wirkung der Wahl respektive Abwahl dieser Regelungen und somit der Rechtswahlfreiheit generiert werden. Hier setzt jetzt die ökonomische Analyse ein. Die ökonomische Analyse stellt nämlich grundsätzlich ein Instrumentarium bereit, mit dem sowohl das Regelungsproblem konkreter interpersoneller Beziehungen und somit auch der Regelungsbedarf in diesen Beziehungen identifiziert als auch die anreizsteuernde Wirkung rechtlicher Regelungen und somit die tatsächlichen Schutzeffekte konkreter rechtlicher Regelungen untersucht werden kann.

Aus der ökonomischen Perspektive hat Rechtswahlfreiheit jedoch noch eine weitere Dimension. Denn die Gewährung von Rechtsformwahlfreiheit für die privaten Akteure ist immer auch mit einem Regulierungswettbewerb[15] zwischen den Gesellschaftsrecht anbietenden Staaten verbunden. Auf der Ebene der rechtsanbietenden Staaten bewirken die Wahlakte der Rechtsnachfrager dabei vor allem zwei Dinge:

---

15 Für diesen Wettbewerb gibt es eine Reihe unterschiedlicher Begriffe, die teils synonym, teils aber auch differenzierend verwendet werden. Zu einer inhaltlichen Aufarbeitung und Abgrenzung dieser Begriffe vgl. *Kieninger* (2002a), S. 72–107; *dies.* (2002b), S. 8 ff. In dieser Arbeit wird vor allem im Rahmen der ökonomischen Ausführungen am ökonomisch gängigen Begriff des Regulierungswettbewerbs festgehalten und er wird gleichbedeutend mit dem Begriff des Wettbewerbs der Teilrechtsordnungen verwendet. Ausführlich und mit einer begrifflichen Auseinandersetzung siehe unten III.1.

Zum einen wird den Rechtsanbietern zunächst signalisiert, welche Regulierung von den Betroffenen (Nachfragern) präferiert wird, und zum anderen können die Staaten dann aufgrund dieser Informationen ihr Regulierungsangebot entsprechend anpassen oder innovativ fortentwickeln.[16] Durch die Rechtswahl der Akteure kann somit entdeckt werden, welche Regulierungen zur Lösung bestimmter Probleme als besonders geeignet erscheinen. Der Regulierungswettbewerb stellt daher einen Mechanismus bereit, mit dem rechtliches Angebot und Nachfrage zusammengeführt werden und somit Erfahrungswissen über die zweckmäßigste institutionelle Problemlösung generiert werden kann.

Dieser Wettbewerbsprozess ist begleitet von einer Reihe von komplexen Fragen und Problemen, so kann beispielsweise nicht ausgeschlossen werden, dass der Wettbewerb auch versagt. Für das europäische Gesellschaftsrecht stellt sich die Frage, ob und unter welchen Voraussetzungen es zu einem funktionsfähigen Wettbewerb kommt bzw. kommen kann. Damit ist bereits die zentrale Fragestellung der vorliegenden Arbeit angesprochen. Es gilt daher zu untersuchen, ob, sowie unter welchen Bedingungen und in welchen Grenzen sich im Falle, dass auch die gläubigerschützenden gesellschaftsrechtlichen Regelungen der Außenbeziehungen eines Unternehmens Gegenstand des Wahlaktes sind, ein funktionsfähiger Wettbewerb zwischen den verschiedenen nationalen Gesellschaftsrechten entfalten kann.

Mithilfe einer ökonomischen Analyse soll versucht werden, die Wirkungen und Folgen der beschriebenen Rechtsentwicklungen im europäischen Gesellschaftsrecht abzuschätzen. Geprüft werden muss jedoch, inwieweit unter Verwendung des ökonomischen Instrumentariums ein geeigneter theoretischer Bezugsrahmen für die Analyse gesellschaftsrechtlicher Regelungen entwickelt werden kann. Dabei gilt es insbesondere zu untersuchen, inwieweit ökonomische Modelle und juristische Konzeptionen anschlussfähig sind. Soweit eine Anschlussfähigkeit hergestellt werden kann, ist es dann nicht nur möglich, die Regelungsprobleme der Unternehmensgläubiger zu identifizieren und die Wirkung konkreter rechtlicher Regelungen als Problemlösungsmechanismen zu analysieren, sondern auch die Frage nach der Wirkung der Rechtswahlfreiheit zu bearbeiten. Denn auf der Grundlage einer positiven Wirkungsanalyse sind auch Aussagen über die Funktionsfähigkeit eines Wettbewerbs zwischen den mitgliedstaatlichen Gesellschaftsrechten unter Einbeziehung gläubigerschützender gesellschaftsrechtlicher Regelungen möglich.

Da die Komplexität der aufgeworfenen Fragen den Rahmen dieser Arbeit sprengt, sind einige Einschränkungen geboten. Eine erste thematische Einschränkung erfolgte bereits insofern, als hier die Außenbeziehungen eines Unternehmens zu seinen Gläubigern untersucht werden sollen. Eine weitere Eingrenzung erfolgt dahingehend, dass im Mittelpunkt des Interesses Rechtsformen für kleine und mittelständische Unternehmen stehen. Da aber auch eine solche Analyse für das europäische Gesellschaftsrecht in der vorliegenden Arbeit nicht vollumfänglich zu

---

16 Die durch institutionellen Wettbewerb ausgelösten Lernprozesse werden insbesondere betont von *Vanberg/Kerber* (1994), *Kerber* (2000) sowie *Kerber/Heine* (2002).

leisten ist, sollen konkrete Fragen anhand einer *private limited company* englischen Rechts mit Verwaltungssitz in Deutschland untersucht werden. Die Wahl der *private limited company* begründet sich dadurch, dass deren rechtliche Ausgestaltung nicht unerhebliche Unterschiede im Vergleich zu den Normativbestimmungen einer deutschen GmbH aufzeigt und sich daher zur Verdeutlichung konkreter Fragen und Probleme gut eignet.

Für diese Arbeit wird folgendes Vorgehen gewählt: Das *nachfolgende Kapitel* widmet sich der Entwicklung eines theoretischen Bezugsrahmens für die Wirkungsanalyse gesellschaftsrechtlicher Regelungen. Das Instrumentarium für eine Funktions- und Wirkungsanalyse rechtlicher Regelungen bietet die Neue Institutionenökonomik. Da in der vorliegenden Arbeit insbesondere gesellschaftsrechtliche Regelungen analysiert werden sollen, wird hier die Theorie der Unternehmung, ein Forschungsgebiet der Neuen Institutionenökonomik, relevant. Nach einer Darstellung der ökonomischen Grundlagen der Theorie der Unternehmung wird dann untersucht, inwieweit ökonomische Theorie und juristische Konzeption eines Unternehmens anschlussfähig sind. Besonderes Augenmerk wird dabei der Unterscheidung zwischen dem Innen- und dem Außenverhältnis eines Unternehmens geschenkt. Sodann wird die Brücke zum Regulierungswettbewerb geschlagen.

Im *dritten Kapitel* der Arbeit werden theoretische Überlegungen zum Regulierungswettbewerb angestellt. Dabei werden zunächst die ökonomischen Aspekte behandelt, insbesondere werden die Bedingungen entwickelt, unter denen ein Wettbewerb zwischen rechtlichen Regelungen funktionsfähig ist. Zum einen sind damit Fragen einer Metaordnung, d.h. einer Wettbewerbsordnung für den Regulierungswettbewerb, zum anderen aber auch die Grenzen eines Wettbewerbs, d.h. ein mögliches Wettbewerbsversagen, angesprochen. Diesen ökonomischen Ausführungen schließen sich Ausführungen zu den rechtlichen Aspekten eines Regulierungswettbewerbs an. Es wird aufgezeigt, dass der Wettbewerb von einem Zusammenspiel von (internationaler) Zuständigkeit, nationalem Kollisions- und Sachrecht bestimmt wird.

Diese grundsätzlichen Überlegungen werden dann im *vierten Kapitel*, dem zentralen Kapitel der Arbeit, auf den Wettbewerb der Gesellschaftsrechtsordnungen in der EU übertragen. Zunächst wird die rechtliche Rahmenordnung für diesen Wettbewerb entwickelt. Im Mittelpunkt steht dabei die Niederlassungsfreiheit für Gesellschaften, Art. 43, 48 EG, deren Inhalt maßgeblich durch die Rechtsprechung des EuGH bestimmt wird. Dann wird untersucht, inwieweit sich innerhalb dieser Rahmenordnung ein funktionsfähiger Wettbewerb der Gesellschaftsrechte entfalten kann.

Da sich die vorliegende Arbeit auf die Gläubigerbeziehungen eines Unternehmens konzentriert und Rechtswahlentscheidungen im Rahmen des Gesellschaftsstatutes getroffen werden, wird in einem *ersten Schritt* aufgezeigt, dass auch die gesellschaftsrechtlichen Regelungen die Außenbeziehungen betreffend Gegenstand des Gesellschaftsstatuts und daher grundsätzlich in den Wettbewerb einbezogen sind.

In einem *zweiten Schritt* werden dann entsprechend dem in dieser Arbeit gewählten Beispiel kurz das deutsche und das englische Gläubigerschutzkonzept vorgestellt sowie die deutschen (potenziell) von der Abwahl betroffenen Gläubigerschutzvorschriften des Gesellschaftsstatuts ermittelt.

Die Frage nach der Funktionsfähigkeit eines Wettbewerbs berührt auch zugleich immer die Frage nach den Grenzen des Wettbewerbs. Daher werden in einem *dritten Schritt* (abstrakt) die Grenzen eines gesellschaftsrechtlichen Wettbewerbs unter Einbeziehung der Gläubigerschutzvorschriften ermittelt. Damit wird zugleich der Rahmen abgesteckt, innerhalb dessen die Entwicklung eines funktionsfähigen Wettbewerbs möglich scheint. Besondere Relevanz erlangt dabei die Frage nach einem Wettbewerbsversagen. Für den gesellschaftsrechtlichen Wettbewerb ist damit zunächst das Problem angesprochen, dass dieser Wettbewerb möglicherweise zu einem *race to the bottom* führt, d.h. zu einem ineffizienten Absenken von Schutzstandards, denn die Verwirklichung des Grundsatzes der gegenseitigen Anerkennung, wie ihn die Niederlassungsfreiheit statuiert, verlangt grundsätzlich, dass ausländische Schutzstandards und auch ein abweichendes Regelungsniveau (Schutzniveau) respektiert werden.

Um zu Aussagen über Wettbewerbsversagen und damit über die Funktionsfähigkeit zu gelangen, wird in einem *vierten Schritt* der Regelungsbedarf bzw. das Regelungsproblem der Gläubiger eines Unternehmens ermittelt. Dabei ist zwischen den freiwilligen (vertraglichen) und den unfreiwilligen (deliktischen) Gläubigern zu unterscheiden. Ist das Regelungsproblem identifiziert, kann dann ebenso gemäß dem gewählten Beispiel das Problemlösungspotenzial der von der Abwahl betroffenen deutschen gesellschaftsrechtlichen Gläubigerschutzvorschriften untersucht werden.

Dem widmet sich der *fünfte Untersuchungsschritt*. Um jedoch zu Aussagen über die Wirkung der Rechtswahlfreiheit für die Gläubiger zu gelangen, ist es notwendig, auch die Möglichkeiten einer eigenständigen Sicherung der Gläubiger auszuloten. Dabei wird zugleich aufgezeigt, dass der Schutz der vertraglichen Gläubiger kein einseitiges Problem, sondern ein Problem von Schuldner und Gläubiger gleichermaßen ist.

Im *sechsten Schritt* wird ebenfalls unter dem Aspekt der Funktionsfähigkeit des Wettbewerbs bzw. des Auftretens eines möglichen Wettbewerbsversagens der Frage der Kompatibilität von Teilrechtsordnungen nachgegangen. Da die gesellschaftsrechtliche Rechtswahl auf Teilrechtsordnungen, nämlich das Gesellschaftsstatut, beschränkt ist, müssen unterschiedliche Teilrechtsordnungen verschiedener nationaler Rechtsordnungen so aneinander anschließen, dass eine funktionsfähige Gesamtrechtsordnung entsteht. Die Frage der Kompatibilität stellt sich beim Gläubigerschutz mit aller Deutlichkeit, wenn nämlich Elemente eines nationalen Gläubigerschutzkonzepts verschiedenen Teilrechtsordnungen, d.h. Statuten, zugeordnet sind und nicht das jeweilige nationale Gesamtkonzept gewählt bzw. abgewählt werden kann. Am Beispiel der *private limited company* mit deutschem Verwaltungssitz wird die Anschlussfähigkeit des Gesellschaftsstatuts in den für den Gläubigerschutz besonders relevanten Bereichen des Insolvenz- und des Deliktstatuts untersucht. Dabei interessiert insbesondere, inwieweit unter der Geltung der Niederlassungsfreiheit deutsche Gläubigerschutzvorschriften außerhalb des Gesellschaftsstatuts auch auf die *private limited company* anwendbar sind bzw. anwendbar bleiben.

Das *fünfte Kapitel* gibt dann eine Zusammenfassung der Arbeit.

II. Das theoretische Instrumentarium

1. Vorüberlegungen

Geht es darum, die Wirkungen der Rechtsformwahlfreiheit im Gesellschaftsrecht unter dem Aspekt von Vor- und Nachteilen für die unterschiedlichen – beteiligten und betroffenen – Akteure zu ermitteln, erfordert dies eine Funktions- und Wirkungsanalyse (gesellschafts-)rechtlicher Regelungen. Erst wenn herausgearbeitet wird, welche Funktion rechtliche Regeln erfüllen und welche Wirkungen konkrete rechtliche Regelungen in einem konkreten Verhältnis haben, können Aussagen über die Wirkung der Wahl respektive Abwahl dieser Regelungen gemacht werden. Ebenso ist es dann auch möglich, vergleichende Aussagen über die unterschiedlichen Regelungen bzw. Regelungsmechanismen verschiedener nationaler Rechtsordnungen zu generieren.

Die Bearbeitung der aufgeworfenen Fragestellung stößt an ihre Grenzen, wenn sie sich ausschließlich rechtswissenschaftlicher Methodik bedient. Denn die Rechtswissenschaft bietet kein eigenes Instrumentarium für eine solche Funktions- und Wirkungsanalyse. Eine rein juristische, rechtsvergleichende Untersuchung kann die Frage nach der Funktion und Wirkung der unterschiedlichen Regelungen nicht beantworten, da sie insbesondere keine Antwort auf die Frage nach der Notwendigkeit bzw. Erforderlichkeit konkreter Regelungen geben kann. Daher ist es notwendig, auf Instrumentarien außerhalb der Rechtswissenschaft zurückzugreifen und sie für die hier anstehende Untersuchung nutzbar zu machen. Ein solches Instrumentarium bietet die *Neue Institutionenökonomik*.

2. Die Ökonomische Theorie des Rechts als Teil der Neuen Institutionenökonomik

Begreift man (Systeme) rechtliche(r) Regelungen zusammen mit den Vorkehrungen ihrer Durchsetzung (sanktionsbewehrte rechtliche Regelungen) als Institutionen,[17] kann das theoretische Instrumentarium der Neuen Institutionenökonomik für die Untersuchung fruchtbar gemacht werden. Diese moderne Unterdisziplin der Ökonomik stellt ein Instrumentarium für eine Funktions- und Wirkungsanalyse von Institutionen und somit auch für sanktionsbewehrte rechtliche Regelungen zur

---

17 Institutionen sind Regeln oder Regelsysteme einschließlich der Vorkehrungen zu ihrer Durchsetzung, vgl. *Richter/Furubotn* (2003), S. 7; *Erlei/Leschke/Sauerland* (1999), S. 23; *Voigt* (2002), S. 34; konkret zu rechtlichen Regelungen als Institutionen: *Kirchner* (1997b), S. 274.

Verfügung. Verengt man den Fokus auf die Teilmenge „sanktionsbewehrte rechtliche Regelungen" aus der Gesamtmenge Institutionen, kann dies als „Ökonomische Theorie des Rechts" bezeichnet werden.[18] Die Ökonomische Theorie des Rechts lässt sich somit als Teil der Neuen Institutionenökonomik begreifen. Es wird das ökonomische Paradigma auf rechtliche Regelungen angewendet.[19] Das institutionenökonomische Paradigma beschreibt die Annahmen, die der Modellierung von Interaktionsprozessen zugrunde liegen:[20] (1) Bei gegebener *Ressourcenknappheit* sind die Akteure gezwungen, Wahlentscheidungen zu treffen (Handlungen). (2) Alle Akteure maximieren auf der Grundlage ihrer jeweiligen individuellen Präferenzen ihren persönlichen Nutzen (*eigennutzorientiert*).[21] Sie tun das in einem für sie gegebenen institutionellen Umfeld (Handlungsbedingungen). (3) Ihre Rationalität ist durch die endliche Fähigkeit, Informationen aufzunehmen und zu verarbeiten, und durch die Ungewissheit über zukünftige Entwicklungen eingeschränkt (*beschränkte Rationalität*).[22] Veränderungen von Institutionen werden als Veränderungen der Handlungsbedingungen wahrgenommen und bewirken – bei gleichbleibenden Präferenzen – Änderungen im Verhalten der Akteure; die Akteure werden neue, ihren Präferenzen entsprechende Handlungen wählen.[23] Folglich lassen sich die Auswirkungen der Änderungen von Institutionen erfassen.[24] Rechtliche Regelungen setzen als Institutionen aus Sicht der handelnden Akteure Anreize und Restriktionen (*constraints*) für ihre Aktivitäten.[25] Sie definieren den Handlungsraum der Akteure,[26] indem sie einerseits Handlungsmöglichkeiten eröffnen und diese auch dadurch sichern, dass sie andererseits bestimmte Handlungsalternativen mit Sanktionen belegen (Restriktionen).[27] Sanktionen erscheinen den Handelnden als Kosten. Damit bleiben Handlungen, an die durch die rechtlichen Regelungen Sanktionen geknüpft werden, zwar grundsätzlich weiterhin möglich, jedoch gehen die Kosten in das Kosten-Nutzen-Kalkül des Handelnden ein und kanalisieren somit das Verhalten der Akteure.[28] Sanktionsbewehrte rechtliche Regelungen führen als kollektiv vereinbarte und sanktionsbewehrte Limitierung der Entscheidungsmöglichkeiten der Akteure (Restriktionen) zu einer Reduktion von gesellschaftlicher Unsicherheit sowie zur Bildung von Erwartungssicherheit in interpersonellen Transaktionen und schaffen damit Anreize für wirtschaftliche Aktivitäten.[29] Das

---

18 *Kirchner* (1997a), S. 5–37; *ders.* (1996), S. 71 ff.; vgl. aber auch *Behrens* (1986).

19 Mit weiteren Nachweisen vgl. *Kirchner* (1996), S. 71 ff.

20 Die Annahmen sind: Ressourcenknappheit, Eigennutzorientierung, beschränkte Rationalität, methodologischer Individualismus, Existenz von Transaktionskosten, vgl. zu diesen Grundannahmen der Neuen Institutionenökonomik *Richter/Furubotn* (2003), S. 2 ff.; *Voigt* (2002), S. 27 ff.; *Wolff* (1999), S. 12 ff.

21 *Wolff* (1999), S. 113; *Voigt* (2002), S. 27; *Homann/Suchanek*, (2005), S. 27.

22 *Simon* (1955), S. 99–118; *Simon* (1957); *Richter/Furubotn* (2003), S. 3 ff. und S. 192 f.; *Voigt* (2002), S. 29 f.; *Williamson* (1990), S. 50 ff.; *Wolff* (1999), S. 113.

23 *Kirchner* (1997b), S. 271; *ders.* (1998), S. 683; *Voigt* (2002), S. 27; *Vanberg* (1999), S. 39.

24 *Kirchner* (1997b), S. 271; *ders.* (1998), S. 683.

25 *Kirchner* (1996), S. 71; *Homann/Suchanek* (2005), S. 26 ff.

26 *Kirchner* (1999a), S. 129.

27 *Kirchner* (1999a), S. 129; *Suchanek* (1994), S. 122 ff.

28 *Kirchner* (1996), S. 71; *ders.* (1997c), S. 274.

29 *Kirchner* (1999a), S. 129; vgl. auch *Homann/Kirchner* (1995b), S. 206; *Wieland* (1999), S. 23.

Instrumentarium der Neuen Institutionenökonomik eignet sich somit zur Untersuchung eines weiten Spektrums von Fragen der Organisation wechselseitiger Aktivitätsbeziehungen.[30] Unter Verwendung dieses ökonomischen Ansatzes lässt sich dann ein systematischer Zusammenhang zwischen rechtlichen Regelungen als Handlungsbedingungen und den Handlungsfolgen darstellen.[31]

Die abstrakte Aussage, dass rechtliche Regelungen als formale Institutionen Anreize und Restriktionen (Handlungsbedingungen) für die Aktivitäten (Handlungen) der Akteure darstellen, gilt es zu konkretisieren. Im Mittelpunkt der vorliegenden Arbeit steht die Analyse gesellschaftsrechtlicher Regelungen, daher wird vor allem ein Forschungszweig der Neuen Institutionenökonomik relevant, nämlich die neo-institutionalistische (neo-institutionenökonomische) Theorie der Unternehmung.[32]

3. Die neoinstitutionalistische Theorie der Unternehmung

a. *Vorüberlegungen*

Abstrakt umrissen, beschäftigt sich die Theorie der Unternehmung mit den Fragen der Entstehung und der Organisation von Unternehmen. Dem Forschungskonzept des methodologischen Individualismus[33] folgend, werden auch Unternehmen ausgehend von den individuellen (einzelnen) Akteuren selbst rekonstruiert, die sich zusammenschließen, um im Wege der gemeinschaftlichen bzw. kollektiven Ressourcennutzung Tauschgewinne (Kooperationsvorteile) zu realisieren.[34] Die Abstimmung, d.h. die Lösung bestehender Informations- und Anreizprobleme, dieser gemeinschaftlichen wirtschaftlichen Aktivitäten verschiedener Akteure steht im Mittelpunkt der Theorie der Unternehmung.

Der Zusammenschluss verschiedener Akteure zur gemeinschaftlichen Ressourcennutzung erfordert die Trennung der Privatsphäre der Akteure von der Unternehmenssphäre. Diese Trennung wird mit dem Instrument der rechtlichen Verselbstständigung des Unternehmens erreicht.[35] So wird dem Unternehmensträger – der GmbH, aber auch der *private limited company* gleichermaßen – als Rechtssubjekt von der Rechtsordnung die Rechtsfähigkeit verliehen.[36] In der Außenbeziehung tritt

---

30 *Wolff* (1999), S. 111.

31 Vgl. auch *Suchanek* (1994), S. 122 ff.; *Vanberg* (1999), S. 39 f.

32 Es sei darauf hingewiesen, dass die Theorie der Unternehmung generell ein Forschungszweig der Ökonomik und damit nicht ausschließlich der Neuen Institutionenökonomik ist. Für einen Überblick verschiedener Theorien der Unternehmung siehe *Ricketts* (2002). Mit Bezug zum Gesellschaftsrecht siehe *Heine* (2003), S. 64–76.

33 Geprägt wurde dieser Begriff von *Schumpeter* ([1908] 1998), S. 88–98. Die Forschungsanweisung ist, dass der Zugang zu den unterschiedlichen zu untersuchenden Fragestellungen über das Individuum (den Akteur) gewählt wird. Vgl. auch *Popper* ([1945] 2000), S. 348.

34 *Wolff* (1999), S. 115; *Vanberg* (1994), S. 135; *Homann/Suchanek* (2005), S. 289.

35 Vgl. insbesondere für ökonomische Überlegungen zur juristischen Person *Kirchner* (2005a), S. 190 ff.; sowie *Hansmann/Kraakman* (2004a) S. 6 ff.

36 Vgl. § 13 Abs. 1 GmbHG für die GmbH; für die *private limited company*, *Davies* (2003), S. 27.

das Unternehmen als eigenständige Person – als juristische Person[37] respektive *legal entity*[38] – in Erscheinung, nimmt selbstständig am Rechtsverkehr teil, ist selbst Zuordnungssubjekt für Rechte und Pflichten und alleiniger Träger des Gesellschaftsvermögens. Aufgrund dieses Prinzips der zuordnungsrechtlichen Selbstständigkeit der Gesellschaft im Verhältnis zu ihren Gesellschaftern (Trennungsprinzip)[39] wird das Unternehmen Subjekt der Zuschreibung von Verantwortung für die Folgen der Handlungen, die in seinem Namen vollzogen wurden.[40]

Die Verselbstständigung des Unternehmens durch die Anerkennung als eigenständiges Rechtssubjekt hat große ökonomische Bedeutung. Zum einen vereinfacht es den Vertragsschluss mit Dritten, zum anderen ist die Existenz des Unternehmens nicht (mehr) von einem konkreten Mitgliederbestand abhängig.[41] Dennoch darf nicht ausgeblendet werden, dass im Einklang mit den individualistischen Verhaltensannahmen alle Entscheidungen und Handlungen konsequent aus der Sicht der individuellen Akteure analysiert werden. Im Mittelpunkt steht deshalb nicht das Unternehmen als soziale Entität selbst, sondern stehen die Handlungen und Präferenzen seiner einzelnen Mitglieder.[42] Mit dieser Betrachtungsweise lassen sich dann auch intraorganisatorische Interessenkonflikte erklären und einer Problemlösung zugänglich machen.[43] Ist das Unternehmen selbst der Interaktionspartner oder Anspruchsgegner und geht es um die Bearbeitung von Fragestellungen in diesem Zusammenhang, ist in Rechnung zu stellen, dass das Unternehmen kein individueller Akteur ist und es auch somit weder Entscheidungen noch Verhalten oder Aktivitäten des Unternehmens als solches gibt.[44] Handeln können nach wie vor nur Individuen.[45] Somit sind Unternehmensentscheidungen immer das Ergebnis eines komplexen Abstimmungsprozesses[46] und Unternehmensaktivitäten Handlungen individueller Akteure, die im Namen des Unternehmens erfolgen bzw. deren (Handlungs-)Folgen dem Unternehmen zugerechnet werden. Dies macht es insbesondere für die Bearbeitung der aufgeworfenen Fragestellungen dieser Arbeit notwendig, sich von der Betrachtung des Unternehmens als eigenständiger Akteur zu lösen, die „black box" Unternehmen zu öffnen und auch der Konstruktion der inneren Struktur des Unternehmens, d.h. die handlungs- und verfügungsrecht-

---

37 Es sei hier zugestanden, dass nicht alle deutschen Gesellschaftsformen juristische Personen sind; jedoch ist in Rechnung zu stellen, dass auch die Personengesellschaften, ohne juristische Person zu sein, (beschränktes) Rechtssubjekt und somit selbst Trägerinnen von Rechten und Pflichten sind, vgl. § 124 HGB; §§ 161 Abs. 2, 124 HGB; BGH v. 29.1.2001, BGHZ 146, 341.
38 *Davies* (2003), S. 27, vgl. auch s. 16 CA (2006).
39 Vgl. § 13 Abs. 1 und Abs. 2 GmbHG sowie *Hachenburg – Mertens* (1992), Anh. § 13, Rdn. 1; für die *privat limited company* vgl. *Davies* (2003), S. 27–30, sowie s. 16 CA (2006).
40 Vgl. z.B. § 13 Abs. 1 GmbHG; § 1 Abs. 1 S. 1 AktG; aber auch § 124 HGB; §§ 161 Abs. 2, 124 HGB.
41 *Ricketts* (2002), S. 109; vgl. dazu auch *Kirchner* (2005a), S. 191 ff.
42 *Vanberg* (1994), S. 135; *Wolff* (1999), S. 115.
43 *Wolff* (1999), S. 115.
44 *Vanberg* (1994), S. 135; *Wiedemann* (1980), § 4 II 3a), S. 212: Ein Sondervermögen ist willens- und handlungsunfähig.
45 *Vanberg* (1994), S. 135; *Homann/Suchanek* (2005), S. 290.
46 *Hart* (1989), S. 1764, spricht von *equilibrium process*.

lichen Besonderheiten, die für die unternehmerische Willensbildung und Entscheidung ausschlaggebend sind, in die Betrachtung mit einzubeziehen. Diese Erklärung bzw. Rekonstruktion der organisatorischen Einheit kann mithilfe der neoinstitutionalistischen Theorie der Unternehmung geleistet werden.[47]

Eine geschlossene neo-institutionalistische (neo-institutionenökonomische) Theorie der Unternehmung existiert jedoch nicht; vielmehr greift dieser Forschungszweig auf die allgemeinen Ansätze der Neuen Institutionenökonomik zurück. Daher baut das unternehmenstheoretische Gerüst der Neuen Institutionenökonomik im Wesentlichen auf dem Prinzipal-Agent-Ansatz, dem Verfügungsrechtsansatz und dem Transaktionskostenansatz auf.[48] Die einzelnen Ansätze werden durchaus zu unterschiedlichen, im Zusammenhang mit Unternehmen auftretenden Fragestellungen herangezogen und die Schwerpunkte der Betrachtung der einzelnen Ansätze sind verschieden. Dennoch ermöglichen sie unter dem Dach der Neuen Institutionenökonomik, ein umfassendes, wenn auch nicht abschließendes Bild des Unternehmens wiederzugeben. Der gemeinsame Nenner aller drei Ansätze ist der Vertragsgedanke (vertragstheoretisches Paradigma).[49] Übertragen auf die Analyse von Unternehmen ergibt sich daraus dann die Beobachtung, dass diese ein Netzwerk von Verträgen (*nexus of contracts*) sind.[50] Unter Zugrundelegung des vertragstheoretischen Paradigmas wird das Unternehmen als institutionelles Arrangement individueller Akteure, als Netzwerk von Verträgen zwischen verschiedenen Ressourceneignern interpretiert mit der Besonderheit, dass damit zugleich ein eigenständiger „korporativer" Akteur geschaffen wird.[51] Aus dieser Betrachtungsweise folgt, dass die Regelungsprobleme eines Unternehmens als Vertragsprobleme darstellbar sind und die real existierenden Rechtsformen als spezifische Lösungsmechanismen dieser Vertragsprobleme interpretiert werden können.[52]

Offen bleibt dabei zunächst die Frage, worin die konkreten Regelungsprobleme im Zusammenhang mit Unternehmen liegen und welche Wirkung die konkreten nationalen Rechtsformen als Problemlösungsmechanismus haben. Kurz gesagt, es bleibt offen, warum die unterschiedlichen nationalen Rechtsformen gerade ihre typische Gestalt angenommen haben und inwiefern sie (jeweils) ein effizienter

---

47 Einen Überblick über die Entwicklung in der Literatur bieten *Richter/Furubotn* (2003), S. 496–505; *Putterman* (1986), S. 1–29; aber auch *Hart* (1989), S. 1757–1774.
Es findet sich auch die Bezeichnung „Theorie der Firma", die sich aus einer wörtlichen Übersetzung der „theory of the firm" erklären lässt. Aus der juristischen Perspektive ist die „Firma" der Name des Unternehmens, vgl. § 17 HGB. Soweit es jedoch maßgeblich um die Strukturen und damit zusammenhängende Probleme geht, ist daher die Bezeichnung „Unternehmung" treffender.

48 Vgl. dazu *Heine* (2003), S. 65 ff.; *Krüsselberg, U.* (1993), S. 32, *Richter/Furubotn* (2003), S. 498 ff.; *Erlei/Leschke/Sauerland* (1999), S. 94 ff.; *Hart* (1989), S. 1757–1774.

49 Vgl. *Wolff* (1999), S. 112 und S. 126; *Wieland* (1996), S. 96; *Heine* (2003), S. 65.

50 *Jensen/Meckling* (1976), S. 305 ff., insbesondere S. 310 f.; *Alchian/Demsetz* (1972), S. 777 ff.; *Vanberg* (1982); *ders.* (1994), S. 125–143; *Fama* (1986), S. 196 ff.; *Hart* (1989), S. 1764; *Richter* (1991), S. 401; *Homann/Suchanek* (2005), S. 296; *Hansmann/Kraakman* (2004a), S. 6 f. sowie *Schüller* (1983a), S. 145–183.

51 *Vanberg* (1994), S. 135; *Richter* (1991), S. 401; *Homann/Suchanek* (2005), S. 289.

52 Vgl. dazu auch *Hart* (1989), S. 1757–1774.

Problemlösungsmechanismus sind. Insbesondere letztere Frage erlangt deshalb im Kontext der Rechtswahlfreiheit und damit für die Fragestellung der vorliegenden Arbeit Relevanz. Das trifft zunächst insbesondere für die Wählenden als Rechtsnachfrager zu, die nach einem präferenzgerechten Regelungsangebot suchen. Aber selbst für die Staaten als Rechtsanbieter wird die Frage nach dem Problemlösungspotenzial ihres Rechtsangebots relevant, zum einen im Hinblick auf die Entwicklung eines präferenzgerechten Regelungsangebots, zum anderen aber auch im Hinblick auf die Gewährung von Rechtswahlfreiheit unter Berücksichtigung von Schutzanliegen der von der Rechtswahl betroffenen Dritten.

Um die konkreten Regelungsprobleme im Zusammenhang mit Unternehmen herausarbeiten und entsprechende rechtliche Regelungen auf ihre Wirkung hin analysieren zu können, ist es notwendig, einen theoretischen Bezugsrahmen für diese Untersuchung zu entwickeln. Dazu sollen zunächst kurz die theoretischen Grundlagen der neoinstitutionalistischen Theorie der Unternehmung vorgestellt werden, auf deren Basis eine Analyse von Regelungsproblemen und Wirkung rechtlicher Regelungen erfolgt. Neben der Darlegung der hier relevanten Ansätze der Neuen Institutionenökonomik wird die Betrachtung des Unternehmens als Netzwerk von Verträgen in den Mittelpunkt gestellt und auch eine Präzisierung der ökonomischen Ausführungen auf den Vertrag hin vorgenommen. Aus diesen ökonomischen Überlegungen heraus wird dann abstrakt der Frage nach der Funktion rechtlicher Regelungen nachgegangen. Anschließend gilt es für die Entwicklung des theoretischen Bezugsrahmens der Wirkungsanalyse gesellschaftsrechtlicher Regelungen die neoinstitutionalistische Theorie der Unternehmung und die juristische Konzeption eines Unternehmens zusammenzubringen und wechselseitig nutzbar zu machen. Den Ausgangspunkt der nachfolgenden Ausführungen bildet die Beobachtung, dass in Unternehmen die verschiedenen Ressourceneigner ihre Ressourcen zur gemeinschaftlichen Nutzung zusammenlegen.

b. Der Transaktionskostenansatz[53]

Eine grundlegende Frage ist zunächst, warum es überhaupt zu einer gemeinschaftlichen Ressourcennutzung in einem Unternehmen kommt und nicht alle Transaktionen über unmittelbare (bilaterale) Marktbeziehungen abgewickelt werden. Oder um es mit *Coase* zu formulieren: “Yet, having regard to the fact that, if production is regulated by price movements, production could be carried on without any organization at all, well might we ask, Why is there any organization?” [54] Eine Antwort auf diese Frage findet sich in den Kosten, mit denen Transaktionen verbunden sind (Transaktionskosten).[55] Im Mittelpunkt des Transaktionskostenansatzes steht

53 Zum Transaktionskostenansatz vgl. *Coase* ([1937] 1988), S. 33–55; *ders.* ([1960] 1988), S. 95–156; *Williamson* (1990), S. 17–48 und S. 323 ff.; *ders.* (1998); *ders.* (2005a), S. 41–65 sowie die Ausführungen bei *Richter/Furubotn* (2003), S. 193 ff.; *Voigt* (2002), S. 105 ff.; *Wolff* (1999), S. 117 ff.
54 *Coase* ([1937] 1988), S. 36; in der Interpretation von *Williamson* lautet die Frage dann: “Given that there are markets, why are there firms?”, *Williamson* (1998), S. 30.
55 *Coase* ([1937] 1988), S. 38; *ders.* ([1960] 1988), S. 115; *Richter/Furubotn* (2003), S. 53 ff.

ausgehend von der Annahme positiver Transaktionskosten die Wahlentscheidung zwischen den alternativen Organisationsformen bzw. Koordinationsmechanismen (institutionellen Arrangements) Markt und Unternehmung. Verknappt und stark vereinfacht lässt sich die Wahlentscheidung, vor der die Akteure stehen, so beschreiben: Die Kooperation auf Märkten und in Unternehmen verursachen Kosten.[56] Ein Marktteilnehmer transportiert bisherige Marktkontrakte in unternehmensinterne Vorgänge, wenn er dadurch Kosten einsparen kann,[57] d.h. wenn die Kosten der Transaktion innerhalb eines Unternehmens geringer sind als die Kosten derselben Transaktion als Tausch am Markt. Damit erklärt sich die Entstehung von Unternehmen (hierarchischen Strukturen) aus den Transaktionskosteneinsparungen (Transaktionskostenvorteile), die die Koordinationsform Unternehmung gegenüber der konkurrierenden Koordinationsform Markt bietet.[58] Die Wahl zwischen diesen beiden Organisationsformen stellt sich als eine transaktionskostenorientierte Wahlentscheidung dar.[59] Somit hängt auch der Grad der vertikalen Integration (Hierarchie), d.h. der Integration von Transaktionen in eine Unternehmung, von den entsprechenden Transaktionskostenunterschieden gegenüber marktlichen Transaktionen ab.[60]

Neben den Transaktionskosten sind an allen wirtschaftlichen Vorgängen, so auch an den verschiedenen Koordinationsformen wie Markt und Hierarchie Verfügungsrechte maßgeblich beteiligt.[61]

---

56 *Schüller* (1983a), S. 161; vgl. auch *Richter/Furubotn* (2003), S. 53.

57 *Coase* ([1937] 1988), S. 40; vgl. auch *Schüller* (1983a), S. 162.

58 Vgl. *Coase* ([1937] 1988), S. 38–47; zur Kritik an dieser stark simplifizierten Aussage vgl. *Schüller* (1983a), S. 161.

59 Es wurde hier nur eine stark vereinfachte Darstellung des Transaktionskostenansatzes gewählt, da es für die vorliegende Arbeit im Wesentlichen um den Aspekt geht, dass verschiedene institutionelle Arrangements Transaktionskosten in unterschiedlicher Höhe verursachen können und diese Kosten relevant für die Wahlentscheidungen der Akteure werden. Die von *Coase* aufgeworfene Frage, warum es überhaupt Unternehmen gibt, bildet den Ausgangspunkt des von *Williamson* entwickelten Transaktionskostenansatzes bzw. Governanceansatzes. Auch in diesem Ansatz bilden Transaktionskosten die Grundlage für die Erklärung der Logik von Organisationen bzw. Unternehmen. Dieser Ansatz fokussiert jedoch stärker auf die transaktionsspezifischen Investitionen und vor allem die daraus resultierenden Anreizprobleme, insbesondere ex post Opportunismus Probleme. Diese Probleme sind der Grund für den Ersatz von Märkten durch Hierarchien. Eine Unternehmung wird in diesem Ansatz als eine Governance Struktur (Durchsetzungs- und Überwachungsstruktur), ein organisatorisches Konstrukt (*organizational construct*) verstanden, die/das einen Mechanismus bietet, mit den bestehenden Anreizproblemen entgegengewirkt wird. Das Kernstück dieses Transaktionskostenansatzes ist die Wahl einer geeigneten Governance Struktur. Vgl. ausführlich dazu *Williamson* (1975); *ders.* (1990); *ders.* (1998); *ders.* (2005a) sowie die Ausführungen bei *Richter/Furubotn* (2003), S. 193ff. Zu den Opportunismusproblemen vgl. auch unten II.4.a.

60 Vgl. *Coase* ([1937] 1988), S. 43 sowie *Williamson* (1980) S. 149 ff.; *Kirchner* (1992), S. 591.

61 Vgl. auch *Schüller* (1983a), S. 147.

c. *Der Verfügungsrechtsansatz*[62]

Die gemeinschaftliche Nutzung von Ressourcen wie im Fall eines Unternehmens setzt eine Veränderung bzw. Transformation der Verfügungsrechte[63] an den Ressourcen der einzelnen Ressourcengeber voraus.[64] Denn die Vorteile der gemeinschaftlichen Ressourcennutzung können nur erzielt werden, wenn über die zusammengelegten Ressourcen nicht mehr individuell, separat durch die einzelnen Ressourcengeber verfügt werden kann, sondern gemeinsam und einheitlich „im Verbund" aller Beteiligten. In der Ressourcenzusammenlegung kann man dann die Begründung kollektiver Rechte sehen.[65]

Die Ausgestaltung von Verfügungsrechten und die von dieser ausgehenden Anreizwirkungen für wirtschaftliche Aktivitäten sind Gegenstand der Theorie der Verfügungsrechte.[66] Zentrale Hypothese des Ansatzes ist, dass die (unterschiedliche) Ausgestaltung der Verfügungsrechte die Allokation und Nutzung von Ressourcen auf spezifische und vorhersehbare Weise beeinflusst,[67] wobei die konstitutive Idee des Verfügungsrechtsansatzes darin besteht, Ressourcen als ein Bündel von Verfügungsrechten zu begreifen.[68]

Der produktive Einsatz von Ressourcen setzt zum einen eine originäre Zuordnung der Verfügungsrechte zu bestimmten Akteuren (Grundsatz des Privateigentums) voraus, zum anderen aber auch die Übertragbarkeit der (sanktionierten) Verfügungsrechte (Grundsatz der Vertragsfreiheit).[69] Eine wesentliche Rolle spielt dabei die Rechtsordnung, die als institutionelle Rahmenordnung nicht nur Verfügungs-

---

62 Zum Verfügungsrechtsansatz und dessen Anwendung auf verschiedene Fragestellungen vgl. die Beiträge von *Meyer, W.* (1983), S. 1–44; *Krüsselberg, H.-G.* (1983), S. 45–77; *Hesse* (1983), S. 79–109; *Röpke, J.* (1983), S. 111–144; *Schüller* (1983a), S. 145–183; *Leipold* (1983), S. 185–217; *Gröner* (1983), S. 219–239; *Kath* (1983), S. 241–270; *Schmidtchen* (1983) sowie die Ausführungen bei *Richter/Furubotn* (2003), S. 87–213; mit konkreten Bezügen zum Unternehmen siehe *Alchian/Demsetz* (1972), S. 777–795; *Jensen/Meckling* (1976), S. 305–360; *Grossman/Hart* (1986), S. 691–719; *Hart/Moore* (1990), S. 1119–1158; *Ricketts* (2002), S. 86–135; *Heine* (2003), S. 73–76; *Wolff* (1999), S. 115 ff.; *Picot/Michaelis* (1984), S. 252–272.

63 In der deutschen Übersetzung der *property rights* finden sich verschiedene Begriffe: Eigentumsrechte, Handlungsrechte und Verfügungsrechte. Sowohl der ökonomische Eigentumsbegriff als auch der ökonomische Verfügungsrechtsbegriff sind jedoch nicht identisch mit den jeweiligen juristischen Begriffen. Von *property rights* werden nicht nur die rechtlich abgesicherten, sondern auch alle gesellschaftlich anerkannten Verfügungsrechte umfasst, vgl. zu den Begriffsabgrenzungen *Krüsselberg U.* (1993), S. 99 sowie *Richter/Furubotn* (2003), S. 95 ff.

64 Vgl. *Kirchner* (2004), S. 618.

65 Vgl. auch *Ricketts* (2002), S. 89.

66 Es wird zwar grundsätzlich zwischen absoluten Verfügungsrechten, wie dem Privateigentum, und relativen Verfügungsrechten, wie Ansprüchen aus Verträgen (Rechtsgeschäften), unterschieden, jedoch sind Verfügungsrechte im Sinne der Verfügungsrechtsanalyse jegliche Art von Berechtigung, über Ressourcen zu verfügen, nicht nur das Eigentumsrecht, vgl. dazu *Richter/Furubotn* (2003), S. 96–102 sowie die Zusammenfassung S. 143.

67 *Richter* (1993), S. 321.

68 *Schäfer/Ott* (2000), S. 87.

69 Vgl. dazu *Richter/Furubotn* (2003), S. 90 ff.

rechte originär zuweist,[70] sondern zugleich die Möglichkeiten und Grenzen der „Verfügungsbefugnis“[71] und somit der Übertragbarkeit von Ressourcen bestimmt.

Die Gesamtheit der den Akteuren zugeordneten Verfügungsrechte bestimmt dann, in welcher Form und in welchem Umfang sie sich an den ökonomischen Transaktionen beteiligen können,[72] und definiert damit gewissermaßen die Größe und die Verteilung der privatautonomen Handlungsspielräume der Akteure.[73] Wird durch die Zuordnung von Verfügungsrechten die Handlungsmacht der Akteure definiert, eröffnet dies nicht nur einen Freiraum zum Handeln, sondern zeigt auch gleichzeitig die Grenzen der individuellen Möglichkeiten für die Nutzung von Ressourcen auf. Die Zuweisung von Rechten an Ressourcen an einen Akteur, wie z.B. den Eigentümer, bedeutet immer gleichzeitig den Ausschluss anderer von diesen Rechten.[74] Durch die Zuordnung von Verfügungsrechten an Gütern und Aktivitäten (Ressourcen) werden die Handlungsspielräume der Akteure gegeneinander abgegrenzt und damit auch bestimmt, welche Aktivitäten (Handlungen) erlaubt und welche es nicht sind.[75]

Die Verfügungsrechte an einem Gut (Ressource) werden der allgemeinen Rechtstradition folgend in vier Einzelrechte unterteilt: Das Recht, das Gut zu benutzen, das Recht, das Gut zu verändern, das Recht der Aneignung von Gewinnen (Erträgen) und Verlusten, die aus der Nutzung des Gutes entstehen, und das Recht, das Gut zu veräußern (Liquidationsrecht).[76] Verfügungsrechte weisen den Akteuren damit Rechtspositionen sowohl hinsichtlich der Nutzung als auch der Verfügung von Ressourcen zu.[77] Die verschiedenen Verfügungsrechte an einem Gut können unterschiedlich ausgestaltet und einem oder mehreren Rechtsinhabern (Akteuren) zugeordnet sein.[78] Dies bedeutet dann auch, dass sich mehrere Akteure ein Recht an einem Gut teilen können.[79] Eine solche Situation ist im Fall von Unternehmen geben, bei denen durch die Ressourcenzusammenlegung ein Sondereigentum gebildet wird und kollektive Rechte (*collective rights*) begründet werden.[80] Auch bei der Begründung kollektiver Rechte bleiben die Frage der Zuordnung respektive Ausgestaltung von Verfügungsrechten und die davon ausgehenden Anreizwirkungen für die einzelnen beteiligten Akteure relevant. Ausgehend von der Annahme des eigennutzmaximierenden Verhaltens der einzelnen an dem Vertragsnetz Unterneh-

---

70 *Schäfer/Ott* (2000), S. 87.

71 Verfügungsbefugnis ist hier nicht in der engen juristischen Definition zu verstehen, sondern vielmehr in einem weiten Sinne.

72 *Krüsselberg, U.* (1993), S. 93.

73 *Schmidtchen* (1983), S. 12.

74 *Homann/Suchanek* (2005), S. 121 f.

75 *Erlei/Leschke/Sauerland* (1999), S. 272. Daraus resultiert auch die deutsche Bezeichnung „Handlungsrechte“ für *property rights*, vgl. *Schmidtchen* (1983), S. 9; *Röpke, J.* (1983), S. 122; *Hesse* (1983), S. 80 sowie *Schüller* (1983a), S. 147.

76 *Wolff* (1999), S. 116; *Erlei/Leschke/Sauerland* (1999), S. 272; *Schmidtchen* (1983), S. 9 f.; *Richter/Furubotn* (2003), S. 90; *Voigt* (2002), S. 65.

77 *Kirchner* (2005b), S. 57; vgl. auch *Richter/Furubotn* (2003), S. 41 und S. 90 ff.; *Krüsselberg U.* (1993), S. 90 f.

78 *Ricketts* (2002), S. 87.

79 *Ricketts* (2002), S. 88.

80 *Ricketts* (2002), S. 88 ff.

men beteiligten Akteure, geht es dann um eine Strukturierung respektive Ausgestaltung der Verfügungsrechte, die sicherstellt, dass alle Akteure ihre vertraglichen Verpflichtungen erfüllen und allen beteiligten Akteuren gleichermaßen die Vorteile der gemeinschaftlichen Ressourcennutzung zufließen. Insbesondere sind die beiden Grundprobleme der gemeinschaftlichen Ressourcennutzung, nämlich Entscheidung über den Einsatz der zusammengelegten Ressourcen und Verteilung von gemeinschaftlich anfallenden Kooperationsgewinnen unter den einzelnen Ressourcengebern, angesprochen.[81] So ist eines der grundlegenden Probleme der gemeinschaftlichen Ressourcennutzung, dass die Beteiligung aller Ressourcengeber an der Entscheidung über den Ressourceneinsatz Verhandlungskosten verursacht, die die zu erwartenden Vorteile aus der gemeinschaftlichen Ressourcennutzung übersteigen können. Daher erscheint es sinnvoll, eine Veränderung der Verfügungsrechte in der Art vorzunehmen, dass nunmehr Entscheidungsbefugnisse auf einzelne Akteure – das Management – übertragen werden,[82] um so durch Arbeitsteilung Kostenvorteile und Korporationsgewinne zu realisieren. Die Veränderung der Verfügungsrechtsstruktur derart, dass Entscheidungsbefugnisse über den Ressourceneinsatz auf einen oder mehrere Akteure (Management) übertragen und damit zugleich die anderen Akteure (Ressourcengeber) von der Entscheidung ausgeschlossen werden, ermöglicht dann die Einsparung von (Transaktions-)Kosten. Zudem ermöglicht es die Delegation von Verfügungsrechten auf ein Management auch, dieses als Monitor einzusetzen, der die „Beiträge", i.S. der vertraglichen Verpflichtungen, der einzelnen Ressourcengeber überwacht und so Trittbrettfahrerprobleme (*shirking*)[83] verhindert.[84] Die Delegation der Entscheidungsbefugnisse an das Management wirft jedoch wiederum die Frage auf, wie diejenigen, die entscheiden, selbst kontrolliert werden (*corporate governance*). Auch dies wird über die Ausgestaltung respektive Zuordnung von Verfügungsrechten beeinflusst bzw. geregelt.

Die (potenziellen) Probleme, die im Zusammenhang mit Arbeits- und Aufgabenteilung entstehen, erlangen jedoch nicht nur aus der Perspektive des Verfügungsrechtsansatzes Relevanz, sondern sind expliziter Untersuchungsgegenstand des Prinzipal-Agent-Ansatzes, der abschließend vorgestellt werden soll.

d. Der Prinzipal-Agent-Ansatz[85]

Eine moderne Wirtschaft ist gekennzeichnet durch ein hohes Maß an Arbeitsteilung, wodurch Spezialisierungsvorteile realisiert werden können.[86] Die mit der

---

81 Vgl. dazu unten II.4.c.cc.

82 *Heine* (2003), S. 74; *Ricketts* (2002), S. 89 f.

83 Mit *shirking* ist das Problem angesprochen, dass einzelne Ressourcengeber versuchen werden, ihre Leistungen zurückzuhalten bei gleichzeitiger Partizipation an den Erträgen der Kooperation. Vgl. dazu *Alchian/Demsetz* (1972), S. 780 f.; *Heine* 2003, S. 73 f.

84 *Alchian/Demsetz* (1972), S. 781 ff.; *Heine* (2003), S. 73 f. sowie *Ricketts* (2002), S. 99 ff. und S. 110 f.

85 Zum Prinzipal-Agent-Ansatz siehe *Stiglitz* (1987), S. 966–971; die Beiträge in *Jost* (2001); *Richter/Furubotn* (2003), S. 173 ff.; *Voigt* (2002), S. 102 ff.; *Wolff* (1999), S. 122 ff.; *Meyer, M.* (2004), insbesondere S. 61–116; *Saam* (2002); mit besonderem Bezug zum Unternehmen siehe u.a. *Jensen/Meckling* (1976), S. 305–360; *Fama* (1986), S. 196–208 sowie *Alchian/Demsetz* (1972), S. 777–795.

86 Vgl. dazu bereits *Röpke, W.* (1949), S. 66 ff.

Arbeitsteilung verbundenen Probleme sind (auch) Untersuchungsgegenstand des Prinzipal-Agent-Ansatzes. Ausgangspunkt der Betrachtung ist, dass sich ein Akteur (Prinzipal) eines anderen Akteurs (Agent) zur Aufgabenerledigung bedient. Solche Prinzipal-Agent-Verhältnisse sind in verschiedenen Konstellationen in einem Unternehmen anzutreffen. Prominentestes Beispiel ist das Verhältnis zwischen den Anteilseignern (Prinzipal) und dem Management (Agent).[87] Bei der Aufgabenerledigung ist der Agent eigentlich gehalten, die Interessen des Prinzipalen zu verfolgen. Da aber sowohl Prinzipal als auch Agent Eigennutzmaximierer sind, ist die Nutzenfunktion von Prinzipal und Agent nicht identisch, möglicherweise sogar gegenläufig.[88] Grundlegendes Merkmal der Beziehung im Prinzipal-Agent-Modell sind Asymmetrien,[89] die eine Vielzahl von Problemen bedingen. Neben der Berücksichtigung der unterschiedlichen Risikoneigung der Akteure geht es vor allem um die Beachtung von Informationsasymmetrien zwischen den beiden Akteuren.[90] Die Arbeits- und Aufgabenteilung zwischen den Akteuren wird von unterschiedlichen Arten von Informationsasymmetrien begleitet, aus deren Anreizstrukturen Risiken für die schlechter informierte Partei resultieren.[91] Systematisch unterschieden wird zwischen Informationsasymmetrien, die vor Abschluss des Vertrages (der Delegation) bestehen, und Informationsasymmetrien, die im Verlauf der Vertragsbeziehung entstehen.[92] Das sich aus den vorvertraglichen Informationsasymmetrien ergebene Risiko wird als „advers Selektion" (*adverse selection*) bezeichnet und zielt auf ex ante nicht zu erreichende Informationen über tatsächliche Qualitätseigenschaften und die wahren Präferenzen des Agenten ab, von denen sein Verhalten gesteuert wird (*hidden characteristics*).[93] Risiken, die aus Informationsasymmetrien nach Vertragsabschluss resultieren, werden als „moralisches Risiko" (*moral hazard*) bezeichnet.[94] Dabei sind wiederum zwei Unterformen zu unterscheiden: Zum einen versteckte Handlungen (*hidden actions*), womit das Problem ansgesprochen wird, dass es für den einen Akteur (Prinzipal) aufgrund der damit verbundenen Kosten nicht möglich ist, die Handlungen des anderen Akteurs (Agent) unmittelbar zu überwachen.[95] Zum anderen besteht aber auch nach Vertragsschluss das Problem der versteckten Informationen (*hidden information*), konkret geht es darum, dass der

---

87 Siehe dazu auch schon explizit *Smith* ([1776] 1990), S. 629; vgl. auch *Jensen/Meckling* (1976), S. 309; *Fama* (1986), S. 198; *Hansmann/Kraakman* (2004b), S. 21f. sowie die Darstellung bei *Richter/Furubotn* (2003), S. 177ff.

88 *Jensen/Meckling* (1976), S. 308; *Wieland* (1996), S. 105; aber auch *Hansmann/Kraakman* (2004b), S. 21.

89 *Saam* (2002), S. 16.

90 *Wolff* (1994), S. 50.

91 *Wolff* (1994), S. 50.

92 Einen detaillierten Überblick über die Modelle, die die asymmetrische Informationsverteilung und daraus resultierende Risken zum Gegenstand haben, bieten die Beiträge in *Jost* (2001) sowie *Wolff* (1994), S. 51 ff.

93 *Jost* (2001), S. 27 ff.; *Richter/Furubotn* (2003), S. 163; *Wolff* (1999), S. 122; *Wieland* (1996), S. 106.

94 *Richter/Furubotn* (2003), S. 163 und S. 584; *Wolff* (1999), S. 123; *dies.* (1994), S. 51.

95 *Jost* (2001), S. 25 ff.; *Richter/Furubotn* (2003), S. 174; *Wolff* (1999), S. 123.

Prinzipal zwar das Verhalten des Agenten beobachten, aber nicht beurteilen kann.[96] Die aus Informationsasymmetrien resultierenden Anreizstrukturen können die Handlung der Akteure zu den entsprechenden Zeitpunkten beeinflussen. Konkret besteht die Gefahr, dass der schlechter informierte Akteur durch den besser informierten Akteur ausgebeutet wird.[97]

Die drei dargelegten Ansätze der Neuen Institutionenökonomik bieten die Grundlage für die Identifizierung der Anreizprobleme ökonomischer Transaktionen sowie der Analyse institutioneller Arrangements zur Lösung dieser Anreizprobleme. Zusammenfassend und stark verkürzt lässt sich dann folgende Struktur entwickeln: Der Prinzipal-Agent-Ansatz fokussiert auf die Asymmetrien, vor allem auf ungleiche Informationsverteilung bei ökonomischen Transaktionen, und wird insbesondere relevant, wenn es um die Identifizierung bestehender Anreizprobleme geht. Da eine Anreizsteuerung über die Verfügungsrechte respektive ihre Zuordnung erfolgt – die den Untersuchungsgegenstand der Theorie der Verfügungsrechte bilden –, können Anreizprobleme ebenfalls als Problem der Zuordnung der Verfügungsrechte identifiziert werden. Die Lösung dieses Anreizproblems liegt in einer Neujustierung bzw. Neuzuordnung der Verfügungsrechte. Diese Modifikation oder die Ausgestaltung der Verfügungsrechte generell ist Aufgabe des institutionellen Rahmens. Bei der Ausgestaltung des institutionellen Rahmens sind grundsätzlich verschiedene Alternativen denkbar, die aber allesamt mit Transaktionskosten verbunden sind. Grundsätzlich gilt es dann für die Lösung bestehender Anreizprobleme, die transaktionskostengünstigste Variante eines institutionellen Rahmens beziehungsweise Arrangements zu identifizieren.[98] Für die weiteren Untersuchungen, die in dieser Arbeit vorgenommen werden, bleibt damit an dieser Stelle festzuhalten, dass für die Identifizierung von Anreizproblemen und für ihre institutionellen Lösungsmechanismen das Zusammenspiel von Informationsasymmetrien, Verfügungsrechtstruktur und Transaktionskosten relevant ist. Verengt man nun den Fokus der Untersuchung auf den für die Theorie der Unternehmung relevanten Ausschnitt, nämlich die Betrachtung von Unternehmen als Netzwerk von Verträgen, kann unter Rückgriff auf die bisherigen Ausführungen eine Präzisierung insofern erfolgen, als auftretende Anreizprobleme in den Kontext des Vertrages gestellt und auch institutionelle Arrangements auf ihr Lösungspotenzial hinsichtlich der Vertragsprobleme untersucht werden.

---

96 *Jost* (2001), S. 30 ff.; *Richter/Furubotn* (2003), S. 174; *Wolff* (1999), S. 124.

97 *Wolff* (1999), S. 122; *dies.* (1994), S. 50; *Wieland* (1996), S. 105. Die Ausbeutungsgefahr wird in den klassischen Prinzipal-Agent-Modellen überwiegend als einseitiges Problem, nämlich der Gefahr der Ausbeutung des schlechter informierten Prinzipalen durch den besser informierten Agenten, diskutiert. Eine umfassende Kritik an dieser einseitigen Betrachtungsweise bietet *Meyer, M.* (2004).

98 Vgl. *Schüller* (1983b), S. IX.

4. Das Unternehmen als Netzwerk von Verträgen

Werden Unternehmen als Netzwerk von Verträgen betrachtet, ist für eine analytische Klarheit in Rechnung zu stellen, dass der ökonomische Vertragsbegriff nicht dem juristischen Vertragsbegriff entspricht. In der vertragstheoretischen Betrachtung werden keine rechtlich verbindlichen Verträge gefordert.[99] Es ist für diese ökonomische Betrachtung unerheblich, ob zwischen den Akteuren tatsächlich ein Vertrag im privatrechtlichen Sinne geschlossen wurde; vielmehr geht sie davon aus, dass alle Transaktionen – einschließlich des Kollektivhandelns im Unternehmen selbst und am Markt – auf Verträgen beruhen.[100]

a. *Die ökonomischen Grundlagen*

Das grundlegende Problem ökonomischer Transaktionen – sei es am Markt oder im Unternehmen – ist, dass die beschränkte Rationalität der Akteure und die Annahme von Transaktions- und Informationskosten dazu führt, dass es nicht möglich, aber durchaus auch nicht gewollt ist, bei Vertragsschluss (ex ante) für alle möglichen Zustände und Entwicklungen konkrete (effiziente) Vereinbarungen hinsichtlich Auszahlungsschemata und/oder Folgehandlungen festzulegen.[101] Das führt dazu, dass immer unvermeidbare Lücken in den vertraglichen Vereinbarungen verbleiben und Verträge nur unvollständig geschlossen werden können.[102]

Geht es um die Identifizierung ökonomischer Probleme im Kontext der Unvollständigkeit von Verträgen, sind Anreizprobleme *innerhalb* der Vertragsbeziehungen und Anreizprobleme *außerhalb* der Vertragsbeziehungen zu unterscheiden.

Innerhalb der Vertragsbeziehungen ermöglicht die Unvollständigkeit der Verträge einerseits das Einsparen von Kosten[103], die bei dem Versuch, für alle denkbaren zukünftigen Zustände im Voraus (ex ante) konkrete Vereinbarungen zu treffen, anfallen würden, und lässt zudem Spielraum für Anpassungen, bei denen Akteure Gelegenheit zur Reaktion auf später eintretende Umweltzustände haben.[104] Andererseits bedingt die Unvollständigkeit der Verträge immer einen Verhaltensspielraum für die Akteure – sowohl vor als auch nach Vertragsschluss –, der nicht durch spezifizierte Rechte und Pflichten predeterminiert ist.[105] Aufgrund der sich daraus ergebenen Anreizstrukturen sind diese Verhaltensspielräume mit Problemen bzw. Risiken

---

99 Vgl. auch die Darstellung bei *Richter/Furubotn* (2003), S. 165 ff.
100 Vgl. *Kirchner* (1997b), S. 277; vgl. auch *Williamson* (1990), S. 22.
101 Vgl. u.a. *Williamson* (1990), S. 203; *Ayres/Gertner* (1989), S. 92; *Wolff* (1994), S. 47; *Homann/Suchanek* (2005), S. 107 f.; *Meyer*, M. (2004), S. 174–191.
102 *Williamson* (1990), S. 52 und 203; *ders.* (1998), S. 31; *Richter* (1991), S. 407; *Wolff* (1994), S. 26; *dies.* (1999), S. 114; *Erlei/Leschke/Sauerland* (1999), S. 178; *Richter/Furubotn*, (2003), S. 194; *Homann/Suchanek* (2005), S. 107 f.; *Suchanek/Waldkirch* (1999), S. 2 ff.
103 Verhandlungskosten bzw. Kosten des Vertragsabschlusses.
104 *Richter* (1991), S. 407; vgl. auch *Homann/Suchanek* (2005), S. 107 f.; *Suchanek/Waldkirch* (1999), S. 12 ff.
105 *Wolff* (1994), S. 47.

behaftet, weil sie von den Akteuren opportunistisch ausgenutzt werden können.[106] Es besteht somit eine Ausbeutungs- oder Opportunismusgefahr.[107]

Die Annahme von Opportunismus ist als eine mögliche Handlungsweise – bedingt durch situative Anreizstrukturen – im Kontext der Annahme der individuellen Nutzenmaximierung zu sehen.[108] Opportunismus bedeutet, dass die Akteure bereit sind, bei der Verfolgung ihrer individuellen Interessen (zur Erreichung des Maximierungsziels) auch „arglistig" vorzugehen und „unehrlich" zu sein in dem Sinne, dass sie ihre Präferenzen verschleiern, Daten verdrehen, absichtlich Fakten durcheinanderbringen etc.[109]

Die wichtigsten Anreizprobleme ergeben sich aus asymmetrischen Informationen der Akteure und (transaktions)spezifischen Investitionen.[110] Informationsasymmetrien begründen Ausbeutungs- oder Opportunismusgefahren sowohl vor Vertragsschluss („adverse Selektion") als auch danach, bei der Abwicklung von Tauschbeziehungen („moralisches Risiko").[111] Sie ermöglichen es dem besserinformierten Akteur, sich – sowohl ex ante als auch ex post – strategisch zu verhalten und Informationsvorsprünge zu nutzen, um so verschiedene eigeninteressierte Ziele verfolgen zu können und sich „besserzustellen", wodurch der Erfolg der Tauschbeziehung insgesamt gefährdet wird.[112] Ebenso bestehen nach Vertragsschluss, in der Erfüllungsphase, (ex post) Ausbeutungs- oder Opportunismusgefahren aufgrund spezifischer Investitionen.[113] Charakteristikum spezifischer Investitionen ist, dass die Investierenden das Risiko eingehen müssen, sich die Erträge ihrer Investitionen nicht selbst aneignen zu können, sondern von anderen ausgebeutet zu werden.[114] Dies ist der Fall, wenn bei einer Transaktionsbeziehung von einer Seite Vorleistungen (Investitionen) zu erbringen sind, die von der anderen Seite durchaus schon genutzt, aber eben noch nicht voll entgolten wurden.[115] Auf diese Weise eröffnen Verträge der Seite, die den Vertrag noch zu erfüllen hat, die Möglichkeit, sich einen Vorteil aus den bereits erbrachten Leistungen der vorleistenden Partei zu verschaffen, falls die Verpflichtungen der nachleistenden Partei nicht zu spezifizieren und durchzusetzen sind.[116]

---

106 *Williamson* (1990), S. 34 ff., S. 54 f. sowie S. 73 ff.; *Wolff* (1994), S. 26 und S. 48; *dies.* (1999), S. 114; *Richter/Furubotn* (2003), S. 152 ff.; *Erlei/Leschke/Sauerland* (1999), S. 178.

107 Vgl. *Meyer, M.* (2004), S. 168 f.

108 *Williamson* (1990), S. 53; *Richter/Furubotn* (2003), S. 145.

109 *Williamson* (1990), S. 54 f.; *Richter/Furubotn* (2003), S. 5 f.; *Wolff* (1994), S. 26.

110 *Richter/Furubotn* (2003), S. 152; *Wolff* (1994), S. 49; *Homann/Suchanek* (2005), S. 91 ff.; vgl. auch *Williamson* (1990), S. 34 ff.

111 *Richter/Furubotn* (2003), S. 152 f.; vgl. auch oben II.3.d.

112 Vgl. auch *Ayres/Gertner* (1989), S. 94: "One party might strategically withhold information that would increase the total gains from contracting (the 'size of the pie') in order to increase her private share of the gains from contracting (her 'share of the pie')."; aber auch *Wieland* (1996), S. 105.

113 Vgl. dazu *Williamson* (1990), S. 60 ff.; *Richter/Furubotn* (2003), S. 162 f.; *Homann/Suchanek* (2005), S. 96 ff.; *Suchanek/Waldkirch* (1999), S. 6 f.; vgl. auch die Ausführungen bei *Meyer, M.* (2004), S. 178.

114 *Suchanek/Waldkirch* (1999), S. 6; *Meyer, M.* (2004), S. 178.

115 *Richter/Furubotn* (2003), S. 152 f.; *Brennan* (1997), S. 289.

116 *Brennan* (1997), S. 289.

Opportunismusgefahren aufgrund von Verhaltensspielräumen, genauer aufgrund der daraus resultierenden Anreizstrukturen, treten potenziell in jeder Tauschbeziehung auf, in der eine der beiden Vertragsparteien spezifisch investiert hat (*sunk cost*).[117] Solche vertraglichen Bedingungskonstellationen sind typischerweise in Schuldner-Gläubiger-Beziehungen gegeben, wenn der Gläubiger die Handlungen des Schuldners ex ante und ex post nicht hinreichend kontrollieren kann. Opportunismus kann somit als vertragsimmanent angesehen werden.[118] Die unumgänglichen Lücken in Verträgen eröffnen Ausbeutungsmöglichkeiten (Opportunismusgefahren), die ihrerseits Kosten für die Beteiligten darstellen, zu Verhaltensänderungen führen und damit eventuell vorhandene Gewinnpotenziale ungenutzt lassen.[119]

Eine weitere Problemkategorie im Kontext der Unvollständigkeit von Verträgen bilden die Anreizprobleme *außerhalb der Vertragsbeziehungen*. Diese werden als so genannte externe Effekte (Externalitäten) erfasst. Externe Effekte entstehen, wenn Aktivitäten eines Akteurs oder mehrerer Akteure direkte Auswirkungen auf andere Akteure, d.h. auf deren Verfügungsrechte an Ressourcen haben und somit die Kosten oder den Nutzen dieser Akteure beeinflussen, ohne dass diese Auswirkungen Folge von vertraglichen Abmachungen sind (d.h. über den Markt vermittelt sind) und mithin keine Kompensation für diese Beeinträchtigung erfolgt.[120] Als externer Effekt werden sowohl die Einwirkungen eines Akteurs auf die Verfügungsrechte eines anderen Akteurs erfasst als auch die Auswirkungen eines Vertrages oder einer Kooperation zweier oder mehrerer Akteure (Marktteilnehmer) auf die Verfügungsrechte Dritter außerhalb des Vertrages oder der Kooperation. Diese Auswirkungen können sowohl positiver als auch negativer Art sein.[121] Soweit das Nutzenniveau des Dritten gesenkt wird, d.h. Kosten für ihn entstehen, spricht man von negativen externen Effekten.[122] Das Problem der negativen externen Effekte lässt sich somit auf Fehlanreize zurückführen. Diese bestehen insofern, weil der unkompensierte Nutzen, den ein Akteur aus seiner Aktivität („Schädigung") ziehen kann, Anreize für diese Aktivität bietet. Umgekehrt besteht aber auch kein Anreiz, diese Aktivität zu unterlassen bzw. die Auswirkungen der Aktivität auf Dritte zu berücksichtigen.

Zusammenfassend lässt sich festhalten, dass (effiziente) Verträge nur unvollständig geschlossen werden können. Damit ist auch die Betrachtung von Unternehmen dahingehend zu präzisieren, dass es sich um ein Netzwerk unvollständiger Verträge handelt. Zu unterscheiden sind im Kontext der Unvollständigkeit die Anreizprobleme innerhalb der Vertragsbeziehung (Opportunismus) und die Anreiz-

117 Vgl. in diesem Kontext auch die Ausführungen bei *Voigt* (2002), S. 106.
118 *Brennan* (1997), S. 289.
119 *Erlei/Leschke/Sauerland* (1999), S. 175; vgl. auch *Richter/Furubotn* (2003), S. 163 f.; sinngemäß auch *Ayres/Gertner* (1989), S. 94.
120 *Meyer, W.* (1983), S. 21; *Wolff* (1999), S. 117; *Richter/Furubotn* (2003), S. 109; *Homann/Suchanek* (2005), S. 261; *Voigt* (2002), S. 67; *Schäfer/Ott* (2000), S. 98.
121 *Voigt* (2002), S. 67; *Meyer, W.* (1983), S. 21.
122 Vgl. dazu *Wolff* (1994), S. 28; *dies.* (1999), S. 117.

probleme außerhalb der Vertragsbeziehung (externe Effekte). Aus den unvermeidbaren Lücken in den Verträgen ergeben sich Verhaltens- bzw. Handlungsspielräume für die Vertragsparteien, die aufgrund der Opportunismusgefahren, aber auch der externen Effekte zu Verhaltens- und zu Planungsunsicherheiten führen.[123] So sind beispielsweise Erfüllungsversprechen nicht schon per se glaubwürdig. Darin kann das zentrale Hindernis für die Realisierung von Kooperationsgewinnen gesehen werden.

Zur Überwindung dieses Hindernisses bedarf es institutioneller Vorkehrungen, die bestehende Anreizprobleme beheben. Es bedarf also institutioneller Vorkehrungen, die entsprechende Anreize setzen, um sicherzustellen, dass sowohl die vereinbarten Leistungen wirklich erbracht werden als auch, dass Auswirkungen auf Dritte in das Entscheidungskalkül (Kosten-Nutzen-Kalkül) eingestellt werden und somit wechselseitige Erwartungs- und Planungssicherheiten etablieren und Transaktionskosten einsparen.

Institutionen bieten dann einen Mechanismus zur Gestaltung und Sicherung der Handlungsspielräume der Interaktionspartner, durch die Informations- und Anreizprobleme behoben werden sollen.[124] Durch Institutionen werden die Verfügungsrechte und Handlungsspielräume respektive die Anreize und Kostenstrukturen definiert. Dies führt zur Etablierung wechselseitiger Erwartungssicherheiten bzw. Planungssicherheit und somit zu Kosteneinsparungen.[125] Stellen Institutionen einen Mechanismus zur Etablierung wechselseitiger Erwartungssicherheit und zur Korrektur von Fehlanreizen bereit, kann in diesem Zusammenhang auch die Funktion rechtlicher Regelungen näher beleuchtet werden.

b. Die Funktion rechtlicher Regelungen bei Anreizproblemen

Entsprechend dem bereits eingeführten Institutionenbegriff[126] werden Institutionen als formelle und informelle Regelungen einschließlich ihrer Durchsetzungsmechanismen verstanden. Unter den Institutionenbegriff fallen daher rechtliche Regulierungen als formale, sanktionsbewehrte Regelungen, wobei nicht nur rechtliche Regulierungen im Sinne von staatlich gesetztem Recht (*public ordering*), sondern auch privat gesetztes Recht (*privat ordering*) umfasst werden, und staatliche sowie auch private Rechtsdurchsetzungs- bzw. Sanktionsmechanismen. Ebenso kommt auch eine Kombination beider Elemente in Betracht.[127]

Geht es um institutionelle Arrangements zur Korrektur von Fehlanreizen, wird auf der Ebene des staatlichen Rechts die Unterscheidung zwischen dispositivem und zwingendem Recht relevant.[128] Hintergrund ist, dass durch staatliche rechtliche

---

123 Vgl. dazu *Williamson* (1990), S. 55 und S. 64 ff.
124 *Homann/Suchanek* (2005), S. 100; *Erlei/Leschke/Sauerland* (1999), S. 175; *Kirchner* (1999a), S. 129.
125 *Suchanek/Waldkirch* (1999), S. 5; *Kirchner* (1999a), S. 129.
126 Vgl. oben II.2. sowie *Richter/Furubotn* (2003), S. 7.
127 Ausführlich zu dieser gesamten Problematik *Kirchner* (1999a), S. 127–185. Zur Unterscheidung von *public ordering* und *private ordering* vgl. auch *Homann/Kirchner* (1995b), S. 199.
128 Vgl. zu dieser Unterscheidung auch *Ayres/Gertner* (1989), S. 87.

Regelungen eine institutionelle Rahmenordnung für wirtschaftliche Aktivitäten geschaffen wird, die kanalisierend in das Verhalten der Akteure einzugreifen vermag. Zentrale Voraussetzung für die effiziente Nutzung ökonomischer Ressourcen ist jedoch die Vertragsfreiheit[129], da die Vertragsfreiheit es dem Inhaber einer Ressource ermöglicht, Verfügungsrechte an der Ressource dorthin zu übertragen, wo sie am höchsten bewertet werden, d.h., sie an den Ort ihrer wertvollsten Verwendung steuert.[130] Daher muss auch die institutionelle Rahmenordnung dem Grundsatz der Vertragsfreiheit grundsätzlich Rechnung tragen.

Betrachtet man vor diesem Hintergrund nun die staatliche Normsetzung durch dispositives oder zwingendes Recht, ergibt sich Folgendes:

aa. Dispositives staatliches Recht

Dispositives (staatliches) Recht strukturiert einerseits die Transaktionsbeziehungen, führt zur Stabilisierung von wechselseitigen Erwartungen und somit zur Einsparung von Transaktionskosten in der Weise, als das es Tauschregeln statuiert und deren stetiges Neuaushandeln überflüssig macht (*standard form contract*).[131] Andererseits erhält dispositives Recht den (Vertrags-) Parteien aber auch die Möglichkeit für präferenzgerechte, einzelvertraglich abweichende Vereinbarungen, da es eine Ausstiegsoption (Exit-Option) enthält, und ermöglicht somit eine individuelle Optimierung der bilateralen Vertragsbeziehung.[132] Daher trägt das dispositive Recht gleichfalls dem Grundsatz der Vertragsfreiheit (Privatautonomie) Rechnung. Zudem schützt es vertragliche Absprachen, indem es diesen rechtlich bindende Wirkung zuspricht und Verstöße gegen diese Absprachen mit Sanktionen belegt.[133] Da Erfüllungsversprechen gerade nicht per se glaubwürdig sind, funktioniert auch der Grundsatz der Vertragsfreiheit nur dann einwandfrei, wenn die Akteure an die frei vereinbarten Versprechen, d.h. die ausgehandelten Vertragskonditionen, gebunden sind und diese letztlich nötigenfalls extern auch gegen den Willen der anderen Vertragsparteien durchgesetzt werden können.[134]

bb. Zwingendes staatliches Recht

Während das dispositive Recht der Vertragsfreiheit Rechnung trägt, verdrängt das zwingende Recht die Vertragsfreiheit[135] und verringert die Wahlmöglichkeiten im Marktsystem.[136] Das zwingende Recht bewirkt eine direkte Verhaltenskanalisie-

---

129 Vertragsfreiheit kann als eine spezielle Ausprägung der Privatautonomie gesehen werden; diese beinhaltet sowohl die Abschlussfreiheit als auch die Gestaltungs- und Inhaltsfreiheit, vgl. insbesondere in einem juristischen Kontext *Paulus/Zenker* (2001), S. 1; vgl. aber auch *Richter/Furubotn* (2003), S. 148 f.

130 *Richter/Furubotn* (2003), S. 148; *Schäfer/Ott* (2000), S. 365.

131 Vgl. *Ayres/Gertner* (1989), S. 90 sowie *Easterbrook/Fischel* (1991), S. 34.

132 *Ayers/Gertner* (1989), S. 87: "they govern unless the parties contract around them".

133 Vgl. dazu auch *Lehmann* (1983), S. 172.

134 *Richter/Furubotn* (2003), S. 149; *Brennan* (1997), S. 289.

135 *Ayres/Gertner* (1989), S. 88: "they govern even if the parties attempt to contract around them".

136 *Schüller* (1983a), S. 153.

rung der Akteure und schließt individuell abweichende Problemlösungen aus. Insbesondere unter dem Aspekt, dass eine individuelle Optimierung eines bilateralen Vertragsverhältnisses durch zwingende rechtliche Regelungen ausgeschaltet wird, stellt sich die Frage, wann es notwendig ist, Fehlanreize innerhalb und außerhalb von Vertragsbeziehungen zwingend rechtlich zu regulieren. Diese Frage berührt dann auch die normative Rechtfertigung für zwingende staatliche Regelungen.

Da die Vertragsfreiheit in funktionsfähigen Märkten zu Effizienz führt,[137] scheint zwingendes Recht nur dann zu rechtfertigen zu sein, wenn innerhalb oder außerhalb des Vertrages Probleme auftauchen, die nicht über den Marktmechanismus zu lösen sind.[138] Eine Marktlösung würde bedeuten, dass die beteiligten oder betroffenen Parteien selbst zu geringen Kosten über das Problem verhandeln und eine entsprechende vertragliche Vereinbarung abschließen können.

Relevanz erlangt die Frage von Verhandlungslösungen insbesondere im Kontext von Marktversagen, konkreter im Kontext der so genannten negativen externen Effekte. Negative externe Effekte sind, wie oben bereits ausgeführt, Auswirkungen auf die Verfügungsrechte Dritter, die nicht Gegenstand vertraglicher Abmachungen sind und zu Fehlanreizen bei den Akteuren führen. Es bedarf somit einer Korrektur des Marktversagens – genauer gesagt der Verhaltenssteuerung der an einem Vertrag beteiligten Akteure.

cc. Rechtliche Regelungen und Funktionsdefizite von Märkten

Vor allem unter dem Aspekt der Vertragsfreiheit, die eine individuelle Optimierung von Vertragsbeziehungen ermöglicht, wird die Frage relevant, inwieweit negative externe Effekte durch eine Verhandlungslösung internalisiert werden können. Begreift man nämlich – wie insbesondere von *Coase* gefordert – externe Effekte als „reziprokes Problem“[139], d.h. als Problem von „Verursacher“ und „Betroffenem“ gleichermaßen, liegt es nahe, externe Effekte als Gegenstand eines für beide Seiten vorteilhaften Tausches zu verstehen. Es ist somit der Frage nachzugehen, ob der „Geschädigte“ und der „Schädiger“ nicht selbst über das Problem verhandeln können.[140]

In einer Welt ohne Transaktionskosten, in der Verfügungsrechte voll spezifiziert sind, erscheint es immer möglich, Verfügungsrechte unabhängig von ihrer anfänglichen rechtlichen Zuordnung auf der Grundlage von Verhandlungslösungen bzw. marktlichen Tauschs zu übertragen.[141] Die privatautonome Verhandlung von Verfügungsrechten ist in einem solchen Fall die effizienteste Lösung.

Dies kann sich jedoch ändern, wenn die Kosten von Transaktionen berücksichtigt werden. Zum einen wird nämlich die Zuordnung von Verfügungsrechten relevant,

137 *Richter/Furubotn* (2003), S. 148.
138 Vgl. dazu *Ayres/Gertner* (1989), S. 88; *Schäfer/Ott* (2000), S. 609.
139 *Coase* ([1960] 1988), S. 96 und S. 119 f.
140 *Coase* ([1960] 1988), S. 95 ff.; *Homann/Suchanek* (2005), S. 262; *Cheffins* (1997), S. 244.
141 Vgl. *Coase* ([1960] 1988), S. 104 und S. 114; vgl. auch *Richter/Furubotn* (2003), S. 110.

wobei in Rechnung zu stellen ist, dass aufgrund der Transaktionskosten (Spezifikationskosten) eine vollständige Zuweisung von Verfügungsrechten möglicherweise nicht mehr möglich ist.[142] Zum anderen ist eine Markttransaktion immer mit Kosten verbunden, denn man muss, um eine solche durchzuführen zu können, herausfinden, mit wem man eine Übereinkunft erzielen will: Man muss wissen lassen, dass man und unter welchen Bedingungen man einen Abschluss sucht (Such- und Informationskosten), man muss Verhandlungen führen, die zu einer Übereinkunft führen, man muss einen Vertrag schließen (Verhandlungs- und Entscheidungskosten), man muss die notwendigen Vorkehrungen treffen, um die Einhaltung der Vertragsbedingungen zu überwachen (Überwachungs- und Durchsetzungskosten) usw.[143] Diese Kosten können für „Schädiger" und „Geschädigten" unterschiedlich hoch sein, sodass es von der Zuweisung der Verfügungsrechte an die Partei mit den niedrigsten Transaktionskosten abhängt, ob es zu einem effizienzsteigernden Tausch der Verfügungsrechte kommt.[144]

Ein Verhandlungslösung hinsichtlich negativer externer Effekte bedeutet eine ex ante vertragliche Einigung des „Schädigers" mit allen potenziellen Betroffenen einer Aktivität. Dies kann sich jedoch als äußerst kostspielig erweisen, jedenfalls aber so teuer, dass eine Verhandlungslösung an den entstehenden Kosten scheitert und ein Markt für eine solche Lösung nicht entsteht.[145] Eine ex ante Verhandelbarkeit von Verfügungsrechten scheidet vor allem aus im Fall der „Zersplitterung" einer Marktseite,[146] wenn also die für eine Verhandlungslösung notwendigen Akteure ex ante nicht identifizierbar sind. Das dargelegte Problem lässt sich gut nachzeichnen an der Überlegung, dass alle möglichen Parteien eines zukünftigen Unfalls oder Delikts miteinander verhandeln. Da nicht konkret vorhergesehen werden kann, welche Parteien betroffen sind, wann und wie ein möglicher Unfall eintritt und welche Verfügungsrechte konkret beeinträchtigt sein werden, gibt es auch keinen effektiven Weg, miteinander zu verhandeln; die Transaktionskosten einer solchen Verhandlungslösung wären extrem hoch.[147] In diesen Fällen kommt der institutionellen Rahmenordnung – konkret der Rechtsordnung – die Aufgabe zu, zwingend durch die Zuweisung von Verfügungsrechten eine unmittelbare ex ante Verhaltenssteuerung vorzunehmen, die auf Vermeidung des negativen externen Effekts gerichtet ist.[148]

Mit dieser Problemkategorie sind jedoch noch nicht alle Fälle eines Marktversagens bzw. negativer externer Effekte erfasst. So sind durchaus Fälle denkbar, in denen die Parteien einer Externalität ex ante identifiziert werden können. Wie oben bereits angedeutet, wird die Frage von Verhandlungslösungen maßgeblich von der Verfügungsrechtszuordnung und den damit verbundenen Transaktionskosten be-

142 *Richter/Furubotn* (2003), S. 109.
143 *Coase* ([1960] 1988), S. 114.
144 Vgl. *Coase* ([1960] 1988), S. 104 ff.
145 *Coase* ([1960] 1988), S. 114.
146 Vgl. *Lehmann* (1983), S. 179.
147 *Brennan* (1997), S. 288.
148 Vgl. dazu *Brennan* (1997), S. 288.

stimmt. Die Frage, die sich insbesondere stellt, ist, ob durch eine entsprechende Verfügungsrechtsausgestaltung in der institutionellen Rahmenordnung die Anreize so gesetzt werden können, dass die Parteien selbst ex ante zu einer vertraglichen Lösung des Externalitätenproblems gelangen können. Kann eine Verhandlungslösung trotz entsprechender Ausgestaltung der Verfügungsrechte nur zu sehr hohen Kosten erzielt werden, könnte dies ein Indikator dafür sein, dass eine direkte Verhaltenssteuerung durch zwingendes Recht das transaktionskostengünstigere institutionelle Arrangement darstellt.

Im Ergebnis lässt sich festhalten, dass allein das Vorliegen eines negativen externen Effekts noch nicht automatisch eine zwingende staatliche Intervention rechtfertigt.[149] Vielmehr müssen zunächst die Möglichkeiten der Internalisierung durch Verhandlungslösungen zwischen den Parteien ausgelotet werden. Demnach ist eine unmittelbare Verhaltenssteuerung durch zwingendes Recht nur gerechtfertigt, wenn negative externe Effekte auftreten, die von den Parteien aufgrund der damit verbundenen Kosten nicht im Wege einer Verhandlungslösung selbstständig internalisiert werden können.

Auch wenn die bisherigen Ausführungen vorrangig auf das Externalitätenproblem fokussierten, darf nicht ausgeblendet werden, dass sich die Frage einer Marktlösung auch für ein *hold up* Problem oder das Problem asymmetrischer Informationen innerhalb der Vertragsbeziehungen stellt.[150] Auch hier ist es möglich, dass bestimmte Vertragsprobleme von den am Vertrag beteiligten Akteuren nicht (mehr) selbstständig im Verhandlungswege gelöst werden können: so beispielsweise im Falle fehlender Verhandlungsmacht einer der Vertragsparteien (*hold up* Problem), wenn sie aufgrund spezifischer Investitionen (*sunk costs*) an Handlungsflexibilität eingebüßt hat, aus dem Vertrag auszusteigen.[151] Daraus kann gefolgert werden, dass je spezialisierter Transaktionen sind, umso mehr sind Parteien potenziell durch (ex post) Opportunismus gefährdet und benötigen besonderen Schutz.[152]

Neben der Unterscheidung von dispositivem und zwingendem Recht betrifft die Frage nach dem „Wie" einer staatlichen Normsetzung im Kontext der vorliegenden Arbeit vor allem auch die Frage nach dem Statut, in dem eine solche Regelung (zweckmäßigerweise) angesiedelt wird. Damit ist der kollisionsrechtliche Aspekt einer rechtlichen Regelung angesprochen. Konkret geht es um die Frage, ob ein mögliches Regelungsproblem in der Beziehung eines Unternehmens zu seinen Gläubigern ein gesellschaftsrechtlich zu lösendes Problem ist oder ob eine entsprechende Problemlösung nicht zweckmäßiger in einem anderen Statut wie beispielsweise dem Vertrags-, Delikts- oder Insolvenzrecht angesiedelt werden sollte.

Bei der staatlichen Normsetzung zur Korrektur von Marktversagen geht es jedoch nicht nur um die Frage nach dem „Wie", sondern auch um die Frage nach dem

---

149 Vgl. *Krüsselberg, H.-G.* (1983), S. 67; vgl. auch *Homann/Suchanek* (2005), S. 262 f.
150 Vgl. dazu auch *Ayres/Gertner* (1989), S. 88.
151 Vgl. *Williamson* (1990), S. 61 ff.
152 Vgl. *Richter/Furubotn* (2003), S. 198.

„Maße“ zwingender Normsetzung. Diese betrifft die „Intensität“ der Normsetzung und enthält vor allem einen normativen Aspekt. An dieser Stelle lässt sich insbesondere die von *Coase* herausgearbeitete Reziprozität des Problems der negativen externen Effekte ins Spiel bringen: Den Vorteilen (Nutzen), die einer Gruppe von Akteuren zufließen, stehen Nachteile (Kosten) einer anderen Gruppe gegenüber. Wird deshalb die betreffende Aktivität durch Einführung von (neuen) Restriktionen – konkret einer zwingenden rechtlichen Regelung – verhindert, treten zwar die Nachteile nicht auf, jedoch lassen sich auch die möglichen Vorteile nicht realisieren.[153] Folglich taucht jeweils die Frage nach Problemlösungen auf, bei denen die Interessen beider respektive aller Seiten (Interaktionspartner) entsprechend berücksichtigt werden und dadurch der Gesamtvorteil aller Akteure maximiert wird.[154] Aus gesamtgesellschaftlicher Sicht geht es somit hinsichtlich der Externalitäten nicht um die vollständige Verhinderung bzw. Internalisierung jeglicher Externalitäten, sondern vielmehr um deren Reduktion auf ein gesellschaftlich gewolltes, d.h. legitimiertes Maß.[155]

Diese Überlegungen lassen sich gleichermaßen auf Vertragsprobleme innerhalb einer Vertragsbeziehung übertragen. In diesen Fällen muss ebenfalls der Nutzen zwingender gesetzlicher Regelungen mit den Kosten, d.h. den negativen Begleiterscheinungen der Restriktion, abgewogen werden.

Zusammenfassend lässt sich festhalten, dass sanktionsbewehrte rechtliche Regelungen als institutioneller Rahmen Problemlösungsmechanismen für die Anreizprobleme innerhalb und außerhalb unvollständiger Vertragsbeziehungen bereitstellen. Unter dem Aspekt der Gewährung von Vertragsfreiheit (Privatautonomie) ist vor allem die Unterscheidung zwischen dispositiven und zwingenden staatlichen Regelungen relevant. Während dispositives Recht bei Erhalt von Vertragsfreiheit zu individuell optimierten Lösungen führt, verdrängt zwingendes Recht die Vertragsfreiheit und nimmt eine direkte Verhaltenssteuerung vor, die am Durchschnittsfall orientiert ist und deswegen nur zu einer zweitbesten Lösung führt. Abstrakt lässt sich die Funktion zwingender staatlicher Regelungen und ihre normative Begründung[156] mit einer kollektiven Präferenz für bzw. als Ergebnis einer hypothetischen Verhandlungslösung über den Schutz von Vertragsparteien inner-

153 *Kirchner* (1992), S. 596; *Coase* ([1960] 1988), S. 132.
154 *Kirchner* (1992), S. 596; *ders.* (1997b), S. 22 f.; vgl. auch *Homann/Suchanek* (2005), S. 262.
155 In der Terminologie der Konstitutionenökonomik (einer Unterdiziplin der Institutionenökonomik) heißt das: Bezüglich rechtlicher Regelungen geht es dann um den Test, ob sich diese Regelungen des Verhältnisses zwischen den betreffenden Akteuren als Ergebnis eines Konsenses dieser Akteure begreifen lassen. Es geht also um die Frage, ob sich die beteiligten Akteure auf diese Regelungen zur Substituierung ihres Vertrages einigen würden, wenn eine Verhandlungslösung möglich wäre (*market mimicking*). Gehen von einem Vertrag negative externe Effekte für Dritte aus, werden diese dem Vertrag nur zustimmen, wenn die für sie negativen Auswirkungen beseitigt werden. Somit ist die Zustimmungsfähigkeit der Regelungen (hypothetischer Konsens) das Legitimationskriterium, vgl. *Buchanan* (1987), S. 243–250; *Kirchner* (1997b), S. 272 f. und 276 f.; *Homann* (1999), S. 58 ff. insbesondere S. 59; *Vanberg* (1999), S. 40 ff.; *Homann/Suchanek* (2005), S. 162–177; *Homann/Kirchner* (1995b); *Kirchner* (2002a), S. 167.
156 Zu den unterschiedlichen normativen Kriterien siehe Fn. 155.

halb einer Vertragsbeziehung und Akteuren außerhalb eines Vertrages (Externalitäten) erklären. Allerdings ist mit dieser abstrakten Erklärung noch offen zum einen, in welchen konkreten Fällen ein zwingender Schutz erforderlich wird, und zum anderen vor allem, wie er am zweckmäßigsten ausgestaltet werden kann.

Um diese Fragen nun für die Beziehungen eines Unternehmens zu seinen Gläubigern bearbeiten und dabei die Wirkung bestehender rechtlicher Regelungen sowie der Rechtswahlfreiheit überhaupt untersuchen zu können, verbleibt als letzter Schritt dieser theoretischen Ausführungen, den theoretischen Bezugsrahmen, den die Betrachtung des Unternehmens als Netzwerk von Verträgen bietet, auf seine Anschlussfähigkeit mit der juristischen Konzeption des Unternehmens hin abzuprüfen.

c. *Die neoinstitutionalistische Theorie der Unternehmung und die juristische Konzeption eines Unternehmens*

aa. Die Unterscheidung von Innen- und Außenverhältnis eines Unternehmens

Ausgehend von der Beobachtung, dass es sich – wie bereits dargelegt – bei Märkten und Unternehmen um alternative Koordinationsformen handelt, die unterschiedliche Strukturen aufweisen, ist auch für die Problemanalyse ökonomischer Transaktionen insbesondere der Analyse der Anreizstrukturen unterschiedlicher institutioneller Arrangements die Unterscheidung zwischen unternehmensinternen Transaktionen und Außenaktivitäten eines Unternehmens vorzunehmen.[157] Die weitreichende ökonomische Diskussion um die Abgrenzung von Markt und Unternehmen kann vorliegend nicht im Detail nachgezeichnet werden.[158]

Relevant für die Untersuchungen der vorliegenden Arbeit ist jedoch hinsichtlich der Unternehmen systematisch zwischen den internen Strukturen der Ressourcengeber, die Ressourcen gemeinschaftlich nutzen, und den Außenbeziehungen, so den Markttransaktionen eines Unternehmens, zu unterscheiden, bei denen das Unternehmen selbst als korporativer Akteur auftritt. Die Relevanz für die vorliegende Arbeit zeigt sich vor allem darin, dass für das (deutsche) Gesellschaftsrecht die Unterscheidung von Innen- und Außenverhältnis eines Unternehmens von grundlegender Bedeutung ist. Als Innenverhältnis werden dabei die Beziehungen der Gesellschafter untereinander, als Außenverhältnis die Beziehungen der „Personenvereinigung" zu Dritten bezeichnet.[159] Dementsprechend ist auch grundsätzlich zwischen dem Innenrecht und dem Außenrecht zu unterscheiden.

Die Notwendigkeit einer solchen systematischen Unterscheidung wird nun besonders deutlich, wenn es darum geht, Fragen nach der Wirkung der Rechtswahlfreiheit zu bearbeiten. Denn wie weit reicht die gesellschaftsrechtliche Rechtswahlfrei-

---

157 Vgl. in diesem Zusammenhang auch *Richter/Furubotn* (2003), S. 53.

158 Vgl. u.a. *Kirchner* (1993), S. 196–215; *Schreuder* (1993), S. 39–59 sowie unter Berücksichtigung der rechtlichen Perspektive mit weiteren Nachweisen *Hodgson* (2002), S. 37–60.

159 Vgl. u.a. *Wiedemann* (1980), § 1, S. 84; *Kübler/Assmann* (2006), § 3 IV 1, S. 26; *Hueck/Windbichler* (2003), § 2, Rdn. 13.

heit überhaupt? Werden nur die Regulierungen des Innenverhältnisses von der Wahlfreiheit erfasst? Sind Regulierungen des Außenverhältnisses auch Gegenstand der Wahlfreiheit? Welchen kollisionsrechtlichen Statuten sind die Regelungen zugeordnet? Innerhalb welcher Statute wird wie gewählt? Wie werden die Statute gegeneinander abgegrenzt? Wie wirken unterschiedliche Statute zusammen? usw. All diese Fragen sind auf den ersten Blick natürlich vor allem juristische Fragen, die man im Lichte von kollisionsrechtlicher Statutenabgrenzung und Niederlassungsfreiheit angehen könnte. Auf den zweiten Blick wird aber (wiederum) deutlich, dass Aussagen über die Reichweite der Wahlfreiheit eng verknüpft sind mit der Frage der Funktion und der Wirkung der konkreten rechtlichen Regelungen für die Beziehung der Wählenden und für Beziehungen zu Akteuren, die nicht an der Rechtswahl beteiligt sind. Auf diese Punkte wird später detailliert zurückzukommen sein.[160]

An dieser Stelle gilt es zunächst den Bezugsrahmen für die Wirkungsanalyse zu entwickeln, innerhalb dessen Anreizprobleme der Transaktionsbeziehungen identifiziert und rechtliche Regelungen als Lösungsmechanismen auf ihr Problemlösungspotenzial hin untersucht werden können. Und die Anforderungen an den Bezugsrahmen lassen sich nunmehr wie folgt formulieren:

Er muss einerseits das Unternehmen als Ganzes erfassen und andererseits, aufgrund der grundlegenden – sowohl ökonomischen als auch juristischen – Bedeutung für die Untersuchungen der vorliegenden Arbeit, der systematischen Unterscheidung zwischen dem Innen- und dem Außenverhältnis eines Unternehmens gerecht werden. Daraus folgt dann auch, dass ein ökonomisches Modell für rechtswissenschaftliche Fragestellungen in dem Maße nutzbar gemacht werden kann, wie es die Abbildung dieser Unterscheidung ermöglicht. Unter diesem Aspekt soll nachfolgend das Modell des Unternehmens als Netzwerk von Verträgen genauer beleuchtet werden, um so ebenfalls den theoretischen Bezugsrahmen für die Funktions- und Wirkungsanalyse konkreter herauszuarbeiten. Dafür ist zunächst noch einmal in Erinnerung zu rufen, dass es sich bei der Betrachtung des Unternehmens als Nexus von Verträgen um ein analytisches Modell handelt und der diesem Konzept zugrunde liegende ökonomische Vertragsbegriff nicht mit dem juristischen Vertragsbegriff (Rechtsgeschäft) identisch ist.[161]

Der Betrachtung des Unternehmens als Netzwerk von Verträgen kann ein gewisser Schlagwortcharakter zugesprochen werden, denn *den* Vertragsnexusansatz im Sinne eines einheitlichen theoretischen Konzepts gibt es nicht. Unter dieses Netzwerkkonzept fallen vielmehr verschiedene Beiträge, wobei sich im Wesentlichen zwei Interpretationen des Nexusansatzes unterscheiden lassen.[162] Während die eine Interpretation die Gemeinsamkeiten von Verträgen, die ein Unternehmen konstituieren und denen, die bilateralen Markttransaktionen zugrunde liegen, herausstellt,

---

160 Siehe insbesondere unten IV.2.c.ff.
161 Siehe oben II.4.
162 *Vanberg* (1994), S. 132.

fokussiert die andere Interpretation auf die Unterschiede zwischen diesen Verträgen.[163]

Unter der Maßgabe, dass es einen theoretischen Bezugsrahmen für die Analyse rechtlicher Regelungen zu entwickeln gilt, der der Unterscheidung von Innen- und Außenverhältnis eines Unternehmens Rechnung trägt, sollen nachfolgend die beiden Ansätze ausführlicher vorgestellt werden.

bb. Das Unternehmen als Netzwerk bilateraler Austauschbeziehungen

Der Interpretation des Unternehmens als Netzwerk bilateraler Austauschbeziehungen liegt das Austauschparadigma zugrunde.[164] Ein solches Modell orientiert sich an einem marktlichen Zwei-Parteien Austausch zwischen den direkten Interaktions- und Tauschpartnern.[165] Unternehmen werden dann – abstrakt formuliert – als ein Set von Verträgen gesehen, die bestimmen, auf welche Art und Weise *inputs* zusammengebracht werden, um *outputs* zu erzielen, und weiterhin die Art und Weise wie diese so erzielten *outputs* unter den *input*-Gebern verteilt werden.[166] Trotz eines Facettenreichtums bei der konkreten Ausgestaltung der Unternehmensstruktur bestehen in jedem Unternehmen hinsichtlich Natur und Charakter vergleichbare Vertragsbeziehungen.[167] Daher lassen sich in jedem Unternehmen gleichermaßen sog. *Key Participants*, also identische Gruppen von beteiligten Akteuren identifizieren, die eine entscheidende Rolle entweder bei der Finanzierung oder der Durchführung von Unternehmensaktivitäten spielen.[168] Dies sind die Anteilseigner (*shareholders*), Fremdkapitalgeber (*creditors*) einschließlich der Warenkreditgeber (*trade creditors*), Angestellte (*employees*) und Geschäftsführer bzw. Manager (*directors/managers*). Auch kann jede dieser Gruppen einen signifikanten Einfluss auf die Entscheidungsprozesse des Unternehmens haben.[169] Da sich all diese Gruppen auf einer freiwilligen Basis entscheiden, mit dem Unternehmen verbunden zu sein, ist die Fokussierung auf die Vertragsbeziehung ein geeignetes analytisches Vorgehen.[170]

Austauschvertragliche Beziehungen sind in diesem Modell das Wesen eines Unternehmens; dieses wird aus den verschiedenen Vertragsbeziehungen rekonstruiert, wobei auch die vertraglichen Beziehungen mit Arbeitnehmern, Kreditgebern, Lieferanten sowie Kunden mit umfasst sind.[171] Diese schließen – in dieser Betrachtung –

---

163 *Vanberg* (1994), S. 132.
164 Vgl. *Jensen/Meckling* (1976); *Alchian/Demsetz* (1972), S. 778; *Vanberg* (1994), S. 131 ff. und S. 137.
165 *Vanberg* (1982), S. 62.
166 *Fama* (1986), S. 198.
167 *Cheffins* (1997), S. 47.
168 *Cheffins* (1997), S. 47.
169 *Cheffins* (1997), S. 47.
170 *Cheffins* (1997), S. 47.
171 *Hart* (1989), S. 1764. Unterschiede finden sich hinsichtlich der Einbeziehung der Verbraucher (*customers*) in die Betrachtung. Grundsätzlich gehen auch diese vertragliche Arrangements mit dem Unternehmen ein. *Jensen/Meckling* beziehen sie mit ein, vgl. *Jensen/Meckling* (1976), S. 310. *Cheffins* hingegen lässt sie bei seinen Untersuchungen außen vor mit der Begründung, dass sie gewöhnlich nicht daran interessiert sind, die Geschäftsführungspolitik zu beeinflussen. Ebenso spielen die Verbraucher auch in Bezug auf die Finanzierung des Unternehmens keine entscheidende Rolle, vgl. *Cheffins* (1997), S. 47.

einen Vertrag mit einem zentralen Akteur.[172] Die dahinterstehende Überlegung ist, dass nicht mehr multilaterale Verträge zwischen allen Ressourcengebern geschlossen werden, sondern vielmehr ein bilateraler Vertragsschluss mit eben einem zentralen Akteur (*central common party*) erfolgt.[173] In diesen bilateralen impliziten oder expliziten Verträgen werden die Rechte und Pflichten (die Verfügungsrechte) der beteiligten Akteure im jeweiligen Vertragsverhältnis spezifiziert und somit das individuelle Verhalten im Unternehmen gesteuert.[174] Die „juristische Person" ist dann nur eine *legal fiction*[175], d.h. der mit bestimmten Rechtsfolgen verbundene Name für ein bestimmtes soziales Ordnungsgebilde, das aus einem Netz von expliziten und impliziten Verträgen zwischen verschiedenen Ressourceneignern (Managern, Kapitalgebern, Angestellten usw.) besteht.[176] Diese Nexus-Betrachtung bringt jedoch das Problem der Abgrenzung von Innen- und Außenverhältnis des Unternehmens mit sich, da die abgeschlossenen Verträge nicht systematisch unterschieden werden und somit nicht deutlich gemacht werden kann, welche der Beteiligten zum Innen- und welche zur Außenbeziehung eines Unternehmens gehören. In dieser Netzwerkinterpretation wird die Aufhebung zwischen dem Innenverhältnis und dem Außenverhältnis jedoch in Kauf genommen. *Jensen/Meckling* formulieren es sogar dahingehend, dass es nur geringen oder keinen Sinn macht, zwischen einem Innen und Außen des Unternehmens zu unterscheiden.[177]

Dieses Modell bietet durchaus – und das soll hier herausgestellt werden – einen methodischen Rahmen, um die Einheit Unternehmen, d.h. die im Geschäftsverkehr auftretende eigenständige Person zu rekonstruieren.[178] Der Ansatz begreift das Unternehmen als eine rechtliche Fiktion, die als Fokus für einen komplexen Prozess dient, bei dem konfligierende Interessen von Individuen innerhalb eines Rahmens von vertraglichen Beziehungen zur Abstimmung (Gleichgewicht) gebracht werden.[179] Er lenkt den Blick auf die Beziehungen (Interaktionen) und damit zugleich auf die (konfligierenden) Interessen zwischen den verbundenen individuellen Akteuren.[180] Zielt das Unternehmens- und Gesellschaftsrecht auf die Organisation des Unternehmens als Ganzes ab und wird dessen Aufgabe darin gesehen, einen Beitrag zum Ausgleich beziehungsweise zum Schutz der Interessen verschie-

---

172 *Alchian/Demsetz* (1972), S. 778 und S. 794f.; vgl. auch die Darstellung bei *Ricketts* (2002), S. 43 f.
173 *Alchian/Demsetz* (1972), S. 778 und S. 794.
174 *Jensen/Meckling* (1976), S. 307 f.
175 *Jensen/Meckling* (1976), S. 310 (Fn 12): "By legal fiction we mean the artificial construct under the law which allows certain organizations to be treated as individuals."; siehe dazu auch *Adams* (1991), S. 15, der darauf abstellt, dass eine juristische Person als „solche" nicht existiert, da sie ein „Leben" nur in der Vorstellung der Menschen besitzt, um deren Ordnung zu erleichtern.
176 *Jensen/Meckling* (1976), S. 311; *Adams* (2002), S. 232.
177 *Jensen/Meckling* (1976), S. 311: "Viewed this way it makes little or no sense to try to distinguish those things which are 'inside' the firm from those things that are 'outside' of it."
178 Vgl. *Jensen/Meckling* (1976), S. 311.
179 *Jensen/Meckling* (1976), S. 311.
180 *Cheffins* (1997), S. 32: "... despite a company's legal status it is helpful to deconstruct the corporate entity and examine directly the relationships between the key participants. When this is done, it becomes evident that individuals associated with companies become involved in corporate affaires voluntarily and interact on the basis of reciprocal expectations and behaviour."

dener Gruppen zu leisten,[181] scheint dieser Ansatz (Bezugspunkt) einen Anknüpfungspunkt für die weitere Analyse zu bieten.

Insbesondere um die zentrale Frage der Arbeit nach der Wirkung der Rechtswahlfreiheit auf die nicht an der Wahlentscheidung beteiligten Akteure des Außenverhältnisses eines Unternehmens bearbeiten zu können, ist es jedoch notwendig, zwischen dem Innen- und Außenverhältnis eines Unternehmens zu unterscheiden.

Aus der ökonomischen Perspektive selbst können bereits Bedenken gegen dieses Modell angebracht werden, denn die auf dem Austauschparadigma basierende Interpretation eines Unternehmens lässt die Grenzen dessen zu anderen Institutionen wie Märkten verschwimmen.[182] Weil sie keine systematische Unterscheidung zwischen den verschiedenen Vertragsverhältnissen trifft, kann sie auch nicht erklären, worin der Unterschied zwischen Unternehmensbeziehungen (korporativen Beziehungen) und marktlichen (bilateralen) Austauschbeziehungen liegt.[183] Dieser Ansatz bietet keine Erklärung für die Organisationsstrukturen, die das Unternehmen als Handlungseinheit, als korporativen Akteur und damit als Zurechnungssubjekt konstituieren und auftreten lassen, da der Ansatz eben keine systematische Erklärung für die kennzeichnende Natur eines Unternehmens als korporativen Akteur geben kann.[184] Die Besonderheiten korporativer Entscheidungen und korporativen Handelns und somit die innere Organisationsstruktur des Unternehmens werden nicht abgebildet.

Untermauert werden diese systematischen Bedenken durch die juristische Betrachtung des Unternehmens und der dem deutschen Gesellschaftsrecht zugrunde liegenden Konzeption.[185] Zwar ist auch aus rechtlicher Sicht die Gesellschaft, d.h. der Unternehmensträger, ein strukturiertes Set von Beziehungen zwischen Akteuren, jedoch ist – anknüpfend an die strukturellen Unterschiede – die Differenzierung zwischen dem Innenverhältnis und damit Innenrecht und dem Außenverhältnis und damit Außenrecht der Gesellschaft zentral für das deutsche Gesellschaftsrecht.[186] Im Wesentlichen geht es dabei um die Abgrenzung von Gesellschafts- und

181 Vgl. *Kübler/Assmann* (2006), § 2 II, S. 8 und § 2 III, S. 15; vgl. auch *Wiedemann* (1980), §§ 5–11, S. 355–655.

182 *Putterman* (1986), S. 6: "... for others the firm is a 'nexus of contract', not readily or unambiguously distinguishable from the market enviroment."

183 *Vanberg* (1994), S. 135. So stellt *Ködgen* vor allem aus einem juristischen Blickwinkel kritisch fest, dass immer erst aus den jeweiligen Vertragsinhalten, konkret den darin enthaltenen Verfügungsrechtsstrukturen, die aber durchaus variieren können, Rückschlüsse gezogen werden können. Eine systematische Unterscheidung alternativer Institutionen ist jedoch nicht möglich, vgl. *Köndgen* (1993), S. 141; vgl. aber auch den Kommentar von *Schmidtchen* (1993), S. 157 ff., insbesondere S. 164.

184 *Vanberg* (1982), S. 158 f.

185 Der beschriebene Nexusansatz ist vor allem durch die US-amerikanische Wissenschaft geprägt. Bezüglich des Gesellschaftsrechts muss dann auch in Rechnung gestellt werden, dass die unterschiedlichen nationalen Rechtsordnungen durchaus Unterschiede in ihren Konzeptionen aufweisen, vgl. dazu auch *Kübler* (2003), insbesondere S. 103 f.

186 So auch die Kritik von *Köndgen* am theoretischen Konzept der Unternehmung als Vertragsnetzwerk, *Köndgen* (1993), S. 140.

Austauschvertrag im rechtlichen Sinne. So gehören die durch rechtlich verbindliche Austauschverträge geschaffenen Schuldverhältnisse nicht zur Gesellschaft, da sie weder eine Personenvereinigung begründen noch auf die Erreichung eines gemeinsamen Zweckes gerichtet sind.[187] Auch wenn der oben beschriebene Vertragsnexusansatz in Rechnung stellt, dass durch die jeweiligen Verträge unterschiedliche Verfügungsrechtsstrukturen etabliert werden, so bietet er dennoch keinen Ansatzpunkt für eine systematische Unterscheidung der unterschiedlichen Vertragsverhältnisse. Die aus juristischer Perspektive – und auch für das Bearbeiten der Fragestellungen dieser Arbeit – relevante systematische Unterscheidung zwischen den eine Mitgliedschaft begründenden gesellschaftsrechtlichen Verträgen und den rechtlich verbindlichen Austauschverträgen wird nicht abgebildet bzw. kann nicht abgebildet werden.

cc. Das Unternehmen als Netzwerk von Verträgen: der konstitutionalistisch-vertragstheoretische Ansatz

Die Erklärung für die Entstehung korporativer Akteure sowie die Rekonstruktion korporativer Entscheidungen und korporativen Handelns kann durch die Verknüpfung des Vertragsnexusansatzes mit der ökonomischen Verfassungstheorie[188] geleistet werden.[189] Im Wege einer Analogiebildung werden die Überlegungen der gesellschaftlichen Verfassungstheorie auf Fragen der Unternehmensordnung angewendet.[190] Die ökonomische Verfassungstheorie dient der Erklärung kollektiver Entscheidungen und kollektiven Handelns von und innerhalb ganzer Gruppen von Akteuren.[191] Anknüpfungspunkt bildet dabei ein Gesellschaftsvertrag, der die Stellung der Mitglieder einer Organisation regelt.[192] Dieser Gesellschaftsvertrag wird anstelle einer Vielzahl bilateraler Einzelverträge abgeschlossen[193] und hat eine andere Funktionsweise als ein Netzwerk von Austauschverträgen.[194]

Der Gesellschaftsvertrag steht somit im Mittelpunkt der Betrachtung dieser Netzwerkinterpretation. Ausgangspunkt ist, dass zwar ein Unternehmen als korporativer Akteur auf Märkten auftritt, der korporative Akteur selbst jedoch nicht entscheiden und handeln kann; dies können nur individuelle Akteure.[195] Unter Rückgriff auf den Verfassungsansatz kann nun die Aufmerksamkeit auf die verfahrenstechnischen Grundlagen (*procedural foundations*) gerichtet werden, auf denen das

---

187 *Kübler/Assmann* (2006), § 1 I, S. 1 f.
188 Vgl. *Buchanan/Tullock* (1962); *Buchanan* (1984); *Buchanan* (1987), S. 243–250; vgl. auch *Gordon* (1976), S. 573–590 sowie *Homann/Kirchner* (1995b), S. 193 ff.
189 *Wolff* (1999), S. 127.
190 Siehe in diesem Zusammenhang auch *Homann/Suchanek* (2005), S. 161 und S. 289 f.
191 *Wolff* (1999), S. 127.
192 *Kirchner* (2004), S. 618; *Homann/Suchanek* (2005), S. 161.
193 *Wolff* (1999), S. 127; *Vanberg* (1994), S. 137, der hier den Begriff des "*social contract*" verwendet.
194 *Kirchner* (2004), S. 618; *Vanberg* (1994), S. 137: "To describe the constitution of an organization as a *social contract* is to say that it cannot meaningfully be decomposed into separate bilateral exchange contracts."
195 *Vanberg* (1994), S. 135.

unternehmerische Handeln basiert.[196] Er ermöglicht die Konzentration auf den sozialen Mechanismus, der die intra-organisatorische Koordination individueller Entscheidungen und Handlungen bewirkt, sodass das Unternehmen als ein korporativer Akteur gesehen werden kann.[197] Auch bei dieser Betrachtung wird auf die Vertragsbeziehungen fokussiert, jedoch rücken unter Berücksichtigung institutioneller Unterschiede von Unternehmen und Markt die unterschiedlichen Charakteristika der Verträge in den Mittelpunkt der Betrachtung.[198] Damit kann dann systematisch zwischen korporativen und austauschvertraglichen Beziehungen unterschieden werden.

Den Ausgangspunkt für die Rekonstruktion dieses Ansatzes sollen folgende Überlegungen bilden: (Individuelle) Akteure können entweder individuelle Nutzungsentscheidungen über ihre Ressourcen treffen (Konsum, Produktion) oder marktliche Transaktionen (Tausch) vornehmen. Sie können aber auch ihre Ressourcen zusammenlegen und diese gemeinschaftlich nutzen (Modell des Ressourcenpools).[199] Diese Form der Ressourcennutzung erfordert die Lösung der Grundprobleme (1) Entscheidung (*collective decision problem*) und (2) Verteilung (*distribution*):[200]

Zu (1): Die Zusammenlegung der Ressourcen führt zu einer Konzentration der Verfügungsrechte. Die Vorteile der gemeinschaftlichen Ressourcennutzung können nur erzielt werden, wenn über die zusammengelegten Ressourcen nicht mehr individuell, separat durch die einzelnen Ressourcengeber verfügt werden kann, sondern gemeinsam einheitlich „im Verbund" aller Beteiligten. In der Ressourcenzusammenlegung kann man die Begründung kollektiver Rechte sehen,[201] was eben eine kollektive Abstimmung (korporative Entscheidung) über den zweckmäßigsten Ressourceneinsatz unter den Beteiligten (Organisationsmitgliedern) erfordert.[202] Werden nun die Einsatzbedingungen der jeweiligen Ressourcen nicht mehr einzelvertraglich festgelegt, bedarf es der Regelungen darüber, wie die kollektive Abstimmung organisiert ist,[203] d.h., wie über den Einsatz der Ressourcen z.B. am Markt zu entscheiden ist bzw. entschieden wird. Dabei geht es vor allem auch um das Verfahren, nach dem die Einzelvoten der Organisationsmitglieder zur korporativen Entscheidung „verdichtet" werden.[204] Stellt man, wie bereits dargelegt, jetzt in Rechnung, dass eine fortwährende Partizipation aller Beteiligten am Abstimmungs-

---

196 *Vanberg* (1994), S. 135.
197 *Vanberg* (1994), S. 135.
198 Vgl. *Vanberg* (1994), S. 139 ff.
199 Zur gemeinschaftlichen Ressourcennutzung vgl. *Vanberg* (1994), S. 136, der Bezug nimmt auf das von *Coleman* entwickelte Ressourcenpoolmodell. Zur Entscheidung über die Art der Ressourcennutzung vgl. auch *Kirchner* (2004), S. 618; *ders.* (2005b), S. 60: Die Entscheidung über die Art der Ressourcennutzung erfolgt auf der Grundlage des zu erwartenden Kostenvorteils im Vergleich der unterschiedlichen Nutzungsmöglichkeiten.
200 *Vanberg* (1982), S. 15: Diese Grundprobleme sind aus strukturellen Gründen bei allen korporativen Akteuren ungeachtet aller sonstigen Verschiedenheiten gegeben. Vgl. auch *Vanberg* (1994), S. 136.
201 Vgl. *Ricketts* (2002), S. 89; aber auch oben II.3.c.
202 *Vanberg* (1982), S. 10; *Homann/Suchanek* (2005), S. 293.
203 Vgl. *Vanberg* (1982), S. 18 f.
204 *Waldkirch* (2002), S. 159.

prozess insbesondere aus Kostengründen nicht möglich ist,[205] bietet es sich an, konkrete Entscheidungen über den Ressourceneinsatz in die Hände einzelner Akteure, entweder einzelner Ressourceneinbringer (Selbstorganschaft) oder aber von Experten (Fremdorganschaft), zu legen.[206] Wie ebenfalls oben bereits dargelegt, ermöglicht dies zum einen von den Vorteilen der Arbeitsteilung zu profitieren,[207] zum anderen können dadurch aber auch Trittbrettfahrerprobleme (*shirking*) verhindert werden.[208] Notwendig ist dafür die Übertragung (Delegation) von Entscheidungsbefugnissen und somit Verfügungsrechten an dieses Management. Dies erfordert wiederum (Verfahrens-) Regeln, die bestimmen, wie und in welchem Maße die Entscheidungsbefugnisse auf ein solches Management übertragen werden. Die Übertragung von Entscheidungsbefugnissen beziehungsweise Verfügungsrechten von den Mitgliedern auf das Management begründet ein Prinzipal-Agent-Verhältnis und bringt dann das oben bereits angesprochene Problem mit sich,[209] wie diejenigen, die die Entscheidungen treffen, kontrolliert werden. Da Kontrolle ihrerseits Informationen voraussetzt, sind dann zwei Regelungsbereiche angesprochen: Kontrolle und Information.[210]

Zu (2): Neben der Lösung des Entscheidungsproblems bedarf es der Lösung des zweiten Grundproblems, nämlich der Verteilung. Der Einsatz der zusammengelegten Ressourcen bringt nicht separate individuelle Erträge, sondern ein Gesamtergebnis – einen Korporationsertrag – hervor. Dann werden Verteilungsregelungen erforderlich, die regeln, wie dieser Korporationsertrag in individuelle Erträge umgesetzt wird.[211] Die Formulierung Korporationsertrag suggeriert zunächst ein positives Gesamtergebnis. Korporatives Handeln kann aber zugleich zu Verlusten führen, sodass auch hierzu Regelungen zu treffen sind, wie ein negatives Gesamtergebnis auf die Beteiligten (individuell) umverteilt wird. Dabei kann die Verteilung von positiven und negativen Gesamtergebnissen durchaus unterschiedlich geregelt sein.

Festzuhalten bleibt, dass die Zusammenlegung der Ressourcen zu einer Konzentration von Verfügungsrechten in der Hand eines Akteurs, nämlich des korporativen Akteurs führt. Daher verfügen die Akteure auch nicht mehr separat und in wechselseitiger Anpassung aneinander über ihre Ressourcen,[212] vielmehr werden die Verfügungsrechte von den individuellen Akteuren im Rahmen der festgelegten Mitbestimmungsrechte gemeinschaftlich ausgeübt.[213]

---

205 Vgl. oben II.3.c. sowie *Homann/Suchanek* (2005), S. 293; *Ricketts* (2002), S. 89: Entscheidungen setzen vor allem auch Information voraus, die jedoch aufgrund der damit verbundenen Kosten nicht jedem Mitglied gleichermaßen zugänglich und vor allem von jedem gleichermaßen zu verarbeiten sind.
206 *Kirchner* (2005b), S. 60.
207 Siehe oben II.3.c. sowie *Kirchner* (2005b), S. 60.
208 *Alchian/Demsetz* (1972), S. 777–795; siehe oben II.3.c.
209 Siehe oben II.3.d.
210 *Kirchner* (1983), S. 157.
211 *Vanberg* (1982), S. 17.
212 *Vanberg* (1982), S. 72.
213 *Waldkirch* (2002), S. 160.

Für die Abgrenzung zu den bilateralen Austauschverträgen ergibt sich dann, dass im Fall der Investition in korporatives Handeln Leistung (Beitrag) und Gegenleistung (Ertrag) der einzelnen beteiligten Akteure nicht mehr unmittelbar aneinander gekoppelt sind.[214] Der Ertrag fällt zentral als Korporationsertrag beim korporativen Akteur an und wird über besondere Verteilungsregeln in individuelle Erträge (Residuum) umgesetzt.[215] Es wird ex ante kein fest definiertes Kontrakteinkommen ausgehandelt; die Gegenleistung ist vielmehr der Gesellschaftsanteil (Bündel von Rechten und Pflichten), d.h. der Anteil an dem Unternehmensträger. Korporatives Handeln unterliegt somit expliziten oder impliziten Verfahrensregeln, auf die sich die Ressourcengeber bei der Zusammenlegung ihrer Ressourcen geeinigt haben.[216] Diese Verfahrensregeln[217] können nun als Verfassung (Gesellschaftsvertrag) gesehen werden, da sie das Unternehmen als korporativen Akteur konstituieren.[218] Nach diesem Verständnis sind korporative Akteure das Resultat konstitutiver Einigung.[219] Die konstitutive Einigung begründet dann auch die korporative Handlungsfähigkeit. Die Unternehmensverfassung bildet die Gesamtheit der konstitutiven und langfristig angelegten Regelungen für die Steuerung der Unternehmensaktivitäten.[220]

Daraus ergibt sich, dass auch in diesem Modell das Unternehmen ein Netzwerk von Verträgen ist. Jedoch fokussiert dieser konstitutionalistisch-vertragstheoretische Vertragsnetzansatz anders als der zuvor dargestellte Netzwerkansatz stärker auf die Modellierung der Besonderheiten und Möglichkeiten kollektiver Entscheidungen und Handlungen.[221] Durch dieses Modell kann die korporative Handlungsfähigkeit erklärt werden. Dieser liegt ein Prozess kollektiver Entscheidungsfindung zugrunde, dessen Ergebnis die Mitglieder durch ihre Zustimmung zur Unternehmensverfassung und zu den daraus erwachsenen Rechten und Pflichten für sich als verbindlich erklärt haben.[222] Die Einheit und Handlungsfähigkeit des Unternehmens werden auf dessen Verfassung zurückgeführt.[223] Die Verfassung stellt eine vertragliche Vereinbarung zwischen den Ressourcengebern (Mitgliedern) dar. Sie ist jedoch insofern offen, als sie nur die Grundordnung des Unternehmens verbindlich festlegt: Im Gegensatz zu den bilateralen Austauschverträgen werden

214 *Kirchner* (2004), S. 618; vgl. auch *Easterbrook/Fischel* (1991), S. 11.
215 Vgl. *Vanberg* (1982), S. 73.
216 Dies schließt nicht aus, dass es im Zeitverlauf auch zu Änderungen dieser Verfahrensregeln durch alle beteiligten Akteure kommt.
217 Verfahrensregeln sind hier nicht (ausschließlich) in einem juristischen Sinne zu verstehen, vielmehr geht es darum zu verdeutlichen, dass auf der konstitutionellen Ebene grundsätzlich keine „Endzustände“ festgelegt werden, obgleich auch Umverteilungsregeln Gegenstand des Verfassungsvertrages sein können. Im Wesentlichen enthält der Verfassungsvertrag neben der Definition von Rechten und Pflichten Spielregeln (einschließlich Schiedsinstanzen), mit weiteren Nachweisen siehe dazu *Wolff* (1994), S. 129.
218 *Vanberg* (1994), S. 136.
219 Vgl. *Wolff* (1994), S. 130; *Vanberg* (1994), S. 136.
220 *Gerum* (1999), S. 149.
221 Vgl. dazu die ausführliche Auseinandersetzung bei *Wolff* (1994), S. 44–122.
222 *Waldkirch* (2002), S. 161.
223 Vgl. *Waldkirch* (2002), S. 158.

in der Verfassung keine Endzustände festgelegt – man könnte hier davon sprechen, dass die Gegenleistung nicht voll spezifiziert ist –, sondern es erfolgt eine Definition von Rechten und Pflichten sowie Abstimmungsregeln, die für die weiteren Interaktionen der Ressourcengeber (postkonstitutionellen Verträge) maßgeblich sind.[224]

Für die Abgrenzung korporativer Strukturen von Marktstrukturen ergibt sich dann Folgendes: Während Märkte als dezentrale Netzwerke bilateraler Austauschbeziehungen betrachtet werden (können), werden korporative Akteure als zentral koordinierte Netzwerke korporativer Mitgliedschaftsbeziehungen modelliert (Modell des Ressourcenpools).[225] Da Unternehmen selbst wiederum als (korporativer) Akteur marktliche Transaktionen vornehmen können, erhält man so für die Analyse von Unternehmen einen einheitlichen, nämlich vertragstheoretischen Ansatz: Unternehmen konstituieren sich als Netzwerk von Verträgen unter den Mitgliedern, um dann mit Nichtmitgliedern Verträge auf Märkten abschließen und abwickeln zu können.[226] Diese Sichtweise erlaubt es, sowohl jene wechselseitig vorteilhafte Kooperation in den Blick zu nehmen, die zwischen den Mitgliedern des Unternehmens stattfindet, als auch jene zwischen dem Unternehmen und seinen externen Interaktionspartnern.[227]

Der gedanklich vorgelagerte Verfassungsvertrag als konstitutive Einigung über die Schaffung eines korporativen Akteurs und die Definition der Rechte und Pflichten innerhalb des Systems sowie die Abgrenzung von korporativen und bilateralen Beziehungen ebnen dann auch den Weg für die Anschlussfähigkeit von Theorie der Unternehmung und juristischer Konzeption, die auf der Abgrenzung von gesellschaftsvertraglichen und austauschvertraglichen Beziehungen beruht. Die verbleibende Frage ist, inwieweit die Abgrenzung von Innen- und Außenverhältnis eines Unternehmens in Analogie zur Abgrenzung korporativer und bilateraler Verträge möglich ist. Aus einer solchen Analogie könnte dann sogar der theoretische Bezugsrahmen für die positive Wirkungsanalyse gesellschaftsrechtlicher Regelungen in den jeweiligen Beziehungen entwickelt werden, der der systematischen Unterscheidung zwischen Innen- und Außenverhältnis eines Unternehmens Rechnung trägt. Eine weitere zu untersuchende Frage ist dann aber auch, ob alle Außenbeziehungen eines Unternehmens mit dem Modell des bilateralen Austauschvertrages zu erfassen sind. Diesen beiden Fragen widmet sich der folgende Abschnitt. Gemäß der Fragestellung der vorliegenden Arbeit bilden dabei die (Außen-) Beziehungen des Unternehmens zu seinen Gläubigern den Referenzpunkt.

224 Vgl. auch *Vanberg* (1994), S. 139. Angesprochen ist damit die Unterscheidung von Spielregeln und Spielzügen: Während auf der konstitutionellen Ebene (durch die Einigung auf eine Verfassung) die Spielregeln definiert werden, erfolgt dann auf der postkonstitutionellen Ebene das Spiel unter dieser Verfassung, d.h. die Spielzüge, vgl. insbesondere *Buchanan* (1984), S. 34 ff.; *Wolff* (1999), S. 128; *Schmidtchen* (1993), S. 163; *Homann/Suchanek* (2005), S. 292.

225 *Vanberg* (1982), S. 76.

226 *Homann/Suchanek* (2005), S. 292.

227 *Homann/Suchanek* (2005), S. 289.

dd. Die Anschlussfähigkeit von ökonomischem Modell und juristischer Konzeption

Zentral für die Abgrenzung korporativer (Austausch-) Beziehungen von bilateralen Austauschbeziehungen ist die Mitgliedschaft. Bezieht man hier in die Überlegungen mit ein, dass aus der gesellschaftsrechtlichen Perspektive die Gläubiger (Außenverhältnis) von den Mitgliedern (Innenverhältnis) abgegrenzt werden,[228] erscheint es nunmehr grundsätzlich möglich, dass die Abgrenzung von korporativen und bilateralen Beziehungen auf der gleichen Linie wie die Abgrenzung von Innen- und Außenbeziehungen eines Unternehmens erfolgt. Dazu bedarf es einer genaueren Auseinandersetzung mit dem Begriff der Mitgliedschaft, ihrem Inhalt und Umfang. Da es um die Frage nach der Anschlussfähigkeit von ökonomischer Theorie der Unternehmung und juristischer Konzeption geht, interessiert insbesondere die mögliche Analogie zwischen dem gesellschaftsrechtlichen und ökonomischen Mitgliedschaftsbegriff.

aaa. Mitgliedschaft als Abgrenzungskriterium

(1) Mitgliedschaft aus der juristischen Perspektive

In den unterschiedlichen Rechtsmaterien (rechtlichen Regelungsbereichen) trifft man vielfach auf den Begriff der Mitgliedschaft.[229] Eine unmittelbare gesetzliche Definition des Begriffs der Mitgliedschaft existiert jedoch nicht. Gesellschaftsrechtliche Mitgliedschaft bedeutet die Summe der einzelnen Rechte, die einer Person als Mitglied eines Verbandes zustehen, und aller Pflichten, die sie ihm zu erfüllen hat.[230] Der gesellschaftsrechtliche Mitgliedschaftsbegriff orientiert sich an der (kapitalmäßigen) Beteiligung in Form eines Geschäfts- bzw. Gesellschaftsanteils am Unternehmensträger.[231] Die Mitgliedschaft kann durch Beteiligung am Grün-

---

228 In der rechtswissenschaftlichen Literatur wird klassisch zwischen den Mitgliedern (Anteilseignern) und den Gläubigern als Regelungsadressaten des Gesellschaftsrechts unterschieden, vgl. u.a. *Kübler/Assmann* (2006), § 14 III 1, S. 176; *Zimmer* (1996), S. 29 f.; *Wiedemann* (1980), § 1, S. 84 und § 10 I 1, S. 515: Die Gläubiger sind stets Außenseiter des Unternehmens; sie können zwar z.B. als (institutionelle) Kreditgeber ausreichende Informationen erhalten, aber sie haben keinen unmittelbaren Einfluss auf Personal- und Sachfragen. Und selbst wenn sie sich einen solchen vertraglich zusichern lassen, begründet ein Verstoß dagegen nur Schadensersatzpflichten, lässt aber die Wirksamkeit entgegenstehender Gesellschaftsakte unberührt.

229 So beispielsweise in § 22 ZPO, § 129a StGB; ausführlich und mit weiteren Beispielen *Peters* (2000), S. 81.

230 *Peters* (2000), S. 82, ausführlich zu dieser Thematik *Lutter* (1980), S. 84 ff.

231 Die Aktie verkörpert die Mitgliedschaft in der AG als Inbegriff der mit der Stellung des Aktionärs verbundenen Rechte und Pflichten; vgl. *Raiser/Veil* (2006), § 9 I, Rdn. 6. Wie die Aktie in der AG verkörpert der Geschäftsanteil die Mitgliedschaft in der als juristische Person verfassten GmbH, vgl. *Raiser/Veil* (2006), § 27 I, Rdn. 1. Juristisch umstritten ist dabei, ob auch bei Gesamthandsgemeinschaften (Personengesellschaften) von Mitgliedern gesprochen werden kann. *K. Schmidt* weist darauf hin, dass das Recht der Mitgliedschaft nicht auf Körperschaften begrenzt ist, auch wenn das Gesetz bei Personengesellschaften nicht von Mitgliedern spricht, denn in jedem verfassten Verband kann es mitgliedschaftliche Rechtspositionen geben und zu den mitgliedschaftlich verfassten Verbänden können nicht nur Körperschaften gehören, sondern auch Gesamthandsgesellschaften. Zwar bedeutet das nicht, dass der Inhalt der Mitgliedschaft immer derselbe ist, aber die Art des Rechts – die Rechtsnatur – ist dieselbe, *Schmidt, K.* (2002), § 19 I, S. 548; so auch *Peters* (2000), S. 82.

dungsvorgang, durch nachträglichen Beitritt (Aufnahme) oder durch Rechtsnachfolge erworben werden.[232] Die Mitgliedschaft als Grundlage von Rechtsverhältnissen begründet Rechte und Pflichten.[233] Zu den mitgliedschaftlichen Rechten zählen erstens die (Mit-)Verwaltungsrechte. Diese umfassen Beteiligungsrechte an der Gesellschafterversammlung insbesondere das Stimmrecht, aber auch das Einberufungsrecht sowie Beteiligungsrechte an der Geschäftsführung. Zweitens werden Vermögensrechte begründet, d.h. zum einen das Recht auf Teilhabe an ausgeschütteten Erträgen bzw. an laufenden Gewinnen sowie am Liquidationserlös und zum anderen ebenso das Recht zur Nutzung des gemeinsamen Vermögens. Drittens bestehen Kontrollrechte. Damit werden insbesondere Auskunfts- und Einsichtsrechte erfasst. Darüber hinaus wird noch eine vierte Gruppe von Rechten begründet, die so genannten Lösungsrechte.[234] Diese umfassen das Recht zum Austritt oder zur Auflösung. Neben den Rechten beinhaltet die Mitgliedschaft aber auch Pflichten. So ist eine der wichtigsten Mitgliedschaftspflichten die Zahlung des gesellschaftsvertraglich vereinbarten Beitrages bzw. der satzungsmäßig übernommenen Einlage.[235]

(2) Mitgliedschaft im ökonomischen Modell des korporativen Akteurs (Ressourcenpoolmodell)

Im ökonomischen Modell des korporativen Akteurs, das mit dem Ressourcenpoolmodell korrespondiert, sind Mitglieder die Personen, die Ressourcen zur gemeinschaftlichen Nutzung zusammenlegen.[236] Geht es um die Konkretisierung dieser abstrakten Beschreibung ist zu berücksichtigen, dass man es letztlich mit zwei Ressourcenpoolmodellen zu tun hat. Ursprünglich geht die Theorie des korporativen Akteurs (Ressourcenpoolmodell) auf *Coleman*[237] zurück. Diese bildet auch die Grundlage für das von *Vanberg*[238] entwickelte Ressourcenpoolmodell, auf dem die nachfolgenden Ausführungen im Wesentlichen basieren.

(a) Mitgliedschaft im Ressourcenpoolmodell von Vanberg

In dem von *Vanberg* entwickelten Ressourcenpoolmodell ist das Kennzeichnende für die Mitgliedschaft, dass Mitglieder Ressourcen in einen Pool einbringen, über den dann einheitlich disponiert wird, sodass die Ressourcen dadurch der individuellen Disposition und Kontrolle entzogen sind.[239] Diese Definition der korporativen Strukturen lässt die Frage offen, unter welchen Konditionen die Beteiligten ihre Ressourcen einbringen.[240] In dem von *Vanberg* entwickelten Modell wird der Kreis

---

232 *Schmidt, K.* (2002), § 19 II, S. 551.
233 Vgl. im Einzelnen *Wiedemann* (1980), § 7 II, S. 366 sowie *Schmidt, K.* (2002), § 19 III, S. 557 ff.
234 *Wiedemann* (1980), § 7 II, S. 366.
235 Vgl. u.a. § 705 BGB sowie *Raiser/Veil* (2006), § 28 I, Rdn. 1.
236 *Vanberg* (1982), S. 20.
237 Vgl. *Coleman* (1979).
238 Maßgeblich entwickelt in *Vanberg* (1982); letztlich baut dieses Modell auf dem Modell von *Coleman* auf – die grundlegenden Ideen sind somit vergleichbar.
239 *Vanberg* (1982), S. 14, S. 21, Fn. 27 und vor allem S. 109; *ders.* (1994), S. 136.
240 *Vanberg* (1982), S. 109.

der Mitglieder weiter gezogen als in der gesellschaftsrechtlichen Konzeption, die auf die verbandsrechtliche Mitgliedschaft – eine Mitgliedschaft im engeren Sinne – abstellt.[241] Es werden vor allem auch Ressourcengeber als Mitglieder erfasst, die im kollektiven Abstimmungsprozess kein Stimmrecht[242] und/oder im Hinblick auf den Korporationserlös keinen Residualanspruch, sondern einen Anspruch auf ein (festes) Kontrakteinkommen haben.[243] Wesentlich für die Frage der Abgrenzung der Mitglieder von den Nichtmitgliedern wird der Beitrag der Ressourcengeber zur Begründung des Ressourcenpools und somit zur Konstituierung des korporativen Akteurs.[244]

(b) Kritik aus juristischer Perspektive

Aus juristischer Perspektive bringt diese Abgrenzung eine Reihe von Problemen mit sich:

(1) *Erstens* begründet die Mitgliedschaft im juristischen Verständnis konkrete Mitgliedschaftsrechte und -pflichten, die auch nur diesen Mitgliedern zustehen.[245] In dem Ressourcenpoolmodell von *Vanberg* gibt es jedoch auch Mitglieder ohne solche die gesellschaftsrechtliche Mitgliedschaft kennzeichnenden Rechte und Pflichten; dies betrifft vor allem Stimmrechte (Mitverwaltungsrechte) und den Anspruch auf das Residuum (Vermögensrechte).[246] Die mit der juristischen Unterscheidung von Austauschvertrag und Gesellschaftsvertrag gezogene Grenzlinie deckt sich (also) nicht mit der (sozialstrukturellen) Unterscheidung von Austauschnetzwerken und korporativen Strukturen.[247] Ein Aspekt, der auch von *Vanberg* selbst gesehen wird: „Von einer direkten Analogie zwischen dieser sozialstruktureller und der rechtlicher Abgrenzung könnte man lediglich dann sprechen, wenn die verschiedenen Formen der „Anbindung“ an einen korporativen Akteur als Rechtsbeziehungen besonderer Art von „reinen“ (für Marktstrukturen) charakteristischen Austauschbeziehungen abgehoben würden.“[248]

---

241 Vgl. *Vanberg* (1982), S. 109.
242 *Vanberg* (1994), S. 136.
243 *Vanberg* (1982), S. 20 f.
244 Vgl. *Vanberg* (1982), S. 160.
245 Deutlich wird dies auch durch das Abspaltungsverbot, wonach (einzelne Mitgliedschafts-)Rechte und Pflichten nicht unabhängig von der Mitgliedschaft übertragen werden können; vgl. dazu u.a. *Raiser/Veil* (2006), § 12 II, Rdn. 13 ff. und § 33, Rdn. 50 f.; *Kübler/Assmann* (2006), § 21 II, S. 339; *Schmidt, K.* (2002), § 19 II, S. 560; vgl. aber auch *Lutter* (1980), S. 152 ff. für eine differenzierte Analyse der Mitgliedschaft hinsichtlich der Stellung von Arbeitnehmern.
246 Die Möglichkeit bei der Aktiengesellschaft auch Vorzugsaktien ohne Stimmrecht, §§ 12 Abs. 1 S. 2, 139 ff AktG, beziehungsweise bei der GmbH auch stimmrechtslose Anteile auszugeben (vgl. *Raiser/Veil* (2006), § 17 II, Rdn. 6 ff. und § 33 IV, Rdn. 48), soll bei dieser Betrachtung außen vor bleiben, da in jedem Fall im Recht der GmbH dies nur durch eine entsprechende Satzungsvereinbarung möglich ist, der auch der betreffende Gesellschafter zustimmen muss.
247 *Vanberg* (1982), S. 110.
248 *Vanberg* (1982), S. 110.

(2) *Zweitens* ist auch das von *Vanberg* angebrachte Unterscheidungskriterium der Ressourceneinbringung[249] aus der rechtlichen Perspektive unscharf. Mit der – den gesetzlichen Anforderungen entsprechenden – Gründung einer Gesellschaft als Unternehmensträger entsteht ein eigenständiges Rechtssubjekt mit einem diesem Rechtssubjekt zugeordneten Gesellschaftsvermögen (Sondervermögen).[250] Dieses Gesellschaftsvermögen entsteht zunächst typischerweise aus den Beiträgen bzw. Einlagen der Mitglieder.[251]

Ökonomisch gewendet werden die Verfügungsrechte an Ressourcen an das Unternehmen (den korporativen Akteur) übertragen. Rechtsgeschäfte werden mit diesem Rechtssubjekt (der juristischen Person) geschlossen. Leistungen auf der Grundlage dieser Rechtsgeschäfte, wie z.B. Kreditverträge oder Kaufverträge, werden an dieses Rechtssubjekt bewirkt.

Ökonomisch gewendet erfolgt hier ebenfalls eine Ressourcenverfügung an den korporativen Akteur, und diese Leistungen gehen genauso in das Gesellschaftsvermögen ein. Ebenso werden Verbindlichkeiten des Unternehmens (der juristischen Person) aus Rechtsgeschäften aus Gesellschaftsmitteln, d.h. aus dem Gesellschaftsvermögen, bedient.

Nun stellt das gesellschaftsrechtliche Sondervermögen nur einen Teilausschnitt des Ressourcenpools dar, da vom Ressourcenbegriff eben nicht nur Vermögenswerte erfasst werden. Jedoch kann am Beispiel des Sonder- beziehungsweise Gesellschaftsvermögens illustriert werden, dass eine Abgrenzung anhand des Beitrages am Ressourcenpool im *Vanbergschen* Sinne aus der juristischen Perspektive zu ungenau ist. Der korporative Akteur entsteht durch die Zusammenlegung und gemeinschaftliche Nutzung von Ressourcen (Ressourcenpool). Ressourcen, die nach der Konstituierung des korporativen Akteurs, etwa durch marktliche Austauschverhältnisse mit externen Transaktionspartnern (vertragliche Gläubiger), verfügt werden, werden letztlich an den korporativen Akteur verfügt. Ausgehend von einem juristischen Verständnis werden auch diese Ressourcen in den Ressourcenpool eingebracht: Das Unternehmen wird Verfügungsberechtigter über die eingebrachten Ressourcen.

Betrachtet man das Unternehmen als Ressourcenpool, setzt sich dieser aus der juristischen Perspektive zusammen sowohl aus Ressourcen, die aufgrund mitgliedschaftlicher Beziehungen (Beiträge), als auch aus Ressourcen, die aufgrund von bilateralen (marktlichen) Austauschverträgen, so beispielsweise aufgrund eines Kauf-

---

249 *Vanberg* (1982), S. 160, der deutlich darauf hinweist, dass ein wesentlicher Unterschied besteht zwischen jenen Akteuren, die (wie Angestellte, Kapitalanleger u.a.) durch die Zusammenlegung von Ressourcen in einen einheitlich disponierten Pool die „Organisation" überhaupt erst konstituieren, und jenen Akteuren, die (wie die Kunden oder Lieferanten) mit dem auf diese Weise gebildeten korporativen Akteur in Austauschbeziehungen treten, ohne mit ihm durch die Einbringung von Ressourcen verbunden zu sein.

250 Vgl. auch *Kübler/Assmann* (2006), § 4, S. 27 ff., insbesondere § 4 III, S. 30 und § 4 IV, S. 31 f.

251 *Kübler/Assmann* (2006), § 4, S. 27 f.

oder Kreditvertrages, an den korporativen Akteur verfügt werden.[252] Beide Formen der Ressourceneinbringung sind vertraglich gesichert. Das Unterscheiden der Transaktionen – korporativ oder bilateral – ist nur anhand der vertraglichen Konditionen (Leistung/Gegenleistung), d.h. anhand der durch den Vertrag etablierten Verfügungsrechtsstruktur möglich, aufgrund derer eine Ressourceneinbringung erfolgt. Während man bei einem Austauschvertrag davon sprechen kann, dass die Rechte und Pflichten voll spezifiziert sind, insofern als dass ein bestimmtes Kontrakteinkommen für eine bestimmte Leistung fest definiert wird,[253] ist die Gegenleistung bei einer mitgliedschaftlichen Beziehung nicht voll spezifiziert, sondern besteht in dem Gesellschaftsanteil, d.h. einem Bündel von bestimmten Rechtspositionen (Verfügungsrechten).[254] Die Verwaltungsrechte, konkret das Stimmrecht oder anders formuliert, die Einbindung in den kollektiven Entscheidungsfindungsprozess sowie Kontroll- und Vermögensrechte, insbesondere das Residuum, sind wesentliche aus der Mitgliedschaft resultierende Rechte. Daher bilden nicht nur die Ressourceneinbringung an sich, sondern auch die Konditionen (Leistung/Gegenleistung), unter denen die Ressourceneinbringung erfolgt, konkret Stimmrecht oder nicht und Residual- oder Kontrakteinkommen, ein handhabbares Abgrenzungskriterium zur Bestimmung der Mitgliedschaft.

Es sei an dieser Stelle durchaus zugestanden, dass bei grundsätzlich bestehendem Abspaltungsverbot[255] auch Nichtmitgliedern, d.h. externen Vertragspartnern eines Unternehmens, durch eine entsprechende Gestaltung des bilateralen Vertragsverhältnisses Rechte und Pflichten eingeräumt werden können, die den mitgliedschaftlichen Rechten und Pflichten ähnlich sind. Gedacht sei dabei beispielsweise an Sicherungsrechte wie Kontroll-, Informations- oder Mitentscheidungsrechte in Kreditverträgen. Jedoch handelt es sich dabei nicht um Mitgliedschaftsrechte (und -pflichten). Juristisch betrachtet hat die Verletzung dieser Rechte und Pflichten keine gesellschaftsrechtlichen Konsequenzen, wie die Anfechtbarkeit und Nichtigkeit der im kollektiven Abstimmungsprozess gefundenen Entscheidungen (Beschlüsse).[256]

(3) Greift man *drittens* den Gedanken des Beitrages zur Konstituierung des korporativen Akteurs als Abgrenzungsmerkmal von Mitgliedern und Nichtmitgliedern auf und bringt eine zeitliche Dimension in die Überlegungen ein, stellt sich zunächst folgendes Problem: Die Konstituierung – hier im Sinne von Gründung – des korporativen Akteurs ist ein abgeschlossener Prozess, der Voraussetzung dafür ist, dass der korporative Akteur auf Märkten bilaterale Verträge mit Nichtmitgliedern abschließen kann. Dies schließt jedoch nicht aus, dass auch nach der Konstituierung

252 Vgl. dazu auch *Kirchner* (2004), S. 618 f.
253 Vgl. dazu auch *Easterbrook/Fischel* (1991), S. 11, die hier von *„(relatively) ‚fixed' claims"* sprechen.
254 *Ricketts* (2002), S. 92; vgl. auch oben II.4.c.cc.
255 Es gehört zu den wesentlichen Merkmalen der einzelnen mit der Mitgliedschaft verknüpften Rechte, dass diese nicht von der Mitgliedschaft abgelöst, d.h. nicht selbstständig übertragen oder gepfändet werden können, vgl. dazu *Raiser/Veil* (2006), § 12 II, Rdn. 13 ff.; *Schmidt, K.* (2002), § 19 II, S. 560.
256 Vgl. dazu *Wiedemann* (1980), § 1, S. 84 und § 10 I 1, S. 515.

neue Mitglieder – im gesellschaftsrechtlichen Sinne – durch Mitgliederwechsel, durch Beitritt usw. in einen bestehenden korporativen Akteur „aufgenommen" werden. Daher bietet der Beitrag zur Konstituierung des korporativen Akteurs – soweit man auf den Gründungsakt, d.h. Entstehungsmoment abstellt – kein (dauerhaft) handhabbares Kriterium für die Abgrenzung von korporativen und bilateralen Transaktionen. Allein auf den Beitrag zur Konstituierung kann zur Bestimmung der Mitgliedschaft nicht abgestellt werden. Jedoch kann auch hier wieder auf die Vertragskonditionen des entsprechenden Vertragverhältnisses zurückgegriffen werden. So ist es möglich, anhand der vereinbarten Gegenleistung zu bestimmen, ob ein Beitritt im gesellschaftsrechtlichen Sinne erfolgt und somit eine korporative Beziehung begründet wird oder ob die Ressourceneinbringung auf der Grundlage eines bilateralen Austauschvertrages mit (fest definiertem) Kontrakteinkommen erfolgt.

Zusammenfassend lässt sich festhalten, dass ein weitgefasster Mitgliedschaftsbegriff, der nicht ausschließlich an die Merkmale „Mitverwaltungsrechte" und „Residualeinkommen" anknüpft, zu Abgrenzungsschwierigkeiten zwischen den (juristischen) Kategorien „Mitglieder" und „Gläubiger" und damit außerdem zu Schwierigkeiten in der Abgrenzung „Innenbeziehungen" und „Außenbeziehungen" eines Unternehmens führt. Stellt man hier bereits in Rechnung, dass die Beziehungskonstellationen, aufgrund derer eine Gläubigerstellung zum Unternehmen begründet wird, durchaus variieren – ein Punkt, auf den sogleich noch einmal zurückzukommen sein wird –, es sich bei Gläubigern also um eine heterogene Gruppe handelt, müssten bei einer weiten Mitgliedschaftsdefinition einige Gläubigerbeziehungen als korporative Beziehungen qualifiziert werden. Damit wäre aber die Entwicklung eines einheitlichen theoretischen Bezugsrahmens für die Analyse von Gläubigerbeziehungen insgesamt bereits aus diesem Grund nicht möglich.

Das Modell von *Vanberg* soll jetzt nicht infrage gestellt werden. Deshalb gilt es auf der Grundlage der bisher angestellten Überlegungen eine juristisch kompatible Abgrenzung zwischen Gläubigern und Mitgliedern vorzunehmen. Dafür können Überlegungen zum Ressourcenpoolmodell von *Coleman* aufgestellt werden. Die grundsätzlichen Ideen beider Modelle sind gleich, die Differenzierungen innerhalb der Beziehungen im Ressourcenpool werden jedoch bei *Coleman* von einem anderen Ansatzpunkt aus vorgenommen. Verknüpft man nun Überlegungen von *Coleman* mit denen von *Vanberg*, kann dann ebenfalls die Anschlussfähigkeit von Ressourcenpoolmodell und juristischer Konzeption eines Unternehmens hergestellt werden.

(c) Mitgliedschaft im Ressourcenpoolmodell von Coleman

Das Ressourcenpoolmodell von *Coleman* wählt als Ausgangspunkt des Unterscheidens zwischen den verschiedenen Arten von Beziehungen, die man zu einem korporativen Akteur haben kann,[257] das Unterscheiden zwischen lang- und kurzfristigen vertraglichen Beziehungen (Transaktionen).

---

257 *Coleman* (1979), S. 84; vgl. dazu auch *Vanberg* (1979), S. 104 ff.

Unter die langfristigen Beziehungen fallen dann prinzipiell zwei Typen von Beziehungen: erstens die eines Mitglieds, d.h. Eigentümers oder Anlegers, also eines Akteurs, der Ressourcen in einen korporativen Akteur investiert. Zweitens, die eines Angestellten oder Agenten, der sich vertraglich verpflichtet, dem korporativen Akteur seine persönlichen Dienste im Austausch gegen eine Vergütung zur Verfügung zu stellen.

Die Abgrenzung von Mitgliedern und Nichtmitgliedern wird dann anhand der Investition möglich: Unternehmensmitglieder sind ausschließlich die Akteure, die Investition in korporatives Handeln vornehmen und hierdurch Eigentum (in Form eines Gesellschaftsanteils) am korporativen Akteur erwerben.

Nichtmitglieder sind hingegen alle anderen Akteure, die lang- oder kurzfristige Investitionen in marktliches Handeln vornehmen, indem sie mit dem korporativen Akteur einen bilateralen Vertrag abschließen.[258]

Die Vertragskonditionen, d.h. die Rechte und Pflichten, die die Gegenleistung für die Ressourceneinbringung darstellen, werden in diesem Modell maßgeblich für die Bestimmung der Mitgliedschaft: Die Mitgliedschaft ist dadurch gekennzeichnet, dass die Gegenleistung in einem Bündel von Rechten und Pflichten (Gesellschaftsanteil) besteht, wobei vor allem das Mitbestimmungsrecht und das Residualeinkommen bedeutsam sind. Die Mitgliedschaft in diesem Modell entspricht der juristischen Konzeption.

Mit dem grundsätzlichen Unterscheiden zwischen lang- und kurzfristigen Transaktionen trägt *Coleman* insbesondere der Diskussion um spezifische Investitionen Rechnung, ohne für diese Kategorie die Mitgliedschaft bemühen zu müssen. Dieses Differenzieren überlagert jedoch die Abgrenzung zwischen korporativen (gesellschaftsrechtlichen) Beziehungen und bilateralen Austauschbeziehungen, da vor allem langfristige Transaktionen sowohl durch eine mitgliedschaftliche Beziehung als auch durch einen bilateralen Austauschvertrag begründet werden können. Sowohl in der ökonomischen als auch in der rechtswissenschaftlichen Diskussion fand und findet die Frage der Einordnung (beziehungs-)spezifischer Investitionen vor allem im Hinblick auf die Abgrenzung von Unternehmen (Hierarchie) und Markt respektive Gesellschaftsvertrag und Austauschvertrag große Beachtung.[259] Die Diskussion um spezifische Investitionen verläuft aber auf einer anderen Ebene als der für die Fragestellungen dieser Arbeit maßgeblichen Abgrenzung zwischen korporativen und austauschvertraglichen Beziehungen. Bei der vorliegend zu bearbeitenden Fragestellung nach dem theoretischen Bezugsrahmen für die Analyse von Gläubigerbeziehungen, in deren Mittelpunkt die Abgrenzung korporativer von bilateralen Beziehungen steht, soll diese Diskussion daher zurückgestellt werden.

---

258 *Coleman* (1979), S. 84.
259 So wird die Frage der Mitgliedschaft beziehungsweise konstitutioneller Interessen insbesondere hinsichtlich der Arbeitnehmer eines Unternehmens diskutiert, vgl. u.a. *Sadowski* (2002), S. 155 ff.; *Lutter* (1980), S. 152 ff.

Zusammenfassend lässt sich festhalten, dass die Abgrenzung korporativer Beziehungen von bilateralen Austauschbeziehungen in den Ressourcenpoolmodellen gleichermaßen anhand der Mitgliedschaft erfolgt. Da die Mitgliedschaft auch in der juristischen Konzeption bei der Abgrenzung von gesellschafts- und austauschvertraglichen Beziehungen anleitet, wird somit die Definition der Mitgliedschaft maßgeblich für die Anschlussfähigkeit des ökonomischen Modells und des juristischen Konzepts. Wird Mitgliedschaft dadurch gekennzeichnet, dass die Gegenleistung für die Ressourceneinbringung in einem Gesellschaftsanteil, d.h. in einem Bündel von Rechten und Pflichten, liegt, wobei Mitentscheidungsrechte und Residualeinkommen wesentliche Bestandteile sind, und werden damit Mitglieder von Gläubigern unterschieden, kann die Anschlussfähigkeit ökonomischer Modelle und juristischer Konzeption hergestellt werden. Für den theoretischen Bezugsrahmen zur Analyse der Gläubigerbeziehungen, die aus der juristischen Perspektive im Außenverhältnis eines Unternehmens angesiedelt sind, folgt daraus dann in Analogie zum Unterscheiden von korporativen und austauschvertraglichen Beziehungen, dass diese keine korporativen Beziehungen sind, sondern vielmehr mit dem ökonomischen Modell des bilateralen Austauschvertrages erfasst werden.

Über den konstitutionalistisch-vertragstheoretischen Ansatz und das daran anknüpfende Auseinanderhalten von korporativen Beziehungen und bilateralen Austauschbeziehungen anhand der Mitgliedschaft lässt sich der theoretische Bezugsrahmen für die Analyse sowohl der Innen- als auch der Außenbeziehungen eines Unternehmens bestimmen. Demnach sind die Außenbeziehungen, so auch die Beziehungen des Unternehmens zu seinen Gläubigern, von den korporativen Beziehungen abzugrenzen. Gemäß der bisher dargestellten Abgrenzung in den Kategorien korporative Beziehungen und Austauschbeziehungen wäre der theoretische Bezugsrahmen für die Analyse der Gläubigerbeziehungen eines Unternehmens das ökonomische Modell des bilateralen Austauschvertrages. Als letzter Schritt dieser theoretischen Ausführungen verbleibt nunmehr das Beantworten der bereits aufgeworfenen Frage, ob mit diesem ökonomischen Modell alle Gläubigerbeziehungen des Unternehmens gleichermaßen abgebildet werden können.

ee. Der theoretische Bezugsrahmen für die Analyse der Gläubigerbeziehungen als Teil der Außenbeziehungen eines Unternehmens

Beim Bearbeiten der Frage, ob das Modell des bilateralen Austauschvertrages den geeigneten theoretischen Bezugsrahmen für die Analyse der Unternehmensgläubigerbeziehungen bereitstellt, gilt es wieder ökonomische und juristische Aussagen zu verknüpfen. Den Ausgangspunkt bildet dabei die Überlegung, dass einerseits Unternehmen als korporative Akteure auf konstitutiven und langfristig angelegten Regelungen zwischen den Mitgliedern zur Strukturierung des Ressourcenpools und für die Steuerung der Unternehmensaktivitäten (Gesellschaftsvertrag bzw. Unternehmensverfassung) beruhen.[260] Andererseits treten Unternehmen aber auf-

260 Siehe oben II.4.c.cc. sowie *Gerum* (1999), S. 149.

grund der Anerkennung der Rechtsfähigkeit des Unternehmensträgers durch die Rechtsordnung[261] in den Außenbeziehungen als eigenständige korporative Akteure auf, die selbst marktliche Transaktionen vornehmen und auch selbst Vertragspartner und Anspruchsgegner von Nichtmitgliedern werden können.

aaa. Die rechtliche Begründung von Gläubigerbeziehungen

Die Frage, wie die Beziehung des Unternehmens zu seinen Gläubigern methodisch erfasst wird, kann man zunächst mit einer näheren Betrachtung der rechtlichen Begründung von Gläubigerbeziehungen angehen. Gläubiger sind keine homogene Gruppe.[262] Die Begründung und Ausgestaltung dieser Rechtsbeziehungen haben viele Facetten und können in der vorliegenden Arbeit nicht im Detail Berücksichtigung finden. Gemeinsames Kennzeichen aller Unternehmensgläubiger ist, dass diese einen Anspruch bzw. eine Forderung gegen das Unternehmen selbst haben; das Unternehmen ist ihnen zu einer Leistung verpflichtet.[263] Auch wenn die rechtliche Begründung des Anspruchs vielfältig ist, lassen sich dennoch stark vereinfacht zwei große Gläubigergruppen unterscheiden:

Zum einen die freiwilligen (vertraglichen) Gläubiger und zum anderen die unfreiwilligen (deliktischen) Gläubiger.

Methodisch kann diese Differenzierung an die unterschiedliche juristische Begründung von Rechtsbeziehungen angeknüpft werden. So können Rechtsbeziehungen nicht nur durch Rechtsgeschäft, d.h. rechtsgeschäftliche Einigung oder allgemeiner gesprochen durch Konsens der beteiligten Parteien begründet werden, sondern es werden auch durch die Rechtsordnung Fälle statuiert, in denen eine Rechtsbeziehung ohne Konsens bzw. vorangehende Einigung der Parteien, so z.B. durch sozialen Kontakt, durch Gesetz (insbesondere gesetzliche Schuldverhältnisse), aber auch durch Verwaltungsakt oder durch Richterspruch, entsteht.[264]

---

261 Rechtsfähigkeit wird sowohl den Kapitalgesellschaften als auch den Personengesellschaften verliehen – nunmehr auch der GbR, vgl. BGH v. 29.1.2001, BGHZ 146, 341. Die Diskussion um die Rechtsfähigkeit vor allem hinsichtlich der Abgrenzung von rechtsfähigen Personengesellschaften und juristischen Personen soll daher hier nicht aufgegriffen werden, da die Ausführungen dieser Arbeit vor allem die GmbH als Kapitalgesellschaft im Blick haben. Zu dieser Diskussion vgl. *Huber, U.* (2000), S. 107–139; *Raiser/Veil* (2006), § 3 II, Rdn. 8 ff.; *Raiser* (1999), S. 104–144; *Kirchner* (2005a), S. 181–202 sowie mit weiteren Nachweisen *Hueck/Windbichler* (2003), § 2, Rdn. 1 ff.

262 *Escher-Weingart* (2001), S. 107. Jedoch findet im deutschen bzw. europäischen Gesellschaftsrecht kein Unterscheiden statt, ob es sich um Banken- oder Lieferantenkredite, Geschäftspartner, Arbeitnehmer oder Konsumenten, Vertrags- oder Deliktsgläubiger handelt. Gläubiger werden als homogene Gruppe gesehen, die durch dieselben (gesellschafts-) rechtlichen Regelungen geschützt werden, vgl. *Wiedemann* (1980), § 10 I 1, S. 515; *Kübler/Assmann* (2006), § 2 II 3 c, S. 9; *Kübler* (2003), S. 104.

263 Vgl. *Wiedemann* (1980), § 10 I 1, S. 515; *Kübler/Assmann* (2006), § 2 II 3c, S. 9.

264 Vgl. *Soergel – Teichmann* (1990), § 241, Rdn. 1 und § 242, Rdn. 33.

(1) Die freiwilligen (vertraglichen) Gläubiger

Kennzeichnend für die freiwillige Gläubigerbeziehung ist, dass sie vertraglich begründet ist und der Anspruch gegen das Unternehmen somit auf einem vom Konsens der Parteien getragenen vertraglichen Arrangement (Austauschvertrag) beruht. Damit besteht grundsätzlich die Möglichkeit, das Verhältnis zum Unternehmen durch entsprechende vertragliche Absprachen zu gestalten.[265] Für den theoretischen Bezugsrahmen ergibt sich für diese Außenbeziehungen somit, dass sie grundsätzlich mit dem ökonomischen Modell des bilateralen Austauschvertrages zu erfassen sind.

Die Begründung vertraglicher Gläubigerbeziehungen durch Austauschvertrag mit dem Unternehmen (selbst) erlangt jedoch auch auf der Ebene gesellschaftsrechtlicher Regulierungen Relevanz: Aufgrund der eigenen Rechtspersönlichkeit werden juristische Personen von der Rechtsordnung (in bestimmter Hinsicht) gleich den natürlichen Personen behandelt.[266] Sie sind somit in rechtlich vergleichbarer Art und Weise handlungsfähig[267] und unterliegen demnach auch gleichermaßen den Marktregulierungen. Basiert die Beziehung des Unternehmens zu seinen vertraglichen Gläubigern auf einem Austauschvertrag im rechtsgeschäftlichen Sinne, stellen die Marktregulierungen, insbesondere das Vertragsrecht, die institutionelle Rahmenordnung zur Etablierung wechselseitiger Erwartungssicherheit in dieser Beziehung. Dies muss bei der Funktions- und Wirkungsanalyse gesellschaftsrechtlicher Regelungen, soweit in diese Gläubigerbeziehungen gestaltend eingegriffen wird bzw. werden soll, Berücksichtigung finden. Hinsichtlich des Regelungsproblems und der Problemlösungsmechanismen im Kontext der Analyse des bilateralen Vertragsverhältnisses wird dann relevant, ob und wenn ja, welche Auswirkungen es hat, wenn mindestens eine der Vertragsparteien ein korporativer Akteur ist, der selbst auf einer institutionellen Struktur beruht, und inwieweit (bereits) die Marktregulierungen dem Rechnung tragen. Im Mittelpunkt steht dabei vor allem die Frage, welche Auswirkungen es auf die Anreizstrukturen des bilateralen Vertragsverhältnisses hat, wenn ein korporativer Akteur, d.h. ein Zurechnungssubjekt für die Handlungsfolgen individueller Akteure, Vertragspartner ist.

(2) Die unfreiwilligen (deliktischen) Gläubiger

Zu untersuchen ist nunmehr, ob auch die unfreiwilligen Gläubigerbeziehungen theoretisch mit dem Modell des bilateralen Austauschvertrages erfasst werden kön-

265 Der in diesem Zusammenhang oft erhobene Einwand, dass nicht jeder vertragliche Gläubiger immer über die entsprechende Verhandlungsmacht verfügt, um das Vertragsverhältnis zu gestalten, kann nicht völlig entkräftet werden. Grundsätzlich steht es aber jedem (potenziellen) vertraglichen Gläubiger frei zu entscheiden, ob er eine Beziehung zum Unternehmen eingeht oder nicht. In dieser Hinsicht unterscheiden sich die vertraglichen Gläubiger erheblich von den deliktischen Gläubigern, vgl. auch *Adams* (2002), S. 241. Näher dazu unten IV.2.c.ee.aaa.(2).

266 *Raiser* (2000), S. 639.

267 Juristische Personen können sich grundsätzlich ebenso wie natürliche Personen am Privatrechtsverkehr beteiligen, Verträge abschließen, Rechte erwerben und Verbindlichkeiten eingehen, *Scholz – Emmerich* (1993), § 13, Rdn. 10; *Kirchner* (2005a), S. 185; *Raiser* (1999), S. 108.

nen. Kennzeichnend für diese Gläubigerbeziehung ist, wie bereits erwähnt, dass ihre Entstehung an den Eintritt eines bestimmten Ereignisses anknüpft, für das die Rechtsordnung die Begründung einer Rechtsbeziehung statuiert. Relevant ist dabei vor allem, dass diese Beziehung einer ex ante vertraglichen Gestaltung durch die Beteiligten selbst, d.h. einer Verhandlungslösung im konkreten Fall, nicht zugänglich ist.

Die unfreiwilligen Gläubigerbeziehungen, die – so sei hier festgehalten – nicht nur bei Unternehmen auftreten, entstehen durch negative externe Effekte, die von den Unternehmensaktivitäten auf die Verfügungsrechte Dritter ausgehen.[268] Die Begründung der unfreiwilligen Gläubigerbeziehung ist dann auf Internalisierungsmaßnahmen dieser Externalitäten, d.h. die Korrektur von Fehlanreizen durch entsprechende staatliche Regelungen zurückzuführen.[269] Eine solche staatliche Regelung stellt das Deliktsrecht dar. Es etabliert ein Haftungssystem, in dem es ex ante festlegt, welche Klassen von Verfügungsrechtseingriffen juristisch zu berücksichtigen sind[270] und wie diese sanktioniert werden.[271] Aufgrund der Anordnung der Rechtsordnung ist für einen bestimmten Verfügungsrechtseingriff ein Ausgleich zu leisten. Dieser Ausgleichsanspruch gegen das Unternehmen begründet die unfreiwillige (deliktische) Gläubigerstellung.

Für den theoretischen Bezugsrahmen dieser Gläubigerbeziehung ist in Rechnung zu stellen, dass die unfreiwilligen Gläubiger – im Unterschied zu den freiwilligen Gläubigern – ihre Gläubigerposition nicht vermeiden können,[272] sie gerade keine Wahlentscheidung hinsichtlich ihres Anspruchsgegners haben und keine ex ante Gestaltungsmöglichkeit der konkreten Beziehung besteht. Scheidet eine ex ante Verhandlungslösung aus, folgt daraus gleichzeitig, dass diese Beziehung nicht mit dem bilateralen Austauschmodell zu erfassen ist. Für die vorliegende Fragestellung nach dem theoretischen Bezugsrahmen für die Außenbeziehungen eines Unternehmens folgt dann, dass die Beziehung des Unternehmens zu seinen unfreiwilligen Gläubigern nicht vom Vertragsnexus-Ansatz erfasst wird und dieser mithin nicht als Erklärungsansatz geeignet ist, um die Problemkategorie der deliktischen Gläubiger auf der Ebene einer positiven Analyse zu bearbeiten. Der theoretische Bezugsrahmen für die Analyse der unfreiwilligen Gläubigerbeziehungen ist somit in Ansätzen außerhalb des Vertragsnexusansatzes zu suchen. Im Mittelpunkt steht dabei, dass es sich nicht um ein von den beteiligten respektive betroffenen Parteien selbst

---

268 Siehe oben II.4.a.
269 Siehe oben II.4.b.cc.
270 Wie oben bereits dargelegt, geht es nicht um die Verhinderung bzw. Internalisierung jeglichen externen Effekts, vgl. oben II.4.b.cc.
271 Dem Deliktsrecht kommt jedoch nicht nur eine Ausgleichs- bzw. Kompensationsfunktion zu, sondern vor allem auch eine Präventionsfunktion. Es geht somit auch um die Anreizsteuerung, die auf Vermeidung bestimmter externer Effekte gerichtet ist. Vgl. dazu *Schäfer/Wehrt* (1989), S. 81–106 sowie *Thüsing* (2003), S. 746 ff.; *Lehmann* (1983), S. 86: „Das Schadensersatzrecht soll hinreichend abschreckend sein, gleichsam wie ein Damoklesschwert über einem potentiellen Schädiger hängen, so dass dieser als nutzenmaximierendes Wirtschaftssubjekt dadurch abgehalten wird, eine schädigende Handlung zu begehen."
272 Woraus auch die Bezeichnung Zwangsgläubiger resultiert.

zu verhandelndes und zu lösendes Problem handelt und daher der Intervention eines Dritten bedarf, so z. B. durch staatliche Normsetzung. Dabei geht es vor allem um ex ante Gestaltungslösungen, wie z. B. Haftungsregeln, die Fehlanreize korrigieren und dazu führen, dass Akteure bei der Wahl ihrer Aktivitäten auch die Auswirkungen dieser auf andere Akteure, d.h. auf deren Verfügungsrechte, berücksichtigen.

Jedoch geht es, wie oben bereits angesprochen, nicht darum, jede „Schädigung" zu verhindern, sondern vielmehr darum, die „Schädigungen" auf ein unter Kosten-Nutzen-Gesichtspunkten gesamtgesellschaftlich gewolltes bzw. effizientes Maß zu reduzieren.[273] Soweit Fragen der Ausgestaltung der institutionellen Rahmenordnung und damit dann sogar normative Fragen angesprochen sind, kann der vertragstheoretische Ansatz insofern fruchtbar gemacht werden, als zu fragen wäre, auf welche Regelungen und auf welches Maß an Internalisierung sich die Parteien einigen würden, wenn eine vertragliche Vereinbarung möglich wäre (hypothetische Verhandlungslösung).[274] Diesen Fragen soll jedoch in dieser Arbeit nicht weiter nachgegangen werden. Für die zum Bearbeiten der Fragestellungen dieser Arbeit relevante positive Wirkungsanalyse bleibt festzuhalten, dass die unfreiwilligen (deliktischen) Gläubigerbeziehungen nicht mit dem Modell des bilateralen Austauschvertrages erfasst werden.

Die Begründung der deliktischen Gläubigerbeziehung zum Unternehmen aufgrund eines gesetzlich (deliktsrechtlich) normierten Ausgleichsanspruches erlangt nun wieder Relevanz auf der Ebene gesellschaftsrechtlicher Regelungen, soweit durch entsprechende Regelungen auch in diese Beziehung gestaltend eingegriffen wird bzw. werden soll. Denn hier ist wieder in Rechnung zu stellen, dass die Marktregulierungen, konkret das Deliktsrecht, den institutionellen Rahmen für die Internalisierung dieser Kategorie der negativen externen Effekte bereitstellt. Somit stellt sich dann auch wieder die Frage, ob und in welcher Weise sich die Anreizstrukturen verändern, wenn der „Schädiger" und somit Anspruchsgegner ein korporativer Akteur ist.[275]

5. Ergebnisse und Implikationen für das weitere Vorgehen

Die vorangegangenen Ausführungen haben gezeigt, dass die Theorie der Unternehmung, konkret der konstitutionalistisch-vertragstheoretische Ansatz, nicht nur einen Erklärungsansatz für das Zustandekommen von Unternehmen bietet, sondern auch ein theoretisches Instrumentarium für die Funktions- und Wirkungsanalyse gesellschaftsrechtlicher Regelungen ist. Denn mit diesem Ansatz kann nicht nur die Entstehung korporativer Akteure und korporative Handlungsfähigkeit erklärt, sondern auch Anschlussfähigkeit von ökonomischer Theorie der Unter-

273 Siehe oben II.4.b.cc.
274 Siehe oben II.4.b.cc.
275 Siehe oben II.4.c.ee.aaa.(1).

nehmung und juristischer Konzeption hergestellt werden: Das Unternehmen wird als ein Ressourcenpool betrachtet, der sich aus Ressourcen zusammensetzt, die aufgrund unterschiedlicher unvollständiger Vertragsbeziehungen eingebracht werden. Auch in diesem Ansatz wird das Unternehmen als Netzwerk von unvollständigen Verträgen zwischen den verschiedenen Ressourceneignern konstruiert. Wesentlich ist jedoch – aufgrund der strukturellen Unterschiede – die Abgrenzung korporativer Beziehungen im Innenverhältnis (Gesellschaftsvertrag bzw. Unternehmensverfassung) von bilateralen Austauschbeziehungen im Außenverhältnis des Unternehmens. Die Differenzierung der auch für die juristische Konzeption relevanten Innen- und Außenbeziehungen eines Unternehmens erfolgt anhand der Mitgliedschaft.

Sowohl für die korporativen Vertragsbeziehungen im Innenverhältnis als auch für die bilateralen Verträge im Außenverhältnis ist es eine wichtige Frage, wann es notwendig ist, die Vertragsbeziehung durch zwingendes staatliches (Gesellschafts-) Recht zu regeln. Es wurde dargelegt, dass zwingendes Recht nur dann gefordert sein kann, wenn Vertragsprobleme auftauchen, die einer Marktlösung nicht zugänglich sind, d.h., die beteiligten oder betroffenen Parteien können aufgrund der damit verbundenen Kosten nicht selbst über das Problem verhandeln und eine entsprechende Lösung in einen bindenden Vertrag aufnehmen. Dies kann sich entweder als ein Problem innerhalb einer Vertragsbeziehung stellen oder als ein Problem so genannter negativer externer Effekte für eine Vertragspartei oder Dritte außerhalb der Vertragsbeziehung auftreten.[276]

Hinsichtlich der Unternehmen kann demnach folgende Überlegung angestellt werden:

Unternehmen werden als korporative Akteure durch die (Verfahrens-) Regeln zwischen den Mitgliedern konstituiert, auf die sich diese – zur Strukturierung des Ressourcenpool und für die Steuerung der Unternehmensaktivitäten – bei der Ressourcenzusammenlegung geeinigt haben. In dieser Innenbeziehung gilt es dann, Vertragsprobleme bzw. Fehlanreize zu identifizieren, deren Korrektur eine zwingende gesellschaftsrechtliche Regelung der korporativen Vertragsbeziehungen notwenig macht.[277] Dies ist der Fall, wenn innerhalb des korporativen Vertrages (Unternehmensverfassung) Vertragslücken entstehen, die von den Mitgliedern nicht im Wege der Verhandlungslösung selbst geschlossen werden können, aber ein konstitutionelles Interesse am Lückenschluss besteht. In diesen Fällen wäre das zwingende Recht im Sinne des hypothetischen Vertragswillens der Mitglieder.

Für die Außenbeziehungen, auf die sich die vorliegende Arbeit im Wesentlichen konzentriert, wird die Frage nach negativen externen Effekten der korporativen Beziehung (des korporativen Vertrages) auf eben diese Außenbeziehungen sowie die

276 Siehe oben II.4.b.cc.
277 Für eine weiterführende Diskussion um zwingendes und dispositives Recht zur Regelung der Innenbeziehungen (*corporate charters*) vgl. *Macey* (1993), S. 185–211.

institutionellen Möglichkeiten ihrer Internalisierung zentral. Insbesondere sind dann die Fragen angesprochen, ob das Problem der externen Effekte einer Problemlösung durch eine zwingende gesetzliche Regelung bedarf, und wenn ja, in welchem Statut eine solche Regelung angesiedelt sein sollte.

Konkret geht es also um die Frage, ob ein mögliches Regelungsproblem überhaupt einer zwingenden gesellschaftsrechtlichen Problemlösung bedarf. Denn bei der Suche nach dem geeignetsten (zweckmäßigsten) institutionellen Arrangement zur Internalisierung negativer externer Effekte ist zu berücksichtigen, dass der korporative Akteur rechtsfähig ist, als eigenständiges Rechtssubjekt im Markt auftritt und den Marktregulierungen wie dem Vertrags-, Delikts-, aber auch Insolvenzrecht in gleichem Maße wie individuelle Akteure (natürliche Personen) unterliegt.

Beim Behandeln der Regelungsprobleme der Außenbeziehungen muss somit den Fragen nachgegangen werden: *erstens*, inwieweit von den Regelungen zur Strukturierung des Innenverhältnisses (Unternehmensverfassung) negative externe Effekte ausgehen, die *zweitens* einer (privaten) Verhandlungslösung nicht zugänglich sind und auch nicht über die Marktregulierungen korrigiert werden (können) und somit *drittens* zwingende gesellschaftsrechtliche Regelungen notwendig machen.

In erster Linie sind somit die Regelungsprobleme in den Außenbeziehungen eines Unternehmens zu identifizieren. Sind diese herausgearbeitet, kann im Rahmen der Wirkungsanalyse dann gleichfalls das Problemlösungspotenzial vorhandener gesellschaftsrechtlicher Regelungen untersucht werden. Es ist somit möglich, zum einen die Wirkungen der Regelungen des deutschen Gesellschaftsrechts in den konkreten Beziehungen zu untersuchen und zum anderen auch im Kontext der Rechtswahlfreiheit Aussagen über die Wirkung der Abwahl dieser Regelungen respektive über die Wirkung alternativer Problemlösungsmechanismen anderer nationaler Rechtsordnungen zu treffen. Bereits durch eine solche am Status quo orientierte, „rechtsvergleichende" Wirkungsanalyse kann auch ein mögliches Deregulierungspotenzial bzw. Reformpotenzial der deutschen gesellschaftsrechtlichen Regelungen aufzeigt werden.

Dennoch verbleibt bei der Ausgestaltung rechtlicher Regelungen die grundsätzliche Frage nach dem zweckmäßigsten, d.h. transaktionskosten- und somit ressourcensparensten institutionellen Arrangement zur Korrektur von Fehlanreizen. Das Problem, das sich dabei stellt, ist das so genannte Wissensproblem, das insbesondere von *Friedrich August von Hayek* immer wieder als ein Hindernis rationaler Wirtschaftspolitik genannt wurde,[278] wenn es um die zielgerichtete Intervention in Marktprozesse durch den Staat geht. Das Wissensproblem besteht darin, dass es durch Erfahrung zwar möglich ist, im Zeitablauf Wissen über die Wirkung von bestimmten (rechtlichen) Regelungen zu sammeln, dieses Wissen letztlich aber hypothetisch

278 *Hayek* (1945), S. 519–530; *ders.* (1968).

und fallibel bleibt.[279] Diese Problematik trifft auch auf das Rechtsformangebot, d.h. das Gesellschaftsrecht, zu, insbesondere wenn es zwingend reguliert wird.[280]

In diesem Zusammenhang kommt eine weitere Dimension der gesellschaftsrechtlichen Rechtswahlfreiheit ins Spiel. Besteht nämlich Rechtswahlfreiheit, eröffnet dies nicht nur den Rechtsnachfragern die Möglichkeit, aus den unterschiedlichen Rechtsangeboten der verschiedenen nationalen Rechtsordnungen das ihren Präferenzen entsprechende Recht zu wählen, sondern ermöglicht zugleich den Staaten als Rechtsanbieter, aus den Wahlentscheidungen der Akteure Wissen über nachfragte Regelungen zu ziehen und ihr Rechtsangebot diesen Präferenzen entsprechend anzupassen, aber auch innovativ fortzuentwickeln. Dieser sich durch die Rechtswahlfreiheit entfaltende Wettbewerbsprozess bietet dann einen institutionellen Mechanismus zum Bewältigen des beschriebenen Wissensproblems. Denn mithilfe des Regulierungswettbewerbs kann von den Marktteilnehmern entdeckt werden, welche Regelungen zur Lösung bestimmter Anreizprobleme als besonders geeignet erscheinen.[281]

Bezogen auf den Untersuchungsgegenstand der Arbeit rückt dann die Frage in den Mittelpunkt, ob und unter welchen Bedingungen es in der Europäischen Union einen funktionsfähigen Wettbewerb zwischen den mitgliedstaatlichen Gesellschaftsrechten geben kann.[282] Aus der Perspektive des in dieser Arbeit besonders interessierenden Gläubigerschutzes muss dabei vor allem geklärt werden, ob zwingende drittschützende nationale Regelungen in einen Wettbewerb integriert werden können oder ob durch die Abwahl dieser Regelungen Störungen auftreten, die zu einem Versagen des Wettbewerbs führen.

Diesen und anderen Fragen im Kontext des Regulierungswettbewerbs widmen sich die weiteren Kapitel. Nach einer Einordnung der gesellschaftsrechtlichen Rechtswahlfreiheit in den Regulierungswettbewerb und nach allgemeinen Ausführungen zu den Bedingungen und Grenzen eines Regulierungswettbewerbs werden die rechtlichen Aspekte des Regulierungswettbewerbs in Form des Wettbewerbs von Teilrechtsordnungen näher beleuchtet. Anschließend gilt es dann im Kontext des gesellschaftsrechtlichen Wettbewerbs in der Europäischen Union die ökonomischen und juristischen Überlegungen zusammenzubringen. Dabei wird das Augenmerk insbesondere auf die Niederlassungsfreiheit für Gesellschaften (Art. 43, 48 EG) als Rahmenordnung für die Rechtsformwahlfreiheit gerichtet.

---

279 Wissenschaftstheoretisch entspricht diese Position dem sog. Falsifikationismus, wie er von *Karl Popper* und im deutschen Sprachraum insbesondere von *Hans Albert* vertreten wird. Siehe grundlegend *Popper* (1989) sowie *Albert* (1980).

280 Dies beinhaltet zum einen die Frage, ob überhaupt zwingend reguliert werden muss, zum anderen wie diese zwingende Regulierung ausgestaltet werden sollte.

281 Vgl. dazu auch *Heine/Kerber* (2002), S. 52; *Vanberg/Kerber* (1994), S. 206.

282 Die Arbeit konzentriert sich auf den horizontalen Regulierungswettbewerb. Die Möglichkeit eines vertikalen Regulierungswettbewerbs, wie er durch die Schaffung supranationaler Rechtsformen wie die Europäische Aktiengesellschaft (SE) als zusätzliches Rechtsformangebot neben den mitgliedstaatlichen Gesellschaftsformen initiiert wird, bleibt in der Betrachtung weitestgehend außen vor, vgl. zu dieser Thematik *Röpke/Heine* (2005a), S. 265–298; *dies.* (2005b), S. 157–185; *Eidenmüller* (2005a), S. 591 f.

III. Regulierungswettbewerb in Form des Wettbewerbs der Unternehmens- und Gesellschaftsrechtsordnungen

Im Mittelpunkt der vorangegangenen Ausführungen stand die Entwicklung eines theoretischen Instrumentariums mit dessen Hilfe zum einen die Regelungsprobleme herausgearbeitet werden können, die die Nutzung einer Unternehmensrechtsform mit sich bringen, und zum anderen die Funktion und Wirkung gesellschaftsrechtlicher Regelungen als Problemlösungsmechanismus analysiert werden können.

Im Wege einer vergleichenden Analyse (komparativen Institutionenanalyse) ist es mit diesem Instrumentarium dann auch möglich, die Wirkung unterschiedlicher (nationaler) Problemlösungsmechanismen zu untersuchen. Bei der Schaffung und Ausgestaltung (gesellschafts-)rechtlicher Regelungen (Rechtsentwicklung und Rechtsfortbildung) verbleibt jedoch, wie bereits ausgeführt, ein Wissensproblem um die zweckmäßigste bzw. geeignetste Lösung.

Einen institutionellen Mechanismus zur Bewältigung dieses Wissensproblems bietet der Regulierungswettbewerb. Insofern kann man dann vom „Wettbewerb als Entdeckungsverfahren“ (*Hayek*) in Bezug auf rechtliche Regelungen sprechen.[283] Auf der Ebene der Unternehmen bzw. der nationalen Regulierungsebene werden durch zwingende Regelungen „einzelvertragliche“ Lösungen und somit auch ein „Gestaltungswettbewerb“ (Marktmechanismus) ausgeschaltet, jedoch können diese Regelungen auf der Ebene des Regulierungswettbewerbs nunmehr einem Wettbewerbs- bzw. Markttest unterzogen werden. Regulierungswissen, das in diesem Wettbewerb erworben wird, kann dann wiederum auf der Ebene der Unternehmen in die Regelungsgestaltung einfließen und somit zu einer innovativen Rechtsfortbildung beitragen.

1. Rechtswahlfreiheit

Die Forderung nach Rechtsformwahlfreiheit im Gesellschaftsrecht fügt sich ein in die Diskussion um den Regulierungswettbewerb[284], der auch im Gesellschaftsrecht

---

283 Nach *Hayek* dient derWettbewerb nicht in erster Linie dazu, einen optimalen Zustand der Güterverteilung herbeizuführen, sondern seine Funktion wird darin gesehen, im Wettbewerbsprozess Informationen aufzudecken. Marktteilnehmer werden durch wettbewerbliche Interaktion nämlich angereizt, ihr spezifisches Wissen in den Markt einzuspeisen und neues Wissen zu generieren, vgl. *Hayek* (1945), S. 519–530; *ders.* (1968).

284 Zu den unterschiedlichen Begriffen im Zusammenhang mit dem Regulierungswettbewerb siehe die Quellenhinweise in Fn. 15. Für grundlegende Ausführungen über die Modellierung von Wettbewerb siehe *Windisch* (1998), S. 121–154.

als Alternative zum Prozess der Rechtsangleichung und Rechtsvereinheitlichung in der EU nicht zuletzt durch die EuGH-Urteile *„Centros“*[285], *„Überseering“*[286] und *„Inspire Art“*[287] zur Niederlassungsfreiheit von Gesellschaften in der Europäischen Gemeinschaft (Art. 43, 48 EG) zunehmend in den Mittelpunkt des Interesses rückt.[288]

Die Betrachtungsweisen für Regulierungswettbewerb sind recht vielfältig. Gerade im Hinblick auf Gründungsrechtsordnung und Standortbestimmung von Unternehmen wird deutlich, dass der Regulierungswettbewerb auf unterschiedliche Ebenen bezogen sein kann. Für eine analytische Klarheit ist es daher notwendig zu unterscheiden zwischen Wettbewerb zwischen den gesamten Staaten oder Jurisdiktionen (Gesamtsystemen) einerseits und Wettbewerb zwischen Ausschnitten nationaler Rechtsordnungen (Teilrechtsordnungen) andererseits.[289]

Beim Wettbewerb zwischen den Staaten (Jurisdiktionen) allgemein, d.h. gesellschaftlichen Gesamtsystemen, treten die verschiedenen Jurisdiktionen als Anbieter ganzer Bündel von öffentlichen Gütern, rechtlichen Regelungen und Steuern auf, die um die mobilen Individuen, Firmen und Produktionsfaktoren konkurrieren. Die Rechtsordnung des Staates ist dabei nur ein Teil des gesamten Bündels.[290] Rechtsformwahl (Gründungsrechtsordnung/Satzungssitz) und Standortbestimmung (Verwaltungssitz) fallen zusammen; die Akteure wählen eine Rechtsform für den Unternehmensträger aus dem Angebot des Staates, in dem sie ihre Niederlassung bzw. ihren Hauptverwaltungssitz wählen.[291] Die Wahl besteht dann nur zwischen ganzen Steuer-Leistungspaketen einzelner Rechtsordnungen.[292] Auch in diesem Fall gibt es einen Wettbewerb um die „besseren“ rechtlichen Regelungen, aber nur in einer recht indirekten Weise, weil die spezifischen rechtlichen Regelungen, z.B. des Gesellschaftsrechts, nur einen Teil der Vorzüge einer Jurisdiktion darstellen.[293]

Regulierungswettbewerb im Kontext der Rechtsformwahlfreiheit bedeutet jedoch, dass die Akteure für ihre wirtschaftlichen Aktivitäten nicht nur zwischen Gesamtsystemen, d.h. ganzen Rechtsordnungen, wählen können. Vielmehr geht es darum, dass die Akteure die Möglichkeit haben, den jeweils „passenden“ institutionellen Rahmen für ihre wirtschaftlichen Aktivitäten aus den unterschiedlichen Rechtsordnungen auszuwählen. Hinsichtlich des Gesellschaftsrechts bedeutet dies dann, dass die Rechtsform des Unternehmensträgers (Satzungssitz) und der Standort (Niederlassung beziehungsweise Verwaltungssitz) des Unternehmens unabhängig von-

285 EuGH v. 9.3.1999 – Rs. C-212/97, NJW 1999, 2027 (Centros).
286 EuGH v. 5.11.2002 – Rs. C-208/00, NJW 2002, 3614 (Überseering).
287 EuGH v. 30.09.2003 – Rs. C-167/01, NJW 2003, 3331 (Inspire Art).
288 Vgl. u.a. *Roth* (2005); *Eidenmüller* (2005a); *ders.* (2002); *Kirchner* (2004); *Gelter* (2004); *Heine* (2003); *Kieninger* (2002a); *dies.* (2002b).
289 *Heine/Kerber* (2002), S. 51; *Behrens* (1998), S. 232.
290 *Heine/Kerber* (2002), S. 51; *Behrens* (1998), S. 232.
291 *Heine/Kerber* (2002), S. 51.
292 *Kerber* (2000), S. 79.
293 *Heine/Kerber* (2002), S. 51; *Kieninger* (2002a), S. 74.

einander gewählt werden oder die Niederlassung oder der Verwaltungssitz eines Unternehmens in andere Jurisdiktionen verlegt werden kann, ohne das dort geltende Gesellschaftsrecht zu übernehmen.

Hinsichtlich der Gründungsentscheidung der Akteure bedeutet Rechtswahlfreiheit, dass die wirtschaftlichen Akteure gezielt einzelne rechtliche Regelungen (institutionelle Arrangements) aus den unterschiedlichen Rechtsordnungen auswählen können.[294] In diesem Fall wählen die Akteure direkt zwischen den verschiedenen Gesellschaftsrechten der Staaten, ohne dabei die jeweilige Rechtsordnung insgesamt zu akzeptieren.[295] Die rechtlichen Regelungen werden damit vom Staatsgebiet (Territorium) entkoppelt.[296]

Für das Gesellschaftsrecht geht es um die Wahl einer Gesellschaftsrechtsform für die unternehmerische Tätigkeit der Akteure unabhängig vom Hauptverwaltungssitz. Ist die Wahl zwischen rechtlichen Regelungen bzw. einzelnen Ausschnitten einer Rechtsordnung ohne einen kompletten Wechsel in die jeweilige Jurisdiktion möglich, ebnet dies den Weg für eine direkte Form des Wettbewerbs zwischen den einzelnen rechtlichen Regelungen (Teilrechtsordnungen).[297] Insofern kann man hier von einem Wettbewerb der Teilrechtsordnungen oder hinsichtlich des Gesellschaftsrechts von einem Wettbewerb der Gesellschaftsrechte sprechen.

Wettbewerb der Gesellschaftsrechte bedeutet, dass die Regelungen des nationalen Sachrechts in Wettbewerb treten.[298] Da die Unternehmen in die gesellschaftliche Regelhierarchie eingebettet sind und das gesellschaftsvertragliche Arrangement zwischen den Akteuren von sanktionsbewehrten Regelungen des Gesellschaftsrechts überlagert wird[299], wird ein Wettbewerb der Teilrechtsordnungen dadurch initiiert, dass die Akteure eine bestimmte – nationale – Rechtsform für den Unternehmensträger wählen (Rechtsformwahl). Durch diese Wahl wird gleichzeitig das jeweilige nationale Sachrecht mitgewählt. Die unterschiedlichen nationalen Rechtsordnungen stellen alle gleichermaßen Rechtsformen für Unternehmensträger (Gesellschaften) zur Verfügung; die konkrete Ausgestaltung kann jedoch unterschiedlich ausfallen. Besteht eine Wahlfreiheit hinsichtlich der Rechtsformen, wird aus der Perspektive der Akteure nunmehr die Möglichkeit eröffnet, diese bestehenden nationalen Unterschiede gezielt zu nutzen und sich für die wirtschaftlichen Aktivitäten den ihren Präferenzen entsprechenden institutionellen Rahmen durch die Wahl eines nationalen Rechtsformangebots für ihren Unternehmensträger auszuwählen.

---

294 *Kerber* (2000), S. 79.
295 *Heine/Kerber* (2002), S. 51.
296 *Kerber/Heine* (2002), S. 174; *Kirchner* spricht in diesem Zusammenhang von „mobilem legislatorischem Wettbewerb", *Kirchner* (2004), S. 617 f.
297 *Heine/Kerber* (2002), S. 51; *Kieninger* (2002a), S. 75.
298 *Bar/Mankowski* (2003), § 4, Rdn. 2: „Sachnormen heißen Sachnormen, weil sie in der Sache selbst entscheiden."
299 *Kirchner* (2002b), S. 96.

2. Die positiven Effekte des Regulierungswettbewerbs

Wozu ist Wettbewerb gut? Auf Gütermärkten lässt sich die Frage nach der Vorteilhaftigkeit von Wettbewerb für den Ökonomen recht eindeutig beantworten. Herrscht Wettbewerb, werden Anbieter gezwungen, ihre Produkte zu möglichst niedrigen Preisen und in guter Qualität den Nachfragern anzubieten. Der Marktmechanismus führt dabei zu einem Ausgleich von Angebot und Nachfrage und es wird letztlich der wohlfahrtsoptimale Zustand einer Volkswirtschaft erreicht.[300] Lassen sich die positiven Erfahrungen des gütermarktlichen Wettbewerbs aber auch auf die staatliche Rechtsproduktion übertragen? Diese Frage kann zweifellos kontrovers diskutiert werden. Es lässt sich jedoch eine Reihe von wünschenswerten Wirkungen des Regulierungswettbewerbs benennen, die für den Wettbewerb von rechtlichen Regeln gelten:

Ein wichtiger Effekt des Regulierungswettbewerbs ist, dass eine Erhöhung der Vielfalt von zur Wahl stehenden Regulierungen die Wahrscheinlichkeit erhöht, dass dem Rechtsnachfrager ein präferenzengerechtes Rechtsangebot unterbreitet wird, das eine bestmögliche Problemlösung für den Rechtsnachfrager darstellt. Dabei kommen Rechtsnachfrage und Rechtsangebot nicht nur zum bestmöglichen Ausgleich, sondern vom Regulierungswettbewerb gehen ebenso starke Anreize zur innovativen Verbesserung des Rechts aus.[301] Im Wettbewerb wird, wie eingangs bereits erwähnt, Wissen darüber erzeugt, welche Problemlösung von den Akteuren präferiert wird („Wettbewerb als Entdeckungsverfahren"). Aufgrund des im Wettbewerb geschaffenen Wissens kann auf der nationalen Ebene der Unternehmensregulierung das Rechtsangebot entsprechend angepasst und fortentwickelt werden.

Neben diesen Effizienzwirkungen auf die rechtliche Produktpalette entfaltet Regulierungswettbewerb aber auch eine polit-ökonomische Wirkung. Und zwar übt Regulierungswettbewerb eine disziplinierende Wirkung auf den politischen und administrativen Prozess aus. Das heißt, Politiker und Bürokraten einer Jurisdiktion, die mit der Abwahl ihres angebotenen Rechts durch Rechtsnachfrager konfrontiert sind, werden bei der Schaffung ihres Rechtsangebots weniger die Wünsche von einzelnen Interessengruppen im Auge haben, sondern stärker das Allgemeinwohl.[302] Aus dieser Perspektive führt der Regulierungswettbewerb demnach zu einem stetigen Prozess gesellschaftsrechtlicher Verbesserungen („*race to the top*").

3. Die Bedingungen für einen funktionsfähigen Regulierungswettbewerb

Aus den bisherigen Ausführungen wird bereits deutlich, dass ein funktionsfähiger Regulierungswettbewerb zunächst zwei wesentliche Bedingungen hat:

---

300 Vgl. *Fehl/Oberender* (2004), S. 477 ff.
301 Vgl. *Romano* (1985), S. 225–283; *dies.* (1993); *dies.* (2002); *Vihanto* (1992), S. 411–436.
302 Vgl. *Sinn, St.* (1992), S. 177–196; *Kerber* (1998), S. 203.

erstens, keine Beschränkungen der Wahlmöglichkeiten (individuelle Freizügigkeit). Dies bedeutet, dass die Inhaber mobiler Faktoren (Rechtsnachfrager) die freie Wahl zwischen den verschiedenen nationalen (und supranationalen[303]) Regelungen für ihre Transaktionen haben müssen;

zweitens, die Offenhaltung des Wettbewerbs. Dies beinhaltet die Freiheit der politischen Akteure (Rechtsanbieter), eigenverantwortlich unterschiedliche Regulierungen anbieten zu können (staatliche Souveränität).[304]

Ein Wettbewerb der Regulierungen setzt nämlich neben der Wahlfreiheit auf der Nachfrageseite auch voraus, dass die unterschiedlichen Jurisdiktionsebenen (so z.B. die Nationalstaaten) die Entscheidungsautonomie über ihre eigenen Rechtssysteme (weitestgehend) behalten und eine entsprechende Vielfalt von Regelungsalternativen anbieten können.[305] Gleichzeitig muss dabei jedoch verhindert werden, dass die Freiheit der politischen Akteure dazu genutzt wird, durch einseitige Maßnahmen oder zwischenstaatliche Kartellierung den Regulierungswettbewerb zu beschränken.[306] In diesem Sinne geht es um die Vermeidung von Monopolisierung oder Kartellierung als Formen der Wettbewerbsbeschränkungen aufseiten der staatlichen oder überstaatlichen[307] Jurisdiktionen (Gebietskörperschaften), die zur Normsetzung (Rechtssetzung) befugt sind.[308]

Darüber hinaus lässt sich noch eine *dritte Bedingung* angeben: *Kompatibilität.*[309] Konkret geht es um die Kompatibilität verschiedener nationaler Teilsrechtsordnungen. Werden nämlich nur Ausschnitte von Rechtsordnungen gewählt und stehen somit Teilrechtsordnungen im Wettbewerb, wird die gewählte Teilrechtsordnung einer ausländischen Rechtsordnung auf die eine oder andere Weise an andere Teilrechtsordnungen einer anderen nationalen Rechtsordnung anschließen müssen. Damit entsteht das Problem, dass die verschiedenen nationalen Teilrechtsordnungen so miteinander kompatibel sein müssen, dass keine Regelungslücken, rechtlich widersprüchliche Situationen oder Überregulierungen auftreten.

Auch wenn es logische Konsequenz des Regulierungswettbewerbs ist, dass Rechtsunterschiede bestehen und Jurisdiktionen frei darin sein müssen, Recht fortzuentwickeln, so ist doch klar, dass in der rechtlichen Gesamtordnung dieses Kompatibilitätsproblem nicht vernachlässigt werden darf.

Damit diese Bedingungen (dauerhaft) erfüllt werden können, ist es notwendig, dass Jurisdiktionen als Rechtsanbieter so in ein Mehrebenen-System eingebunden sind, dass Wahlfreiheit ermöglicht und die Unterschiedlichkeit von Regulierungen auf-

---

303 Sofern auf der supranationalen Ebene den Rechtsnachfragern ein zusätzliches Rechtsangebot unterbreitet wird. Im Gesellschaftsrecht ist ein solcher Fall mit der Europäischen Aktiengesellschaft (SE) gegeben; vgl. dazu auch *Röpke/Heine* (2005a), S. 265–298; *dies.* (2005b), S. 157–185.
304 *Mussler/Wohlgemuth* (1994), S. 7.
305 *Koop* (1996), S. 54; *Behrens* (1998), S. 235.
306 *Sinn, St.* (1992), S. 177–196; *Mussler/Wohlgemuth* (1994), S. 7.
307 Unterstaatliche Gebietskörperschaften bleiben bei dieser Betrachtung außer Acht.
308 *Behrens* (1998), S. 235.
309 Vgl. dazu *Kerber/Heine* (2002), S. 179; *Röpke/Heine* (2005a), S. 278.

rechterhalten wird. Man kann hier auch von der Notwendigkeit einer so genannten *Meta-Ordnung* sprechen, denn es geht um die Ordnung eines Wettbewerbs von Ordnungen.[310] Dabei ist der Ordnungsbegriff, der sich auf die in Wettbewerb befindlichen Ordnungen bezieht, im weiten Sinne zu verstehen. Das heißt, unter Ordnung wird hier die Gesamtheit aller wirtschafts- und rechtspolitischen Maßnahmen einer Jurisdiktion verstanden; zur Ordnung einer Jurisdiktion gehören damit beispielsweise sowohl das Steuersystem, das Sozialsystem als auch das Wirtschaftsrecht. Während die Ordnung einer Jurisdiktion eine bestimmte inhaltliche wirtschafts- und rechtspolitische Ausprägung annimmt, ist die Meta-Ordnung lediglich „prozessual" in dem Sinne, als dass sie nur Regeln für das Verhältnis der einzelnen Ordnungen der Jurisdiktionen zueinander vorgibt.[311]

4. Wettbewerbsversagen

Als eine positive Wirkung des Regulierungswettbewerbs werden die Anreizwirkungen zur Fortentwicklung des rechtlichen Angebots gesehen. Denn Jurisdiktionen, die um die Ansiedlung mobiler Unternehmen und Arbeitnehmer konkurrieren, werden bemüht sein, ihre Aufgaben, Ausgaben und Einnahmen auf die Bedürfnisse der mobilen Faktoren abzustellen. Aus dieser Konkurrenzsituation, in der sich die Jurisdiktionen befinden, resultiert aber auch schon die Hauptproblematik des Regulierungswettbewerbs. Denn es ist a priori nicht ausgeschlossen, dass dieser Wettbewerb ebenso versagen kann. So wird diskutiert, ob ein solcher Wettbewerb nicht zu einem ineffizienten Absenken der Regulierungsstandards, vor allem der Schutzstandards für nicht an den Wahlentscheidungen beteiligte Akteure führe.[312] Die Hypothese enthält die implizite Behauptung, dass im Falle national unterschiedlicher Regulierungsniveaus und vollkommener Mobilität, Eigentümer von mobilen Faktoren dazu veranlasst werden, in Niedrigregulierungsländer „abzuwandern". Aufgrund dieser Tatsache seien die nationalen Rechtsanbieter gezwungen, in einen „Laxheitswettbewerb" (*„race to the bottom"*) zu treten, in dem sie durch den Druck des Wettbewerbs veranlasst werden, ihre Regulierung auf ein Niveau abzusenken, das nicht der Nachfrageseite in den jeweiligen Ländern entspreche und insofern „suboptimal" sei.[313]

Diese Argumentation unterstellt zwei Dinge: Zum einen ist ein bestimmtes Regulierungsniveau hinsichtlich der Schutzstandards erforderlich bzw. sind Schutzstandards überhaupt erforderlich und deren Abwahl durch die Wählenden oder deren

---

310 *Kerber* (1998), S. 203 ff.; *ders.* (2000), S. 82; *Heine/Kerber* (2002), S. 53.
311 Vgl. dazu *Vanberg* (2005), S. 23–49 sowie *Heine* (2006), S. 33–41.
312 So wird beispielsweise diskutiert, ob es nicht zu einer ruinösen Konkurrenz kommen müsse, wenn Jurisdiktionen ihre Unternehmenssteuern immer weiter absenkten, um Unternehmen zu einer Ansiedlung in ihrer Jurisdiktion zu bewegen. Ähnlich negative Wirkungen des interjurisdiktionellen Wettbewerbs werden für den Verbraucherschutz befürchtet; vgl. mit weiteren Nachweisen *Sinn, H.-W.* (1997), S. 247–274; *ders.* (2004), S. 23–38.
313 *Streit/Mussler* (1995), S. 27.

Abschaffung durch die Rechtsanbieter führt zu einem Marktversagen; zum anderen wird es im Regulierungswettbewerb keine Nachfrage mehr nach Rechtsangeboten mit (hohen) Schutzstandards geben, woraus sich der „Deregulierungsdruck“ auf die Rechtsanbieter speist.

Die Frage nach dem *„race to the top“* oder *„race to the bottom“* im Regulierungswettbewerb hat im Lichte der EuGH-Urteile zur Niederlassungsfreiheit im Gesellschaftsrecht ebenfalls in der deutschen Diskussion um die Entwicklung des Europäischen Gesellschaftsrechts an Aktualität gewonnen. Dabei wird die europäische Diskussion in starker Anlehnung an die Diskussion im US-amerikanischen Gesellschaftsrecht geführt.[314]

Diese Anlehnung liegt auf den ersten Blick nahe, denn in den Vereinigten Staaten gibt es durch Geltung der Gründungstheorie als Kollisionsnorm bereits einen Regulierungswettbewerb zwischen den Gesellschaftsrechten der einzelnen Bundesstaaten. Dieser Wettbewerbsprozess ist Gegenstand sowohl ökonomischer als auch juristischer Diskussionen. In diesen Diskussionen geht es vor allem um die Frage, ob Regulierungswettbewerb, d.h. Wettbewerb um das nachgefragteste Recht, zu einem Wettlauf nach oben (*„race to the top“*) und somit zu einem stetigen Prozess gesellschaftlicher Verbesserung führt.[315] Oder ob die Staaten als Rechtsanbieter nicht eher zu einem Wettlauf nach unten (*„race to the bottom“*) angehalten werden, bei dem es zu einem ineffizienten Absenken der Regulierungsstandards und somit zu einer „schädlichen“ Deregulierung von Schutzvorschriften zugunsten von beispielsweise Gläubigern, Anlegern oder Minderheitsgesellschaftern kommt.[316]

Die theoretischen Fronten dieser Diskussion sind weitgehend verhärtet und vorliegend sollen und können nicht alle Argumente der beiden Lager rekapituliert werden,[317] zumal infrage steht, dass das US-amerikanische Beispiel überhaupt als Grundlage für eine empirische Absicherung entsprechender Hypothesen im europäischen Regulierungswettbewerb taugt. Dies kann man vor allem deshalb in Zweifel ziehen, weil anders als im europäischen Gesellschaftsrecht weite Teile der

---

314 Vgl. u.a. *Gelter* (2004), S. 170–186; *Eidenmüller* (2005a), S. 581–595; *ders.* (2002), S. 2233–2245; *Heine* (2003); *Kersting* (2003), S. 9–13; aber auch schon *Blaurock* (1998), S. 462 f. sowie *Merkt* (1995), S. 545–568.

315 Vgl. *Winter* (1977), S. 251–292; *ders.* (1989), S. 1526–1529; *Romano* (1985), S. 225–283; *dies.* (1993); *dies.* (2002); *Easterbrook/Fischel* (1991), S. 212 ff.

316 Vgl. *Cary* (1974), S. 663–707; *Eisenberg* (1983), S. 187–212; *Bebchuk* (1992), S. 1437–1510.

317 Ein ausführlicher Überblick über die US-amerikanische Diskussion zum Wettbewerb der Gesellschaftsrechte findet sich bei *Heine* (2003), insbesondere S. 120 ff.; aber auch *Gelter* (2004). Neben der theoretischen Forschung hat sich in den vergangenen Jahren ein Untersuchungszweig herausgebildet, der die theoretisch postulierten Marktergebnisse auf ihren Eintritt hin empirisch überprüft. Es liegt bereits eine viel beachtete Studie vor, die zeigt, dass der Unternehmenswert von im Bundesstaat Delaware – der immer wieder als Beispiel eines *„race to the bottom“* angeführt wird – inkorporierten Unternehmen signifikant höher ist als derjenige von Unternehmen, die das Gesellschaftsrecht eines anderen Bundesstaats angenommen haben, siehe *Daines* (2001), S. 529 ff. Für eine kritische Einschätzung der Studie von *Daines* siehe *Subramanian* (2004), S. 32–59.

Regulierungen der Außenbeziehungen nicht dem gesellschaftsrechtlichen Wettbewerb ausgesetzt sind.[318]

Hintergrund ist, dass das US-amerikanische Recht weitestgehend auf gesellschaftsrechtliche Regelungen der Außenbeziehungen, vor allem auf gesellschaftsrechtliche Regelungen zum Schutz der Gläubiger verzichtet.[319] Dem liegt ein anderes Verständnis von Gesellschaft und Gläubigerschutzerfordernissen zugrunde. Nach US-amerikanischer Auffassung ist die Gesellschaft ein Vertragsnetzwerk bilateraler Austauschverträge, in dem die Gesellschafter (*shareholder*) die dominante Position einnehmen. Das Betreiben der Gesellschaft dient in allererster Linie den wirtschaftlichen Interessen der Gesellschafter. Sie bringen die Ressourcen ein, tragen das unternehmerische Risiko bis zur Haftungsgrenze und fordern dementsprechend den Gewinn ein.

Gläubiger werden aus US-amerikanischer Sicht nicht als homogene Gruppe betrachtet, die einem einheitlichen Schutz unterliegen, sondern sie werden individuell ebenfalls mittels bilateralen Austauschvertrages an das Vertragsnetzwerk angeschlossen und handeln ihr Schutzniveau mithilfe geeigneter Sicherheiten im Prinzip selbst aus.[320]

Die theoretischen Diskussionen und empirischen Erfahrungen des US-amerikanischen Regulierungswettbewerbs geben somit zwar eine gewisse Indikation, reichen jedoch nicht aus für die Absicherung entsprechender Hypothesen im europäischen Wettbewerb der Unternehmens- und Gesellschaftsrechte. Das Eintreten der dargelegten positiven ökonomischen Effekte des Regulierungswettbewerbs für das Europäische Gesellschaftsrecht muss erst noch festgestellt werden. Maßgeblich dafür ist vor allem, zunächst zu klären, dass ein durch Rechtswahlfreiheit initiierter europäischer gesellschaftsrechtlicher Regulierungswettbewerb nicht per se zu einem Wettbewerbsversagen führen muss.

Im Zusammenhang mit dem Wettbewerbsversagen kann nun der Bogen zur normativen Begründung eines zwingenden staatlichen Rechts gespannt und dann folgende Überlegung angestellt werden:

Der Regulierungswettbewerb kann versagen, wenn die Rechtsformwahlfreiheit dazu führt, dass zwingende (gesellschafts-)rechtliche Regelungen zur Korrektur von Marktversagenstatbeständen, d.h. zur Internalisierung negativer externer Effekte oder zum Abbau von Informationsasymmetrien, „ersatzlos“ abgewählt werden können. Aus dem Vorliegen von Marktversagenstatbeständen auf der nationalen Regulierungsebene (Ebene der Unternehmen) ließe sich dann ein Rückschluss

---

318 *Kirchner* (2004), S. 624.
319 Vgl. *Kübler* (2003), S. 103 ff.
320 Vgl. *Kübler* (2003), S. 103 ff.; siehe in diesem Zusammenhang aber auch den Kommentar von *Kahan*, der darauf hinweist, dass auch die Gläubiger durchaus geschützt werden, jedoch mit Instrumenten außerhalb des Gesellschaftsrechts, neben den kapitalmarktrechtlichen Instrumenten, so beispielsweise durch den *Uniform Fraudulent Transfer Act, Kahan* (2003), S. 145 ff.; vgl. auch *Gelter* (2004), S. 183 f.

auf Wettbewerbsversagen auf der Ebene des Regulierungswettbewerbs ziehen. Besondere Aufmerksamkeit wäre dabei den negativen externen Effekten für nicht an der Rechtswahl beteiligte Akteure zu schenken. Werden nämlich zwingende rechtliche Regelungen abgewählt, die Marktversagen korrigieren, und enthält die gewählte Teilrechtsordnung kein Problemlösungsmechanismus für diese Form des Marktversagens, könnte genau darin ein Wettbewerbsversagen begründet sein. Zur Verhinderung des Wettbewerbsversagens wäre eine Beschränkung des Wettbewerbs angezeigt.

Es ist jedoch ein Wort der Vorsicht angebracht. Weder kann aus diesen Überlegungen der Schluss gezogen werden, dass Schutzstandards, d.h. zwingende rechtliche Regelungen zum Schutz Dritter, nicht an der Rechtswahl Beteiligter, per se einem Regulierungswettbewerb nicht zugänglich sind. Noch kann daraus der Schluss gezogen werden, dass die Identifizierung von Marktversagen in nur einer nationalen Rechtsordnung generell als Argument ausreicht, um ein Wettbewerbsversagen festzustellen und damit die Beschränkung des Wettbewerbs zu rechtfertigen. Vielmehr muss ein tatsächlicher Regelungsbedarf (Marktversagen) bestehen, der von den im Wettbewerb stehenden Rechtsordnungen gleichermaßen identifiziert wurde. Hinzu kommt, dass im Wettbewerb wohl auch immer – etwas genereller – überlegt werden muss, ob die Ausschaltung von Wettbewerb möglicherweise schlechtere Folgen hat als die Ausschaltung eines (vermeintlichen) negativen externen Effekts. Denn – wie bereits dargelegt – geht es nicht um die Verhinderung bzw. Internalisierung eines jeden negativen externen Effekts, sondern um die Begrenzung auf ein gesamtgesellschaftlich gewolltes Maß.[321] Zudem müssen im Kontext von Marktversagen und dessen Korrektur auch alternative Lösungsmechanismen, d.h. vor allem Lösungsmechanismen außerhalb des Gesellschaftsrechts, berücksichtigt werden. Denn es ist gerade die Idee des Wettbewerbs das zweckmäßigste institutionelle Arrangement zu entdecken.

Für einen Wettbewerb des Gesellschaftsrechts folgt daraus, dass die mögliche Abwahl deutscher Schutzvorschriften, insbesondere zwingender deutscher Gläubigerschutzvorschriften, durch die Wahl einer ausländischen Rechtsform allein nicht als Argument ausreicht, um vom Auftreten eines Wettbewerbsversagens zu sprechen. Vielmehr muss anhand des konkreten Regelungsproblems in der jeweiligen Beziehung im Rahmen einer positiven Wirkungsanalyse der betreffenden Regelungen dargelegt werden, inwiefern es durch die Abwahl zu einem Marktversagen und infolgedessen gleichzeitig zu einem Wettbewerbsversagen kommt.

Damit ist zugleich die Richtung für das weitere Vorgehen angezeigt. Konkret gilt es herauszuarbeiten, welche rechtlichen Regelungen von den Wahlentscheidungen der Akteure erfasst werden. Vorrangig sind jetzt die rechtlichen Aspekte des Wettbewerbs angesprochen. Und auch für Aussagen über das Vorliegen der Voraussetzungen, die Wirkungen und die Grenzen eines Wettbewerbs gesellschaftsrechtlicher Teilrechtsordnungen ist es notwendig, die rechtlichen Aspekte dieses Wettbewerbs näher zu beleuchten.

---

321 Siehe oben II.4.b.cc.

5. Rechtliche Aspekte eines Wettbewerbs der Teilrechtsordnungen

Wählen die Akteure den jeweils präferierten institutionellen Rahmen für ihre wirtschaftlichen Aktivitäten (Transaktionen) aus den unterschiedlichen Rechtsordnungen aus, führt dies dazu, dass durch die Transaktionen verschiedene Rechtsordnungen betroffen bzw. berührt sind. Es liegen somit interstaatliche Transaktionen vor, die juristisch unter „Sachverhalte mit Auslandsbezug oder Auslandsberührung“ geführt werden. Bei solchen Sachverhalten werden dann die Fragen zentral, zum einen welche nationale Rechtsordnung einschlägig ist und zum anderen welche konkreten Rechtsnormen dieser Rechtsordnung (Sachrecht) angewandt werden. Während erstere die Bestimmung des „lex“ betrifft, geht es bei der zweiten Frage um die Bestimmung des „Statuts“. Das Zusammenspiel der Bestimmung von „lex“ und „Statut“ gibt dann auch vor, ob eine Rechtswahl möglich ist, d.h., ob die jeweils einschlägige Rechtsordnung eine Rechtswahl zulässt und wieweit diese Rechtswahl reicht. Konkret werden Fragen der (gerichtlichen) internationalen Zuständigkeit und der kollisionsrechtlichen Anknüpfung relevant. Denn von letzterer hängt wiederum die Bestimmung des auf den Sachverhalt (das Rechtsverhältnis) anwendbaren Sachrechts ab.[322]

Aus der juristischen Perspektive wird der Wettbewerb der Teilrechtsordnungen somit von den drei Aspekten (*gerichtliche*) *Zuständigkeit*, *Kollisionsrecht* und *Sachrecht* angeleitet. Alle drei Aspekte sind grundsätzlich von der jeweiligen Gestaltung der nationalen Rechtsordnung abhängig insofern, als sie grundsätzlich alle nationales Recht sind. Ein Wettbewerb der Regelungen des Sachrechts – wobei es dann nicht nur um die legislative, sondern auch um die judikative Normsetzung geht – hängt ab von Fragen der internationalen Zuständigkeit der Gerichte und vom jeweiligen nationalen Kollisionsrecht.

a. Die Internationale Zuständigkeit

Geht es um die Durchsetzung des gewählten institutionellen Rahmens, wird vor allem der (staatliche) Sanktionsapparat relevant. In diesem Kontext ergibt sich die juristische Frage der (Internationalen) Zuständigkeit der Gerichte für die Streitentscheidung beim jeweiligen Sachverhalt.

Dabei ist in Rechnung zu stellen, dass zum einen der Schutz der inländischen Jurisdiktionssphäre nicht erfordert, dass eine ausschließliche internationale Entscheidungszuständigkeit für das Inland beansprucht wird[323] und dass zum anderen mit der Entscheidung über die (Internationale) Zuständigkeit des Gerichtes eines Natio-

---

322 *Bar/Mankowski* (2003), § 4, Rdn. 1.
323 *Geimer* (2001), Rdn. 878. Ein staatliches Interesse, nur ein inländisches Gericht in der Sache entscheiden zu lassen, besteht nicht; vielmehr zielt das staatliche (deutsche) Interesse nur darauf, dass die aus der Sicht des Inlandes für unverzichtbar gehaltenen Normen und Rechtsgrundsätze eingehalten werden. Sanktion des Inlandes ist dann die Nichtanerkennung ausländischer Urteile, soweit ein Verstoß gegen den inländischen ordre public vorliegt; näher dazu auch *Geimer* (2001), Rdn. 880 und 890b.

nalstaates noch nicht die (nationale) Rechtsordnung bestimmt ist, die auf den in Rede stehenden Sachverhalt Anwendung findet. Da kein untrennbarer Zusammenhang zwischen dem Verfahren (Zuständigkeit) und dem anzuwendenden Recht besteht, ergibt sich auch daraus kein Zwang zu einer ausschließlichen Zuständigkeit (des Inlandes).[324] Die Brücke zwischen der Zuständigkeit und dem anwendbaren Sachrecht wird vielmehr durch das jeweilige (nationale) Kollisionsrecht gebaut.

b. Das nationale Kollisionsrecht

Durch sein nationales Kollisionsrecht, so z.B. das Internationale Privatrecht (IPR), bestimmt der Nationalstaat, unter welchen Bedingungen sein nationales Recht auf Sachverhalte mit Auslandsberührung bzw. interstaatliche Transaktionen anzuwenden ist.[325] Er bestimmt durch die entsprechende Ausgestaltung seines Kollisionsrechts einerseits das Maß der extraterritorialen Anwendung seiner nationalen Rechtsnormen[326], andererseits aber zugleich auch die Bedingungen, d.h. das „Wann" und „Ob", unter denen ein Sachverhalt Verbindung zu einer ausländischen Rechtsordnung hat[327] und ausländisches Sachrecht anzuwenden ist. Durch das jeweilige nationale Kollisionsrecht wird somit das Ermitteln der für einen Sachverhalt maßgeblichen Sachrechtsnormen gesteuert.[328] Relevant ist vor allem, dass diese Regelungen grundsätzlich nationales Recht sind.[329] In diesem Kontext tritt das Problem auf, dass aufgrund der Interstaatlichkeit der Transaktionen verschiedene nationale Rechtsordnungen betroffen sein können, wodurch zum einen verschiedene (Internationale) Zuständigkeiten eröffnet werden und zum anderen gemäß dem jeweiligen nationalen Kollisionsrecht die Anwendbarkeit der eigenen Rechtsordnung eröffnet und damit auch die Anwendbarkeit der ausländischen Rechtsordnung ausgeschlossen wird. Zentral wird dann die Frage, welches nationale Sachrecht letztlich angewandt werden soll. Weist jeder Staat sein eigenes Kollisionsrecht auf, kann es zu schwer wiegenden Problemen kommen, da unterschiedliche Staaten bezüglich desselben Sachverhaltes dann auch zu unterschiedlichen Ergebnissen, d.h. zu unterschiedlichen anwendbaren Rechtsordnungen, kommen (können).[330]

Im Hinblick auf einen Regulierungswettbewerb des Sachrechts ist dann entscheidend, ob es sich bei den kollisionsrechtlichen Regelungen, denen zufolge für bestimmte interstaatliche Sachverhalte das eigene nationale (Sach-)Recht zur Anwendung gelangt, um zwingendes oder dispositives Recht handelt, ob es also von den Parteien abbedungen werden kann.

---

324 *Geimer* (2001), Rdn. 891.
325 *Kirchner* (1999b), S. 377; *Mankowski* (2002), S. 118; vgl. auch Art. 3 Abs. 1 EGBGB für das deutsche Recht.
326 *Kirchner* (1999b), S. 381.
327 *Bar/Mankowski* (2003), § 4, Rdn. 4.
328 Es wird daher auch als Rechtsanwendungsrecht bezeichnet, vgl. *Mankowski* (2002), S. 118.
329 *Kirchner* (1999b), S. 377.
330 *Schmidt-Trenz* (1990), S. 295.

Setzt man hier wieder bei der Überlegung an, dass ein Wettbewerb der Sachrechtsregelungen nur möglich ist, wenn die Akteure als Rechtsnachfrager selbst entscheiden können, welche rechtlichen Regelungen sie für ihre (interstaatlichen) Transaktionen verwenden, ist es Voraussetzung, dass diese Rechtswahl den Anknüpfungspunkt bildet und das Kollisionsrecht insofern dispositives Recht ist. Denn nur in diesem Falle haben es die Parteien selbst in der Hand, auf der Grundlage der Parteiautonomie[331], ihren Präferenzen gemäß zu bestimmen, welches nationale Sachrecht zur Anwendung gelangen soll.[332] Soweit die Nationalstaaten ungeachtet bzw. entgegen der Wahlentscheidung der Akteure ihr eigenes, nicht gewähltes Recht durchsetzen, wird der Wettbewerb rechtlicher Regelungen beschränkt, wenn nicht sogar ganz verhindert. Das Durchsetzen des eigenen Rechts gegen die Wahl der Akteure erscheint nur dann gerechtfertigt, wenn ihr ein überragendes Regelungsinteresse zugrunde liegt.[333] Dabei sollten sich die Nationalstaaten jedoch nicht anmaßen, mit dem jeweils eigenen lex fori, aus deutscher Sicht also mit dem deutschen Privatsachrecht, für alle Konflikte, die sich auf dieser Erde ereignen, stets das beste Lösungsmodell parat haben zu wollen.[334]

c. *Die kollisionsrechtliche Anknüpfung im Gesellschaftsrecht*

Die Zulässigkeit einer Rechtsformwahlfreiheit bzw. einer grenzüberschreitenden Sitzverlegung eines Unternehmens regelt das Kollisionsrecht selbst nicht. Es bestimmt lediglich die Anknüpfung für das Gesellschaftsstatut. Der Ausdruck „Statut" beinhaltet, dass man aus der Menge der Rechtsnormen (irgend-) eines Staates, die jeweils maßgeblichen unter systematisch-inhaltlichen Kriterien herausgreift.[335] Gesellschaftsstatut bedeutet dann die Ermittlung der einschlägigen Rechtsnormen für die gesellschaftsrechtlichen Fragen, wie z.B. ob eine Gesellschaft existiert, welche Fähigkeiten sie hat und wie sie organisiert sein muss. Um diese Rechtsnormen bestimmen zu können, muss jedoch zunächst die Rechtsordnung ermittelt werden, deren Rechtsnormen zur Geltung kommen. Darauf bezieht sich die Frage nach der Anknüpfung. Von der jeweiligen Anknüpfung ist dann auch abhängig, ob sich durch die Verlegung eines Sitzes des Unternehmens die anwendbare Rechtsordnung ändert.[336] Dies wird nun für die Rechtsformwahlfreiheit relevant. Bei der Rechtsformwahlfreiheit fallen Satzungssitz (Gründungsrechtsordnung) und der Verwaltungssitz (Standort) eines Unternehmens möglicherweise auseinander. Der Bestand der dem Unternehmensträger in der Gründungsrechtsordnung (Herkunftsstaat) verliehenen Rechtsfähigkeit hängt im Staate des Verwaltungssitzes (Zuzugstaat) davon ab, ob das Kollisionsrecht des Staates, in dem das Unternehmen

---

331 Zur Abgrenzung von Privatautonomie, die das Sachrecht betrifft, und Parteiautonomie, die das IPR (Kollisionsrecht) betrifft, vgl. *Bar/Mankowski* (2003), § 7, Rdn. 68.
332 *Kirchner* (1999b), S. 381.
333 *Bar/Mankowski* (2003), § 4, Rdn. 3: Ein solches wird z.B. im Bereich der Eingriffsrechte angenommen.
334 *Bar/Mankowski* (2003), § 4, Rdn. 4.
335 *Bar/Mankowski* (2003), § 1, Rdn. 18.
336 *Frowein* (2001), S. 16.

seinen Verwaltungssitz nimmt, dem fremden Sachrecht, auf dem die Rechtsfähigkeit beruht (Gründungsrechtsordnung), Geltungskraft für sein eigenes Territorium verleiht.[337] Zur Verdeutlichung dieser Problematik ist es hilfreich, die verschiedenen Anknüpfungskonzepte für die Bestimmung des Gesellschaftsstatuts näher zu betrachten. Im Wesentlichen stehen sich zwei verschiedene Anknüpfungskonzepte gegenüber: die Gründungs- und die Sitztheorie.[338]

aa. Die Gründungstheorie

Für die Gründungstheorie sind der Wille der Recht Wählenden und somit die Parteiautonomie zentral.[339] Gemäß der Anknüpfung nach der Gründungstheorie ist eine Gesellschaft der Rechtsordnung unterstellt, nach der sie gegründet worden ist. Maßgeblich ist somit der Satzungssitz. Irrelevant ist für dieses Konzept die Rechtsordnung, in der die Gesellschaft ihre Geschäftstätigkeit ausübt, d.h. ihren Hauptverwaltungssitz bzw. ihre Niederlassung hat. Unter der Geltung der Gründungstheorie sind ein Auseinanderfallen von Satzungs- und Verwaltungssitz und somit auch ein Wettbewerb der Gesellschaftsrechte möglich.

bb. Die Sitztheorie

Die Sitztheorie hingegen gewährt keine Parteiautonomie.[340] Gemäß der Sitztheorie ist das Gesellschaftsstatut das Recht des Staates, in dem die Gesellschaft ihren tatsächlichen Verwaltungssitz hat, d.h. die Unternehmensleitung, der Geschäftsführer oder Vorstand, die tatsächlichen Geschäfte der Gesellschaft führen. Auf den satzungsmäßigen Sitz (die Gründungsrechtsordnung) kommt es nicht an. Eine identitätswahrende Sitzverlegung des Hauptverwaltungssitzes ist unter der Geltung der Sitztheorie nicht möglich. Vielmehr verändert sich mit der Verwaltungssitzverlegung auch die maßgebliche Rechtsordnung zur Bestimmung des Gesellschaftsstatuts. Ein Wettbewerb der Gesellschaftsrechte ist unter Geltung dieses Anknüpfungskonzepts ausgeschlossen.

Damit wird deutlich, dass das in einer Rechtsordnung gewählte kollisionsrechtliche Anknüpfungskonzept für das Gesellschaftsstatut herausragende Bedeutung für die Rechtsformwahlfreiheit und damit den Wettbewerb von Gesellschaftsrechtsordnungen erlangt. Unter Geltung der Sitztheorie ist Rechtsformwahlfreiheit nicht möglich, vielmehr noch entzieht sie nationale gesellschaftsrechtliche Vorschriften einem Wettbewerbstest und sichert so bereits ihren Bestand. Für den europäischen Wettbewerb der Gesellschaftsrechte kann daraus bereits die Folgerung gezogen werden, dass die europaweit einheitliche Geltung der Gründungstheorie zur un-

---

337 Vgl. dazu bereits *Grothe* (1988), S. 15.

338 Neben diesen beiden wesentlichen Anknüpfungstheorien fanden und finden sich vor allem in der deutschen rechtswissenschaftlichen Diskussion noch weitere sog. vermittelnde Anknüpfungstheorien, die vor allem nach der *Centros*-Rechtsprechung des EuGH in den Mittelpunkt des Interesses rückten. Für einen Überblick vgl. *Halen* (2001), S. 29–44.

339 *Bar/Mankowski* (2003), § 7, Rdn. 71, Fn. 333.

340 *Bar/Mankowski* (2003), § 7, Rdn. 72 und Rdn. 78.

erlässlichen Voraussetzung wird, womit bereits eine Bedingung für einen funktionsfähigen Wettbewerb der Gesellschaftsrechte in der EU angesprochen ist. Inwieweit die Bedingungen und die Voraussetzungen für einen funktionsfähigen Gesellschaftsrechtswettbewerb in der Europäischen Union erfüllt sind, soll nachfolgend näher untersucht werden.

IV. Wettbewerb der Unternehmens- und Gesellschaftsrechtsordnungen in der Europäischen Union

1. Die rechtliche Rahmenordnung

In der bisherigen Darstellung wurde immer wieder betont, dass die Regelungen über die (gerichtliche) Zuständigkeit, die Regelungen des Kollisionsrechts und auch des Sachrechts nationale Regelungen sind. Durch potenzielle und tatsächliche nationale Regelungsunterschiede entsteht nicht nur eine attraktive Vielfalt, sondern auch eine Vielzahl von Problemen.[341] Letztere erlangen nicht nur Relevanz in der juristischen Fallbearbeitung, sondern auch für einen Wettbewerb der Teilrechtsordnungen, insofern als daraus systematische Störquellen resultieren, wenn die ausgeübte Rechtswahl nicht in jeder Rechtsordnung gleichermaßen anerkannt wird. Unter dem Aspekt der Möglichkeiten und Grenzen eines Wettbewerbs der Gesellschaftsrechte soll nachfolgend die Situation in der Europäischen Union betrachtet werden.

Die Europäische Gemeinschaft[342] ist ein supranationaler Staatenverbund, dem eine eigene Regelungskompetenz (Normsetzungsbefugnis) von seinen Mitgliedstaaten übertragen worden ist.[343] Damit wird über der nationalen Regulierungs- bzw. Normsetzungsebene eine weitere Ebene etabliert, und nationale Regelungen werden durch supranationale Regelungen überlagert.[344] Da aber nicht die gesamten nationalen Regelungskompetenzen der Mitgliedstaaten auf den supranationalen Staatenverbund übertragen wurden,[345] wird nunmehr ein jurisdiktionelles Mehrebenensystem aufgespannt, in dem Regulierungskompetenzen zwischen der EU-Ebene und den Mitgliedstaaten aufgeteilt sind.[346]

Auf der supranationalen Ebene ist das Unterscheiden zwischen den Regelungen des primären Gemeinschaftsrechts und den Regelungen des sekundären Gemeinschaftsrechts relevant: Primäres Gemeinschaftsrecht sind die Gründungsverträge der Europäischen Gemeinschaften EG und EAG (sowie der erloschenen EGKS).[347]

341 Vgl. auch *Schmidtchen* (1995), S. 89.
342 Zur Abgrenzung und begrifflichen Unterscheidung von EU und EG vgl. *Streinz – Pechstein* (2003b), Art. 1 EUV, Rdn. 3 und Rdn. 21 ff.; zum Verhältnis von EU-Recht und EG-Recht vgl. *Streinz – Pechstein* (2003b), Art. 1 EUV, Rdn. 24.
343 *Kirchner* (1999b), S. 378.
344 *Kirchner* (2002b), S. 96; *ders.* (1999b), S. 378 f.; *ders.* (1999c), S. 394 ff.
345 *Kirchner* (1999b), S. 379.
346 Vgl. dazu *Kerber/Heine* (2002), S. 170; *Kirchner* (1999b) S. 379 und 383 f.
347 *Streinz* (2003a), Rdn. 3.

Das sekundäre Gemeinschaftsrecht bilden die aus den primärrechtlich begründeten Regelungskompetenzen abgeleiteten Rechtsakte der Organe der EG.[348] Dies sind vor allem Richtlinien und Verordnungen (Art. 189 EG),[349] aber auch die judikative Rechtsfortbildung durch den EuGH.

Eine der zentralen Aufgaben der EG ist es, durch das Errichten des Gemeinsamen Marktes die in Art. 2 EG genannten Ziele zu erreichen. Primärer Zweck der Bildung eines Gemeinsamen Marktes ist die Öffnung bzw. die Offenhaltung der mitgliedstaatlichen Marktgrenzen für die wirtschaftliche Betätigung.[350] Der zu errichtende Binnenmarkt[351] macht es dann notwendig, auch den Organisationsrechtsraum darauf abzustimmen, da nunmehr unterschiedliche nationale Rechtsordnungen aufeinandertreffen, die koordiniert werden müssen, um die Funktionsfähigkeit des Binnenmarktes zu gewährleisten. Es geht dann also um die Etablierung eines Ordnungsrahmens, der es vermag, die durch die nationalen Regelungsunterschiede bestehenden Schranken – tarifäre und nicht tarifäre Handelsschranken – abzubauen und das ordnungsgemäße Funktionieren von innergemeinschaftlichen Transaktionen zu gewährleisten. Wesentliches Element eines Gemeinsamen Marktes ist die Gewährung der so genannten Grundfreiheiten.[352] Die Grundfreiheiten des EG-Vertrages sind die Warenverkehrsfreiheit (Art. 23–31 EG), die Personenverkehrsfreiheit (Art. 39–48 EG), die Dienstleistungsfreiheit (Art. 49-55 EG) und die Kapitalverkehrsfreiheit (Art. 56–60 EG).[353] Die Grundfreiheiten sind die tragenden Säulen des Ordnungsrahmens für den Gemeinsamen Markt.[354]

Die Gestaltung des Ordnungsrahmens (Organisationsrechtsraums) für einen gemeinschaftsweiten, funktionsfähigen Binnenmarkt wirft zugleich die Frage nach der Verteilung von Regelungskompetenzen auf die unterschiedlichen Regelungsebenen in dem jurisdiktionellen Mehr-Ebenen-System auf. Diese Frage betrifft vor allem das grundlegende Konzept (Ordnungsmodell) eines föderal organisierten Europas.[355] Beim Bearbeiten der Frage muss das durch den Vertrag von Maastricht in den EG-Vertrag eingefügte Subsidiaritätsprinzip (Art. 5 EG) Berücksichtigung finden, denn dieses Prinzip kann als ein fundamentales Organisationsprinzip der Kompetenzverteilung in der Europäischen Gemeinschaft gesehen werden. Bei einer Kompetenzwahrnehmung durch die Gemeinschaft ist zu klären, ob nicht statt der Gemeinschaft die Mitgliedstaaten tätig werden sollten.[356] Aus föderalismustheore-

---

348 *Dauses - Bleckmann/Pieper* (2004), B.I., Rdn. 4.
349 *Streinz* (2003a), Rdn. 4.
350 *Dauses – Müller-Graf* (2004), A.I., Rdn. 128.
351 Zur Unterscheidung von Gemeinsamen Markt und Binnenmarkt vgl. *Dauses – Dauses* (2004), C.I., Rdn. 7: Gemeinsamer Markt ist ein Markt mit binnenmarktähnlichen Verhältnissen, d.h. Vorstufe des integrierten Binnenmarktes. Dem Binnenmarkt ist eine höhere Integrationsintensität und funktionale Reichweite zugedacht.
352 *Dauses – Müller-Graf* (2004), A. I., Rdn. 127.
353 *Grabitz/Hilf – Randelzhofer/Forsthoff* (2004), Bd. I, vor Art. 39–55 EGV, Rdn. 3; vgl. auch *Streinz* (2003a), Rdn. 652.
354 Vgl. *Streinz* (2003a), Rdn. 652; *Dauses – Roth* (2004), E. I., Rdn. 1.
355 Für einen Überblick mit weiteren Nachweisen vgl. u.a. *Frey/Eichenberger* (1999).
356 *Kirchner* (1999c), S. 396.

tischer Sicht besagt dieses Prinzip, dass eine Aufgabe auf der vertikal niedrigsten Jurisdiktionsebene angesiedelt werden sollte, die diese Aufgabe noch erfüllen kann. Und nur im Falle, dass eine dezentrale Aufgabenerfüllung nicht möglich ist, soll eine höhere Jurisdiktionsebene die Aufgabe übernehmen.[357] Das Subsidiaritätsprinzip gibt in dieser Interpretation eine eindeutige normative Handlungsanweisung für die vertikale Kompetenzverteilung in einer Föderation vor[358] und sichert so das dauerhafte Nebeneinander von Gemeinschaftsrecht und verschiedenen nationalen Rechtsordnungen der Mitgliedstaaten.[359]

Regulierungswettbewerb, wie er in dieser Arbeit untersucht wird, folgt dem Leitbild des „Wettbewerbsföderalismus". Das Gegenstück des „Wettbewerbsföderalismus" ist der „kooperative Föderalismus".[360] Beide Modelle zeichnen sich zwar durch ein jurisdiktionelles Mehrebenensystem aus, grundsätzliche Unterschiede bestehen aber in der Frage der Verteilung von Regelungskompetenzen auf die unterschiedlichen Jurisdiktionsebenen. So ist das Modell des kooperativen Föderalismus dadurch charakterisiert, dass zwar ein jurisdiktionelles Mehrebenensystem geschaffen wird, in dem die einzelnen Jurisdiktionen die Kompetenz haben, eigene Entscheidungen über Aufgaben, Ausgaben und Einnahmen zu treffen; jedoch wird dabei von einer starken Interdependenz der einzelnen Jurisdiktionen ausgegangen. Aus dieser Interdependenz des jurisdiktionellen Handelns wird dann die Forderung abgeleitet, dass eine mit weitreichenden Regulierungskompetenzen ausgestattete zentralstaatliche Jurisdiktionsebene notwendig sei, um notfalls ein kooperatives Verhalten der subsidiären Jurisdiktionsebenen auch erzwingen zu können.[361] Aus der juristischen Perspektive betrachtet, führt der kooperative Föderalismus zu einem großen Maß an Harmonisierung des mitgliedstaatlichen Rechts bzw. zur Rechtsvereinheitlichung durch gemeinschaftsrechtliche Rechtsakte (Richtlinien bzw. Verordnungen).

Demgegenüber stellen Modelle eines Wettbewerbsföderalismus nicht auf eine Harmonisierung oder Vereinheitlichung von Regulierungsunterschieden innerhalb

---

357 Für einen Überblick mit weiteren Literaturhinweisen zur Interpretation des Subsidiaritätsprinzips siehe beispielsweise *Homann/Kirchner* (1995a), S. 45–69 sowie die Beiträge in *Nörr/Oppermann* (1997). Mit weiteren Nachweisen siehe aus juristischer Perspektive beispielsweise *Demaret* (1996), S. 13 ff. Aus föderalismustheoretischer Sicht siehe zur Diskussion des Subsidiaritätsprinzips insbesondere *Vanberg* (1997), S. 253–269.

358 Das Subsidiaritätsprinzip entsprechend Art. 5 Abs. 2 EG besteht aus zwei Komponenten, die zu seinem normativen Gehalt führen. Es besteht aus einem „Notwendigkeitskriterium", das der katholischen Soziallehre entlehnt ist und eine Kompetenzverlagerung „nach oben" nur zulässt, wenn die untere Jurisdiktionsebene nicht in der Lage ist, die Aufgabe zu erfüllen. Das Notwendigkeitskriterium belässt damit Kompetenzen „unten", auch wenn eine höhere Jurisdiktionsebene die Leistungserstellung kostengünstiger erbringen könnte. Effizienzgesichtspunkte kommen erst im zweiten Halbsatz von Art. 5 Abs. 2 ins Spiel. Diese Konstellation führt dazu, dass Effizienzgesichtspunkte bei der Kompetenzverteilung mit einem starken Vorurteil zugunsten unterer Jurisdiktionsebenen versehen werden, vgl. *Kenntner* (1998), S. 2873.

359 Vgl. auch *Brödermann/Iversen* (1994), Rdn. 2.

360 Für eine Darstellung verschiedener Konzeptionen des Föderalismus siehe *Elazar* (1987); *Blankart* (2004), S. 561 ff. sowie *Inman/Rubinfeld* (1997), S. 43–64; zum Vergleich von kooperativem und kompetitivem Föderalismus siehe auch *Börzel/Hosli* (2003), S. 179–202.

361 Vgl. *Inman/Rubinfeld* (1997), S. 48 f.; *Börzel/Hosli* (2003), S. 184.

einer Föderation ab, sondern setzen vor allem auf die Anreizwirkung des interjurisdiktionellen Wettbewerbs, um das rechtliche Angebot fortzuentwickeln. Wettbewerbsföderalismus, wie er auch dem Regulierungswettbewerb zugrunde liegt, setzt somit in einem starken Maß auf den Erhalt von (nationaler) Regelungsvielfalt. Mit Bezug zur EU und vor allem hinsichtlich der Verwirklichung eines funktionierenden Binnenmarktes fordern der Erhalt nationaler Regelungsunterschiede einerseits und die Öffnung der mitgliedstaatlichen Marktgrenzen andererseits die Verwirklichung des Grundsatzes der gegenseitigen Anerkennung, ohne dass es der vorherigen Schaffung von Sekundärrecht, d.h. der Harmonisierung oder Rechtsvereinheitlichung, bedürfte. Nationale Regelungsunterschiede dürfen dann nämlich grundsätzlich nicht als Argument gereichen, um grenzüberschreitende, wirtschaftliche Aktivitäten im Binnenmarkt einzuschränken oder zu verhindern.[362]

Damit ist eine wesentliche Aufgabe des Ordnungsrahmens angesprochen. Tragende Säulen des Ordnungsrahmens für den Binnenmarkt sind die Grundfreiheiten (Marktfreiheiten). Als Teil des Primärrechts der Gemeinschaft genießen sie Anwendungsvorrang gegenüber dem (nationalen) Recht der Mitgliedstaaten, d.h., dass sowohl das nationale Kollisionsrecht als auch das nationale Sachrecht den Bestimmungen des Gemeinschaftsrechts unterliegen.[363] Im Kontext des Regulierungswettbewerbs stellt sich dann die Frage, inwieweit durch die Grundfreiheiten eine Rahmenordnung für die Rechtswahlfreiheit und somit für den Regulierungswettbewerb konstituiert wird.

Für einen Wettbewerb gesellschaftsrechtlicher Teilrechtsordnungen, der, wie bereits dargelegt, durch die Wahl einer nationalen Rechtsform für den Unternehmensträger unabhängig vom Standort initiiert wird,[364] wird die Niederlassungsfreiheit von Gesellschaften, die in Art. 43, 48 EG statuiert ist, relevant.

a. Die Niederlassungsfreiheit als Rahmenordnung für einen Wettbewerb der Gesellschaftsrechte

aa. Die Niederlassungsfreiheit gemäß Art. 43, 48 EG

Zu den Grundlagen der EG gehört die Freizügigkeit der Personen. Die Gewährleistung des freien Personenverkehrs ist eine der vier Grundfreiheiten des EG-Vertrages.[365] Zur Personenverkehrsfreiheit zählt neben der Freizügigkeit der Arbeitnehmer (Art. 39 ff. EG) ebenso die *Niederlassungsfreiheit* (Art. 43 ff. EG).[366] Gemäß Art. 43 Abs. 1 EG sind Beschränkungen der freien Niederlassung von Staatsan-

---

362 Zu den Grenzen der gegenseitigen Anerkennung vgl. unten IV.1.b und IV.2.c.dd.
363 Für eine ausführlichere Darstellung mit weiteren Nachweisen vgl. *Brödermann/Iversen* (1994), Rdn. 7 sowie *Halen* (2001), S. 120 und S. 151 f.; vgl. auch *Forsthoff* (2000), S. 177 ff.
364 Siehe oben III.1.
365 Weitere Grundfreiheiten vgl. oben IV.1.
366 *Streinz* (2003a), Rdn. 656: Beide sind auf eine dauernde Ansässigkeit in einem anderen Mitgliedstaat angelegt, der Unterschied liegt in der Art der Beschäftigung: Abhängige Beschäftigung fällt unter die Arbeitnehmerfreizügigkeit, selbstständige Beschäftigung gehört zur Niederlassungsfreiheit.

gehörigen eines Mitgliedstaates im Hoheitsgebiet eines anderen Mitgliedstaates verboten. Begünstigte der in Art. 43 EG normierten Niederlassungsfreiheit sind nicht nur natürliche Personen, die Staatsangehörige der Mitgliedstaaten sind, sondern auch Agenturen, Zweigniederlassungen oder Tochtergesellschaften. Ebenso sind gemäß Art. 48 EG auch Gesellschaften, insbesondere juristische Personen, soweit sie nach den Rechtsvorschriften eines Mitgliedstaates wirksam gegründet sind und ihren satzungsmäßigen Sitz, ihre Hauptverwaltung oder ihre Hauptniederlassung innerhalb der Gemeinschaft haben, Begünstigte der Niederlassungsfreiheit.[367]

Zwar richten sich die Grundfreiheiten durch ihre Statuierung im EG-Vertrag vordergründig an die Mitgliedstaaten, jedoch sind sie innerstaatlich zu beachten.[368] Seit der Entscheidung des EuGH im Falle *Reyners*[369] steht fest, dass Art. 43 EG eine unmittelbar geltende Bestimmung ist.[370] Die Niederlassungsfreiheit entfaltet daher (als Grundfreiheit des EG-Vertrages) unmittelbare Geltung in den innerstaatlichen Rechtsordnungen.[371] Art. 48 EG erstreckt seinem Wortlaut nach das Niederlassungsrecht unter denselben Bedingungen, wie sie für natürliche Personen vorgesehen sind, die Angehörige der Mitgliedstaaten sind, auf die nach den Rechtsvorschriften eines Mitgliedstaats (wirksam) gegründeten Gesellschaften und juristischen Personen.[372] Gemäß dieser Gleichstellungsvorschrift müsste das, was nach Art. 43 EG für natürliche Personen gilt, gleichzeitig für Gesellschaften und juristische Personen gelten. Aufgrund der unmittelbaren Geltung der Niederlassungsfreiheit für natürliche Personen müsste sich dann auch jede Gesellschaft gegenüber den nationalen Gerichten und Behörden auf ihr Niederlassungsrecht berufen können.

Wird nun durch das Anwenden der Regelungen des nationalen Kollisionsrechts (speziell des Internationalen Gesellschaftsrechts) und/oder des Sachrechts eines Mitgliedstaates der EU die Wahl einer ausländischen Rechtsform respektive die Verwaltungssitzverlegung eines (bestehenden) Unternehmens in ein anderes Mitgliedsland untersagt oder erheblich erschwert, kann sich dies als ein Verstoß gegen die Niederlassungsfreiheit (Art. 43, 48 EG) darstellen – mit der Folge, dass die Anwendung der betreffenden nationalen Regelungen mit dem höherrangigen europäischen Gemeinschaftsrecht nicht vereinbar ist. Denn wie bereits dargelegt, genießt das primäre Gemeinschaftsrecht Anwendungsvorrang vor (einfachem) nationalem Recht. Die Niederlassungsfreiheit gibt somit vor, in welchem Maße eine Implementierung ausländischen Rechts durch eine entsprechende Rechtswahl der Akteure möglich und zulässig ist. Sie ist gleichzeitig auch der Maßstab für die

---

367 *Behrens* (1988), S. 498.
368 *Kruse* (1997), S. 121.
369 EuGH v. 21.6.74 – Rs. 2/74, Slg. 1974, 631.
370 Vgl. auch *Grabitz/Hilf – Randelzhofer/Forsthoff* (2004), Art. 43, Rdn. 67.
371 *Dauses – Roth* (2004), E. I., Rdn. 13: Die Freiheit entfaltet Rechtswirkungen für den Einzelnen insoweit, als innerstaatliche Behörden und Gerichte diese beachten und entgegenstehendes, innerstaatliches Recht unangewendet lassen müssen.
372 EuGH, NJW 1999, 2027, 2028, Rdn. 19 (Centros).

Reichweite und die Regelungstechnik der Kontrollbedürfnisse der Nationalstaaten für die auf ihrem Territorium tätigen Unternehmen.

Dies macht es nun notwendig, sich näher mit dem Inhalt der Niederlassungsfreiheit für Gesellschaften zu befassen. Da die kollisionsrechtliche Anknüpfung der zentrale Aspekt für die Rechtsformwahlfreiheit ist, geht es vor allem um die Frage nach dem kollisionsrechtlichen Gehalt der Niederlassungsfreiheit. Eng damit verbunden sind die Fragen, ob die Niederlassungsfreiheit hinsichtlich der Gesellschaften unmittelbare Geltung hat und, ob und wenn ja, in welchem Umfang Art. 48 EG ein über ein Diskriminierungsverbot hinausgehendes allgemeines Beschränkungsverbot beinhaltet und die Anwendung inländischer, nationaler Vorschriften auf ausländische Gesellschaften untersagt bzw. unter ein Rechtfertigungserfordernis stellt.[373] Hintergrund vor allem für die letzte Fragestellung ist, dass sich ein bloßes Diskriminierungsverbot (anknüpfend an das Bestimmungslandprinzip) darin erschöpft, dass ausländische Gesellschaften nicht schlechter gestellt werden dürfen als inländische; auf inländische und ausländische Gesellschaften finden die inländischen zwingenden Regelungen somit gleichermaßen Anwendung. Unerlässliche Voraussetzung für eine Rechtswahlfreiheit und somit für den Wettbewerb der Gesellschaftsrechte ist jedoch, dass die nicht gewählten inländischen zwingenden Regelungen des Gesellschaftsrechts keine Anwendung finden, anderenfalls wird die Wahlentscheidung der Akteure negiert. Dem Beschränkungsverbot hingegen ist das Herkunftslandprinzip immanent. Überträgt man das Herkunftslandprinzip auf das Gesellschaftsrecht, bedeutet dies die Maßgeblichkeit der Gründungsrechtsordnung. Damit werden über die gemeinschaftsweite Geltung des Herkunftslandprinzips der Weg für eine einheitliche, kollisionsrechtliche Anknüpfung, nämlich an die Gründungsrechtsordnung, und somit auch der Weg für einen Wettbewerb der Gesellschaftsrechtsordnungen in der Europäischen Union geebnet.

bb. Der Inhalt der Niederlassungsfreiheit

aaa. Der Wortlaut der Art. 43, 48 EG

Art. 43 Abs. 1 EG (Niederlassungsfreiheit von Staatsangehörigen) regelt die Freiheit der Standortwahl. Diese Freiheit wird nach dem Wortlaut der Vorschrift durch ein Beschränkungsverbot und nicht nur nach Maßgabe des Prinzips der Inländergleichbehandlung (Diskriminierungsverbot) geschützt.[374] Während sich aus dem Wortlaut des Art. 43 Abs. 1 EG die Geltung des Herkunftslandprinzips im Zusammenhang mit der Freiheit der Standortwahl von Staatsangehörigen ableiten ließe, kann Entsprechendes dem Art. 48 EG für Gesellschaften nicht entnommen werden. Insbesondere ergibt sich aus seinem Wortlaut keine kollisionsrechtliche Festlegung auf eine Rechtsordnung, nach der die inneren und äußeren Verhältnisse der Gesellschaft zu beurteilen wären, da die Rechtsvorschriften, nach denen die Gesellschaft

---

373 So auch schon *Knobbe-Keuk* (1990), S. 2573 ff.
374 *Dauses – Roth* (2004), E. I., Rdn. 69.

gegründet worden ist, der satzungsmäßige Sitz, die Hauptverwaltung und die Hauptniederlassung nebeneinander genannt werden.[375]

Für die inhaltliche Ausgestaltung und somit für die Beantwortung der aufgeworfenen Fragen hilft der Wortlaut allein nicht weiter und es wird vor allem die Rechtsprechung des EuGH relevant.

bbb. Die Rechtsprechung des EuGH

(1) Die Niederlassungsfreiheit als Beschränkungsverbot

Der EuGH hat die ursprünglich als Diskriminierungsverbote formulierten und aufgefassten Grundfreiheiten schrittweise zu einem (allgemeinen) Beschränkungsverbot hin (weiter-)entwickelt.[376] Dies bedeutet, dass die Grundfreiheiten nicht mehr nur eine Schlechterstellung von Ausländern gegenüber Inländern (Diskriminierung) verbieten, sondern vielmehr, dass sich auch unterschiedslos auf Inländer und Ausländer anwendbare Vorschriften auf ihre Vereinbarkeit mit dem Gemeinschaftsrecht am Maßstab der Verhältnismäßigkeit rechtfertigen lassen müssen.[377] Die Grundfreiheiten unterwerfen daher im Grundsatz jede staatliche Maßnahme, die den grenzüberschreitenden Waren-, Dienstleistungs-, Kapital-, Niederlassungs- und Arbeitsverkehr innerhalb der Gemeinschaft beschränkt, einem Rechtsfertigungserfordernis.[378]

Die möglichen Rechtfertigungsgründe verteilen sich auf zwei Gruppen, zum einen die speziellen Schutzklauseln wie die Art. 45 und 46 EG im Kontext der Niederlassungsfreiheit, die ausdrücklich die Rechtsgüter bezeichnen, zu deren Schutz die Niederlassungsfreiheit beschränkt werden darf, und zum anderen die vom EuGH entwickelten Rechtfertigungsgründe außerhalb der Schutzklauseln, die so genannten „zwingenden Erfordernisse" bzw. „zwingenden Belange".[379] Nach der ständigen Rechtsprechung des EuGH[380] sind Beschränkungen der Niederlassungsfreiheit durch nationale Maßnahmen gerechtfertigt, wenn sie vier Voraussetzungen erfüllen (4 Konditionen Test):

Die Anwendung von Regelungen des Staates am Verwaltungssitz (Zuzugstaat), die die Niederlassungsfreiheit beeinträchtigen, müssen (1) dem Schutz zwingender Allgemeininteressen dienen, (2) in nicht diskriminierender Weise angewandt werden, (3) zum Erreichen des verfolgten Zieles (des Schutzzieles) geeignet sein und dürfen (4) nicht über das hinausgehen, was zur Erreichung dieses Zieles erforderlich ist.[381]

---

375 Art. 48 Abs. 1 EG; vgl. auch *Rauscher* (2002), S. 141 f.
376 *Streinz* (2003a), Rdn. 671; *Grabitz/Hilf – Randelzhofer/Forsthoff* (2004), vor Art. 39–55, Rdn. 86.
377 *Streinz* (2003a), Rdn. 671.
378 *Wilmowsky* (1996), S. 361.
379 Vgl. dazu *Wilmowsky* (1996), S. 361 (Fn. 1)
380 EuGH v. 31.3.1993 – Rs. C-19/92, Slg. 1993, I-1663, Rdn. 32 (Krauss); EuGH v. 30.11.1995 – Rs. C-55/94, Slg. 1995, I-4165, Rdn. 37 (Gebhardt); EuGH, NJW 1999, 2027, 2029, Rdn. 34 (Centros); EuGH, NJW 2003, 3331, 3334, Rdn. 133 (Inspire Art).
381 EuGH, NJW 1999, 2027, 2029, Rdn. 34 (Centros); EuGH, NJW 2003, 3331, 3334, Rdn. 133 (Inspire Art), vgl. u.a. auch *Horn* (2004), S. 898.

Die Entwicklung der Grundfreiheiten vom Diskriminierungsverbot hin zu einem allgemeinen Beschränkungsverbot begann mit den EuGH-Entscheidungen *„Dassonville“* [382] und *„Cassis de Dijon“* [383] zur Warenverkehrsfreiheit (Art. 23–31 EG). Dem folgten die Dienstleistungsfreiheit mit der Entscheidung *„van Binsbergen“* [384] und die Freizügigkeit der Arbeitnehmer mit der Entscheidung *„Bosmann“* [385].

Aufgrund der strukturellen Konvergenz der Grundfreiheiten und ausgehend von der Annahme, dass auch die Niederlassungsfreiheit neben dem Diskriminierungsverbot des Art. 12 EG einen selbstständigen Inhalt besitzt, hat im Laufe der Zeit ebenfalls das Niederlassungsrecht, der Warenverkehrsfreiheit folgend, ein gewandeltes Verständnis von einem Diskriminierungsverbot hin zu einem Beschränkungsverbot erfahren.[386] Für die Niederlassungsfreiheit von Gesellschaften lässt sich diese Entwicklung an der Entscheidungslinie des EuGH zur Niederlassungsfreiheit: *„Daily Mail“* [387], *„Centros“* [388], *„Überseering“* [389] bis hin zu *„Inspire Art“* [390] nachzeichnen. Diese Entscheidungslinie soll im Folgenden knapp skizziert werden.

(a) Daily Mail

Gegenstand der EuGH Entscheidung *„Daily Mail“* [391] war die aus steuerlichen Gründen geplante Verwaltungssitzverlegung (Wegzug) eines in London (England) ansässigen Verlages in die Niederlande. Sowohl Großbritannien als auch die Niederlande folgen zwar der Gründungstheorie, jedoch sieht (sah) das britische Steuerrecht einen Zustimmungsvorbehalt für die Sitzverlegung vor, wodurch der englischen Steuerbehörde ermöglicht wird, die Sitzverlegung ins Ausland einer Betriebsaufgabe gleichzusetzen. Bereits in dieser Entscheidung, die erstmalig die primäre Niederlassungsfreiheit einer Gesellschaft zum Gegenstand hatte, interpretiert der EuGH die Niederlassungsfreiheit durchaus als ein Beschränkungsverbot.

So weist das Gericht in seiner Urteilsbegründung darauf hin, dass die durch Art. 52 ff. EWGV [Art. 43 ff. EG] gewährleistete Freiheit sich als weitgehend inhaltsleer erweisen würde, wenn der Heimatstaat auswanderungswilligen Unternehmen den Wegzug verbieten könnte.[392] Jedoch schränkt der EuGH im gleichen Urteil die großzügige Heranziehung der Art. 52, 58 EWGV [43, 48 EG] als Prüfungsmaßstab für Beschränkungsverbote durch eine zurückhaltende inhaltliche Bestimmung des Niederlassungsrechts von Gesellschaften wieder ein.[393] So führt der EuGH aus, dass

382 EuGH v. 11.7.1974 – Rs. 8/74, Slg. 1974, 855.
383 EuGH v. 20.2.1979 – Rs. 120/78, Slg. 1979, 649.
384 EuGH v. 3.12.1974 – Rs. 33/74, Slg. 1974, 1299.
385 EuGH v. 15.12.1995 – Rs. C-415/93, Slg. 1995, I-4921.
386 *Habersack* (2006), § 3, Rdn. 3; *Kruse* (1997), S. 243; *Wilmowsky* (1996), S. 365 f.; so aber auch schon *Behrens* (1988), S. 504 sowie *Knobbe-Keuk* (1990), S. 2573 f.
387 EuGH v. 27.9.1988 – Rs. 81/87, NJW 1989, 2186.
388 EuGH v. 9.3.1999 – Rs. C-212/97, NJW 1999, 2027.
389 EuGH v. 5.11.2002 – Rs. C-208/00, NJW 2002, 3614.
390 EuGH v. 30.9.2003 – Rs. C-167/01, NJW 2003, 3331.
391 EuGH v. 27.9.1988 – Rs. 81/87, NJW 1989, 2186.
392 EuGH, NJW 1989, 2186, 2187.
393 *Ebenroth/Eyles* (1989), S. 372.

„beim gegenwärtigen Stand des Gemeinschaftsrechts“ die nationale Rechtsordnung Existenzgrundlage einer Gesellschaft sei und jenseits dieser nationalen Rechtsordnung die Gesellschaft keine Realität habe.[394] Er betont damit zugleich einen fundamentalen Unterschied zwischen natürlichen Personen und Gesellschaften als Schöpfung nationaler Rechtsordnungen.[395] Die primäre Niederlassungsfreiheit für Gesellschaften wird daher von der unmittelbaren Anwendbarkeit der Art. 52, 58 EWGV [43, 48 EG] ausgenommen;[396] denn die aus der Unterschiedlichkeit der Kollisionsnormen resultierenden Probleme, d.h. die Unterschiede zwischen den Gründungs- und den Sitztheoriestaaten, seien nicht durch eine unmittelbare Anwendung der primären Niederlassungsfreiheit zu lösen.[397] Zur Lösung verwies der EuGH vielmehr auf den Weg (de lege ferenda) der Rechtsangleichung (Harmonisierungsrichtlinien) bzw. eines Übereinkommens nach Art. 220 3. Spiegelstrich EWGV [Art. 293 EG].[398]

(b) Centros

Die entscheidende Wende wurde durch die Entscheidung „*Centros*“ eingeleitet. In dieser Entscheidung, die Fragen der Eintragung einer Zweigniederlassung einer englischen *privat limited company* (Centros) ins dänische Handelsregister zum Gegenstand hatte (Zuzug), postuliert der EuGH:

„Ein Mitgliedstaat, der die Eintragung der Zweigniederlassung einer Gesellschaft verweigert, die in einem anderen Mitgliedstaat, in dem sie ihren Sitz hat, rechtmäßig errichtet worden ist, aber keine Geschäftstätigkeit entfaltet, verstößt gegen die Artikel 52 und 58 EG-Vertrag [Art. 43, 48 EG, *Anm. Verf.*], wenn die Zweigniederlassung es der Gesellschaft ermöglichen soll, ihre gesamte Geschäftstätigkeit in dem Staat auszuüben, in dem diese Zweigniederlassung errichtet wird, ohne dort eine Gesellschaft zu errichten und damit das dortige Recht über die Errichtung von Gesellschaften zu umgehen, das höhere Anforderungen an die Einzahlung des Mindestgesellschaftskapitals stellt.“[399]

Bereits in dieser Entscheidung hebt das Gericht die eigenständige Bedeutung und vor allem auch die unmittelbare Geltung der Niederlassungsfreiheit nach Art. 43, 48 EG hervor[400] und dehnt darüber hinaus die Niederlassungsfreiheit zugleich auf „Scheinauslandsgesellschaften“ aus.[401]

---

394 EuGH, NJW 1989, 2186, 2187
395 *Großfeld/Luttermann* (1989), S. 386.
396 *Dauses – Roth* (2004), E. I., Rdn. 14.
397 *Ebenroth/Eyles* (1989), S. 372; *Dauses – Roth* (2004), E.I., Rdn. 92; *Blaurock* (1998), S. 481.
398 *Ebenroth/Eyles* (1989), S. 372; *Dauses – Roth* (2004), E.I., Rdn. 92; *Blaurock* (1998), S. 481; kritisch zu diesem Urteil bereits schon *Knobbe-Keuk* (1990), S. 2579 f.
399 EuGH, NJW 1999, 2027 (Leitsatz).
400 EuGH, NJW 1999, 2027, 2028, Rdn. 19–22; *Horn* (2004), S. 895; *Behrens* (2003), S. 198.
401 Vgl. EuGH, NJW 1999, 2027, 2028 f., Rdn. 27 und Rdn. 30 sowie u.a. *Horn* (2004), S. 895.

(c) Überseering

Dieser Linie folgt der EuGH in der *„Überseering“* Entscheidung. Sie hatte die Verweigerung der Aktivlegitimation einer in den Niederlanden inkorporierten Kapitalgesellschaft (Besloten Vennootschap (BV)) mit einem nach Deutschland verlegten Hauptverwaltungssitz aufgrund der in Deutschland geltenden Sitztheorie zum Gegenstand. Der EuGH konstatiert:

„Macht eine Gesellschaft, die nach dem Recht des Mitgliedstaates gegründet worden ist, in dessen Hoheitsgebiet sie ihren satzungsmäßigen Sitz hat, in einem anderen Mitgliedstaat von ihrer Niederlassungsfreiheit Gebrauch, so ist dieser andere Mitgliedstaat nach den Artikeln 43 und 48 EG verpflichtet, die Rechtsfähigkeit und damit die Parteifähigkeit zu achten, die diese Gesellschaft nach dem Recht des Gründungsstaates besitzt.“[402]

„Die Inanspruchnahme der Niederlassungsfreiheit setzt zwingend die Anerkennung dieser Gesellschaften durch alle Mitgliedstaaten voraus, in denen sie sich niederlassen wollen.“[403]

In dieser Entscheidung bestätigt der EuGH die unmittelbare Geltung der Niederlassungsfreiheit nun auch für die primäre Niederlassungsfreiheit und statuiert den Grundsatz der gegenseitigen Anerkennung für Gesellschaften (juristische Personen). Nach dem Wortlaut des Urteils ging es um die gegenseitige Anerkennung der Rechts- und Parteifähigkeit einer wirksam gegründeten Gesellschaft.

In der deutschen wissenschaftlichen Reflektion löste das Urteil eine Diskussion um die Reichweite des Grundsatzes der gegenseitigen Anerkennung aus. Geführt wurde diese Diskussion vor allem in der kollisionsrechtlichen Terminologie. Im Mittelpunkt stand dabei die Frage, ob die Gründungsrechtsordnung Anknüpfungspunkt nur für die Partei- und Rechtsfähigkeit sei und für weitere gesellschaftsrechtliche Fragen somit die Sitztheorie weiterhin zur Anwendung käme oder ob die Gründungsrechtsordnung nunmehr Anwendung auf alle gesellschaftsrechtlichen Fragen finde.[404] Demgemäß reichte das Meinungsspektrum von einer differenzierten Anknüpfung hinsichtlich von Einzelfragen des Gesellschaftsstatuts[405] bis hin zur „vollumfänglichen“ Anerkennung von Gesellschaften, die mit Billigung des Gründungsstaates aus diesem zuziehen, und eben nicht nur beschränkt auf ihre Rechts- und Parteifähigkeit, sondern auch einschließlich der vom Gründungsrecht gewährten Haftungsprivilegierung.[406]

Diesem Diskurs wurde mit der Entscheidung des EuGH im Fall *„Inspire Art“* die Grundlage weitestgehend entzogen.

---

402 EuGH, NJW 2002, 3614 (Leitsatz).
403 EuGH, NJW 2002, 3614, Rdn. 59.
404 *Altmeppen* (2004), S. 97 ff. mit einem Überblick über den Meinungsstand sowie *Schanze/Jüttner* (2003a), S. 33 ff.
405 So u.a. *Kindler* (2003), S. 1076 ff.
406 *Behrens* (2003), 200 f.; *Schanze/Jüttner* (2003a), S. 34 ff.; vgl. auch *Leible/Hofmann* (2002), S. 934 ff.

(d) Inspire Art

Die Entscheidung *„Inspire Art“* hatte die Anwendung eines niederländischen Gesetzes für „formal ausländische Gesellschaften“ mit Niederlassung in den Niederlanden (WFBV) auf die Zweigniederlassung der englischen *private limited company* *„Inspire Art“* zum Gegenstand.

In der Urteilsbegründung differenziert der EuGH bei den einschlägigen Regelungen des WBV danach, ob sie Sachverhalte betreffen, die von der Zweigniederlassungsrichtlinie[407] erfasst werden oder nicht.[408]

Für die Fragestellungen der vorliegenden Arbeit sind vor allem die Ausführungen zu den nicht von der Richtlinie erfassten Sachverhalten relevant.[409] Der EuGH untermauert zunächst seine bisherige Entscheidungslinie zur gegenseitigen Anerkennung der Existenz von Gesellschaften: „... Die Gründe, aus denen die Gesellschaft in dem anderen Mitgliedstaat errichtet wurde ... nehmen ihr nicht das Recht, sich auf die durch den EG-Vertrag garantierte Niederlassungsfreiheit zu berufen, es sei denn, im konkreten Fall wird ein Missbrauch nachgewiesen.“[410] Wobei jedoch „... der Umstand, dass eine Gesellschaft in einem Mitgliedsaat nur gegründet wurde, um in den Genuss vorteilhafterer Rechtsvorschriften zu kommen, keinen Missbrauch darstelle“[411] – und erweitert diese Linie noch, indem er postuliert, dass allein die Anerkennung einer Gesellschaft nicht geeignet sei, das Vorliegen eines Beschränkungstatbestandes zu verneinen.[412] Denn die Anerkennung ändere nichts daran, dass das Gesellschaftsstatut durch zwingende Vorschriften des niederländischen Gesellschaftsrechts überlagert wird.[413]

Konkret führt der EuGH aus, dass „... die Bestimmungen der WFBV über das Mindestkapital (sowohl zum Zeitpunkt der Gründung als auch während des Bestehens der Gesellschaft) und über die Haftung der Geschäftsführer Beschränkungen der in Artikel 43 EG und 48 EG garantierten Niederlassungsfreiheit darstellen.“[414] Somit wird von der gegenseitigen Anerkennung nicht nur die Rechts- und Parteifähigkeit der zuziehenden Gesellschaft erfasst; vielmehr ergibt sich aus der *„Inspire Art“*-Entscheidung nunmehr, dass neben der Existenz der Gesellschaft auch ihre organisationsrechtlichen Eigenschaften anzuerkennen sind.[415] Jede Durchbrechung des Gesellschaftsstatuts, und sei es auch nur durch Sonderanknüpfungen, beschränkt die Gesellschaft in der Ausübung ihrer Niederlassungsfreiheit und bedarf der

---

407 Elfte Richtlinie 89/666/EWG des Rates vom 21. Dezember 1989 über die Offenlegung von Zweigniederlassungen, die in einem Mitgliedstaat von Gesellschaften bestimmter Rechtsformen errichtet wurden, die dem Recht eines anderen Staates unterliegen, ABl. EG Nr. L 395, S. 36 v. 30.12.1989.

408 Vgl. EuGH, NJW 2003, 3331, 3332 f, Rdn. 55 ff. und Rdn. 73; *Leible/Hoffmann* (2003), S. 678.

409 Zu den Ausführungen die Publizität betreffend näher unten IV.2.c.cc.eee.

410 EuGH, NJW 2003, 3331, 3334, Rdn. 105.

411 EuGH, NJW 2003, 3331, 3334, Rdn. 96.

412 EuGH, NJW 2003, 3331, 3333, Rdn. 99 ff. sowie *Leible/Hoffmann* (2003), S. 681.

413 EuGH, NJW 2003, 3331, 3333, Rdn. 99 ff. sowie *Leible/Hoffmann* (2003), S. 681.

414 EuGH, NJW 2003, 3331, 3333, Rdn. 104.

415 Vgl. u.a. *Schanze/Jüttner* (2003b), S. 666.

Rechtfertigung.[416] Somit können nicht nur Gründungsvorschriften, sondern auch Vorschriften über Tätigkeit und Auflösung, soweit diese einen unmittelbaren gesellschaftsrechtlichen Bezug haben – demnach generell alle gesellschaftsrechtlichen Vorschriften des Zuzugstaates –, die Niederlassungsfreiheit behindern.[417]

b. *Ergebnis*

In Bezug auf die Niederlassungsfreiheit von Gesellschaften – sowohl hinsichtlich der sekundären (Art. 43 Abs. 1 S. 2, 48 EG) als auch der primären Niederlassungsfreiheit (Art. 43 Abs. 1 S. 1, 48 EG) – können drei Ergebnisse festgehalten werden:

Erstens, die Niederlassungsfreiheit entfaltet unmittelbare Geltung („unmittelbare Drittwirkung") in den Rechtsordnungen der Mitgliedstaaten. Somit kann sich jede Gesellschaft, die von ihrem Niederlassungsrecht Gebrauch macht, gegenüber nationalen Gerichten und Behörden darauf berufen.[418]

Zweitens, auch die Niederlassungsfreiheit von Gesellschaften wurde zu einem über ein Diskriminierungsverbot hinausgehendes Beschränkungsverbot erweitert. Die damit verbleibende Frage ist – wie bei den anderen Grundfreiheiten auch – die nach der Reichweite des Beschränkungsverbotes. Denn nicht jegliche staatlichen Maßnahmen, die die Wahrnehmung dieser Freiheit behindern, d.h. nicht sämtliche beschwerenden Regelungen des Niederlassungsstaates, sind am Beschränkungsverbot zu messen und unterliegen dem Erfordernis der Rechtfertigung.[419] Vielmehr ist auch hinsichtlich der Niederlassungsfreiheit die Eingrenzung der Reichweite des Beschränkungsverbotes geboten, denn ein unumschränktes Beschränkungsverbot könnte potenziell sämtliche mitgliedstaatlichen Vorschriften erfassen und unter einen gemeinschaftsrechtlichen Rechtfertigungszwang setzen.[420] Ein zu extensives Beschränkungsverbot würde zu einer unangemessenen Homogenisierung der nationalen Rechte der Gemeinschaft führen. Es geht jedoch gerade darum, die Pluralität der nationalen Rechtsordnungen im Rahmen der Grundfreiheiten zu erhalten.[421]

Der EuGH postuliert hinsichtlich der Niederlassungsfreiheit von Gesellschaften den Grundsatz der gegenseitigen Anerkennung. Auch wenn die durchaus unter-

---

416 Vgl. u.a. *Leible/Hoffmann* (2003), S. 681.
417 *Behrens* (2004), S. 24 f.
418 Die (Verwaltungs-)Sitzverlegung ohne Statutenwechsel setzt jedoch nicht nur die Zustimmung des Zuzugstaates, sondern auch die des Wegzugstaates voraus. Zu der sich aufgrund der EuGH-Rechtsprechung entwickelten unterschiedlichen Betrachtung von Zuzug- und Wegzugfällen vgl. *Zimmer* (2003), S. 3592; *Leible/Hoffmann* (2003), S. 682 (da insbesondere Fn. 43) sowie u.a. Brdbg. OLG v. 30.11.2004, DB 2005, 604–605; Bay. ObLG v. 11.2.2004, NJW-RR 2004, 836–838.
419 *Grabitz/Hilf – Randelzhofer/Forsthoff* (2004), vor Art. 39–55, Rdn. 87; *Schanze/Jüttner* (2003b), S. 666 f.
420 *Schanze/Jüttner* (2003b), S. 666; *Grabitz/Hilf – Randelzhofer/Forsthoff* (2004), vor Art. 39–55, Rdn. 91.
421 *Schanze/Jüttner* (2003b), S. 667; *Grabitz/Hilf – Randelzhofer/Forsthoff* (2004), vor Art. 39–55, Rdn. 92: „Der mit dem Binnenmarktbegriff bezeichnete Zielzustand besteht nicht in der Ablösung der mitgliedstaatlichen Rechtsordnungen durch ein einheitliches supranationales Recht."

schiedlichen Charakteristika der einzelnen Grundfreiheiten nicht völlig außer Acht gelassen werden dürfen, stellt der Grundsatz der gegenseitigen Anerkennung eine sinngemäße Übertragung des im Rahmen der Warenverkehrsfreiheit entwickelten Herkunftslandprinzips („*Cassis de Dijon Prinzip*") auf die Niederlassungsfreiheit dar.[422] Nach dem Herkunftslandprinzip der Warenverkehrsfreiheit kann jedes Produkt, das den Regelungen seines Herkunftslandes entspricht, grundsätzlich frei im Binnenmarkt zirkulieren; das Recht des Marktortes (Bestimmungslandes) muss in soweit dem Recht des Herkunftslandes weichen.[423] Aus der Entscheidungslinie des EuGH „*Dassonville*"[424], „*Cassis-de-Dijon*"[425] und „*Keck und Mithouard*"[426] zur Warenverkehrsfreiheit folgt, dass alle nationalen Regelungen und Maßnahmen, die einen grenzüberschreitenden Marktzugang verhindern oder erschweren, dem Beschränkungsverbot und ihre Anwendung auf ausländische Produkte somit dem Rechtfertigungserfordernis unterliegen.[427] Es gelten somit das Verbot der Beschränkung des „freien Marktzugangs" und das Gebot der diskriminierungsfreien Teilnahme am Wettbewerb im Bestimmungsland.[428]

In stärkerem Maße als die Warenverkehrsfreiheit, bei der es um einen grenzüberschreitenden Austausch von Produkten geht, beinhaltet die Niederlassungsfreiheit einer Gesellschaft eine Standortwahl bzw. Standortentscheidung und damit eine Integration in die Rechtsordnung am Standort.[429] Dies muss durchaus berücksichtigt werden, wenn es um die Identifizierung marktzugangbeschränkender Regelungen im Kontext der Niederlassungsfreiheit geht.[430] Es müssen demnach Regelungen, die nur „irgendwie" die Entscheidung der Akteure beeinflussen, Zugang zu dem Markt des Mitgliedstaates zu suchen, von denen abgegrenzt werden, die spezifisch den Zugang behindern.[431] Die freie Standortentscheidung wird grundsätzlich durch das Beschränkungsverbot geschützt.[432] Relevant wird dabei aber, dass die Akteure mit der Standortentscheidung gleichzeitig die dortigen Standortbedingungen in ihr Kalkül miteinbeziehen und als für ihre Wirtschaftstätigkeit günstig beurteilen. Diese Vorschriften und Regelungen sind inte-

---

422 *Schanze/Jüttner* (2003b), S. 666; *Eidenmüller* (2002), S. 2241; vgl. auch *Leible/Hofmann* (2002), S. 936; für eine differenzierte Analyse mit weiteren Nachweisen: *Eidenmüller – Rehm* (2004), § 2, Rdn. 66 ff.

423 Vgl. EuGH v. 20.2.1979, Rs. 120/78, Slg. 1979, 649, Rdn. 14 und 8 (Cassis de Dijon); *Grabitz/Hilf – Randelzhofer/Forsthoff* (2004), vor Art. 39–55, Rdn. 99; *Streinz – Schroeder* (2003b), Art. 28 EGV, Rdn. 74; *Brödermann/Iversen* (1994), Rdn. 408.

424 EuGH v. 11.7.1974, Rs. 8/74, Slg. 1974, 855.

425 EuGH v. 20.2.1979, Rs. 120/78, Slg. 1979, 649.

426 EuGH v. 24.11.1993, Rs. C-267/91 und 268/91, Slg. 1993, I-6097.

427 *Kruse* (1997), S. 105.

428 *Kruse* (1997), S. 105; *Schanze/Jüttner* (2003b), S. 667; *Eidenmüller* (2005b), S. 1618.

429 *Grabitz/Hilf – Randelzhofer/Forsthoff* (2004), vor Art. 39–55, Rdn. 117; *Eidenmüller – Eidenmüller* (2004), § 3, Rdn. 16.

430 Vgl. auch *Eidenmüller* (2005b), S. 1618.

431 *Grabitz/Hilf – Randelzhofer/Forsthoff* (2004), vor Art. 39–55, Rdn. 117.

432 *Streinz* (2003a), Rdn. 678 und Rdn. 754; *Grabitz/Hilf – Randelzhofer/Forsthoff* (2004), vor Art. 39–55, Rdn. 106.

grierter Teil der Standorteigenschaften und können deswegen nicht als für die Freiheit beachtliche Hindernisse für die Faktormobilität angesehen werden.[433]

Die europarechtliche Anerkennungspflicht ist reziprok: Ebenso wie der Niederlassungsstaat die aus anderen Mitgliedstaaten stammenden Gesellschaften zu respektieren hat, müssen auch diese Gesellschaften das Recht des Niederlassungsstaates respektieren.[434] Daraus folgt zugleich, dass (zwingende) rechtliche Regeln, die nur mittelbaren Bezug zur Niederlassungsfreiheit haben, so beispielsweise die Ausübung einer andauernden Markttätigkeit zum Gegenstand haben, dem Prinzip der Inländergleichbehandlung (Diskriminierungsverbot) unterliegen.[435]

Gemäß dem Grundsatz der gegenseitigen Anerkennung von Gesellschaften unterliegen nicht nur die Vorschriften über die Gründung, sondern auch Vorschriften über Tätigkeit und Auflösung, soweit diese einen unmittelbaren gesellschaftsrechtlichen Bezug haben, dem Beschränkungsverbot und ihre Anwendung dem Erfordernis der Rechtfertigung.[436] *Schanze/Jüttner* prägen in diesem Zusammenhang den Begriff des „Eingriffs in die Subjekteigenschaften“[437]. Diesbezüglich ließe sich die ökonomische Betrachtung der Gesellschaft als korporativer Akteur aktivieren: Es geht dann um Eingriffe des Zuzugstaates in die korporativen Strukturen, d.h. um einen (zwingend) regulierenden Eingriff in den durch die Mitglieder abgeschlossenen Verfassungsvertrag, der den korporativen Akteur konstituiert und die korporative Handlungsfähigkeit begründet.[438] Diese Eingriffe unterliegen dem Beschränkungsverbot und somit dem Rechtsfertigungserfordernis. Anders formuliert: Die korporativen Strukturen wie sie unter den zwingenden gesellschaftsrechtlichen Regelungen der Gründungsrechtsordnung konstituiert wurden, sind unter Geltung der Niederlassungsfreiheit vom Zuzugstaat anzuerkennen.

Als *drittes Ergebnis* bleibt festzuhalten, dass sich zwar eine explizite kollisionsrechtliche Aussage in den EuGH-Entscheidungen nicht findet – dies ist auch nicht Sache des EuGH.[439] Jedoch ist die Niederlassungsfreiheit der Maßstab für die Reichweite und die Regelungstechnik der Kontrollbedürfnisse der Mitgliedstaaten; Art. 43, 48 EG bilden eine gemeinschaftsrechtliche Schranke für die Formulierung von Kollisionsnormen, die die Niederlassungsfreiheit betreffen.[440]

In der bisherigen Diskussion zum (Internationalen und) Europäischen Gesellschaftsrecht ging es vor allem um die Frage, ob das Gesellschaftsstatut nach der Sitz- oder nach der Gründungstheorie anzuknüpfen ist, um die für gesellschaftsrecht-

---

433 *Grabitz/Hilf – Randelzhofer/Forsthoff* (2004), vor Art. 39–55, Rdn. 106.
434 *Schanze/Jüttner* (2003b), S. 667.
435 *Streinz* (2003a), Rdn. 678 und Rdn. 754.
436 Vgl. dazu IV.1.a.bb.bbb.(1)(d); EuGH, NJW 2003, 3331, 3334, Rdn. 104 (Inspire Art) sowie *Behrens* (2004), S. 24.
437 *Schanze/Jüttner* (2003b), S. 666.
438 Vgl. oben II.4.c.cc.
439 Vgl. *Eidenmüller* (2002), S. 2237; *Schanze/Jüttner* (2003b), S. 665: „Kollisionsrecht ist nationales Recht; es ist fernliegend, dass die Verträge von Rom eine detaillierte völkerrechtliche/gemeinschaftsrechtliche Vereinheitlichung des Kollisionsrecht herbeiführen wollten.“
440 *Schanze/Jüttner* (2003b), S. 665.

liche Fragen maßgebliche Rechtsordnung zu bestimmen.[441] Damit wird die Frage relevant, ob aus den Entscheidungen des EuGH eine gemeinschaftsweit einheitliche Geltung der Gründungstheorie abgeleitet werden kann. Vor allem aus der Perspektive des Regulierungswettbewerbs liegt dies nahe, denn im Rahmen des Gegensatzpaars Sitztheorie – Gründungstheorie ist, wie bereits ausgeführt, ein Regulierungswettbewerb nur unter der gemeinschaftsweit einheitlich geltenden Gründungstheorie möglich.[442]

Die Niederlassungsfreiheit verlangt von den Mitgliedstaaten die Anerkennung einer ausländischen Gesellschaft. Dies setzt zunächst voraus, dass die Maßnahme nicht zu einer vollständigen Negierung der den Gesellschaften zuerkannten Niederlassungsfreiheit führt.[443] Aber selbst die Organisationsstruktur der Gesellschaft, d.h. die korporativen Strukturen bzw. Subjekteigenschaften, wie sie von den Gründern im Rahmen der zwingenden rechtlichen Vorgaben der Gründungsrechtsordnung etabliert wurden, wird vom Beschränkungsverbot der Niederlassungsfreiheit geschützt. Die Möglichkeit der Beschränkung der Niederlassungsfreiheit besteht nur dort, wo dies gerechtfertigt ist. Daran ist das Anwenden von Normen des kontrollinteressierten Staates zu messen, wobei es aus Sicht des Europarechts keinen Unterschied macht, ob die beschränkenden nationalen Vorschriften sachrechtlicher oder kollisionsrechtlicher Natur sind.[444] Daraus folgen zwei Dinge:

Zum einen enthält die Rechtsprechung des EuGH eine kollisionsrechtlich relevante Aussage[445] insofern, als unter der Geltung der Sitztheorie, die ja gerade die Anerkennung als ausländische Gesellschaft – als ausländische Rechtsform – ausschließt, die Niederlassungsfreiheit nicht gewährleistet werden kann. Daher kann man hier durchaus den Übergang zur Gründungstheorie feststellen, denn den Mitgliedstaaten steht es unter kollisionsrechtlichen Aspekten eben nicht völlig frei, das Gesellschaftsstatut beliebig an eines der drei in Art. 48 EG genannten Merkmale (Satzungssitz, Hauptniederlassung, Hauptverwaltungssitz) anzuknüpfen. Vielmehr müssen sich die alternativen Anknüpfungen jeweils hinsichtlich ihrer Auswirkungen an der Niederlassungsfreiheit messen lassen. Nur soweit sie nicht zu Beschränkungen führen, sind sie gemeinschaftskonform.[446]

Zum anderen wird aber auch deutlich, dass die Niederlassungsfreiheit von der kollisionsrechtlichen Diskussion in den Alternativen Sitztheorie – Gründungstheorie abhebt und ihr Geltungsbereich (Anwendungsbereich) grundsätzlich nicht auf ein

---

441 Ausführlich und mit weiteren Nachweisen *Grabitz/Hilf – Randelshofer/Forsthoff* (2004), Art. 48, Rdn. 2 ff.
442 Siehe oben IV.1.a.bb.bbb.(1).
443 EuGH, NJW 2002, 3614, 3617, Rdn. 93 (Überseering).
444 Ausführlich und mit weiteren Nachweisen *Halbhuber* (2001), S. 63 sowie *Halen* (2001), S. 151 f.
445 Vgl. auch *Behrens* (2004), S. 24; *Leible/Hoffmann* (2003), S. 681 f. sprechen hier insoweit davon, dass der EuGH (in der Entscheidung Inspire Art) seinen Aussagen bewusst einen kollisionsrechtlichen Gehalt beimisst, insofern als der Zuzugstaat kollisionsrechtlich durch die Grundfreiheiten gebunden wird. Vgl. in diesem Zusammenhang auch *Eidenmüller* (2005b), S. 1618, der hier von einer „versteckten Kollisionsnorm" spricht.
446 *Behrens* (2004), S. 23.

IPR-rechtliches Statut – konkret das Gesellschaftsstatut – beschränkt ist. Prüfungsgegenstand der Niederlassungsfreiheit ist vielmehr eine von den Regelungen des Mitgliedstaates (des Zuzugstaates) ausgehende tatsächliche Behinderung; auf die dieser zugrunde liegenden dogmatischen Begründung kommt es nicht an.[447] Für den Wettbewerb der Gesellschaftsrechte in der EU folgt daraus, dass die Niederlassungsfreiheit den Ordnungsrahmen für diesen Wettbewerb vorgibt.

Zu untersuchen bleibt nun, ob der sich unter diesem Ordnungsrahmen entfaltende gesellschaftsrechtliche Wettbewerb funktionsfähig ist.

2. Zur Funktionsfähigkeit des Wettbewerbs der Gesellschaftsrechte

a. *Vorüberlegungen*

Im vorangegangenen Abschnitt konnte aufgezeigt werden, dass die Niederlassungsfreiheit für Gesellschaften durch die Verwirklichung des Grundsatzes der gegenseitigen Anerkennung (Herkunftslandprinzip) den Weg für einen Wettbewerb der Gesellschaftsrechtsordnungen in der Europäischen Union ebnet. Damit verbleibt die Frage nach der Funktionsfähigkeit dieses Wettbewerbs unter dem Aspekt, dass der Wettbewerb einen Mechanismus für den Wissenserwerb über die zweckmäßigste Regelungsgestaltung *(präferierte Problemlösungen)* bereitstellt. Diese Frage hat viele Facetten. Es geht um das „Ob" und das „Wie", d.h. um die Bedingungen (Voraussetzungen) und Grenzen dieses Wettbewerbs und damit um die Wettbewerbswirkungen nicht nur auf die beteiligten Akteure (Rechtsnachfrager), sondern auch auf die nicht wählenden, betroffenen Akteure. Das betrifft ebenfalls die Wirkung auf die einzelnen nationalen Rechtsordnungen, sowohl die, deren Regelungsangebot gewählt als auch die, deren Angebot abgewählt wird und die nun als Zuzugstaat ausländische Regelungen anzuerkennen haben. Grundsätzlich müssen all diese Aspekte beachtet werden. Dies ist in der vorliegenden Arbeit aber nicht vollumfänglich zu leisten. Daher konzentrieren sich die nachfolgenden Ausführungen auf einige ausgewählte Problemstellungen. Im Mittelpunkt steht dabei die Wirkung der Rechtswahlfreiheit auf die an der Rechtswahl nicht beteiligten Akteure, konkret die Unternehmensgläubiger. Eine weitere Einschränkung erfolgt insofern, als konkrete Fragen beispielhaft anhand einer nach Deutschland ziehenden *private limited company* englischen Rechts untersucht werden.

Wird eine *private limited company (private company limited by shares)* für die wirtschaftlichen Aktivitäten in Deutschland (Zuzugstaat) gewählt, geht es aus der Perspektive der wählenden Akteure um die Problematik, welche Regelungen der englischen Rechtsordnung durch eben diese Rechtsformwahl mitgewählt werden. Aus der Perspektive Deutschlands als Zuzugstaat geht es um die Frage nach der Reichweite der Anerkennung des englischen Rechts, d.h. in welchen (Regelungs-) Bereichen seine nationalen Vorschriften verdrängt werden und in welchen (Regelungs-) Be-

447 *Huber, U.* (2005a), S. 346; *Spindler/Berner* (2004), S. 9; *Eidenmüller – Rehm* (2004), § 2, Rdn. 72.

reichen seine nationalen Vorschriften auch auf die englische Rechtsform weiterhin Anwendung finden – sei es als gerechtfertigte Beschränkung der Niederlassungsfreiheit oder als allgemeine, (nur) dem Diskriminierungsverbot unterliegende „Verkehrsregeln". Es geht somit um die „Eingliederung" der englischen Rechtsform in die deutsche Rechtsordnung unter der Geltung der Niederlassungsfreiheit.

Zwar ist die Niederlassungsfreiheit innerhalb der Europäischen Union der Maßstab für die Rechtswahl im Gesellschaftsrecht, in dem sie den Grundsatz der gegenseitigen Anerkennung verwirklicht und das Herkunftslandprinzip auch für Gesellschaften etabliert. Jedoch stellt sie nur eine Rahmenordnung in dem Sinne dar, als sie selbst nicht statuiert, wie die Wahlentscheidungen zu treffen sind und welche rechtlichen Regelungen im konkreten Fall zur Wahl stehen. Die Bestimmung der einschlägigen Rechtsordnung zum einen und konkreter rechtlicher Regelungen aus dieser Rechtsordnung zum anderen im Kontext der Rechtswahlfreiheit im Gesellschaftsrecht ermöglicht die kollisionsrechtliche Statutenbestimmung. Dann gilt es jedoch, kollisionsrechtliche Lösungen mit den Vorgaben der Niederlassungsfreiheit in Einklang zu bringen.

Die erste Frage nach der Bestimmung der einschlägigen Rechtsordnung kann im Lichte der Rechtsprechung des EuGH als dahingehend entschieden angesehen werden, dass die Niederlassungsfreiheit gebietet, dass der Parteiautonomie Rechung getragen wird und die Akteure durch die Wahl einer bestimmten Rechtsform zugleich die maßgebliche Rechtsordnung, nämlich die Gründungsrechtsordnung, bestimmen. Auch wenn durchaus Bedenken geäußert werden, dass im Kontext der Niederlassungsfreiheit das Denken in den Kategorien Sitz- und Gründungstheorie, vor allem wegen der feststehenden Begriffsinhalte, nicht die Problematik in ihrer Gesamtheit erfasst,[448] liegt in der Wahl der Rechtsform ein Votum der Akteure für die Rechtsordnung, auf deren Rechtsformangebot zurückgegriffen wird. Bei der kollisionsrechtlichen Anknüpfung ist dieser Wahlentscheidung Rechnung zu tragen.

Aus der Perspektive eines Wettbewerbs der Gesellschaftsrechtsordnungen kommt der EU-weiten, einheitlichen Anknüpfung an die Gründungsrechtsordnung, wie sie die Niederlassungsfreiheit statuiert, die Funktion einer Metaregel zu, das heißt, es wird damit eine Regel aufgestellt, durch deren Existenz überhaupt erst Regulierungswettbewerb möglich wird. Die nunmehr relevante Frage lautet daher nicht mehr, welcher kollisionsrechtlichen Anknüpfung – Sitz- oder Gründungstheorie – zu folgen ist oder ob ein Wettbewerb der Rechtsordnungen überhaupt möglich ist, sondern vielmehr, unter welchen Voraussetzungen und in welchen Grenzen dieser sich entfaltende Wettbewerb funktionsfähig ist und die gewünschten positiven Effekte hervorbringt.

---

448 Vgl. insbesondere *Schanze/Jüttner*, die darauf hinweisen, dass unter Gründungstheorie (i.S. von Inkorporationstheorie) bzw. unter dem Stichwort „Gesellschaftsstatut" im Allgemeinen nur die Rechtsverhältnisse der Korporationen behandelt werden und deshalb zwischen registrierten Korporationen und Personengesellschaften unterschieden wird, *Schanze/Jüttner* (2003b), S. 665.

Um dies für das Gesellschaftsrecht genauer untersuchen zu können, muss zunächst herausgearbeitet werden, welche gesellschaftsrechtlichen Regelungen wählbar bzw. abwählbar sind und somit in einen direkten Wettbewerb treten. Maßgeblich dafür ist das Gesellschaftsstatut. Die Definition des Gesellschaftsstatuts bestimmt, in welchem Umfang gesellschaftsrechtliche Regelungen in den Wettbewerb treten. Dies erfordert eine Auseinandersetzung mit der Frage, welche Regelungsbereiche das Gesellschaftsstatut umfasst. Dabei geht es zum einen um die Reichweite der kollisionsrechtlichen Anknüpfung an die Gründungsrechtsordnung, zum anderen aber auch um die Abgrenzung zu anderen Statuten wie dem Vertrags-, Delikts- und Insolvenzstatut.[449]

Die Reichweite der kollisionsrechtlichen Anknüpfung an das Gründungsstatut wird nun insbesondere aus der Perspektive des Gläubigerschutzes relevant. Denn die Frage der Wirkung der Rechtswahlfreiheit für die Gläubiger als nicht an der Rechtswahl beteiligte Akteure hängt in starkem Maße davon ab, ob zwingende dritt- bzw. gläubigerschützende, gesellschaftsrechtliche Regelungen überhaupt von der Wahlentscheidung erfasst werden. Da sich die gesellschaftsrechtliche Rechtswahl auf das Gesellschaftsstatut beschränkt, gilt es nunmehr zu klären, ob die gesellschaftsrechtlichen Gläubigerschutzvorschriften Bestandteil des Gesellschaftsstatuts und somit wählbar sind und demnach auch in den Wettbewerb mit eintreten.

b. Kollisionsrechtliche Vorprüfung: der Umfang des Gesellschaftsstatuts

Die Frage nach der Reichweite bzw. dem Umfang des Gesellschaftsstatuts, die neuerdings sogar in der deutschen rechtswissenschaftlichen Diskussion der EuGH Entscheidungen aufgeworfen wird[450], entspringt unter anderem der konzeptionellen Unterscheidung des deutschen Gesellschaftsrechts zwischen den Innen- und den Außenbeziehungen eines Unternehmens. Während die Innenbeziehung, wie bereits dargestellt, die organisationsrechtlichen Bereiche des Gesellschaftsrechts umfasst, betrifft die Außenbeziehung die gesellschaftsrechtlichen Transaktionen mit Dritten, zu denen auch die Gläubiger des Unternehmens gezählt werden.[451] Insbesondere im Hinblick auf die Akteure in den Außenbeziehungen, die an der Rechtswahl des Unternehmensträgers nicht beteiligt sind, wird die Frage relevant, nach welcher Rechtsordnung sich ihr (möglicher) gesellschaftsrechtlicher Schutz bestimmt. Konkret geht es darum, ob auch die diese Beziehungen überlagernden Vorschriften den Regelungsbereichen des Gesellschaftsstatuts zuzuordnen sind; denn durch eine enge Definition des Gesellschaftsstatuts, bei der nur die Innenbeziehungen erfasst werden, würden die die Außenbeziehungen überlagernden, zwingenden gesellschaftsrechtlichen Vorschriften nicht zur Disposition der

---

449 Vgl. dazu auch schon *Schanze/Jüttner* (2003a), S. 33. Es ist nicht ausgeschlossen, dass auch in den Bereichen anderer Statute eine Rechtswahl möglich ist, jedoch bedarf es dann grundsätzlich einer expliziten Wahlentscheidung, die nicht bereits inzident durch die Rechtsformwahl erfolgt – dies nicht zuletzt, weil die Anknüpfungsmomente zur Bestimmung der maßgeblichen Rechtsordnung bei den verschiedenen Statuten durchaus unterschiedlich sein können.

450 Vgl. *Horn* (2004), S. 899; *Spindler/Berner* (2004), S. 9 ff.; vgl. dazu auch *Altmeppen* (2004), S. 97 ff.

451 Siehe oben II.4.c.aa.

Wählenden stehen und wären somit auch von einem direkten Wettbewerb ausgeschlossen. Im Ergebnis wären dann die (zwingenden) gesellschaftsrechtlichen Regelungen des Zuzugstaates grundsätzlich anwendbar.

In der deutschen rechtswissenschaftlichen Definition des Gesellschaftsstatuts unter der Geltung der Sitztheorie als kollisionsrechtliche Anknüpfungstheorie waren zwar Einzelheiten hinsichtlich der Regelungsbereiche des Gesellschaftsstatuts durchaus umstritten. Weitgehende Einigkeit bestand jedoch darüber, dass sowohl das Innen- als auch das Außenverhältnis, soweit sich aus der Eigenschaft als juristische Person eine Sonderbeziehung ergibt,[452] gleichermaßen Gegenstand des Gesellschaftsstatuts sind und der gleichen kollisionsrechtlichen Anknüpfung unterliegen.[453] Es galt das Prinzip der Einheit des Gesellschaftsstatuts,[454] und eine Abgrenzung erfolgte dann vom Vertrags-, Delikts- und Insolvenzstatut. Hintergrund war nicht zuletzt, dass man im deutschen Gesellschaftsrecht den Weg wählte, sowohl das Organisationsrecht (das Innenverhältnis) als auch den Drittschutz (Außenverhältnis) (ex ante) gesellschaftsrechtlich zu regeln.[455] Das Anwenden der Sitztheorie schloss jedoch eine Anerkennung ausländischer Gesellschaften und somit eine Rechtsformwahlfreiheit aus und die Fragen eines Wettbewerbs der Rechtsformen (Teilrechtsordnungen) und der Reichweite der Rechtswahlfreiheit im Gesellschaftsrecht stellten sich nicht.

In der derzeitigen rechtswissenschaftlichen Diskussion im Lichte der EuGH-Entscheidungen zur Niederlassungsfreiheit wird jedoch die Frage aufgeworfen, ob dieses Prinzip der Einheit des Gesellschaftsstatuts weiterhin Geltung hat und welche Regelungsbereiche das Gesellschaftsstatut umfasst.[456] In der Diskussion wird gleichfalls argumentativ auf die Länder verwiesen, in denen bisher schon die Gründungstheorie galt.

So werden die *Common Law* Länder angeführt, die einer engen Definition des Gesellschaftsstatuts folgen, sodass nur das Organisationsrecht, d.h. die Beziehungen der Gesellschafter untereinander (und zur Gesellschaft), also das Innenverhältnis, dem Gesellschaftsstatut unterliegt.[457] Dem liegt ein durchaus anderes Verständnis von Gesellschaft und Gläubigerschutzerfordernissen zugrunde.[458] Der Drittschutz wird in diesen Rechtsordnungen vielfach über so genannte ex post Mechanismen bewirkt, die nicht Gegenstand des Gesellschaftsrechts sind.[459] Ist die Wahlfreiheit

---

452 *Rauscher* (2002), S. 142 f.

453 *MüKo – Kindler* (1999), IntGesR, Rdn. 412; *Grabitz/Hilf – Randelzhofer/Forsthoff* (2004), Art. 48, Rdn. 4; *Behrens* (2004), S. 22.

454 Vgl. *MüKo – Kindler* (1999), IntGesR, Rdn. 412; *Behrens* (2004), S. 22.

455 Siehe dazu unten IV.2.c.aa. sowie *Kirchner* (2004), S. 619.

456 Vgl. u.a. *Behrens* (2004), S. 22 ff.; *Horn* (2004), S. 899.

457 Vgl. *Horn* (2004), S.899.

458 Siehe auch die kurzen Ausführungen zum US-amerikanischen Recht oben III.4. sowie *Kübler* (2003), S. 103 ff.

459 Als Beispiel sei hier bereits das englische Recht genannt: Im Zusammenhang mit dem Gläubigerschutz erlangt im englischen Recht z.B. s. 214 *Insolvency Act* (1986) *„Wrongful Trading"* sowie der *Company Directors Disqualification Act* (1986) Relevanz, siehe auch IV.2.c.bb.ccc.

(Parteiautonomie) unter kollisionsrechtlichen Aspekten bei der Wahl ausländischer Rechtsformen auf das Gesellschaftsstatut beschränkt, hat wie bereits dargelegt, die Definition des Gesellschaftsstatuts Auswirkungen auf die Frage der Reichweite der Rechtswahl und somit auf das Maß, in dem die unterschiedlichen nationalen Konzeptionen in den Wettbewerb treten.

Es verbleibt letztlich zu klären, ob unter dem Eindruck eines sich entfaltenden Wettbewerbs der Gesellschaftsrechte das Gesellschaftsstatut neu zu definieren ist, weil die Rechtswahl möglicherweise auch Interessen von nicht an diesen Wahlentscheidungen beteiligten Akteuren berührt und weil die Konzeptionen eines Drittschutzes in den verschiedenen Rechtsordnungen unterschiedlich ausfallen und teilweise auch anderen Statuten zugeordnet sind.

Bereits aus juristischer Perspektive können gegen dieses Ansinnen Zweifel angemeldet werden, nicht nur, weil es das Prinzip der Einheit des Gesellschaftsstatuts aufheben würde, sondern vor allem auch, weil es eine eindeutige Zuordnung von gesellschaftsrechtlichen Regelungen zu den jeweiligen Beziehungen voraussetzen würde. Bestätigung finden diese Zweifel in einer ökonomischen Betrachtung: Die Anerkennung der Rechtsfähigkeit eines Unternehmens durch die Rechtsordnung führt zwar dazu, dass das Unternehmen eine eigenständige (juristische) Person ist und als solche ebenso im Rechtsverkehr auftritt. Dennoch handelt es sich dabei nicht um einen individuellen Akteur, sondern um einen korporativen Akteur, dessen Einheit und Handlungsfähigkeit sich auf dem Verfassungsvertrag, den die Mitglieder abgeschlossen haben, begründen.[460] Unternehmensaktivitäten, so eben auch die marktlichen Transaktionen eines Unternehmens, werden durch die Unternehmensverfassung gesteuert. Damit wird aber zugleich deutlich, dass diese vertraglichen Vereinbarungen unter den Mitgliedern im Innenverhältnis (die korporativen Beziehungen) Auswirkungen auf das Außenverhältnis haben und dass das Innen- und das Außenverhältnis in Wechselwirkung miteinander stehen.[461]

Damit allein ist noch nicht geklärt, ob diese Auswirkungen einer Intervention durch zwingendes staatliches Recht bedürfen, ob dies normativ zu rechtfertigen ist und wie diese Regelungen am zweckmäßigsten ausgestaltet sein sollten – wobei von der Frage nach der Zweckmäßigkeit auch erfasst wird, ob dies überhaupt gesellschaftsrechtliche Regelungsgegenstände sein sollten oder ob dies nicht eher eine im Vertrags-, Delikts- oder Insolvenzrecht zu bewältigende Problemkategorie ist.

Für die hier zunächst aktuelle Problematik der Reichweite des Gesellschaftsstatuts kann jedoch aus diesen durchaus bestehenden Wechselwirkungen zwischen dem Innen- und dem Außenverhältnis zunächst folgende Überlegung abgeleitet werden: Wählt eine nationale Rechtsordnung bei ihrem gesellschaftsrechtlichen Rechtsformangebot den Weg (das Konzept), Auswirkungen des Innenverhältnisses auf das Außenverhältnis in der Art zu begegnen, dass sie durch Normativbestim-

---

460 Siehe oben II.4.c.cc.
461 Vgl. zu dieser Argumentation im Kontext der Sitztheorie auch *MüKo – Kindler* (1999), IntGesR, Rdn. 412.

mungen (zwingende staatliche Regelungen), an deren Erfüllung die Anerkennung der Rechtsfähigkeit geknüpft wird, Gestaltungsvorgaben für den Verfassungsvertrag macht, muss dies auch im Rahmen des Gesellschaftsstatuts berücksichtigt werden. Dabei wird insbesondere relevant, dass zwar systematisch zwischen dem Innen- und dem Außenverhältnis eines Unternehmens unterschieden wird; hinsichtlich der gesellschaftsrechtlichen Regelungen von Innen- und Außenverhältnis jedoch das Problem auftritt, dass ein ebenso systematisches Unterscheiden dieser Regelungen nicht möglich ist. Die Verfahrensregeln über die gemeinschaftliche Ressourcennutzung (Verfassungsvertrag) wirken auf das Außenverhältnis.

Daran anknüpfend werden die Außenbeziehungen reguliert, indem Gestaltungs- bzw. Strukturvorgaben für diese Verfahrensregeln, d.h. für das Innenverhältnis (die korporativen Beziehungen), aufgestellt werden. So z.B.: indem zwingend gesetzlich ein Mindestmaß an einzubringenden Ressourcen gefordert wird oder auch zwingende Vorgaben zur Strukturierung der Entscheidungsfindung, zur Übertragung von Entscheidungskompetenzen, zur Verdichtung zu Unternehmensentscheidungen, zu den Verteilungsregelungen über Korporationsgewinne einschließlich der Etablierung von Ausschüttungssperren, die Auswirkungen auf das Residuum der einzelnen Mitglieder haben, statuiert werden. Also wird in die grundlegenden Komplexe der korporativen Beziehungen, nämlich Entscheidung und Verteilung, eingegriffen.

Aus der Regulierungsperspektive ergibt sich somit ein Funktionszusammenhang zwischen den staatlichen (zwingenden) gesellschaftsrechtlichen Regulierungen des Innen- und des Außenverhältnisses. Und es ist gerade diese spezifische Mischung von Innen- und Außenrecht, die die Systemleistung eines Gesellschaftsrechts insgesamt hervorbringt und das Rechtsformangebot eines Staates kennzeichnet. Die der jeweiligen Ausgestaltung des *„standard form contract“* zugrunde liegenden unterschiedlichen Konzeptionen eines Dritt- bzw. Gläubigerschutzes kann nicht durch eine „Dekonstruktion“ des Gesellschaftsrechts und eine enge, auf das Innenverhältnis begrenzte Definition des Gesellschaftsstatuts dahingehend modifiziert werden, dass der gesellschaftsrechtliche Dritt- bzw. Gläubigerschutz der Wahlentscheidung der Akteure grundsätzlich entzogen wird. Durch eine enge Definition des Gesellschaftsstatuts, bei der nur die Innenbeziehungen erfasst werden, würden die die Außenbeziehungen überlagernden gesellschaftsrechtlichen Vorschriften nicht zur Disposition der Wählenden stehen und dem Wettbewerb entzogen. Es sind jedoch die die entsprechenden Konzeptionen umsetzenden *„standard form contracts“* als Ganzes, die das Rechtsformangebot eines Staates kennzeichnen und somit den Charakter einer Gesellschaft prägen.

Auch im Wettbewerb der Gesellschaftsrechtsordnungen, in dessen Mittelpunkt die unterschiedlichen Rechtsformangebote (*„standard form contracts“*) der Mitgliedstaaten stehen, gilt somit das Prinzip der Einheit des Gesellschaftsstatuts fort. Nicht nur das Gesellschaftsrecht im engeren Sinne, d.h. die rechtliche Organisation des Unternehmensträgers (Innenrecht), fällt unter das Gesellschaftsstatut (enges Gesellschaftsstatut), sondern es kommt zu einer „Transformation“ des gesamten Unternehmens (weites Gesellschaftsstatut) insofern, als sowohl die gesellschaftsrechtlichen Regelungen des Innenverhältnisses als auch die des Außenverhältnisses dem Gesellschaftsstatut unterstehen und grundsätzlich von der Wahlentscheidung erfasst werden.

Damit bleibt festzuhalten, dass auch die (zwingenden) gesellschaftsrechtlichen Gläubigerschutzvorschriften aufgrund ihrer Zugehörigkeit zum Gesellschaftsstatut grundsätzlich in den gesellschaftsrechtlichen Wettbewerb einbezogen sind, was dann zu der Frage führt, ob ein solcher Wettbewerb funktionsfähig ist. Um diese Frage beantworten zu können, ist es aus der Gläubigerschutzperspektive notwendig, sich näher mit den Wirkungen der Rechtswahlfreiheit auf die Interessen der Gläubiger auseinanderzusetzen. Die konkreten Untersuchungen beschränken sich, wie bereits ausgeführt, auf das Beispiel einer nach Deutschland ziehenden *private limited company* englischen Rechts.

c. Der Gläubigerschutz im Wettbewerb

Die zentrale, bereits formulierte Frage lautet, ob sich auch unter Einbeziehung der zwingenden Gläubigerschutzvorschriften ein funktionsfähiger gesellschaftsrechtlicher Wettbewerb in der Europäischen Union entfalten kann. Daher gilt es nun die bereits herausgearbeiteten Bedingungen für einen funktionsfähigen Wettbewerb auf ihr Vorliegen hin abzuprüfen. Neben der Freiheit der Wählenden als Rechtsnachfrager und der Staaten als Rechtsanbieter ist eine weitere wichtige Bedingung, dass dieser Wettbewerb nicht versagt,[462] wobei beim Wettbewerb von gesellschaftsrechtlichen Teilrechtsordnungen nicht nur der (potenziellen) Abwahl drittschützender Regelungen, sondern vor allem auch der Anschlussfähigkeit bzw. Kompatibilität verschiedener nationaler Teilrechtsordnungen Aufmerksamkeit zu schenken ist.[463] Aussagen über die Funktionsfähigkeit des Wettbewerbs setzen eine Wirkungsanalyse der Rechtswahlfreiheit voraus. Aus der Perspektive des Gläubigerschutzes ist es insbesondere notwendig, herauszuarbeiten, welche Wirkung die mit einer Rechtswahlentscheidung möglicherweise einhergehende Regeländerung für die Gläubiger hat. Dafür gilt es zu untersuchen, welche Wirkung konkrete, von der Rechtswahl betroffene Regelungen in einer konkreten Beziehung haben.

Gemäß dem vorliegend gewählten Beispiel geht es also um das Problem, welche Wirkung die Wahl einer *private limited company* englischen Rechts anstelle einer deutschen GmbH auf die Gläubiger hat. Um die Frage bearbeiten zu können, sollen zunächst kurz das deutsche und nachfolgend auch das englische System des Gläubigerschutzes in seinen juristischen Grundzügen skizziert werden. Anschließend gilt es dann zu ermitteln, welche Elemente des deutschen Gläubigerschutzes durch ihre Zugehörigkeit zum Gesellschaftsstatut zur Disposition der Wählenden stehen bzw. konkret von einer Abwahl durch die Wahl einer englischen *private limited company* betroffen sind. Auf der Grundlage dieser Ergebnisse können dann die weiteren konkreten Untersuchungen zur Wirkung der Rechtswahlfreiheit durchgeführt werden.

---

462 Zu den Bedingungen oben III.3. und III.4.
463 Siehe oben III.3.

aa. Das Konzept des deutschen Gläubigerschutzes im Kapitalgesellschaftsrecht

Die einzelnen Elemente des Gläubigerschutzes im Recht der GmbH werden verständlich, wenn man sich zunächst das Grundanliegen des Unternehmensgläubigerschutzes vor Augen führt. Dieses besteht aus der deutschen rechtswissenschaftlichen Perspektive darin, dass die Haftungs- und Vermögensstruktur des Unternehmens so eingerichtet sind, dass die Unternehmensgläubiger kein unangemessen hohes Risiko der Nichterfüllung ihrer Forderungen tragen.[464] Die Gläubiger werden dabei als homogene Gruppe betrachtet und die Regeln zum Gläubigerschutz auf sie unterschiedslos angewendet. Es besteht eine prinzipielle Gleichrangigkeit aller Gläubiger und eine Vorrangigkeit vor den Mitgliedern; der Gläubigerschutz geht den Interessen der Gesellschafter stets vor.[465] Im Recht der Kapitalgesellschaften, so auch der GmbH, sind die Gläubigerschutzvorschriften im systematischen Zusammenhang mit der Anerkennung des Unternehmens als juristische Person mit eigener Rechtspersönlichkeit und dem Haftungsprivileg zu sehen: Gewährt man wie im Falle der GmbH Haftungsbeschränkung auf das Vermögen des Unternehmens, so bedarf es um des Interessengleichgewichts willen auf der anderen Seite besonderer Schutzvorkehrungen zugunsten des Rechtsverkehrs.[466]

Charakteristikum des deutschen Gläubigerschutzes im Kapitalgesellschaftsrecht ist die starke Stellung von Bestimmungen zur Kapitalaufbringung und Kapitalerhaltung.[467] Dieses Systemelement „Kapitalschutz" wird flankiert durch einen übergreifenden publizitätsbezogenen Ansatz, in dem es um die Offenlegung von Unternehmensdaten geht. Komplementär zum vor allem ex ante Kapitalschutz ist auch der ex post Schutz wie er beispielsweise durch das Insolvenzrecht, aber auch durch das Deliktsrecht bereitgestellt wird. Ergänzt wird dieser eher spezifisch gesellschaftsrechtliche Gläubigerschutz durch die allgemeinen Gläubigerschutzvorschriften des Schuld- und Sachenrechts.[468]

aaa. Kapitalisierung

(1) Der Grundsatz der Kapitalaufbringung

Grundlegender Gedanke der Kapitalaufbringung ist, dass die Haftungsbeschränkung mit einem Preis versehen wird.[469] Im deutschen Kapitalgesellschaftsrecht, sowohl hinsichtlich der AG als auch der GmbH, ist dieser Preis durch eine entsprechende Kapitalaufbringung durch die Mitglieder zu entrichten.[470] Dabei gilt der

---

464 *Wiedemann* (1980), § 10, S. 516; *Blaurock* (2005), S. 7 f. Zur historischen Entwicklung des deutschen Gläubigerschutzkonzepts vgl. *Escher-Weingart* (2001), S. 69–106.
465 *Wiedemann* (1980), § 10, S. 514 f.
466 *Roth/Altmeppen – Roth/Altmeppen* (2005), Einl., Rdn. 19.
467 *Escher-Weingart* (2001), S. 108; *Kübler/Assmann* (2006), § 18 II, S. 267 ff.; *Hueck/Windbichler* (2003), § 34, Rdn. 8; *Roth/Altmeppen – Roth/Altmeppen* (2005), Einl., Rdn. 21 ff.; *Wiedemann* (1980), § 10, S. 573 ff.
468 *Klose-Mokroß* (1997), S. 84.
469 Vgl. auch *Kirchner* (2004), S. 619.
470 Vgl. u.a. *Roth/Altmeppen – Roth/Altmeppen* (2005), Einl., Rdn. 22.

Grundsatz der ex ante Aufbringung eines Stammkapitals[471], dessen Mindestbetrag für die GmbH mit 25.000 € durch das GmbHG gesetzlich vorgegeben ist (§ 5 Abs. 1 GmbHG).[472] Daraus ergibt sich unmittelbar eine der wichtigsten Pflichten der Gesellschafter: die Pflicht zur Leistung der gesellschaftsvertraglich (satzungsmäßig) übernommenen Einlage.[473]

Die Einlage ist nur dann wirksam geleistet, wenn der übernommene Betrag der Gesellschaft effektiv (als Eigenkapitalausstattung) zufließt. Zur Absicherung der effektiven Kapitalaufbringung ex ante sieht das GmbH-Gesetz – entgegen seines sonst überwiegend dispositiven Charakters – eine Reihe von zwingenden Regelungen vor:

Grundsätzlich ist die Leistung der Einlagen Eintragungsvoraussetzung für das Handelsregister[474] und somit Entstehungsvoraussetzung der Gesellschaft, d.h. der juristischen Person mit Haftungsprivileg.[475] Zu unterscheiden ist dabei zwischen einer Bar- und einer Sachgründung. Vollumfängliche Leistung an die Gesellschaft wird nur bei einer Sachgründung gefordert, § 7 Abs. 3 GmbHG. Die Werthaltigkeit der Sacheinlage(n) wird dabei durch eine Differenzhaftung in Geld sichergestellt, § 9 GmbHG. Bei der Bargründung hingegen muss auf jede Stammeinlage nur mindestens ein Viertel des Betrages eingezahlt worden sein, § 7 Abs. 2 GmbHG, wobei das Kapital insgesamt in Höhe der Hälfte des Mindestkapitals aufgebracht worden sein muss, § 7 Abs. 2 GmbHG. Für den verbleibenden Restbetrag haften die Gesellschafter der GmbH persönlich,[476] wobei die einzelnen Gesellschafter der Gesellschaft nicht nur für die eigene Einlage, sondern auch subsidiär für die volle Einzahlung des ganzen Stammkapitals haften (Ausfallhaftung, § 24 GmbHG).[477] Eng damit verknüpft ist außerdem das Kaduzierungsverfahren gegen säumige Zahler (§§ 21 ff. GmbHG). Ebenso sind eine Befreiung der Gesellschafter von der Einlagepflicht, die Aufrechnung sowie die Geltendmachung eines Zurückbehaltungsrechts durch den Gesellschafter und die Leistung von Sacheinlagen an Erfüllungsstatt nicht zulässig (§ 19 GmbHG).[478]

In diesen Regeln zur Kapitalaufbringung kommt der Kerngedanke des deutschen Kapitalgesellschaftsrechts zum Ausdruck. Das Privileg der Haftungsbeschränkung

---

471 Für dieses Kapital finden sich unterschiedliche Termini. Das satzungsmäßig festgelegte Kapital der GmbH wird als Stammkapital bezeichnet, das der AG als Grundkapital.

472 Die Absenkung des Mindeststammkapitals auf 10.000 € ist Kernstück des Referenten-Entwurfs für das „Gesetz zur Modernisierung des GmbH-Rechts und zur Bekämpfung von Missbräuchen (MoMiG)" vom Mai 2006. Gleiches verfolgte bereits der Regierungsentwuf für ein „Gesetz zur Neuregelung des Mindestkapitals der GmbH (MindestKapG)" vom Mai 2005. Zur Reformdiskussion vgl. *Haas* (2006), S. 993–1000; *Drygala* (2006), S. 587–637 sowie *Armour* (2006).

473 *Raiser/Veil* (2006), § 28 I, Rdn. 1.

474 Die Kapitalaufbringung ist grundsätzlich Gegenstand der registergerichtlichen Prüfung bei Anmeldung der Eintragung, vgl. § 9 c GmbHG, siehe auch unten IV.2.c.aa.bbb.

475 § 11 Abs. 1 GmbHG: vor der Eintragung ins Handelsregister besteht die GmbH als solche nicht; die Handelsregistereintragung hat konstitutive Wirkung, siehe auch unten IV.2.c.aa.bbb.

476 *Roth/Altmeppen – Roth/Altmeppen* (2005), Einl., Rdn. 22.

477 *Hueck/Windbichler* (2003), § 34, Rdn. 8; *Raiser/Veil* (2006), § 28 I, Rdn. 24 ff.

478 Für Einzelheiten *Raiser/Veil* (2006), § 28 I, Rdn. 9 ff.

wird an die ex ante Etablierung einer Vermögensmasse als Kreditgrundlage und Haftungsstock für die Gläubiger gekoppelt.[479] Aber bereits hier lässt sich eine „Schwäche" des deutschen Gläubigerschutzmechanismus durch Kapitalisierung insbesondere im Recht der GmbH aufzeigen. Das Gesetz beschränkt sich hinsichtlich der Pflicht zur Kapitalaufbringung auf einen zahlenmäßig festgelegten Mindeststammkapitalbetrag von 25.000 €, ohne Rücksicht auf die Art und den Umfang des Geschäftsbetriebes. Über das Mindestkapital hinaus besteht keine Rechtspflicht, die Gesellschaft von vornherein oder bei Geschäftsausweitung mit Eigenkapital in einer dem Gesellschaftszweck angemessenen Höhe auszustatten; es besteht insoweit eine Finanzierungsfreiheit.[480]

(2) Der Grundsatz der Kapitalerhaltung

Ergänzt wird die Kapitalaufbringung durch den Grundsatz der Kapitalerhaltung. Während der Grundsatz der Kapitalaufbringung bei der Gründung von Kapitalgesellschaften quasi punktuell greift, entfaltet der Grundsatz der Kapitalerhaltung seine Wirkung dauerhaft über die gesamte „Lebensspanne" der Gesellschaft. Die ihm zugrunde liegende Idee ist, dass der im Rahmen der Kapitalaufbringung präventiv zu zahlende „Preis" für das Haftungsprivileg nicht sofort nach der Gründung bzw. im Verlaufe der Geschäftstätigkeit an die Gesellschafter zurückfließen darf.

Anknüpfungspunkt für die deutschen Kapitalerhaltungsvorschriften bildet wie bei der Kapitalaufbringung grundsätzlich das satzungsmäßig bestimmte Kapital:

So dürfen bei der GmbH Zahlungen an die Gesellschafter nicht erfolgen, wenn und soweit nicht das Gesellschaftsvermögen das Stammkapital übersteigt (§ 30 GmbHG). Zur Absicherung der Kapitalerhaltung ist das Stammkapital stets in voller Höhe unter die Passiva der Jahresbilanz einzustellen (§ 42 Abs. 1 GmbHG; §§ 266 Abs. 3, 272 Abs. 1, 283 HGB). Das Gesetz etabliert somit Ausschüttungssperren, deren Höhe sich nach dem satzungsmäßig ausgewiesenen Kapital richtet. Bilanzgewinne können erst dann entstehen, wenn die Summe der Aktiva höher ist als die Schulden und das Stammkapital. Von den Gesellschaftern unter Verstoß gegen diese Kapitalerhaltungsvorschriften empfangene offene oder verdeckte Leistungen oder Zahlungen werden sanktioniert; die Leistungen sind der Gesellschaft zurückzuerstatten (§ 31 Abs. 1 GmbHG).[481] Können die Leistungen vom Empfänger nicht erlangt werden, statuiert das Gesetz eine Ausfallhaftung aller Gesellschafter sowie der Geschäftsführer (§ 31 GmbHG).

---

479 Vgl. *Raiser/Veil* (2006), § 37 I, Rdn. 1; *Roth/Altmeppen – Roth/Altmeppen* (2005), Einl., Rdn. 22.
480 *Hueck/Windbichler* (2003), § 34, Rdn. 8.
481 Diese Konzeption des Kapitalschutzes wird von der Rechtsprechung konsequent durchgesetzt. Umgehensmöglichkeiten wie beispielsweise die unterschiedlich gestalteten Fälle „verdeckter Gewinnausschüttungen", in denen unter Rückgriff auf die Möglichkeit, dass das Eigenkapital legal im Unternehmen verbraucht werden kann, Zahlungen an die Gesellschafter erfolgen, sind immer wieder ausgeschaltet worden. Vgl. u.a. BGH v. 28.9.1981, BGHZ 81, 365; BGH v. 24.11.2003, BGHZ 157, 72; BGH v. 14.3.2005, DB 2005, 882; OLG Stuttgart v. 7.7.1999, OLGR Stuttgart 1999, 355.

Der den Gläubigern durch diese Kapitalerhaltungsregeln gewährte Schutz ist allerdings nur relativ, denn er sichert sie zwar gegen Verminderungen des satzungsmäßigen Kapitals durch direkte oder indirekte Ausschüttungen an die Gesellschafter, nicht jedoch gegen geschäftliche Verluste.[482] Hinzu kommt, dass das Gesetz keine Nachschusspflicht der Gesellschafter in der Art statuiert, dass das im Geschäftsbetrieb verbrauchte Vermögen der Gesellschaft durch die Gesellschafter (Mitglieder) wieder aufzufüllen ist.[483] Gemäß der gesetzlichen Regelung ist die Zahlung der Einlage und somit die Kapitalaufbringung zwar eine der wichtigsten Mitgliedschaftspflichten, jedoch ist diese eben nicht eine andauernde Verpflichtung, entstehende Verluste durch Mittel aus dem Privatvermögen der Mitglieder auszugleichen, das Unternehmen also mit Kapital auszustatten; vielmehr erschöpft sich die Einlagenpflicht in einer einmaligen „Zahlung" des Beitrages in Höhe der übernommenen Einlage an die Gesellschaft.

Nicht zuletzt aufgrund der ausgeführten „Schwächen" ist die Charakterisierung des Stammkapitals als „Haftungsfond", „Ersatzhaftungsmasse", „Kreditgrundlage" oder auch „Risikopuffer" nicht unproblematisch. Ohne dass das Gesetz eine Nachschusspflicht der Anteilseigner statuiert, kann dieses Kapital als Betriebskapital legal im Geschäftsbetrieb des Unternehmens verbraucht werden, was dem Charakter eines Haftungsfonds widerspricht; auch vermag es aufgrund der gesetzlichen Mindesthöhe von 25.000 € – wenn überhaupt – nur zu Beginn der Geschäftstätigkeit etwaige Verluste abzupuffern.[484]

Über die gesetzlichen Kapitalschutzregeln hinaus trifft die Gesellschafter, insbesondere den Alleingesellschafter, die Pflicht, auf die Eigenbelange der GmbH Rücksicht zu nehmen.[485] Die krasse Missachtung dieser Eigenbelange, insbesondere der Zweckbindung des Gesellschaftsvermögens zur vorrangigen Befriedigung der Gesellschaftsgläubiger während der Lebensdauer der Gesellschaft, stellt einen Missbrauch der Rechtsform GmbH dar, der zum Verlust des Haftungsprivilegs führt.[486] Dies ist beispielsweise der Fall, wenn die Gesellschafter unter Außerachtlassung der Zweckbindung des Gesellschaftsvermögens durch offene und verdeckte Entnahmen, der Gesellschaft Vermögenswerte entziehen und damit die Fähigkeit der Gesellschaft beeinträchtigen, ihre Verbindlichkeiten zu befriedigen (existenzvernichtender Eingriff).[487]

Mit diesem „Missbrauch der Gesellschaftsform" ist nicht nur ein Fall der deliktischen Haftung wegen vorsätzlicher sittenwidriger Schädigung nach § 826 BGB angesprochen,[488] sondern auch eine Fallgruppe der so genannten Durchgriffs-

---

482 *Raiser/Veil* (2006), § 37 I, Rdn. 5.

483 Eine Nachschusspflicht kann bei der GmbH durchaus bestehen, diese muss aber gesellschaftsvertraglich vereinbart sein, vgl. § 26 GmbHG.

484 Vgl. auch *Mülbert* (2004), S. 155; *Kübler* (2003), S. 95 ff.; *Halbhuber* (2001), S. 149 ff.

485 *Hueck/Windbichler* (2003), § 36, Rdn. 35; BGH v. 24.6.2002, NJW 2003, 3024 (KBV).

486 BGH v. 24.6.2002, NJW 2003, 3024 ff.; vgl. auch BGH v. 20.9.2004, NJW 2005, 145.

487 BGH v. 24.6.2002, NJW 2003, 3024 ff.; *Hueck/Windbichler* (2003), § 36, Rdn. 35; kritisch gegenüber der Existenzvernichtungshaftung *Rubner* (2005), S. 1696 f.

488 BGH v. 20.9.2004, NJW 2005, 145; BGH v. 24.6.2002, NJW 2003, 3024 ff.

haftung.[489] Generell beschreibt die Durchgriffshaftung besondere Fallkonstellationen – „Durchgriffslagen“[490] –, bei denen entgegen der eindeutig statuierten Haftungsordnung des § 13 Abs. 1 und 2 GmbHG den Gesellschaftsgläubigern neben dem Vermögen der Gesellschaft sogar das Privatvermögen aller oder bestimmter Gesellschafter der Gesellschaft haften soll. Dies führt zu einer Erschließung weiterer Haftungsmassen für die Gläubiger, was insbesondere in der Insolvenz der Gesellschaft Bedeutung erlangt.[491] Das grundlegende Problem der Durchgriffshaftung besteht jedoch vor allem darin, dass es gesetzliche Durchgriffstatbestände im Zivilrecht nicht gibt[492] und es sich bei der Durchgriffshaftung entgegen des teilweise vermittelten Eindrucks keineswegs um ein irgendwie gefestigtes Rechtsinstitut handelt, dessen einzelne Voraussetzungen und Inhalt erschöpfend geklärt wären.[493]

An den Kapitalisierungsgedanken knüpft noch eine weitere – durchaus kontrovers diskutierte – Fallgruppe der Durchgriffshaftung an, die der so genannten „(qualifizierten) materiellen Unterkapitalisierung“[494] Im Mittelpunkt steht dabei die Frage nach der Finanzierungsfolgenverantwortung[495] der Gesellschafter und der daraus – durchaus entgegen den gesetzlichen Vorgaben[496] – resultierenden Pflicht, die

---

489 In der rechtswissenschaftlichen Literatur wird diskutiert, ob der „existenzvernichtende Eingriff“ ein Unterfall der Fallgruppe „Missbrauch der Gesellschaftsform“ ist, so *Wilhelm* (2003), S. 175 ff., oder aber eine eigenständige Fallgruppe der Durchgriffshaftung, so *Lutter/Hommelhoff – Lutter/Hommelhoff* (2004), § 13, Rdn.15 sowie *Raiser/Veil* (2006), § 29 III, Rdn. 30 ff. Gemeinsam ist beiden Auffassungen – und das interessiert hier – dass es zu einer persönlichen Haftung der Gesellschafter kommt, begründet auf dem Vorliegen einer Durchgriffslage.

490 Vgl. dazu u.a. die Darstellung (mit Berücksichtigung der Rechtsprechungsentwicklung) bei *Lutter/Hommelhoff – Lutter/Hommelhoff* (2004), § 13, Rdn. 6–27.

491 *Ehricke* (1999), S. 261.

492 So existieren hinsichtlich der dogmatischen Begründung eines Anspruchs unterschiedliche Konzeptionen: Im Wesentlichen zu nennen sind hier die Missbrauchtheorie und Normanwendungslehre, die beide eine Außenhaftung der Gesellschafter begründen. Weiterhin existiert noch die Trennungstheorie, die jedoch die Vorstellung vom Durchgriff schon im Ansatz für verfehlt hält und letztlich durch die Statuierung von besonderen Pflichten der Geschäftsführer und Gesellschafter gegenüber der Gesellschaft auf ein Innenhaftungsmodell abstellt. Zu diesen Theorien: *Lutter/Hommelhoff – Lutter/Hommelhoff* (2004), § 13, Rdn. 6 ff.; *Rowedder/Schmidt-Leithoff – Pentz* (2002), § 1, Rdn. 123 ff., insbesondere Rdn. 127; *Raiser/Veil* (2006), § 29 I, Rdn. 3 f.; *Raiser* (2000), S. 637 f.; *Escher-Weingart* (2001), S. 138 ff.; *Ehricke* (1999), S. 267 ff.; *Schanze* (1982), S. 42 ff.; *Wiedemann* (1980), § 4 III 1, S. 221 ff. In den Durchgriffstheorien verschränken sich Lehren von der juristischen Person, Billigkeitsargumente und rechtspolitische Vorstellungen über den funktionsgerechten Gebrauch der Haftungsbeschränkung in der Marktwirtschaft. Sie sind daher lediglich als heuristische Leitlinien zu verstehen, nicht als präzise und einfach anwendbare Rechtssätze, *Raiser/Veil* (2006), § 29 I, Rdn. 4.

493 Vgl. u.a. *Lutter/Hommelhoff – Lutter/Hommelhoff* (2004), § 13, Rdn. 6 ff.; *Rowedder/Schmidt-Leithoff – Pentz* (2002), § 1, Rdn. 122 ff.; *Raiser/Veil* (2006), § 29, Rdn. 21 ff.; *Raiser* (2000), S. 637; *Escher-Weingart* (2001), S. 138 ff.; *Ehricke* (1999), 257 ff.; *Kübler/Assmann* (2006), § 24, S. 366 ff.; *Scholz – Emmerich* (1993), § 13, Rdn. 75; *Schanze* (1982), S. 42 ff.; *Wiedemann* (1980), § 4 III 1, S. 221 ff.

494 Zu dieser Diskussion u.a: *Heermann* (2002), S. 7–58; *Rowedder/Schmidt-Leithoff – Pentz* (2002), § 1, Rdn. 122 ff; *Ehricke* (1999), S. 257; *Hachenburg – Mertens* (1992), Anh. § 13; *Wiedemann* (1980), § 4 III 1, S. 224 ff.; *Schanze* (1982), S. 43.

495 *Raiser/Veil* (2006) § 38 I, Rdn. 17 und § 29 III, Rdn. 39 ff.

496 *Heermann* (2002), S. 35: „... der Blick auf die Vorschriften der §§ 10 KWG; 2 KAGG; 5 Abs. 4, 8, 15, 53c Abs. 1, 115 VAG [legt] die Vermutung nahe, dass der Gesetzgeber im GmbH-Recht bewusst von der Etablierung einer Pflicht zur Ausstattung der Gesellschaft mit einem angemessenen Eigenkapital abgesehen hat.“

Gesellschaft mit einem für den Geschäftsbetrieb angemessenen Eigenkapital auszustatten. Verstoßen die Gesellschafter gegen diese Pflicht, weil die tatsächliche Kapitalausstattung im (offensichtlichen) Missverhältnis zu dem für den Geschäftsumfang erforderlichen Eigenkapital steht[497], soll dies eine persönliche Haftung der Gesellschafter zur Folge haben. Ohne an dieser Stelle die Diskussion im Einzelnen nachzuzeichnen, verbleibt jedoch als grundsätzliche Frage, ob es überhaupt Raum für eine solche gesellschaftsrechtliche Durchgriffshaftung gibt. Zum einen besteht nämlich nach geltendem Recht keine Pflicht zur angemessenen Kapitalausstattung der Gesellschaft, zum anderen greifen in krassen Fällen, etwa wenn die Gläubiger vorsätzlich durch unzureichende Kapitalausstattung oder durch Entzug von Gesellschaftsvermögen durch die Gesellschafter geschädigt werden, die Tatbestände der Verschuldenshaftung aus Delikt, vor allem § 826 BGB.[498]

Eine gesetzlich ausformulierte Finanzierungsfolgenverantwortung findet sich hingegen für die Fälle der nominellen Unterkapitalisierung. Wird die Gesellschaft in Krisensituationen, in denen sie aufgrund von (nomineller) Unterkapitalisierung besonders insolvenzanfällig ist, nicht liquidiert, sondern werden ihr stattdessen Gesellschafterleistungen, so z.B. Gesellschafterdarlehen belassen oder zugeführt und damit die Gesellschaft länger am Leben gehalten als betriebswirtschaftlich sinnvoll, werden diese Leistungen ungeachtet der zugrunde liegenden rechtlichen „Begründung" in Eigenkapital umqualifiziert (Eigenkapitalersatz).[499] Damit unterliegen diese Finanzierungsmittel nicht nur der Vermögensbindung nach § 30 GmbHG,[500] sondern werden auch in der Insolvenz – und da ohne Begrenzung auf die Stammkapitalziffer[501] – als nachrangiges Eigenkapital behandelt (vgl. §§ 32 a, 32 b GmbHG).

Auf die grundlegende Idee der Kapitalisierung ist auch die Insolvenzantragspflicht der Geschäftsführer (§ 64 Abs. 1 GmbHG) zurückzuführen:[502] Ist die Gesellschaft nicht mehr in der Lage, ihre Verbindlichkeiten zu befriedigen (Zahlungsunfähigkeit oder Überschuldung) und kann dieser Zustand nicht beseitigt werden, muss sie aus dem Markt ausscheiden.[503] Abgesichert wird die Insolvenzantragspflicht durch Sanktionierung des Pflichtverstoßes, zum einen durch eine Haftung der Geschäfts-

---

497 Vgl. *Raiser/Veil* (2006), § 29 III, Rdn. 39.

498 Vgl. BGH v. 20.9.2004, NJW 2005, 145; BGH v. 24.6.2002, NJW 2003, 3024 (KBV); BAG v. 03.09.1998, NJW 1999, 740; BGH v. 16.3.1992, NJW-RR 1992, 1061; BGH v. 30.11.1978, NJW 1979, 2104; vgl. auch *Hueck/Windbichler* (2003), § 36, Rdn. 35.

499 *Lutter/Hommelhoff – Lutter/Hommelhoff* (2004), § 32a/b, Rdn. 2 ff; *Hueck/Windbichler* (2003), § 34, Rdn. 8; *Raiser/Veil* (2006), § 38 I, Rdn. 8 ff.; *Mülbert* (2004), S. 155; vgl. auch *Hachenburg-Ulmer* (1992), Anh. § 30, Rdn. 57.

500 Auch das Kapitalersatzrecht hat eine starke Ausdifferenzierung durch die Rechtsprechung erfahren, vgl. u.a. BGH v. 26.3.1984, BGHZ 90, 370; BGH v. 28.2.2005, DB 2005, 881; BGH v. 31.1.2005, DB 2005, 661; BGH v. 8.11.2004, DB 2005, 97; BGH v. 2.7.2001, NJW-RR 2002, 691. *Eidenmüller* (1999), S. 389: Das geltende Kapitalersatzrecht ist ein Konglomerat aus gesetzlichen und richterrechtlich entwickelten Regeln.

501 Vgl. § 135 InsO sowie *Raiser/Veil* (2006), § 38 I, Rdn. 14.

502 Ausführlich zu diesem ganzen Komplex unten IV.2.c.gg.aaa.(2)(c).

503 *Goette* (2004), S. 54: „Die Legitimität einer haftungsbeschränkten unternehmerischen Tätigkeit entfällt jedoch ... spätestens dann, wenn die Gesellschaft insolvent ist."

führer gegenüber der Gesellschaft, § 64 Abs. 2 GmbHG und zum anderen durch eine insbesondere für den Gläubigerschutz relevante Insolvenzverschleppungshaftung gemäß §§ 823 Abs. 2 BGB i.V.m. 64 GmbHG; wodurch eine unmittelbare Haftung der Geschäftsführer gegenüber den Gläubigern begründet wird.[504] Darüber hinaus erlangt ebenfalls die Masseschmälerungshaftung des § 64 Abs. 2 GmbHG Relevanz, die zwar keine unmittelbare Sanktionierung des Pflichtverstoßes darstellt, aber trotz ihrer Ausgestaltung als Binnenhaftungstatbestand auf den Erhalt einer verteilungsfähigen Vermögensmasse einer insolvenzreifen Gesellschaft im Interesse der Gesamtheit ihrer Gläubiger und die Verhinderung einer zu deren Nachteil gehenden, bevorzugten Befriedigung einzelner Gläubiger zielt.[505]

bbb. Publizität

Ein weiteres wichtiges Element des Gläubigerschutzkonzepts ist die Publizität.[506] Gegenstand der Publizität ist die standardisierte Offenlegung unternehmensbezogener Daten (veranlasst) durch das Unternehmen.[507] Die Publizität ist somit ein Instrument zum Unterrichten der Öffentlichkeit über wichtige Umstände und Vorgänge innerhalb eines Unternehmens.[508] Je nach „Definition" des Publizitätsbegriffes umfasst diese grundsätzlich nicht nur die Rechnungslegung(spublizität), sondern auch die Handelsregister- und Geschäftsbriefpublizität, die Beteiligungs- und Konzernpublizität und die Insolvenzpublizität usw.[509] Während die Register- und Geschäftsbriefpublizität ausschließlich Daten, die die Rechtsverhältnisse der Gesellschaften betreffen, vermitteln,[510] hingegen Informationen über die wirtschaftliche und finanzielle Situation der Unternehmen nur begrenzt enthalten,[511] umfasst die Rechnungslegungspublizität Daten über das Betriebsgeschehen, die Lage und den Erfolg eines Unternehmens sowie über die Ursachen seiner geschäftlichen Entwicklung.[512]

Publizität als Gläubigerschutzinstrument erlangt im Recht der GmbH im Wesentlichen Bedeutung hinsichtlich der Register- und Geschäftsbriefpublizität sowie hinsichtlich der Firma (Firmenpublizität). Zwar unterliegt auch die GmbH der Pflicht zum Erstellen eines Jahresabschlusses und einer entsprechenden Veröffentlichung durch Einreichung zum Handelsregister (§ 325 HGB). Jedoch ist diesen Bilanzen aus der Perspektive des Gläubigerschutzes nur wenig Informationswert zuzumes-

---

504 Vgl. BGH v. 6.6.1994, BGHZ 126, 181 (grundlegend für die Unterscheidung von Neugläubigern und Altgläubigern); BGH v. 7.7.2003, DB 2003, 2117; Thüringer OLG v. 28.11.2001, ZIP 2002, 631.
505 So BGH v. 18.3.1974, NJW 1974, 1088; BGH v. 29.11.1999, BGHZ 143, 184, BGH v. 8.1.2001, BGHZ 146, 264 sowie *Goette* (2004), S. 58 f.
506 Vgl. *Roth/Altmeppen – Roth/Altmeppen* (2005), Einl., Rdn. 21.
507 Vgl. *Merkt* (2001), S. 22 sowie *Wiedemann* (1980), § 10 V 1, S. 575.
508 *Escher-Weingart* (2001), S. 128.
509 *Merkt* (2001), S. 23.
510 *Wiedemann* (1980), § 10 V 2, S. 579.
511 *Wiedemann* (1980), § 10 V 2, S. 579.
512 *Wiedemann* (1980), § 10 V 2, S. 579.

sen, insbesondere weil sie erst bis zu 12 Monate nach dem Abschlussstichtag des Geschäftsjahrs beim Register eingereicht werden können.[513]

Aus der Perspektive des Gläubigerschutzes sind wesentliche Eckpunkte der Publizität im Recht der GmbH:

Erstens die Offenlegung von Angaben zum Unternehmen im Handelsregister (vgl. § 10 GmbHG) bei Gründung und während der gesamten Lebensdauer des Unternehmens. Womit das Handelsregister eine wesentliche Informationsquelle und Grundlage der Publizität ist.[514]

Zweitens die Angaben auf Geschäftspapieren des Unternehmens (vgl. § 35a GmbHG), durch die potenziellen Geschäftspartnern des Unternehmens grundlegende Informationen vermittelt werden sollen und es ihnen zudem erleichtert werden soll, registergerichtliche Informationen über das Unternehmen einzuholen.[515] Unbedingt erforderliche Angaben sind die Rechtsform der Gesellschaft, der Sitz, das zuständige Registergericht und die Nummer, unter der die Gesellschaft eingetragen ist, sowie die Geschäftsführer (einschließlich der Stellvertreter).[516]

Der *dritte Eckpunkt* der Publizität ist die Firma, unter der das Unternehmen im Geschäftsverkehr auftritt. Gemäß § 4 GmbHG finden auf die GmbH die handelsrechtlichen Vorschriften der §§ 17 ff. HGB und somit die Publizitätsanforderungen hinsichtlich der Firma für das Auftreten im Rechtsverkehr Anwendung (vgl. § 4 GmbHG, § 19 Abs. 2 HGB). Denen gemäß muss die Haftungsbeschränkung auf eine bestimmte Vermögensmasse bereits aus der Firma ersichtlich sein, ohne dass insoweit das Handelsregister eingesehen werden muss.[517] Daher sind eindeutige spezifische Rechtsformzusätze – die Gesellschaftsform – in der Firma zwingend anzugeben.[518] Sie erfüllen eine Publizitäts- und Warnfunktion für den Rechtsverkehr, dem die besondere Haftungssituation nicht verborgen bleiben soll.[519]

Publizität spielt insbesondere bei der Gründung einer Kapitalgesellschaft eine Rolle, denn im deutschen Recht ist die Entstehung der juristischen Person an die Eintragung ins Handelsregister geknüpft; die Registereintragung hat konstitutive Wirkung (vgl. § 11 Abs. 1 GmbHG). Die konstitutive Wirkung der Registereintragung kann als Ausprägung des Normativsystems gesehen werden. Danach wird die Zuerkennung der eigenen Rechtspersönlichkeit als juristische Person, vor allem aber des Haftungsprivilegs, von der Erfüllung so genannter Normativbestimmungen (gesetzlicher Vorgaben) abhängig gemacht, deren Einhaltung das Registergericht bei Eintragung überprüft.

---

513 § 325 Abs. 1 S. 1 HGB spricht zwar von „unverzüglich" nach Vorlage an die Gesellschafter, eröffnet jedoch gleichzeitig die Frist von bis zu 12 Monaten: „... spätestens vor Ablauf des zwölften Monats des dem Abschlussstichtag nachfolgenden Geschäftsjahrs ...".

514 *Grundmann* (2004), § 8, Rdn. 262; siehe in diesem Zusammenhang auch *Kirchner* (2005a), S. 195.

515 *Baumbach/Hueck – Zöllner/Noack* (2006), § 35a, Rdn. 1.

516 *Baumbach/Hueck – Zöllner/Noack* (2006), § 35a, Rdn. 4.

517 Vgl. auch *Roth/Altmeppen – Roth* (2005), § 4, Rdn. 45.

518 *Roth, G.* (2001), § 23, Rdn. 550.

519 *Roth, G.* (2001), § 23, Rdn. 550.

Wie bereits dargelegt, ist die ex ante Kapitalisierung der Gesellschaft ein Grundprinzip des deutschen Gläubigerschutzes und die Einhaltung der gesetzlichen Vorgaben zur Kapitalisierung wird über die Registerpublizität abgesichert. So kann gemäß § 7 Abs. 2 GmbHG die Anmeldung zum Register erst erfolgen, wenn im Falle einer Bargründung insgesamt die Hälfte des Stammkapitals aufgebracht wurde, wobei auf jede Stammeinlage mindestens ein Viertel eingezahlt sein muss. Im Falle einer Sachgründung hingegen sind die Sachen vollständig vor Anmeldung der Eintragung aufzubringen und zwar so, dass sie endgültig zur freien Verfügung des Geschäftsführers stehen (§ 7 Abs. 3 GmbHG). Die Werthaltigkeit der Sacheinlage muss mit einem entsprechenden Sachgründungsbericht gegenüber dem Registergericht nachgewiesen werden.[520] Durch die konstitutive Wirkung der Registereintragung und der vorhergehenden Abprüfung der Einhaltung gesetzlicher Bestimmungen durch das Registergericht erfüllt die Publizität im deutschen Recht nicht nur die Funktion des Unterrichtens des Rechtsverkehrs durch Offenlegung von Daten, sondern es verbleibt (auch) durch das System der Normativbestimmungen ein gewisses Maß an ex ante staatlicher Kontrolle über die wirtschaftliche Betätigung.[521]

Bei der Darstellung der Publizität als Element des deutschen Gläubigerschutzkonzepts kann nicht völlig ausgeblendet werden, dass die gesellschaftsrechtliche Publizität bereits in großem Maße Gegenstand von Harmonisierungsmaßnahmen (Richtlinien) in der EU war und die deutschen Publizitätvorschriften zum Teil auf Transformationsmaßnahmen richtlinienrechtlicher Vorgaben zurückzuführen sind.[522] Zu nennen sind hier vor allem die Erste Richtlinie[523], deren Hauptregelungskomplex die Pflicht ist, Angaben zum Unternehmen im Handelsregister offen zu legen,[524] aber auch die Zweite, für das Recht der GmbH weniger bedeutende, gesellschaftsrechtliche Richtlinie[525] sowie im Hinblick auf die Rechnungslegung die Vierte (Bilanzrichtlinie)[526], die Siebente (Konzernbilanzrichtlinie)[527] und die Achte (Abschlussprüferrichtlinie).[528]

---

520 Vgl. dazu *Hueck/Windbichler* (2003), § 35, Rdn. 5.
521 Vgl. zum System der Normativbestimmungen und dessen historischer Entwicklung *Escher-Weingart* (2001), S. 69–106, insbesondere S. 75 ff.; *Hueck/Windbichler* (2003), § 20, Rdn. 4.
522 Vgl. zu den Einzelheiten *Grundmann* (2004), § 7, Rdn. 191 ff.
523 Erste Richtlinie 68/151/EWG des Rates vom 9. März 1968, ABl. Nr. L 65, S. 8 v. 14.3.1968 (Publizitätsrichtlinie), geändert durch Richtlinie 2003/58/EG des Europäischen Parlaments und des Rates vom 15. Juli 2003, ABl. Nr. L 221, S. 13 v. 4.9.2003.
524 *Grundmann* (2004), § 8, Rdn. 232: Der Umsetzungsbedarf im deutschen Recht war jedoch wegen der Ähnlichkeit zum deutschen Recht gering.
525 Zweite Richtlinie 77/91/EWG des Rates vom 13. Dezember 1976, ABl. Nr. L 26, S. 1 v. 31.1.1977 (Kapitalschutzrichtlinie); auch in diesem Bereich war der Umsetzungsbedarf eher gering, da die Grundkonzeption der Richtlinie im Wesentlichen dem deutschen Recht verpflichtet blieb, vgl. *Grundmann* (2004), § 10, Rdn. 314.
526 Vierte Richtlinie 78/660/EWG des Rates vom 25. Juli 1978, ABl. L 222, S. 11 v. 14.8.1978, zuletzt geändert durch Rl 2001/65/EG, ABl. Nr. L 283, S. 28 v. 27.10.2001 und Rl 2003/38/EG, ABl. Nr. L 120, S. 22 v. 15.5.2003, Gegenstand sind die Gliederung und Inhalt des Jahresabschlusses und des Lageberichts sowie Bewertungsmethoden, Prüfung und Offenlegung.
527 Siebente Richtlinie 83/349/EWG des Rates vom 13. Juni 1983, ABl. Nr. L 193, S. 1 v.

Von der richtlinienrechtlichen Harmonisierung erfasst wurden die Bereiche der Register- und Geschäftsbriefpublizität. So sind auch die Publizitätserfordernisse bei Gründung harmonisiert, nicht jedoch die materiellen und formalen Voraussetzungen für eine wirksame Gründung, wie beispielsweise die Frage, ob die Eintragung ins Handelsregister konstitutive Wirkung entfaltet – dies bestimmt sich nach wie vor nach nicht harmonisiertem nationalem Recht.[529]

Von der Harmonisierung weiterhin nicht erfasst ist das Firmenrecht. Die Firma einschließlich des Rechtsformzusatzes ist nach Maßgaben des jeweiligen (nicht harmonisierten) nationalen Rechts zu bilden.[530] Die Rechnungslegungspublizität hingegen war in großem Maße Gegenstand von Harmonisierungsmaßnahmen. Sie erlegen grundsätzlich auch der GmbH Publizitätspflichten auf. Jedoch bestehen erheblich Erleichterungen bei der Veröffentlichungspflicht für kleinere und mittlere Unternehmen.[531] Ebenso trifft eine kleine GmbH nicht die gesetzliche Verpflichtung zur Abschlussprüfung (§ 316 HGB).[532] Für den Gläubigerschutz bei der GmbH bedeutet dies, wie bereits angeführt, dass die Rechnungslegungspublizität nur eine untergeordnete Rolle spielt.

ccc. Insolvenz

Komplementär zum System des ex ante Schutzes durch Kapitalisierung ist die Logik des ex post Schutzes durch das deutsche Insolvenzrecht zu sehen: Ist das Vermögen einer haftungsbeschränkten Gesellschaft soweit aufgebraucht, dass diese nicht mehr in der Lage ist, ihre Verbindlichkeiten zu befriedigen, entfällt die Legitimation der haftungsbeschränkten, unternehmerischen Tätigkeit und die Gesellschaft muss aus dem Markt ausscheiden.[533] Gemäß der Philosophie des deutschen Insolvenzrechts stehen bei der Insolvenz und den sich daran anschließenden Abwicklungs- oder Sanierungsverfahren die Interessen der Gläubiger im Vordergrund und es geht um deren größtmögliche Haftungsverwirklichung.[534]

Insgesamt bleibt festzuhalten, dass der deutsche Unternehmensgläubigerschutz aus verschiedenen, aufeinander abgestimmten Systemelementen besteht, von

---

18.7.1983, zuletzt geändert durch Rl 2001/65/EG, ABl. Nr. L 283, S. 28 v. 27.10.2001, diese hat den konsolidierten Abschluss im Konzern zum Gegenstand.

528 Achte Richtlinie 84/253/EWG des Rates vom 10. April 1984, ABl. Nr. L 126, S. 20 v. 12.5.1984, deren Gegenstand ist die Befähigung zur Pflichtprüfung von Rechnungsunterlagen.

529 *Grundmann* (2004), § 7, Rdn. 200; siehe dazu beispielsweise auch unten IV.2.c.bb.eee.

530 *Leible/Hoffmann* (2003), S. 680.

531 Näher dazu *Grundmann* (2004), § 8, Rdn. 253; *Kilian* (2003), Rdn. 545 ff.; *Roth/Altmeppen – Roth/Altmeppen* (2005), Einl., Rdn. 33; *Raiser/Veil* (2006), § 36 I, Rdn. 1 ff

532 *Roth/Altmeppen – Roth/Altmeppen* (2005), Einl., Rdn. 33.

533 Siehe dazu bereits oben IV.2.c.aa.aaa.(2).

534 Auch wenn die InsO nunmehr – anders als die Konkursordnung – neben der Liquidation die (übertragende) Sanierung des Unternehmens als Schuldner vorsieht (vgl. § 1 InsO), stehen (traditionell) die Interessen der Gläubiger im Vordergrund. Von dieser Philosophie ist man bisher im deutschen Recht noch nicht abgerückt; vgl. dazu auch *Balz* (2000), S. 3 ff. Hinzu kommt, dass trotz der geänderten Rechtslage noch immer die umsichtige Liquidation durch den gerichtlich eingesetzten Insolvenzverwalter favorisiert wird, vgl. in diesem Zusammenhang insbesondere *Paulus* (2005), S. 309 ff., der eingehend für die oft nicht genutzte Sanierungsmöglichkeit plädiert.

denen die Kapitalisierung mit Mindestkapital und Kapitalschutz die wichtigsten darstellen.

bb. Das Konzept des englischen Gläubigerschutzes

Das englische Gläubigerschutzkonzept setzt sich ebenso wie das deutsche aus verschiedenen aufeinander abgestimmten Systemelementen zusammen. Als Bereiche lassen sich auch hier Kapitalschutz, Publizität sowie insolvenzrechtlicher Schutz angeben. Die konkrete Ausgestaltung der einzelnen Elemente und die Betonung innerhalb des Systems fallen aber durchaus unterschiedlich aus. Aus der kontinentaleuropäischen Perspektive ergibt sich hinsichtlich des Gläubigerschutzes eine Besonderheit insofern, als sich nicht nur gesetzlich Regelungen i. S. von *statutory law* finden, sondern vieles durch das *Common Law* geprägt und auch entwickelt wurde und noch wird.

In den letzten Jahren wurde das englische (britische) Gesellschaftsrecht einer umfassenden Revision unterzogen, die in den *Companies Act* (2006) mündete, der im November 2006 vom Oberhaus verabschiedet wurde. Die meisten Regelungen dieses Gesetzes werden jedoch nicht vor Oktober 2008 in Kraft treten, sodass der *Companies Act* (1985) schon aus diesem Grunde weiterhin Geltung hat.

Wichtige Meilensteine des Reformprozesses waren der Abschlussbericht der so genannten *Steering Group*[535] (*Company Law Review – CLR)* sowie zwei *White Paper* mit Stellungnahmen der Regierung zu den einzelnen Reformvorschlägen (*The Government's Response).*[536] Bei der Reform wurde den so genannten *„small companies"* besondere Aufmerksamkeit geschenkt.[537] Es ging darum, ein neues, vereinfachtes Regime für diese Gesellschaften zu kreieren, da die Mehrzahl der Unternehmen in dieser Gesellschaftsform betrieben wird,[538] der *Companies Act* von 1985 jedoch an den Bedürfnissen der großen *public owned companies* ausgerichtet ist.[539] Das hat zur Folge, dass dieses Gesetz einerseits gerade kleine Gesellschaften unnötig belastet, andererseits für die kleinen Gesellschaften relevante Vorschriften nicht enthält und die Gesellschaften diesbezüglich auf das *Common Law* verwiesen sind, wie beispielsweise hinsichtlich der Pflichten der Geschäftsführer (*directors*), der Minderheitenrechte, aber auch der einstimmigen Beschlüsse der Gesellschafterversammlung.[540] An den

---

535 The Steering Group ist eine vom britischen Department of Trade and Industry (DTI) eingesetzte Expertengruppe. Ihren „Final Report" legte sie am 26. Juli 2001 vor. Dieser ist abrufbar auf der Homepage des DTI unter : http://www.dti.gov.uk/cld/final_report/index.htm.

536 White Paper vom 16. Juli 2002; sowie das finale White Paper vom März 2005; abrufbar auf der Homepage des DTI unter http://www.dti.gov.uk/companiesbill/whitepaper.htm sowie http://www.dti.gov.uk/cld/WhitePaper.htm.

537 Das Recht sollte auf einer *„Think Small First"* Basis geändert werden. Für einen detaillierteren Überblick über die Reformvorschläge vgl. *Micheler* (2004), 324 ff. sowie *Jänig* (2006), 270–277.

538 Vgl. Steering Group, Final Report, Chapter 2, Introduction 2.1., S. 23, abrufbar auf der Homepage des DTI unter www.dti.gov.uk/cld/review.htm; gemäß den Angaben im Report existierten im März 2000 über 1,3 Millionen *private companies limited by shares*, im Vergleich zu 12.400 *public companies*.

539 Steering Group, Final Report, Chapter 2, Introduction 2.1., S. 23.

540 Steering Group, Final Report, Chapter 2, Introduction 2.3., S. 23.

Defiziten des Gesellschaftsrechts für kleine Gesellschaften orientiert, war und ist es Ziel der Reform, das auf diese Gesellschaften anwendbare Recht zu vereinfachen und übersichtlicher zu gestalten.[541] Auch wenn zukünftig stärker zwischen den *private* und den *public companies* unterschieden wird, hält man am bisher bestehenden, integrierten Ansatz fest, sodass auch weiterhin sowohl die *private* als auch die *public companies* Gegenstand eines gemeinsamen gesetzlichen Regelungswerkes (*Companies Act*) sein werden.

Unter Gläubigerschutzaspekten hat diese Reform ebenfalls Auswirkungen. Diese werden in den nachfolgenden Ausführungen, soweit aus dem derzeitigen Regelwerk schon Schlüsse gezogen werden können, berücksichtigt.

aaa. Kapitalisierung

Für die *private limited company* besteht kein gesetzlich gefordertes Mindestkapital. Daran hat sich auch durch die Reform nichts geändert. Dennoch ist der Schutz des Grundkapitals ein wesentliches Grundprinzip des englischen Gesellschaftsrechts.[542] Die Kapitalaufbringung ist jedoch wenig reguliert.[543] So besteht keine Verpflichtung, die übernommene Einlage ganz oder teilweise innerhalb einer bestimmten Frist einzubringen, insbesondere ist die Einlagenzahlung grundsätzlich keine Entstehungsvoraussetzung für die Gesellschaft als *seperate legal entity*.[544] Einlagen können sein: *„money or money's worth (including goodwill and know-how"* (s. 99 CA (1985); s. 582 CA (2006)). Die Art der übernommenen Einlage – Sacheinlage oder Einlage in Geld – muss dem Gesellschaftsregister gegenüber offengelegt werden. Im Fall einer Sacheinlage wird die Bewertung durch die *directors* vorgenommen, wobei eine Falschbewertung nur bei Vorliegen eines Rechtsmissbrauches gerichtlich verfolgt werden kann.[545] Im Übrigen besteht das Verbot der Unterpariemission (s. 100 CA (1985)), und ein Verstoß gegen dieses Verbot wird mit einer Differenzhaftung der Gesellschafter oder seiner Rechtsnachfolger sanktioniert.[546]

Die Kapitalerhaltung hingegen unterliegt strengeren sowohl gesetzlichen Regeln als auch Regeln des *Common Law*, denen der Gedanke zugrunde liegt, dass das Grundkapital eine Größe ist, auf die die Gläubiger vertrauen und daher das der Gesellschaft von den Gesellschaftern überlassene Kapital nicht an diese zurückgezahlt werden darf.[547] Auch wenn die Reform in einigen Bereichen nicht unerhebliche Deregulierungen mit sich bringt, ändert sie jedoch nichts an der grundlegenden Philosophie der Kapitalerhaltung.

---

541 Vgl. White Paper vom März 2005, Chapter 1, Summary; vgl. dazu auch *Bachmann* (2001), S. 354 ff.

542 *Micheler* (2004), S. 325.

543 Vgl. die Ausführungen bei *Micheler* (2004), S. 325 ff.

544 Zu den Einzelheiten der Kapitalisierung der Gesellschaft vor und nach der Gründung siehe *Davies* (1998), S. 347.

545 *Micheler* (2004), S. 326.

546 Vgl. auch *Micheler* (2004), S. 326. Die Bedeutung dieser Regelung hinsichtlich der *private companies* ist aber eher gering, da das englische Recht keinen Mindestausgabebetrag für Aktien/Anteile (*shares*) vorgibt, vgl. dazu *Davies* (1998), S. 347.

547 *Micheler* (2004), S. 325; vgl. auch *Davies* (2003), S. 289; *ders.* (1998), S. 347.

Anknüpfungspunkt für die Kapitalerhaltung bildet das Grundkapital (*the amount of a company's legal capital*); dieser Betrag spielt die entscheidende Rolle bei der Begrenzung (Beschränkung) der Freiheit der Gesellschaft, Vermögenswerte an ihre Mitglieder zurückfließen zu lassen.[548] Sowohl der *Companies Act* (1985) in s. 263 als auch der *Companies Act* (2006) in s. 830 enthalten zum Schutze der Gläubiger von *private companies* ein grundlegendes Prinzip zur Dividendenzahlung oder zu anderweitigen Ausschüttungen (*distributions*). Demnach dürfen keine Ausschüttungen weder als direkte Zahlungen (*cash*) noch anderweitig an die Anteilseigner erfolgen; es sei denn, dass es sich um „*profits available for the purpose*" (Bilanzgewinn bzw. konsolidierte, realisierte Gewinne) handelt.[549]

Der Begriff der „Ausschüttungen" (*distributions*) wird sehr weit definiert und erfasst daher grundsätzlich ebenfalls den Erwerb eigener Anteile.[550] Jedoch bestehen Ausnahmen von diesem Ausschüttungsverbot – zum einen hinsichtlich der Ausschüttungen in Form von *bonus shares*[551]; zum anderen enthält s. 263 (2) CA (1985) beziehungsweise s. 829 (2) CA (2006) Ausnahmen insofern, als der Erwerb eigener Anteile (*repurchase*), Kapitalherabsetzungen usw. zulässig sind, sofern die erforderlichen Verfahren eingehalten wurden.[552] Neben den gesetzlich fixierten Vorschriften zu den Ausschüttungen existiert noch das *Common Law*. S. 281 CA (1985) stellte bisher klar, dass durch die gesetzlichen Regelungen nicht die restriktiveren Regeln des *Common Law* ersetzt werden. Vielmehr wirken beide zusammen (*work in tandem*). Die einschlägige *Common Law* Regel ist, dass die Gesellschaft ihr Kapital bzw. ihre Vermögenswerte nicht an die Gesellschafter zurückgeben darf, es sei denn, dass es entweder unter den einschlägigen gesetzlichen Regeln und Verfahren zulässig ist oder dem ein Vertrag mit einer vollwertigen Gegenleistung zugrunde liegt.[553] Erfasst und sanktioniert werden daher auch die Fälle der verdeckten Einlagenrückgewähr.[554] Der Reformvorschlag der CLR sieht vor, die „Tandem-Regeln" (*Common Law/Statutory Law*) abzuschaffen und die gesetzlichen Regelungen als einzige Quelle zuzulassen.[555]

Ergänzt werden die Regelungen über die Ausschüttungssperren durch Regelungen zur Kapitalherabsetzung (vgl. s. 135 CA (1985)). Denn die Regelungen zur Kapital-

---

548 *Davies* (2003), S. 241.
549 Vgl. auch *Armour* (2000), S. 366; *Micheler* (2004), S. 329; *Schall* (2005), S. 969. Die Definition der *profits available for the purpose* enthält zum einen s. 263 (3) CA (1985): "... company's cumulated net realised profits, minus dividends paid and losses written off to capital", zum anderen s. 830 (2) CA (2006): "... are its accumulated, realised profits, so far as not previously utilised by distribution or capitalisation, less its accumulated, realised losses, so far as not previously written off in a reduction or reorganisation of capital duly made."
550 *Armour* (2000), S. 366.
551 So auch nach der Reform, vgl. s. 829 (2) CA (2006).
552 So können Kapitalherabsetzungen nur unter Einbeziehen eines Gerichts durchgeführt werden, vgl. dazu s. 263 (2) CA (1985) sowie *Davies* (2003), S. 276. Dies ändert sich jedoch durch die Reform, die nunmehr ein vereinfachtes Verfahren vorsieht, vgl. dazu Part 17, Chapter 10, insbesondere ss. 642, 643 CA (2006).
553 *Davies* (2003), S. 279.
554 Vgl. dazu auch *Micheler* (2004), S. 328.
555 Vgl. auch *Davies* (2003), S. 280.

erhaltung wären bedeutungslos, wenn es der Gesellschaft völlig frei stünde, das Grundkapital (*amount of its legal capital*) jederzeit nach unten hin zu ändern.[556] Nach dem CA (1985) bedarf es neben einer entsprechenden Satzungsbestimmung eines Gesellschafterbeschlusses, der durch das Gericht per Erlass/Verfügung (*order*) bestätigt wurde.[557] Dabei prüft das Gericht, ob alle Gläubiger entweder der Kapitalherabsetzung zugestimmt haben oder ihre Forderung erfüllt oder gesichert wurde.[558] Durch die Reform wird das Kapitalherabsetzungsverfahren erheblich vereinfacht. So ist eine Kapitalerhaltung nunmehr durch einen von einer so genannten Solvenzerklärung (*solvency statement*) untermauerten qualifizierten Mehrheitsbeschluss der Gesellschafter möglich.[559] Ganz abgeschafft durch die Reform wird das Verbot der *financial assistance*.[560] Diese Regelung besagt, dass die Finanzierung des Erwerbs von Aktien der Gesellschaft durch einen Dritten oder Gesellschafter im Grunde unzulässig ist.[561]

bbb. Lifting (Piercing) the corporate veil

Von der Anerkennung der eigenen Rechtspersönlichkeit und der Haftungsbeschränkung einer *private limited* werden im englischen *Common Law* Ausnahmen gemacht. Angesprochen sind damit die Fälle des *lifting* oder *piercing the corporate veil*.[562] Ein Durchgriff wird unter drei möglichen Gesichtspunkten geprüft[563]: wirtschaftliche Einheit (*single economic unit*), Betrug (*sham*) oder Vertretung (*agency*).

Die praktisch relevanten Fälle der Durchgriffshaftung sind jedoch überschaubar. So wurde der Durchgriff bisher lediglich in Betrugskonstellationen (*„fraud exception“*) anerkannt, in denen die Gesellschaft als *„mere sham“* erscheint.[564] Das heißt, dass die gesellschaftsrechtlichen Strukturen „missbräuchlich“ genutzt wurden. Das Problem der inadäquaten Kapitalisierung hingegen wird im englischen Recht anders als im amerikanischen Recht (eher) durch die gesetzliche Doktrin (*statutory doctrine*) des *wrongful trading* gelöst.[565]

ccc. Directors duties

Mit *wrongful trading* sind die Pflichten der *directors* (Geschäftsleiter/Geschäftsführer) angesprochen (*„Directors Duties“*). Unterschieden werden *duties of loyality* (*fiduciary duties*) und *duties of care* (*duties of care and skill*), deren Inhalt und Reichweite bisher maßgeblich durch das *Common Law* bestimmt werden und deren Verletzung zu einer

---

556 *Davies* (2003), S. 241.
557 Vgl. s. 136 (3)–(5) CA (1985).
558 *Davies* (2003), S. 243.
559 Siehe Part 17, Chapter 10, insbesondere ss. 642, 643 CA (2006) sowie *Jänig* (2006), S. 274.
560 Vgl. *Micheler* (2004), S. 340 sowie *Jänig* (2006), S. 274.
561 *Davies* (2003), S. 259 ff.
562 Vgl. dazu *Davies* (2003), S. 181 ff.; *Schall* (2005), S. 966.
563 *Schall* (2005), S. 966.
564 *Schall* (2005), S. 966; *ders.* (2006), S. 1235.
565 *Davies* (2003), S. 190; *ders.* (1998), S. 350 f. sowie *Schall* (2005), S. 966, der *wrongful trading* als wichtigsten Fall des *„Piercing the veil“* darstellt.

persönlichen Haftung der *directors* gegenüber der Gesellschaft führt.[566] In diesem Zusammenhang bringt die Reform eine große Neuerung insofern, als nunmehr die den *directors* obliegende Verhaltenspflichten gesetzlich festgeschrieben werden.[567]

Die Pflichten der *directors* erlangen auch im Kontext des Gläubigerschutzes als *duties for the benefits of creditors* Relevanz.[568] Grundsätzlich bestehen die Pflichten der *directors* zwar gegenüber der Gesellschaft, was auch für den nunmehr normierten Pflichtenkatalog die Regelung des s. 170 (1) CA (2006) nochmals ausdrücklich klarstellt, und bedeutet letztlich eine Verpflichtung auf die Interessen der Anteilseigner, da das Betreiben der Gesellschaft in allererster Linie deren wirtschaftlichen Interessen als Residuumsempfänger dient.[569] Diese Verpflichtung auf das Interesse der Anteilseigner kann sich in Situationen, in denen sich die Gesellschaft der Insolvenz nähert (Überschuldung), insofern ändern, als die Interessen der Gläubiger an die Stelle der Interessen der Anteilseigner treten, da die Anteilseigner in dem Liquidationsverfahren keine Ausschüttungen mehr zu erwarten haben, d.h. vor allem ihr Eigenkapitaleinsatz, aber auch ihr unternehmensspezifisches Humankapital als versunkene Kosten (*sunk costs*) verloren und nunmehr die Gläubiger diejenigen mit dem größten Interesse an den Unternehmensaktivitäten sind.[570]

In den insolvenzrechtlichen Regelungen hat diese Erwägung bereits Berücksichtigung gefunden: Eines der Hauptziele des *Insolvency Act* ist, dass die Interessen der Gläubiger an Bedeutung gewinnen und gleichfalls *directors*, die von den Anteilseignern bestellt wurden, durch einen *insolvency practitioner* ersetzt werden, der den Gläubigern gegenüber auf die eine oder andere Weise haftbar (rechenschaftspflichtig) ist.[571]

Besondere Relevanz hinsichtlich der Pflichten der *directors* erlangen in der Insolvenz die Haftungsregelungen über *wrongful trading* (s. 214 *Insolvency Act* (1986)) und *fraudulent trading* (s. 213 *Insolvency Act* (1986)). Gemäß der Haftungsregel des *wrongful trading* ist ein *director* (Geschäftsleiter) nach Eröffnung des Insolvenzverfahrens verantwortlich, wenn er wusste oder hätte wissen müssen, dass eine vernünftige Chance (*reasonable prospect*) besteht, die insolvenzbedingte Liquidation (*insolvent liquidation*) der Gesellschaft zu vermeiden, und er nicht jeden Schritt unternommen

---

566 *Davies* (2003), S. 371 und S. 380; *Schall* (2006), S. 1229 ff., insbesondere S. 1231 f.

567 Siehe Part 10, Chapter 2 CA (2006) sowie für nähere Ausführungen *Jänig* (2006), S. 272.

568 Ausführlich dazu *Schall* (2006), S. 1229 ff.

569 Aufgabe der Treuepflichten ist es, die Vertragslücken, die durch die Unvollständigkeit der Verträge zwischen Prinzipalen und Agenten bestehen, mittels einer „breiten" Verpflichtung der Agenten zu „*careful and honest services*" zu schließen. Siehe *Easterbrook/Fischel* (1991), S. 90 ff.; *Davies* (2003), S. 372.

570 *Davies* (2003), S. 372. Diese Sichtweise findet sich (auch) im US-amerikanischen Recht: In der Insolvenz schlüpfen die Gläubiger bei der Entscheidung über Liquidation oder Reorganisation in die Rolle der dominanten *Shareholder* und übernehmen die Kontrolle, um so viel wie möglich von ihrem investierten Fremdkapital zu retten, siehe zu dieser Argumentation *Brealey/Myers* (1996), S. 506 ff.; vgl. auch *Fleischer* (2004), S. 446; *Schall* (2006), S. 1229 sowie unten IV.2.c.gg.aaa.(2)(c).

571 *Davies* (2003), S. 372.

hat, um die Nachteile für die Gläubiger zu minimieren (*objective standard*).[572] Das Geltendmachen der Haftung erfolgt (ausschließlich) durch den Insolvenzverwalter; die Gläubiger können keine Ansprüche erheben.[573] Die Kompensationszahlungen sind in das Vermögen der Gesellschaft zu entrichten, wobei der Umfang der Zahlung grundsätzlich in das Ermessen des Gerichts gestellt ist.[574]

Die Haftungsregelung des *fraudful trading* erfasst die Fälle, in denen eine Insolvenz naht und nachgewiesen werden kann, dass *directors* die Geschäfte der Gesellschaft entweder mit der Absicht, Gläubiger der Gesellschaft oder Gläubiger einer anderen Person zu täuschen, oder zu einem anderen betrügerischen Zweck fortgeführt haben (*subjective test*).[575] Allerdings ist es schwierig, einen solchen Nachweis zu führen, vor allem weil die englischen Gerichte an den Nachweis der subjektiven Tatbestandsseite (der betrügerischen Absicht) seit jeher hohe Anforderungen gestellt haben.[576]

Theoretisch kann der Tatbestand einer Haftung wegen *wrongful trading* bereits vor Eintritt der Insolvenz gegeben sein, sofern bereits in diesem Stadium die Fortführungsprognose (*moment of truth*) nachweislich negativ ausfällt. Jedoch setzt die Inanspruchnahme der *directors* sowohl wegen *fraudulent trading* als auch wegen *wrongful trading* voraus, dass sich die Gesellschaft in einem Verfahren des *winding up* befindet, d.h. in einem Insolvenzverfahren, das auf Abwicklung und Beendigung der Gesellschaft gerichtet ist.[577]

In den vergangenen Jahren hat das *Common Law* immer stärker akzeptiert, dass Gläubigerinteressen im Recht der *directors duties* bereits dann schon berücksichtigt werden sollten, wenn die Insolvenz naht, aber die formalen Mechanismen des *Insolvency Act* noch nicht ausgelöst werden.[578] Dies hatte auch die *CLR* (*Steering group*) in ihren Reformvorschlägen aufgegriffen: Sie wollte in den gesetzlichen Pflichtenkatalog der *directors* sowohl die Pflicht zur Vermeidung von *wrongful trading* als auch eine entsprechende Pflicht, die zeitlich bereits vor s. 214 IA (1986) zur Anwendung kommt, aufnehmen.[579] Dieser Vorschlag wurde aber von der Regierung mit der Begründung zurückgewiesen, dass diese Pflicht im Rahmen der insolvenzrechtlichen Regelung effektiver sein würde.[580] Ebenso wurde der Vorschlag einer weiteren Pflicht, die bereits vor s. 214 zur Anwendung käme, zurückgewiesen, weil es die

---

572 *Tolmie* (1998), S. 358; vgl. auch *Davies* (1998), S. 351; *Habersack/Verse* (2004), S. 177. Näher dazu unten IV.2.c.gg.aaa.(2)(g)(aa).
573 *Habersack/Verse* (2004), S. 195; *Davies* (1998), S. 351; *Schall* (2005), S. 972; siehe auch unten IV.2.c.gg.aaa.(2)(g)(aa).
574 *Habersack/Verse* (2004), S. 196 ff.; *Schall* (2005), S. 967; *Davies* (1998), S. 351.
575 *Tolmie* (1998), S. 357; *Habersack/Verse* (2004), S. 177.
576 *Habersack/Verse* (2004), S. 177.
577 *Habersack/Verse* (2004), S. 182 und S. 188.
578 *Davies* (2003), S. 372 sowie *Fleischer* (2004), S. 449, der darauf hinweist, dass die britischen Gerichte neuerdings dazu neigen, Gläubigerbelange in Insolvenznähe als konstitutionellen Bestandteil des Gesellschaftsinteresses hervorzukehren.
579 Steering Group, Final Report I, Annex C, Principle 9.
580 Vgl. *Davies* (2003), S. 373.

directors zu einer zu großen Vorsicht anhalten würde, insbesondere auch in den Fällen, in denen eine durchaus begründete Möglichkeit eines Überlebens der Gesellschaft besteht.[581] Dies würde die „*rescue culture*" beeinträchtigen, die die Regierung zu fördern versucht.[582]

Neben der *wrongful trading rule* werden außerdem noch die ss. 216 und 217 IA (1986) für den Gläubigerschutz relevant.[583] S. 216 statuiert ein Verbot des *re-use of companies name*, d.h. die Wiederverwendung der Firma oder die Verwendung eines ähnlichen Namens eines insolvenzrechtlich liquidierten Unternehmens durch die *directors* und *shadow directors* dieses Unternehmens, und ist an das Problem sog. „*phoenix companies*" adressiert.[584] S. 217 IA (1986) sichert die Einhaltung dieses Verbotes durch die Androhung einer persönlichen Haftung für die Verbindlichkeiten der Gesellschaft ab.

ddd. Directors disqualification

Ein weiteres wichtiges Instrument des englischen Gläubigerschutzes ist der *Companies Directors Disqualification Act* (CDDA (1986)). Danach kann es einem *director* durch Urteil untersagt werden, sich als *director* oder sonst unmittelbar oder mittelbar an Gründung oder Managment einer Gesellschaft zu beteiligen (s. 1 CDDA (1986)).[585] Die Gründe für eine solche Disqualifizierung sind weitreichend.

Der CDDA (1986) enthält drei verschiedene Kategorien: *General misconduct in connection with companies* (vgl. s. 2–4), *disqualification for unfitness* (s. 6) und *other cases for disqualification* (vgl. u.a. s. 10).

Somit können beispielsweise der Missbrauch von Gesellschaftsvermögen, die Missachtung der Gesellschaftsinteressen, andauernde Verstöße im Hinblick auf die Veröffentlichungspflichten, betrügerische Handlungen bzw. Fehlverhalten im Zusammenhang mit einer Insolvenz sowie die Verwirklichung von Straftaten zu einer Disqualifikation führen.[586] Neben strafrechtlichen Sanktionen führt ein Verstoß gegen den Disqualifikationsbeschluss gemäß s. 15 zu einer persönlichen Haftung für die Verbindlichkeiten der Gesellschaft.[587]

eee. Publizität

Das englische Gesellschaftsrecht setzt insbesondere auf den Selbstschutz der Unternehmensgläubiger gegen die aus der Haftungsbeschränkung resultierenden Risiken. Voraussetzung für einen effektiven Selbstschutz der Gläubiger ist eine umfas-

---

581 Vgl. *Davies* (2003), S. 373.
582 Im englischen Recht steht der Schutz bzw. der Erhalt des Schuldners im Mittelpunkt. Von dieser Philosophie ist auch das Insolvenzrecht geprägt, vgl. dazu näher unten IV.2.c.gg.aaa.(2)(g) sowie *Davies* (2003), S. 373 f.; *Fleischer* (2004), S. 450.
583 Vgl. dazu auch *Schall* (2006), S. 1232 ff.
584 Vgl. auch *Schall* (2005), S. 969 f.; *Davies* (2003), S. 200 ff.
585 *Schall* (2005), S. 969; *ders.* (2006), S. 1236 f.
586 *Davies* (2003), S. 211 ff.
587 Vgl. auch *Schall* (2005), S. 969.

sende, strikt durchgesetzte Publizität.[588] In großem Maße erfolgt die Information der Öffentlichkeit und somit auch potenzieller Gläubiger über die Veröffentlichung relevanter Dokumente im Handelsregister (*Companies House*).[589] Anders als im deutschen Recht entsteht die Gesellschaft als solche jedoch bereits mit dem *certificate of incorporation*, das beim Vorliegen der erforderlichen Dokumente (*memorandum, articles* usw.) vom *Registrar* des *Companies Registry* ausgehändigt wird, und nicht erst durch die Registereintragung.[590]

Relevante, im Handelsregister zu veröffentlichende Daten bzw. Dokumente sind beispielsweise der Gesellschaftsvertrag (*memorandum and articles*[591]), das Grundkapital (*issued share capital*) und die letzten Jahresabschlüsse (*annual accounts*).[592] Erwähnenswert ist weiterhin, dass jede Gesellschaft verpflichtet ist, einen *annual return* beim Handelsregister (*Companies House*) einzureichen. In diesem jährlich einzureichenden Dokument sind alle wichtigen Informationen über die Gesellschaft enthalten.[593] Zusätzlich muss jede *limited* spätestens 22 Monate nach ihrer Gründung und danach jährlich die *accounts* (Jahresabschluss) beim Register einreichen. Entsprechend den Vorgaben der Vierten Richtlinie kann für kleinere Gesellschaften eine verkürzte Bilanz aufgestellt werden.[594] Jeder der *directors* der Gesellschaft ist persönlich dafür verantwortlich, dass die erforderlichen Dokumente fristgemäß zum Register gelangen;[595] ein Verstoß kann strafrechtliche Konsequenzen für die *directors* haben. Wird insbesondere der *annual return* nicht eingereicht, kann das aber auch zur Folge haben, dass die Gesellschaft aus dem Register gestrichen wird, da in diesen Fällen der *Registrar* Anlass für die Vermutung hat, dass die Gesellschaft nicht länger ihre Geschäfte betreibt.[596]

Darüber hinaus ist die Gesellschaft verpflichtet, ihren Namen, Haftungsbeschränkung, Sitz (*registred office*) sowie (Register-) Nummer auf Geschäftsbriefen und Bestellungen anzugeben.[597] Im Weiteren muss die Firma, unter der die Gesellschaft im Rechtsverkehr auftritt, einen Rechtsformzusatz am Namensende enthalten, der auf die Haftungsbeschränkung hinweist.[598]

---

588 *Davies* (2003), S. 180: "… the first and most obvious response [to limited liability, *Anm. Verf.*] is that of publicity"; zu den Details vgl. *Davies* (2003), S. 533 ff.; *Schall* (2005), S. 965. Auch die englischen Publizitätsvorschriften sind zum Teil auf Transformationsmaßnahmen richtlinienrechtlicher Vorgaben zurückzuführen, vgl. dazu oben IV.2.c.aa.bbb.
589 *Davies* (2003), S. 534.
590 *Davies* (2003), S. 81 f.
591 Zu den sich durch Reform ändernden Inhaltsanforderungen an diese Dokumente vgl. *Jänig* (2006), S. 271.
592 *Davies* (2003), S. 534.
593 Vgl. zu den Details *Davies* (2003), S. 535 f.
594 Siehe dazu oben IV.2.c.aa.bbb.
595 Siehe dazu Hompage des *Companies House*, http://www.companieshouse.gov.uk/about/gbhtml/gba1.shtml.
596 Siehe dazu Homepage des *Companies House*, http://www.companieshouse.gov.uk/about/gbhtml/gba1.shtml; vgl. auch *Davies* (2003), S. 535.
597 *Davies* (2003), S. 539. Auch die Geschäftsbriefpublizität ist Gegenstand der 1. Richtlinie und somit EU-weit (mindest-)harmonisiert, siehe dazu oben IV.2.c.aa.bbb.
598 *Davies* (2003), S. 72; vgl. auch s.59 CA 2006.

Für den englischen Gläubigerschutz lässt sich festhalten, dass strikte Publizität vor allem aber auch die *wrongful trading* Regelung sowie die Regelungen über die Wiederverwendung einer Firma (*re-use of corporate name*) zusammen mit den Vorschriften über die *„Disqualification of Directors"* die vom englischen Gesetzgeber gegenüber dem zwingenden Mindestkapital bevorzugten Instrumente sind, um einem möglichen Missbrauch der Haftungsbeschränkung entgegenzuwirken.[599]

Mit den vorangegangenen Ausführungen sollte nun nicht der Versuch unternommen werden, das deutsche und das englische Gläubigerschutzkonzept vollumfänglich darzustellen. Mit diesen Ausführungen ist vielmehr beabsichtigt, darauf hinzuweisen, dass jede Rechtsordnung im Zeitverlauf gelernt hat, mit dem Problem des Gläubigerschutzes auf ihre spezifische Weise umzugehen, und dabei ein Gläubigerschutzsystem entwickelt hat, das sich aus verschiedenen abgestimmten Systemelementen zusammensetzt. Diese Elemente können nun innerhalb der unterschiedlichen Rechtsordnungen variieren; auch kann die Betonung einzelner Elemente, d.h. ihre Bedeutung, im Gesamtsystem unterschiedlich ausfallen. Gemeinsam ist der englischen und der deutschen Rechtsordnung der Anküpfungspunkt des Gläubigerschutzes, nämlich die aus der Haftungsbeschränkung resultierenden Risiken für die Gläubiger. Das englische Recht setzt dabei jedoch stärker auf den ex post Schutz, während das deutsche Recht mit seinen ausgeprägten Kapitalisierungsvorschriften den ex ante Schutz betont.[600] Ohne dass mit diesen Ausführungen bereits etwas über die Zweckmäßigkeit der Ausgestaltung der einzelnen Konzepte gesagt ist, muss diese unterschiedliche Ausgestaltung dennoch grundsätzlich in den Überlegungen zur Wirkung der Rechtswahlfreiheit und zur Funktionsfähigkeit eines Wettbewerbs berücksichtigt werden.

cc. Die deutschen Gläubigerschutzvorschriften des Gesellschaftsstatuts

Da die Wahlentscheidung der Akteure auf das Gesellschaftsstatut beschränkt ist, muss insbesondere für das Bearbeiten der Frage nach der Wirkung der Rechtswahlfreiheit auf die Gläubiger zunächst herausgearbeitet werden, welche rechtlichen Regelungen des Gesamtkonzepts „Gläubigerschutz" überhaupt zur Disposition der Wählenden stehen. Gemäß dem dieser Arbeit zugrunde liegenden Beispielsfall gilt es jetzt, die Gläubigerschutzvorschriften des deutschen Gesellschaftsrechts zu bestimmen, die aufgrund ihrer Zugehörigkeit zum Gesellschaftsstatut bei der Wahl einer *private limited company* englischen Rechts mit Verwaltungssitz in Deutschland abgewählt werden.

Zum Bestimmen der Gläubigerschutzvorschriften des Gesellschaftsstatuts soll hier folgende Überlegung angestellt gemacht werden:

Der Grundsatz der gegenseitigen Anerkennung setzt voraus, dass der Unternehmensträger wirksam gegründet wurde und wirksam besteht; nur solche Unternehmen(sträger) müssen von den anderen Mitgliedstaaten anerkannt werden. Wie

---

599 *Davies* (2003), S. 210 und S. 540; *ders.* (1998), S. 352; *Schall* (2005), S. 965.
600 In diesem Sinne auch *Davies* (1998), S. 352.

bereits herausgearbeitet, sind die Entstehung (Konstituierung) und die Handlungsfähigkeit des korporativen Akteurs grundsätzlich auf den Verfassungsvertrag, d.h. die Verfahrensregeln zur gemeinschaftlichen Ressourcennutzung, zurückzuführen. Die (Gründungs-) Rechtsordnung bestimmt dabei, unter welchen Bedingungen und in welchen Grenzen diesem korporativen Vertragsnetz eigene Rechtspersönlichkeit zuerkannt wird. Sie legt also durch entsprechende rechtliche Vorgaben die Voraussetzungen für die Entstehung, den Fortbestand und die Auflösung des korporativen Akteurs fest. Soweit in der Gründungsrechtsordnung der Gläubigerschutz durch Gestaltungsvorgaben für den Verfassungsvertrag erfolgt und zum Schutz der Gläubiger strukturierend in die Organisation des Ressourcenpools, vor allem in die Bereiche Entscheidung und Verteilung, eingriffen wird, sind diese Gläubigerschutzvorschriften dem Gesellschaftsstatut zuzuordnen.[601]

Betrachtet man unter diesem Aspekt die bereits dargestellten deutschen Gläubigerschutzvorschriften ergibt sich hinsichtlich der Zuordnung zum Gesellschaftsstatut Folgendes:

aaa. Kapitalaufbringung und Kapitalerhaltung

Eine der (derzeit noch) wesentlichen Voraussetzungen für die Entstehung der GmbH und die Zuerkennung der eigenen Rechtspersönlichkeit ist die Aufbringung eines Mindest(stamm)kapitals.[602] Damit wird festgelegt, in welchem Umfang mindestens Ressourcen von den Mitgliedern in den Ressourcenpool eingebracht werden müssen. Ergänzt wird dies durch die Vorschriften über die Kapitalerhaltung. Durch diese wird im Verhältnis zwischen dem korporativen Akteur und den Ressourceneignern (Mitgliedern) vorgegeben, in welchem Maße Ressourcen im Vermögen des korporativen Akteurs zu verbleiben haben. Es werden Ausschüttungssperren etabliert und somit wird in den Aspekt der Verteilung des Korporationsertrages aus der gemeinschaftlichen Ressourcennutzung eingegriffen. Beide Elemente sind dem Gesellschaftsstatut zuzuordnen.

bbb. Eigenkapitalersatz

In engem Zusammenhang mit dem Kapitalisierungserfordernis steht die Umqualifizierung von Gesellschafterleistungen, insbesondere Gesellschafterdarlehen, in Eigenkapital.[603] Dadurch wird festgelegt, in welchem Maße Anteilseigner Ressourcen zur gemeinschaftlichen Nutzung in das Unternehmen „einbringen", d.h. in welchem Maße ihre Ressourcen einer Vermögensbindung im Unternehmen unterliegen. Diese Qualifizierung bestimmter Leistungen eines Gesellschafters als Eigenkapital ist daher Frage des Gesellschaftsstatuts.

---

601 Siehe dazu auch oben IV.2.b.
602 Siehe oben IV.2.c.aa.aaa.(1) sowie § 7 Abs. 2 GmbHG.
603 Vgl. auch *Zimmer* (2003), S. 3590.

ccc. Durchgriffshaftung

Bezüglich der so genannten Durchgriffshaftung sei hier nochmals betont, dass es sich dabei keineswegs um ein gefestigtes Rechtsinstitut handelt und unter diesem Schlagwort verschiedene Fallkonstellationen (so genannte Durchgriffslagen) zusammengefasst werden.[604] Gemeinsam ist all diesen Fallgruppen jedoch, dass sie die Haftungsverfassung des Unternehmens berühren.[605] Die Haftungsverfassung ist wesentlicher Bestandteil des Verfassungsvertrags zwischen den Mitgliedern, der den korporativen Akteur konstituiert. Der Verfassungsvertrag einschließlich des Haftungsprivilegs erfährt Außenwirkung durch die Anerkennung der Rechtsfähigkeit des korporativen Akteurs durch die Gründungsrechtsordnung. Damit ist es auch die Gründungsrechtsordnung, die die Bedingungen und Grenzen der Zuerkennung des Haftungsprivilegs bestimmt.[606] Die Haftungstatbestände der Durchgriffshaftung sind somit grundsätzlich dem Gesellschaftsstatut zuzuordnen.[607]

Einwände gegen die einheitliche Qualifizierung aller Fallgruppen der Durchgriffshaftung als gesellschaftsrechtlich mögen sich auf den ersten Blick aus der zugrunde liegenden dogmatischen Begründung der Durchbrechung der Haftungsverfassung bzw. der großen Nähe einzelner Durchgriffstatbestände zu dem deliktischen Haftungstatbestand des § 826 BGB ergeben.[608] Denn grundsätzlich sind Gesellschaftsstatut und Deliktsstatut (vgl. Art. 40 EGBGB) voneinander abzugrenzen, wobei die Frage der kollisionsrechtlichen Anknüpfung des Deliktsstatuts an dieser Stelle zunächst zurückgestellt sei.[609] Insbesondere im Hinblick auf Haftungstatbestände, die eine persönliche Haftung der Gesellschafter einer GmbH wegen (planmäßigen) Entzugs von Gesellschaftsvermögen unter Missachtung der Zweckbindung des Gesellschaftsvermögens (existenzvernichtender Eingriff) zur Folge haben, stellt sich die Frage der (kollisionsrechtlichen) Qualifikation. Die haftungsrechtliche Verantwortlichkeit der Gesellschafter hat der BGH in diesen Fällen sowohl auf die deliktische Haftung, konkret § 826 BGB bzw. § 823 Abs. 2 i.V.m. § 266 Abs. 1 StGB, als auch auf den Durchgriffstatbestand des „Missbrauchs der Gesellschaftsform" gestützt.[610] Damit liegt zunächst der Schluss nahe, dass die dogmatische Begründung der Verantwortlichkeit der Gesellschafter zugleich über die kollisionsrechtliche Qualifizierung entscheidet. Umgekehrt könnte auch argumentiert werden, dass die Fälle des existenzvernichtenden Eingriffs insgesamt deliktsrechtlich zu qualifizie-

604 Siehe oben IV.2.c.aa.aaa.(2).
605 Vgl. auch *Eidenmüller* (2005b), S. 1620.
606 Vgl. in diesem Zusammenhang *Kirchner* (2005a), S. 198 f.; zu dieser Argumentation auch *MüKo – Kindler* (1999), IntGesR, Rdn. 487.
607 Dies entspricht auch der zumindest bisher herrschenden Meinung in der deutschen Rechtsprechung und Literatur, siehe u.a. BGH v. 05.11.1980, NJW 1981, 522; *MüKo – Kindler* (1999), IntGesR, Rdn. 486 ff.; *Zimmer* (1996), S. 332 ff.; aber auch *Ulmer* (2004), S. 1208; *Eidenmüller* (2005b), S. 1620; a.A.: *Horn* (2004), S. 899, der für die Anwendbarkeit der Durchgriffstatbestände des Niederlassungsstaates durch eine enge Definition des Gesellschaftsstatuts plädiert.
608 Vgl. *Bayer* (2003), 2364 f.; *Zimmer* (2003), S. 3588 f.
609 Dazu genauer unten IV.2.c.gg.bbb.(1).
610 BGH v. 17.9.2001, NJW 2001, 3622; BGH v 24.6.2002, NJW 2002, 3024 (KBV); BGH v. 20.9.2004, NJW 2005, 145; vgl. dazu auch *Wilhelm* (2003), S. 175.

ren wären.[611] Diese Argumentationen lassen aber außer Acht, dass es um Eingriffe in die Haftungsverfassung des korporativen Akteurs geht und der die Verantwortlichkeit begründende Vorwurf aus der Verletzung (gläubigerschützender) gesellschaftsrechtlicher Pflichten abgeleitet wird und somit an die Stellung der Gesellschafter als solcher anknüpft.[612] Die Frage der persönlichen Haftung der Gesellschafter in ihrer Funktion als Gesellschafter ist somit eine Angelegenheit, die der Gründungsrechtsordnung der Gesellschaft entnommen werden muss.[613]

ddd. Haftungstatbestände wegen unerlaubter Handlungen – Abgrenzung zum Deliktsstatut

Unabhängig von der Abgrenzung von Durchgriff und Delikt stellt sich die Frage der kollisionsrechtlichen Qualifikation und Anknüpfung der Haftungstatbestände aus unerlaubter Handlung allgemein. Vorliegend können nun nicht alle in Betracht kommenden Haftungstatbestände einzeln diskutiert werden, jedoch lassen sich aus den vorangegangenen Ausführungen allgemeine Aussagen ableiten:

Immer wenn die Haftung auf der Verletzung gesellschaftsrechtlicher Pflichten beruht, wenn die Haftung also an die Stellung als Gesellschafter anknüpft, ist es – unabhängig von der dogmatischen Begründung der Haftung – eine Verantwortlichkeit, die aus der Gründungsrechtsordnung entnommen werden muss.[614] Dabei spielt es im Ergebnis keine Rolle, ob die Anwendbarkeit der Gründungsrechtsordnung über die Qualifikation des Haftungstatbestandes als gesellschaftsrechtlich oder über die akzessorische Anknüpfung an das Gesellschaftsstatut begründet wird.[615]

eee. Registerpublizität

Nur wirksam gegründete Unternehmensträger müssen anerkannt werden. Die Entstehungsvoraussetzungen eines rechtsfähigen Unternehmensträgers werden durch das Gesellschaftsstatut bzw. das Gründungsstatut bestimmt. Die Gründungsrechtsordnung gibt damit vor, welche Voraussetzungen für die Entstehung der juristi-

---

611 In diesem Sinne *Zimmer* (2003), S. 3588, der sich dafür ausspricht, auch die Durchgriffstatbestände der (krassen) Unterkapitalisierung und Vermögensvermischung als unerlaubte Handlungen und somit Delikt zu betrachten bzw. zu qualifizieren. Für eine deliktische Qualifikation der Existenzvernichtungshaftung auch *Schanze/Jüttner* (2003b), S. 669 f.; für eine insolvenzrechtliche Qualifikation, da es sich um eine Haftung handelt, mit der eine kalte Liquidation verhindert werden soll, *Weller* (2003a), S. 210.

612 *Eidenmüller* (2005b), S. 1620; *Eidenmüller – Eidenmüller* (2004), § 4, Rdn. 21; *Spindler/Berner* (2004), S. 11; vgl. auch *Ulmer* (2004), S. 1207.

613 Vgl. auch *Eidenmüller – Eidenmüller* (2004), § 4, Rdn. 8; *Schumann* (2004), S. 749. Dies kann sich als Frage der Qualifikation oder als Frage der Anknüpfung stellen, siehe dazu auch unten IV.2.c.gg.bbb.

614 *Eidenmüller* (2005b), S. 1620; *Eidenmüller – Eidenmüller* (2004), § 4, Rdn. 8; zu den Einzelheiten und verschiedenen Haftungstatbeständen siehe die Ausführungen bei *Eidenmüller – Eidenmüller* (2004), § 4, Rdn. 29 ff.

615 Zur akzessorischen Anknüpfung vgl. Art. 41 EGBGB sowie *Eidenmüller* (2005b), S. 1620. Zu den Einzelheiten siehe vor allem unten IV.2.c.gg.bbb.

schen Person bzw. die Anerkennung als eigene Rechtspersönlichkeit erfüllt sein müssen. So bestimmt sie auch darüber, ob die eigene Rechtspersönlichkeit an eine Eintragung in ein Handelsregister geknüpft ist und ob diese Eintragung konstitutive oder deklaratorische Wirkung entfaltet. Ebenso ist es die Gründungsrechtsordnung, die über den wirksamen Fortbestand einer Gesellschaft und ihre Auflösung bestimmt. Ob auch dies von einer Registerpublizität bzw. der Erfüllung bestimmter Publizitätserfordernisse abhängt, bestimmt sich nach der Gründungsrechtsordnung.

Nicht zuletzt aufgrund der EuGH-Entscheidungen „*Centros*“ und „*Inspire Art*“ wird jedoch noch ein weiterer Aspekt insbesondere der Registerpublizität relevant:

Soweit eine Zweigniederlassung betrieben wird, bestimmen sich die registerrechtlichen Vorschriften nach dem „Gründungsort“ der Zweigniederlassung. Grundsätzlich ist also für die Frage der Registerpublizität unter kollisionsrechtlichen Aspekten zwischen Haupt- und Zweigniederlassungen zu differenzieren. Hier setzt die Überlegung an, ob diese Differenzierung nicht insofern aufgehoben werden sollte, als auch auf die Hauptniederlassung eines wirksam im Ausland gegründeten Unternehmensträgers die Vorschriften über die Zweigniederlassung angewandt werden.[616] Denn der EuGH unterscheidet für die Frage der Anwendbarkeit der Vorschriften der Zweigniederlassungsrichtlinie[617] offenbar nicht, ob es sich um eine Sitzverlegung der Hauptniederlassung oder um eine Zweigniederlassung handelt. Vielmehr hält er die Vorschriften in beiden Fällen für anwendbar und versteht somit unter „Zweigniederlassung“ im Sinne der Zweigniederlassungsrichtlinie alle Fälle der Niederlassung in einem anderen als dem Gründungsstaat.[618]

Für den konkreten Beispielsfall der vorliegenden Arbeit, einer *private limited company* mit (Haupt-) Verwaltungssitz in Deutschland, geht es dann um das Anwenden der Vorschriften der §§ 13d ff. HGB über Zweigniederlassungen. Hintergrund ist ein verbesserter Informationszugang insbesondere externer Transaktionspartner des Unternehmens, die die wichtigsten Informationen über die Gesellschaft bereits im Inland erhalten können und nicht mehr im Ausland recherchieren müssen.[619] Die „erneute“ Eintragung am Sitz der Hauptverwaltung unter den Maßgaben der Vorschriften über die Zweigniederlassung ist jedoch zu unterscheiden von den Publizitätserfordernissen bzw. den formellen und materiellen Voraussetzungen überhaupt, die die Gründungsrechtsordnung für das Entstehen, den Bestand und die Auflösung des Unternehmensträgers vorgibt. Demzufolge sind die Publizitätsanforderungen grundsätzlich dem Gesellschaftsstatut zuzuordnen.

---

616 Vgl. *Leible/Hofmann* (2003), S. 679 f.

617 Elfte Richtlinie 89/666/EWG des Rates vom 21. Dezember 1989 über die Offenlegung von Zweigniederlassungen, die in einem Mitgliedstaat von Gesellschaften bestimmter Rechtsformen errichtet wurden, die dem Recht eines anderen Staates unterliegen, ABl. EG Nr. L 395, S. 36 v. 30.12.1989.

618 *Leibel/Hoffmann* (2003), S. 679 f.

619 Vgl. auch *Leible/Hoffmann* (2003), S. 679; ausführlich zur Eintragung einer Zweigniederlassung einer *private limited company* ins deutsche Handelsregister *Klose-Mokro* – (2005a); *dies.* (2005b).

fff. Abgrenzung zum Insolvenzstatut

Auch wenn die Insolvenz durchaus die häufigste Form des Ausscheidens eines Unternehmens aus dem Markt darstellt und als integraler Bestandteil des Unternehmensrechts gesehen wird, dessen Schlussstein sie gleichsam bildet,[620] ist unter kollisionsrechtlichen Aspekten das Insolvenzstatut vom Gesellschaftsstatut abzugrenzen.[621] An der Schnittstelle zwischen dem Insolvenzstatut und dem Gesellschaftsstatut sind die Fragen der Auslösung des Insolvenzverfahrens – eines zwingend staatlich strukturierten Verfahrens – angesiedelt, da durch die Auslösung gleichsam die Grenze privatautonomer Entscheidungsmöglichkeiten markiert wird.[622] Damit stellt sich für Gläubigerschutzvorschriften, die die Auslösung betreffen bzw. an diese anknüpfen, die Frage der (kollisionsrechtlichen) Qualifikation: Sind diese als gesellschaftsrechtlich zu qualifizieren oder als insolvenzrechtlich?

Diese Frage gilt insbesondere für die Insolvenzantragspflicht der Geschäftsführer (§ 64 Abs. 1 GmbHG), die Insolvenzverschleppungshaftung (§ 823 Abs. 2 BGB i.V.m. § 64 Abs. 1 GmbHG) sowie die Masseschmälerungshaftung (§ 64 Abs. 2 GmbHG). Betrachtet man die Verschleppungshaftung und die Masseschmälerungshaftung als Sanktionsandrohungen für den Verstoß gegen die Antragspflicht und damit als Instrument zur Effektuierung der Insolvenzantragspflicht, kann die Frage der Qualifikation letztlich auf die Antragspflicht beschränkt werden, da ihre Sanktionsmechanismen gleichermaßen zu qualifizieren sind.[623] Hinsichtlich der Antragspflicht ließe sich argumentieren, dass in finanziellen Krisensituationen eines Unternehmens, in denen das Eigenkapital aufgebraucht ist, die Gläubiger nun die tragende Finanzierungsrolle im Unternehmen übernehmen.[624] In dieser Situation werden die Geschäftsführer gleichsam zu Agenten der Gesamtheit der Gläubiger, sodass es sich bei der Antragspflicht nicht um eine organschaftliche Pflicht der Geschäftsführer handelt, die auf den korporativen Vertrag zurückzuführen ist.

Auf diese Fragen wird später noch genauer einzugehen sein, da sie insbesondere im Zusammenhang mit der Kompatibilität von Teilrechtsordnungen Bedeutung erlangen.[625] An dieser Stelle sei aber bereits festgehalten, dass die gläubigerschützende Insolvenzantragspflicht nicht den Regelungsbereichen des Gesellschaftsstatuts zuzuordnen ist.

Die vorangegangenen Ausführungen haben gezeigt, dass nicht alle Elemente des deutschen Gläubigerschutzkonzepts gleichermaßen als gesellschaftsrechtlich zu qualifizieren sind. Ist aber die Wahlfreiheit der Akteure auf das Gesellschaftsstatut begrenzt, hat das zur Folge, dass grundsätzlich nicht alle Elemente des deutschen Gläubigerschutzes zur Disposition bei der gesellschaftsrechtlichen Rechtswahl stehen. Durch die Begrenzung der Wahlfreiheit auf das Gesellschaftsstatut ist eine

---

620 Vgl. *Ehricke* (2001), S. 76 sowie *Paulus* (2005), S. 321.
621 *Ebenroth* (1988), S. 142; *Schack* (2002), Rdn. 1086; näher zu diesem Thema unten IV.2.c.gg.aaa.
622 Siehe dazu unten IV.2.c.gg.aaa.(2); vgl. auch *Hirte/Mock* (2005), S. 474 f.
623 Siehe ausführlich dazu unten IV.2.c.gg.aaa.(2).
624 Siehe ausführlich dazu unten IV.2.c.gg.aaa.(2).
625 Siehe ausführlich dazu unten IV.2.c.gg.aaa.(2).

Grenze der Rechtswahlfreiheit und somit gleichfalls des Wettbewerbs angezeigt. Aber welche Implikationen hat dies für einen gesellschaftsrechtlichen Wettbewerb? Lässt sich daraus bereits schließen, dass die deutschen gläubigerschützenden Vorschriften außerhalb des Gesellschaftsstatuts auch auf ausländische Gesellschaften weiterhin angewandt werden können? Und umgekehrt: Können die gläubigerschützenden Normen innerhalb des Gesellschaftsstatuts tatsächlich vollständig abgewählt werden? Diese Fragen berühren die Integration des deutschen Gläubigerschutzes in den sich entfaltenden Wettbewerb in der Europäischen Union, wobei insbesondere der Fragenkomplex nach den Grenzen der Rechtswahlfreiheit und somit auch des Wettbewerbs angesprochen ist.

dd. Die Grenzen eines Wettbewerbs von Gläubigerschutzvorschriften (Grenzen der Wahlfreiheit)

Die Integration des deutschen Gläubigerschutzes mit seinen verschiedenen Systemelementen in den sich entfaltenden gesellschaftsrechtlichen Wettbewerb erfordert, dass die Interessen des Gläubigerschutzes einerseits und die Interessen der Wählenden andererseits abgestimmt werden.

Im Hinblick auf die Möglichkeit der Abwahl dritt- bzw. gläubigerschützender rechtlicher Regelungen wird die Befürchtung geäußert, dass der sich entfaltene Wettbewerb versage, weil die wählenden Akteure auf das niedrigste (Gläubiger-) Schutzniveau ausweichen würden und daher mit Schaffen umfangreicher gesellschaftsrechtlicher Wahlmöglichkeiten ein (Regulierungs-) Wettbewerb „nach unten" („*race to the bottom*") in Gang gesetzt würde, in dem Staaten beim Versuch, Unternehmen zur Inkorporationen in ihr Gesellschaftsrecht zu bewegen, Schutzvorschriften immer weiter lockern würden.[626] Eine solche Argumentation unterstellt implizit die Notwendigkeit eines hohen Schutzniveaus. Dem ließe sich entgegenhalten, dass der Wettbewerb der Gesellschaftsrechte in der Tat schon zu einer Liberalisierung des Gesellschaftsrechts, d.h. zu einer „Abschaffung" von Schutzstandards führen mag. Fraglich ist jedoch, ob dies gleichbedeutend mit einem ineffizienten Absenken von Schutzstandards ist. Eine Liberalisierung des Gesellschaftsrechts könnte auch einfach als Deregulierung auf ein effizientes Regulierungsniveau verstanden werden.[627] Die Abwahl hoher Gläubigerschutzniveaus allein reicht somit als Argument noch nicht aus, um auf ein Versagen des Wettbewerbs und damit auch auf die Notwendigkeit von dessen Beschränkung schließen zu können. Um zu Aussagen über ein Wettbewerbsversagen zu gelangen, muss geklärt werden, welcher Schutz für die Gläubiger überhaupt erforderlich ist.

Im Wettbewerb von Teilrechtsordnungen wird daneben noch eine weitere Problemkategorie relevant. Denn in diesem Wettbewerb sind, wie bereits dargelegt, die Wahlentscheidungen der Akteure auf das Gesellschaftsstatut beschränkt, sodass nunmehr durch das Zusammenwirken verschiedener nationaler Teilrechtsordnun-

---

626 Vgl. *Cary* (1974), S. 663–707; *Eisenberg* (1983), S. 187–212, sowie die Ausführungen oben III.4.
627 *Kirchner* (2004), S. 616.

gen Inkompatibilitäten auftreten können. Hintergrund ist, dass der Gläubigerschutz der einzelnen nationalen Rechtsordnungen, wie für die englische und die deutsche Rechtsordnung beispielhaft dargelegt, ein Gesamtkonzept ist, das aus verschiedenen aufeinander abgestimmten Systemelementen besteht.[628] Treten jedoch nur einzelne Elemente dieses Systems durch ihre Zuordnung zum Gesellschaftsstatut in den Wettbewerb, kann das die Funktionsfähigkeit des Gesamtsystems „Gläubigerschutz" insgesamt herabsetzen, wenn nämlich beim Anschluss ausländischer Regelungen des Gesellschaftsstatuts an andere Teilrechtsordnungen des Zuzugstaates wie das Insolvenz-, Delikts- oder Vertragsrecht nunmehr Regelungslücken, Überregulierungen oder Regelungswidersprüche auftreten. Für den Wettbewerb unter Einbeziehung des Gläubigerschutzes gilt es dann zu untersuchen, ob Inkompatibilitäten auftreten und insbesondere, ob es durch diese Inkompatibilitäten zu einem Wettbewerbsversagen kommt.

Die Gewährleistung eines funktionsfähigen Wettbewerbs und die Verhinderung von Wettbewerbsversagen sind eine zentrale Aufgabe der Metaordnung. Für den Wettbewerb im europäischen Gesellschaftsrecht kann die Niederlassungsfreiheit als eine solche Metaregel gesehen werden. Sie statuiert den für Regulierungswettbewerb unerlässlichen Grundsatz der gegenseitigen Anerkennung und etabliert damit das Herkunftslandprinzip auch für das Gesellschaftsrecht. Der Grundsatz der gegenseitigen Anerkennung verlangt, dass nationale Wertungsunterschiede, d.h. national unterschiedliche Vorstellungen über die Art und das gewünschte Ausmaß an Schutz und somit auch unterschiedliche Regelungsniveaus und Regelungsmechanismen hinsichtlich des Gläubigerschutzes, akzeptiert werden.[629]

Der Grundsatz der gegenseitigen Anerkennung gilt jedoch nicht uneingeschränkt. Seine Schranken ergeben sich aus der Niederlassungsfreiheit selbst: Die Niederlassungsfreiheit ist nämlich beschränkbar, wenn der Schutz der in Art. 46 EG aufgeführten Rechtsgüter oder zwingende Belange des Allgemeininteresses dies erfordern.[630] Insbesondere im Hinblick auf die Anwendung zwingender nationaler gläubigerschützender Regelungen auf ausländische Gesellschaften wird die Frage der Rechtfertigung einer Beschränkung der Niederlassungsfreiheit relevant.

Der Rechfertigungsgrund „zwingende Belange des Allgemeininteresses" beschränkt sich nicht auf einen abgeschlossenen Kanon, der eine Behinderung der Freiheiten rechtfertigen kann, sondern ist ebenso offen für die Definition von Schutzanliegen durch die Mitgliedstaaten wie die „zwingenden Erfordernisse" im Bereich der Warenverkehrsfreiheit (Art. 23 ff. EG).[631]

---

628 Siehe oben IV.2.c.aa. und IV.2.c.bb.

629 Dies ergibt sich aus dem Herkunftslandprinzip, wonach im Rahmen der Niederlassungsfreiheit der Niederlassungswillige bei der Aufnahme im Niederlassungsstaat grundsätzlich nur die Anforderungen seines Heimatstaates (Herkunftsrechtsordnung) zu befolgen hat, vgl. zum Herkunftslandprinzip *Frenz* (2004), Rdn. 2188 sowie *Streinz – Schroeder* (2003b), Art. 28 EGV, Rdn. 74; siehe auch oben IV.1.b.

630 Siehe oben IV.1.a.bb.bbb.(1).

631 *Grabitz/Hilf – Randelzhofer/Forsthoff* (2004), vor Art. 39–55, Rdn. 160.

Der EuGH hat bereits in der Entscheidung *„Centros“* und nachfolgend auch in den Entscheidungen *„Überseering“* und *„Inspire Art“* den Schutz der Gläubiger als zwingenden Grund des Allgemeininteresses anerkannt.[632] Diese Anerkennung als zwingender Belang des Allgemeininteresses allein rechtfertigt aber noch nicht die Anwendung nationaler Gläubigerschutzvorschriften auf ausländische Gesellschaften. Denn wie der EuGH ebenfalls dargelegt hat, muss die Anwendung innerstaatlicher Regelungen gleichfalls nach den weiteren Kriterien des 4-Konditionen-Testes[633] gerechtfertigt sein.[634] Eine solche Rechtfertigung kann nicht allein daraus begründet werden, ob Regulierungen zum Schutze Dritter abgewählt werden oder ob die Rechtsordnung des Herkunftsstaates vergleichbare Regelungen enthält.[635] Es geht also nicht um einen Vergleich der rechtlichen Regelungen des Herkunftsstaates mit denen des Zuzugstaates. Vielmehr ist es notwendig herauszuarbeiten, welcher Schutz für die Unternehmensgläubiger überhaupt erforderlich ist.[636] Diese Frage bleibt in den EuGH Entscheidungen (relativ) offen.[637]

Für das Bearbeiten dieser Frage können juristische und ökonomische Erwägungen zusammengeführt werden:

Die Beschränkung des Wettbewerbs ist dort angezeigt, wo er versagt (und nicht mehr die gewünschten Ergebnisse hervorbringt). Wettbewerbsversagen auf der Ebene des Regulierungswettbewerbs kann, wie bereits dargelegt, im Kontext von Marktversagen auf der Ebene der nationalen Regulierungen untersucht werden. Demnach kann der Wettbewerb versagen, wenn die Rechtsformwahlfreiheit zu Marktversagen führt. Dies könnte der Fall sein, wenn gläubigerschützende Regelungen zur Korrektur von Marktversagenstatbeständen durch die Rechtswahl nicht zur Anwendung kommen. Zum einen kann sich das als Problem der „ersatzlosen“ Abwahl gesellschaftsrechtlicher Regelungen stellen, zum anderen aber auch als Problem der Kompatibilität verschiedener nationaler Teilrechtsordnungen. Die Beurteilung, ob durch die Rechtsformwahlfreiheit ein Marktversagen eintritt, ist jedoch nicht ausschließlich Angelegenheit des Staates, dessen Gläubigerschutzvorschriften zur Disposition stehen. Auch diesbezüglich gilt der Grundsatz der gegenseitigen Anerkennung mit der Folge, dass allein die Identifizierung eines Marktversagenstatbestandes in einer Rechtsordnung nicht generell als Argument zur Beschränkung der Niederlassungsfreiheit ausreicht.

---

632 EuGH, NJW 2002, 3614, 3617, Rdn. 92 (Überseering), aber auch EuGH NJW 1999, 2027, 2029, Rdn. 35 ff. (Centros) sowie EuGH NJW 2003, 3331, 3334, Rdn. 132 ff. (Inspire Art).

633 Vgl. zum 4-Konditionen-Test oben IV.1.a.bb.bbb.(1).

634 Vgl. *Schanze/Jüttner* (2003a), S. 34, aber auch EuGH, NJW 2003, 3331, 3334, Rdn. 134ff (Inspire Art); EuGH, NJW 1999, 2027, 2029, Rdn. 35 ff. (Centros).

635 So aber wohl noch die Fragestellung bei *Grabitz/Hilf – Randelzhofer/Forsthoff* (2004), vor Art. 39–55, Rdn. 174. Vgl. in diesem Zusammenhang auch *Borges*, der darauf abstellt, dass die Rechtslage in der Herkunftsrechtsordnung keine Relevanz im Zusammenhang mit der Rechtfertigung einer Beschränkung der Niederlassungsfreiheit erlangt, *Borges* (2004), S. 741.

636 Vgl. auch *Spindler/Berner* (2004), S. 13.

637 So auch *Spindler/Berner* (2004), S. 13.

Für die hier relevante Frage nach der Erforderlichkeit eines Gläubigerschutzes bietet Marktversagen jedoch zunächst einen Anhaltspunkt. Danach ist der Schutz der Unternehmensgläubiger durch zwingende staatliche Regelungen grundsätzlich dann erforderlich, wenn in der Beziehung zwischen dem Unternehmen und seinen Gläubigern negative externe Effekte auftreten, die von den Parteien nicht (mehr) im Wege einer Verhandlungslösung selbstständig gelöst (internalisiert) werden können, weil aufgrund der damit verbundenen Kosten kein Markt zustande kommt oder aber der Markt versagt. Damit ist jedoch erst ein Aspekt der Erforderlichkeit angesprochen. Mit der Feststellung, dass ein zwingender gesetzlicher Gläubigerschutz prinzipiell erforderlich ist, wird allerdings noch nichts darüber ausgesagt, wie umfangreich dieser Schutz sein sollte und welche Schutzinstrumente hierfür erforderlich bzw. besonders geeignet sind. Dies ist der zweite Aspekt der Erforderlichkeit.

Um die Notwendigkeit eines zwingenden staatlichen Schutzes festzustellen, muss zunächst das Regelungsproblem, d.h. der Regelungsbedarf in der Beziehung eines Unternehmens zu seinen Gläubigern herausgearbeitet werden. Anschließend kann dann der Frage nachgegangen werden, welche Instrumente zur Behebung des Marktversagens in Gläubiger-Schuldner-Beziehungen erforderlich sind und ob Rechtswahlfreiheit überhaupt zu Wettbewerbsversagen führt.

ee. Der Regelungsbedarf der Unternehmensgläubiger

Für jede Schuldner-Gläubiger-Beziehung ist die Frage des Risikos eines Forderungsausfalls (Insolvenzrisiko) zentral. Dies ist nun keine Besonderheit der Beziehung eines Unternehmens zu seinen Gläubigern. Die Besonderheit dieser Beziehung besteht darin, dass die Unternehmensgläubiger, sowohl vertragliche als auch deliktische gleichermaßen, eine Forderung gegen das Unternehmen, d.h. den korporativen Akteur, selbst haben, und dieses als Zurechnungssubjekt durch den korporativen Vertrag (Unternehmensverfassung) seiner Mitglieder konstituiert wird. Durch diesen Vertrag wird die Handlungsfähigkeit des Unternehmens als korporativer Akteur begründet und werden die Unternehmensaktivitäten in den Außenbeziehungen gesteuert.[638]

Für das Herausarbeiten des Regelungsproblems (Regelungsbedarfes) in der Beziehung eines Unternehmens zu seinen Gläubigern kann an die normative Rechtfertigung zwingender staatlicher Regelungen angeknüpft werden. Zwingendes Recht ist immer dann gefordert, wenn Vertragsprobleme auftauchen, die einer Marktlösung nicht mehr zugänglich sind.[639] Dies kann sich als Problem innerhalb einer Vertragsbeziehung oder als ein Problem so genannter negativer externer Effekte für eine Vertragspartei oder einen Dritten außerhalb der Vertragsbeziehung stellen. Anknüpfend an den Unterschied von Innen- und Außenbeziehungen eines Unternehmens wird für die Außenbeziehungen dann die Frage nach den Auswirkungen

638 Siehe oben II.4.c.cc.
639 Siehe oben II.4.b.cc.

der korporativen Beziehungen (Innenverhältnis) auf das Außenverhältnis zentral. Dann gilt es insbesondere zu untersuchen, inwieweit von den korporativen Beziehungen des Innenverhältnisses negative externe Effekte für das Außenverhältnis ausgehen.[640] Es geht dann also um Kosten, die den Gläubigern aus dem korporativen Vertrag entstehen, die nicht über die Marktregulierungen wie das Vertrags- oder Deliktsrecht internalisiert respektive die von den Akteuren nicht selbst verhandelt werden können und daher eines regulierenden Eingriffs des Staates bedürfen, um die defizitäre (bilaterale) Interaktion zu substituieren.

aaa. Negative externe Effekte der Innenbeziehung auf Außenbeziehungen

Die Gläubigerschutzvorschriften sowohl des englischen als auch des deutschen Rechts stehen in unmittelbarem Zusammenhang mit der Anerkennung des Unternehmens als eigene Rechtspersönlichkeit (juristische Person/*legal entity*) und vor allem der Haftungsbeschränkung.[641] Daher soll auch die Haftungsbeschränkung nachfolgend etwas genauer beleuchtet werden.

(1) Die juristische Person und die Haftungsbeschränkung

Wird der Unternehmensträger als juristische Person anerkannt, bedeutet dies, dass die juristische Person im Vergleich zu ihren Mitgliedern eine „andere" Person und sie somit nicht identisch ist mit der Gesamtheit ihrer jeweiligen Mitglieder.[642] Dies führt dann zu einer strikten Trennung zwischen dem Vermögen und der Sphäre der Mitglieder (Anteilseigner) sowie dem Vermögen und der Sphäre der juristischen Person:[643]

Die einzelnen Mitglieder sind in Bezug auf das Vermögen der Gesellschaft zwar wirtschaftlich Interessierte, juristisch haben sie aber keine Rechte am Gesellschaftsvermögen, sondern „nur" durch ihren Gesellschaftsanteil vermittelte Rechte und Pflichten hinsichtlich der juristischen Person.[644] Die eigene Rechtspersönlichkeit sowie die strikte Vermögens- und Sphärentrennung ermöglichen dann auch die Begrenzung der Haftung auf das Vermögen der juristischen Person. Von der Rechtsordnung wird eine ausschließliche Verantwortlichkeit des als juristische Person konstituierten korporativen Akteurs anerkannt, die sich in der Haftung des korpo-

---

640 Siehe oben II.4.b.cc. und II.5. sowie *Kirchner* (2005a), S. 196.

641 Siehe oben IV.2.c.aa. und IV.2.c.bb.; in diesem Zusammenhang auch *Kirchner* (2005a), S. 195 ff.

642 *Huber, U.* (2000), S. 113; *Kirchner* (2005a), S. 185; *Raiser* (1999), S. 108 sowie *Ricketts* (2002), S. 109.

643 Vorliegend soll die Diskussion um die Abgrenzung von rechtsfähigen Personengesellschaften und juristischen Personen nicht aufgriffen werden, da sie für die Fragestellungen dieser Arbeit nachrangig ist, denn bereits die Anerkennung der Rechtsfähigkeit der Personengesellschaften führt zu einer Trennung von Gesellschaftsvermögen und -sphäre und Vermögen und Sphäre der einzelnen Gesellschafter. Für eine kritische Auseinandersetzung mit dieser Diskussion auf der Grundlage ökonomischer Erwägungen vgl. *Kirchner* (2005a), S. 181 ff. insbesondere S. 193 f.

644 *Hueck/Windbichler* (2003), § 2, Rdn. 7; *Kübler/Assmann* (2006), § 4 IV, S. 31 f.; aus der Perspektive der Verfügungsrechtstheorie stellt sich der Gesellschaftsanteil als Bündel von bestimmten Rechtspositionen dar, vgl. dazu *Ricketts* (2002), S. 92 sowie oben II.4.c.cc.

rativen Akteurs mit seinem eigenen Vermögen verwirklicht[645] und gleichzeitig eine Mithaftung anderer Vermögensmassen, insbesondere seiner Mitglieder und ihrer Agenten, ausschließt. Das bedeutet dann aber zugleich, dass die Verbindlichkeiten der juristischen Person beispielsweise gegenüber ihren Gläubigern keine Verbindlichkeiten der Mitglieder (Anteilseigner) darstellen und sich die Ansprüche der Unternehmensgläubiger grundsätzlich nur gegen die juristische Person selbst richten. Der Vertragspartner bzw. Anspruchsgegner ist die juristische Person selbst und eben nicht die Gesamtheit ihrer Mitglieder.

Die Zuerkennung der Eigenständigkeit eines korporativen Akteurs als juristische Person durch die (Gründungs-) Rechtsordnung setzt allerdings die Konstituierung des korporativen Akteurs unter Beachtung der nationalen Normativbestimmungen voraus.[646] Die Konstituierung des korporativen Akteurs erfolgt durch die Unternehmensverfassung. Die Haftungsbeschränkung, d.h. der Ausschluss der Mithaftung der Vermögensmassen der Mitglieder und ihrer Agenten (Management), ist als Regelung dieser Unternehmensverfassung und somit als Verfahrensregel über die gemeinschaftliche Ressourcennutzung zwischen den Ressourceneignern zu verstehen.

Durch diese Verfassungsregel wird der Transport der Haftung nach innen ausgeschlossen und somit die Pflicht der Anteilseigner (Mitglieder) zur Übernahme der Verluste aus den Unternehmensaktivitäten modifiziert.[647] Denn die Beschränkung der Haftung auf das Vermögen des korporativen Akteurs verhindert, dass die Anteilseigner (Mitglieder) das volle Risiko der Unternehmensaktivitäten tragen.[648] Die Verfassungsregel über die Haftungsbeschränkung entfaltet jedoch nicht nur Wirkungen im Innenverhältnis, sondern auch im Außenverhältnis eines Unternehmens, denn eine Haftungsbeschränkung verhindert nicht den Eintritt von Verlusten durch Unternehmensaktivitäten. Sie verhindert insbesondere nicht, dass Unternehmen insolvent werden.[649] Soweit das Unternehmen aufgrund mangelnder Vermögensausstattung selbst dazu nicht mehr in der Lage ist und die persönliche Inanspruchnahme der Entscheidungsträger des Unternehmens (Mitglieder und deren Agenten) aufgrund der Haftungsbeschränkung ausscheidet, müssen die anfallenden Verluste von den Unternehmensgläubigern getragen werden.[650]

Einerseits kann die Haftungsbeschränkung dann als ein materieller Schutz des (privaten) Vermögens der Anteilseigner (Mitglieder) und ihrer Agenten gesehen werden, insofern als das zu übernehmende Verlustrisiko summenmäßig auf die

---

645 *Raiser/Veil* (2006), § 3 III, Rdn. 12.
646 So auch *Adams* (2002), S. 232: Rechtsfähigkeit wird von der Rechtsordnung dem die gesetzlich standardisierten Voraussetzungen erfüllenden Vertragsgeflecht zuerkannt. Kritisch dazu *Kirchner* (2005a), S. 195 ff.
647 So auch *Halbhuber* (2001), S. 159 f.
648 *Cheffins* (1997), S. 497; *Easterbrook/Fischel* (1985), S. 91.
649 *Easterbrook/Fischel* (1991), S. 44.
650 *Cheffins* (1997), S. 497; *Easterbrook/Fischel* (1985), S. 91.

bei Vertragsschluss vereinbarte Investition (Beitrag) in den korporativen Akteur begrenzt wird.[651]

Andererseits kann die Umverteilung des Verlustrisikos auf die Unternehmensgläubiger zu negativen externen Effekten führen, wenn nämlich das Nutzenniveau der Unternehmensgläubiger gesenkt wird, ohne dass eine Kompensation für diese Nutzenveränderung erfolgt.[652]

Grundsätzlich sind die Beschränkung der Haftung auf nur eine Vermögensmasse, nämlich auf die des Anspruchsgegners, und das damit verbundene Risiko eines Forderungsausfalls keine Besonderheit der Außenbeziehungen einer Kapitalgesellschaft, sondern kann in jeder Schuldner-Gläubigerbeziehung auftreten. Auch bei individuellen Akteuren (natürlichen Personen) ist die Haftung insoweit beschränkt, als hier grundsätzlich eine ausschließliche Verantwortlichkeit und damit eine Haftung des Vermögens des jeweiligen Anspruchsgegners besteht. Soweit sich in diesem Vermögen nicht hinreichend wertvolle verwertbare Vermögensgegenstände befinden, bleiben die Gläubiger dieses Akteurs unkompensiert und negative externe Effekte können auftreten.[653]

Die Besonderheit eines korporativen Akteurs liegt nun darin, dass er einerseits von der Rechtsordnung als eigenständig anerkannt und im Wesentlichen gleich den natürlichen Akteuren behandelt wird, andererseits aber die Aktivitäten dieses korporativen Akteurs immer Entscheidungen und Handlungen individueller Akteure sind.[654] Die Vermögensmassen dieser an den Entscheidungen beteiligten Akteure sind jedoch (grundsätzlich) von einer Mithaftung für die Folgen ausgeschlossen. Damit gilt auch, dass die an bestimmte Handlungen geknüpften zivilrechtlichen Sanktionen, d.h. die Sanktionen der die Außenbeziehungen überlagernden Marktregulierungen, den korporativen Akteur treffen und grundsätzlich nicht die an den Unternehmensentscheidungen (und -aktivitäten) beteiligten (individuellen) Akteure selbst.[655] In den (marktlichen) Außenbeziehungen eines Unternehmens wird daher durch die Haftungsbeschränkung die anreizsteuernde Wirkung, die von den Sanktionsmechanismen der Marktregulierungen wie dem Vertragsrecht- und Deliktsrecht, aber auch dem Insolvenzrecht ausgeht, abgeschwächt. Die an bestimmte Handlungen geknüpften zivilrechtlichen Sanktionen (Kosten) erscheinen den handelnden Akteuren nicht mehr als in dem Maße relevant wie bei einer unbeschränkten Haftung, da sie ausschließlich den korporativen Akteur treffen. Damit

---

651 *Easterbrook/Fischel* (1985), S. 90: "No one risks more than he invests" sowie *Alchian/Demsetz* (1972), S. 788; *Adams* (2002), S. 232; *Hueck/Windbichler* (2003), § 4, Rdn. 8; *Davies* (2003), S. 176.

652 Zu den externen Effekten vgl. oben II.4.a.; im Zusammenhang mit der Haftungsbeschränkung vgl. auch *Easterbrook/Fischel* (1991), S. 50; *Roth, G.* (2005), S. 357.

653 Vgl. dazu auch *Adams* (2002), S. 238.

654 Siehe oben II.3.a. und II.4.c.cc.

655 Für diese Betrachtung ist es unerheblich, ob die Unternehmensentscheidungen maßgeblich von den Anteilseignern selbst (Gesellschafterversammlung) wie bei der GmbH oder von den Agenten der Anteilseigner (Vorstand) wie bei der AG getroffen werden. Bei beiden Rechtsformen haften die Entscheidungsträger grundsätzlich nicht persönlich.

werden durch die Haftungsbeschränkung den Akteuren neue Handlungsspielräume eröffnet.[656]

Besteht aufgrund der eingeschränkten Verantwortlichkeit die Möglichkeit, die Kosten von Unternehmensaktivitäten auf die Unternehmensgläubiger zu verlagern, können Entscheidungsträger zu riskanteren Entscheidungen bewegt werden und die Opportunismusgefahr nimmt zu.[657] Aus dieser – sehr engen – Perspektive führt die Verfassungsregel über die Haftungsbeschränkung zu einer Diskrepanz zwischen Entscheidungsspielraum und Verantwortungsbereich.[658] Sie stellt die eigentlichen Entscheidungsträger (Mitglieder und ihre Agenten) von der Übernahme der vollen Verantwortung für ihr Handeln frei und gewährt so die Möglichkeit, Nutzen (Erträge und Vorteile) und Kosten (Verluste und Nachteile) von Entscheidungen zu trennen und neu aufzuteilen.[659]

In der Risikobegrenzung der Anteilseigner liegt jedoch genau auch der Sinn der Haftungsbeschränkung. Das Haftungsprivileg soll den Akteuren durchaus den Anreiz geben, risikoreichere Projekte durchzuführen als dies ohne Haftungsprivileg der Fall wäre.[660] Aus der Perspektive der Anteilseigner (Mitglieder) ist die Beschränkung des zu übernehmenden Risikos oftmals Voraussetzung für deren Engagement, wodurch viele gesamtwirtschaftlich gewünschte Aktivitäten überhaupt erst möglich werden.[661]

Aber selbst in der internen Organisationsstruktur (korporativen Beziehungen) eines Unternehmens, die durch verschiedene Prinzipal-Agent-Verhältnisse gekennzeichnet ist, vermindert die Haftungsbeschränkung beispielsweise die Kosten der Überwachung der Agenten durch die Prinzipale, so die Überwachung des Managements durch die Anteilseigner sowie die gegenseitige Überwachung der Anteilseigner. Damit können die Vorteile der Arbeitsteilung genutzt werden, ohne dass die Überwachungskosten (*monitoring costs*) die Vorteile erheblich mindern.[662] Darüber hinaus kommt der Haftungsbeschränkung zusammen mit der Anerkennung der eigenen Rechtspersönlichkeit des korporativen Akteurs eine wesentliche Rolle bei der Unternehmensfinanzierung zu, nicht nur durch Eigen- sondern auch durch Fremdkapital.[663] Aufgrund der strikten Trennung der Vermögenssphären kann die Haftungsbeschränkung die Kapitalkosten reduzieren insofern, als sie das Vermögen des

---

656 So auch *Escher-Weingart* (2001), S. 17.

657 *Küpper* (1999), S. 46 f.; *Easterbrook/Fischel* (1985), S. 104; *dies.* (1991), S. 49 f.; *Cheffins* (1997), S. 497; *Halbhuber* (2001), S. 158 ff.

658 So auch *Escher-Weingart* (2001), S. 17, die in diesem Zusammenhang von der Durchbrechung der Einheit von Herrschaft und Haftung spricht.

659 *Adams* (2002), S. 233; *Easterbrook/Fischel* (1991), S. 49 f.

660 Für eine weiterführende Diskussion um das Für und Wider der Haftungsbeschränkung vgl. *Easterbrook/Fischel* (1991), S. 41 ff.; *Hansmann/Kraakman* (2004a), S. 8 ff.; *Davies* (2003), S. 176 ff.; *Kirchner* (2005a), S. 191 ff.; *Roth, G.* (1986), S. 371 ff.; kritisch im Hinblick auf *„small closed corporations"*: *Freedman* (2000), S. 317 ff., insbesondere S. 331 ff.

661 *Hueck/Windbichler* (2003), § 4, Rdn. 8; *Easterbrook/Fischel* (1985), S. 90; ausführlich und mit weiteren Nachweisen *Adams* (2002), S. 234 ff.

662 Ausführlicher dazu *Easterbrook/Fischel* (1985), S. 94; *dies.* (1991), S. 45 f.; *Adams* (2002), S. 237 f.

663 *Hansmann/Kraakman* (2004a), S. 9; *Adams* (2002), S. 234.

Unternehmens den Unternehmensgläubigern, aber auch das Privatvermögen der Mitglieder deren privaten Gläubigern vorbehält. Im Ergebnis kann die Haftungsbeschränkung so die verschiedenen Gläubigergruppen schützen und zugleich deren Überwachungskosten (*monitoring costs*) verringern.[664]

Neben diesen positiven Effekten der Haftungsbeschränkung darf jedoch nicht ausgeblendet werden, dass ebenfalls die Gefahr besteht, dass aufgrund der Haftungsbeschränkung von den Akteuren Handlungen unternommen werden, die vom rechts- und wirtschaftspolitisch gewünschten Investitionsverhalten abweichen. Dies kann der Fall sein, wenn den Unternehmensgläubigern ihnen unbekannte Risiken aufgebürdet und diese Risiken somit externalisiert werden.

Zusammenfassend lässt sich festhalten, dass die Haftungsbeschränkung als Regelung des Verfassungsvertrages zwischen den Ressourceneignern (Mitgliedern) gesehen werden kann, an dessen Abschluss die Unternehmensgläubiger nicht beteiligt sind. Durch diese Regelung wird der Verantwortungsbereich der Mitglieder und ihrer Agenten für ihre Handlungen eingeschränkt und damit auch das Verlustrisiko aus den Unternehmensaktivitäten neu verteilt und teilweise auf die Unternehmensgläubiger verlagert. Damit können aus dem korporativen Vertrag (Innenbeziehung) negative externe Effekte für die Unternehmensgläubiger (Außenbeziehung) resultieren.

Um daraus nun Antworten auf die Frage nach der Notwendigkeit einer zwingenden staatlichen Regelung ableiten zu können, muss zunächst herausgearbeitet werden, in welchen Situationen das System der beschränkten Haftung mit Kosten in Form von unkompensierten Umverteilungen und Fehlanreizen verbunden ist. Daran schließt sich die Frage an, wie diesen Fehlanreizen unter dem Aspekt des transaktionskostengünstigsten institutionellen Arrangements entgegengewirkt werden kann, sodass die Vorteile des Systems der Haftungsbeschränkung bewahrt werden können.[665]

Insbesondere stellt sich beim Auftreten eines negativen externen Effekts die Frage, ob der Betroffene der Externalität nicht selbst zu geringen Kosten über das Problem verhandeln kann.[666] Dieser Frage muss auch hinsichtlich der Unternehmensgläubiger bei möglichen negativen externen Effekte der korporativen Beziehungen auf die Außenbeziehungen des Unternehmens nachgegangen werden. Zwar trifft zunächst die Haftungsbeschränkung als Regel des korporativen Vertrages alle Gläubigergruppen gleichermaßen, da es jedoch nunmehr um die Frage nach den Möglichkeiten und Grenzen von Verhandlungslösungen geht, muss zwischen den freiwilligen (vertraglichen) und den unfreiwilligen (deliktischen) Gläubigern unterschieden werden. Während eine Verhandlungslösung im bilateralen Vertragsverhältnis des Unternehmens zu seinen freiwilligen Gläubigern grundsätzlich möglich scheint,

---

664 Vgl. dazu *Hansmann/Kraakman* (2004a), S. 9; *dies.* (2000), S. 815; *Davies* (2003), S. 178 f.; *Kirchner* (2005a), S. 192.
665 Vgl. dazu auch *Adams* (2002), S. 238.
666 Siehe oben II.4.b.cc.

scheidet eine Verhandlungslösung im Verhältnis des Unternehmens zu seinen deliktischen Gläubigern aus.[667] Zunächst gilt es aber, das Regelungsproblem dieser Unternehmen-Gläubiger-Beziehungen herauszuarbeiten.

(2) Die Regelungsprobleme der freiwilligen (vertraglichen) Gläubiger

Es wurde bereits eingangs erwähnt, dass für jede Schuldner-Gläubiger-Beziehung die Frage nach dem Risiko eines Forderungsausfalls (Insolvenzrisiko) zentral wird. Auch in der Beziehung des Unternehmens zu seinen vertraglichen Gläubigern steht das Ausfallrisiko im Mittelpunkt, das eine gewisse Verschärfung durch die Haftungsbeschränkung erfährt. Werden Ressourcen aufgrund eines bilateralen Austauschvertrages an den Ressourcenpool Unternehmen verfügt, ist die Gegenleistung des korporativen Akteurs zwar austauschvertraglich ex ante voll definiert und spezifiziert, es wird aber rechtlich nur ein Anspruch gegen den korporativen Akteur selbst begründet, und die Inanspruchnahme der eigentlichen Entscheidungsträger scheidet aus. Jedoch bietet der bilaterale Austauschvertrag den Vertragsparteien – unabhängig davon ob es sich um individuelle oder korporative Akteure handelt – nun auch grundsätzlich die Möglichkeit, ihren jeweiligen Interessen entsprechende Konditionen auszuhandeln und in den Vertrag aufzunehmen.

Die Haftungsbeschränkung, eigentlich eine Verfassungsregel der korporativen Beziehung, kann dann als Vertragsklausel des bilateralen Austauschvertrages zwischen dem Unternehmen und den Gläubigern (Dritten) gesehen werden, durch die die Gläubiger darauf beschränkt werden, zur Befriedigung ihrer Ansprüche nur eine Vermögensmasse, nämlich die des Unternehmens, in Anspruch zu nehmen.[668] Hintergrund ist die Überlegung, dass für den Fall, dass die beschränkte Haftung nicht gesetzlich geregelt worden wäre, Unternehmen in ihren Verträgen mit den Gläubigern selbst Haftungsbeschränkungen vereinbaren könnten.[669] Berücksichtigt man die Kosten solcher einzelvertraglichen Vereinbarungen, ermöglicht eine gesetzlich (einheitlich) geregelte Haftungsbeschränkung die Vorteile der beschränkten Haftung zu geringeren Kosten zu erhalten.[670]

Der bilaterale Austauschvertrag bietet den Gläubigern aber auch grundsätzlich die Möglichkeit, die Vertragskonditionen den aus der Haftungsbeschränkung resultierenden Risikoeffekten anzupassen.[671] Damit bleibt zunächst festzuhalten, dass die möglichen negativen externen Effekte, die aus dem Verfassungsvertrag (korporativen Beziehungen) für die Außenbeziehungen eines Unternehmens zu seinen vertraglichen Gläubigern resultieren, bereits in den Vertragskonditionen des bilate-

---

667 Siehe dazu oben II.4.c.ee.aaa.(2).
668 *Hansmann/Kraakman* (2004a), S. 8.
669 Vgl. in diesem Zusammenhang BGH v. 27.9.1999, BGHZ 142, 315 zur Haftungsbeschränkung bei der GbR; vgl. auch *Kirchner* (2005a), S. 192; *Easterbrook/Fischel* (1985), S. 93.
670 *Easterbrook/Fischel* (1985), S. 93; *Tolmie* (1998), S. 24; *Cheffins* (1997), S. 502; *Kirchner* (2005a), S. 191 ff.
671 Vgl. *Roth, G.* (2005), S. 357 f.; zur Funktion und Wirkung der unterschiedlichen „Sicherungsmechanismen", wie Risikozins, Sachsicherheiten, *covenants* (vertragliche Nebenanreden) usw. vgl. *Stiglitz/Weiss* (1981), S. 393–410 sowie *Eidenmüller* (1999), S. 140 ff.

ralen Austauschvertrag zwischen Unternehmen und Gläubiger Berücksichtigung finden können. Die individuelle, vertragliche Gestaltungsmöglichkeit (Vertragfreiheit) ermöglicht es dem Gläubiger, den bilateralen Austauschvertrag den konkreten Risiken anzupassen. Jedoch bringt die selbstständige vertragliche Sicherung eine Reihe von Problemen mit sich, da ebenfalls der bilaterale Austauschvertrag immer ein unvollständiger Vertrag ist und die bereits dargelegten Informations- und Anreizprobleme auftreten.[672] Die Regelungsprobleme der vertraglichen Unternehmensgläubiger können dann im Zusammenhang mit den aus der asymmetrischen Informationsverteilung zwischen dem Schuldner und dem Gläubiger und spezifischen Investitionen resultierenden Opportunismusgefahren gesehen werden.[673]

(a) Der ex ante Opportunismus

Das erste Grundproblem der eigenständigen vertraglichen Sicherung tritt bereits *vor Abschluss des Vertrages* auf und ist – unabhängig von der Haftungsbeschränkung – die richtige Bewertung des Risikos einer Nichterfüllung ex post, das die Vertragsparteien mit einem Vertragsschluss eingehen *(adverse selection)*.[674] Die Haftungsbeschränkung tritt dann als risikoerhöhender Faktor mit in die vertragliche Absicherung ein. Damit setzt eine adäquate Absicherung der Gläubiger durch entsprechende Vertragskonditionen im Austauschvertrag bzw. die Wahl eines bestimmten Sicherungsinstrumentes voraus, dass sie richtig einschätzen können, wie hoch das Risiko ist, das sie eingehen; mithin geht es um die Identifizierung eines geeigneten Vertrags- beziehungsweise Transaktionspartners. Dazu müssten die Parteien über die zwischen ihnen stattfindenden Transaktionen richtig und vollständig informiert sein.[675] Dies wird jedoch aufgrund beschränkter Rationalität der Akteure sowie positiver Informations- und Transaktionskosten nicht vollständig möglich sein, sodass auch die Bestimmung des Risikos mit erheblichen Unsicherheiten behaftet ist.

Der Problemkreis der vorvertraglichen Informationsasymmetrien zwischen den vertragsschließenden Parteien wird im Kontext der *hidden characteristics* diskutiert; der schlechter informierten Partei fehlt das Wissen um die wahren Präferenzen und die tatsächlichen Qualitätseigenschaften des Vertragspartners.[676] Das Problem der *hidden charakteristics* kann sich noch weiter verstärken, wenn die aus den Informationsasymmetrien resultierenden Verhaltensspielräume von der besser informierten Vertragspartei ausgenutzt werden. Konkret besteht die Gefahr, dass der Schuldner – als über seine Vermögenslage besser informierter Akteur – Informationen zurückhält oder diese unrichtig darstellt. Der Gläubiger wird dann über entscheidungsrelevante Tatbestände bei Vertragsschluss getäuscht und kann damit zum Ab-

672 Vgl. oben II.4.a.
673 Vgl. dazu oben II.4.a.
674 *Mülbert* spricht hier vom Bewertungsrisiko, *Mülbert* (2004), S. 154.
675 Vgl. *Adams* (2002), S. 241.
676 *Wolff* (1999), S. 122.

schluss eines Vertrages bewegt werden, der für den Schuldner günstige Konditionen enthält, die das tatsächliche Risiko der Transaktion nicht widerspiegeln.[677]

Diese Probleme können beispielsweise auftreten, wenn gegenüber den potenziellen Unternehmensgläubigern das tatsächliche Unternehmensvermögen zu hoch ausgewiesen wird und bestehende Verbindlichkeiten des Unternehmens zu niedrig angegeben werden oder wenn die potenziellen Gläubiger über Unternehmensaktivitäten, über die Fähigkeit des Unternehmens seine Verbindlichkeiten zu bedienen oder über die finanzielle Lage des Unternehmens überhaupt getäuscht werden.[678] Unterschätzen die Gläubiger aufgrund der falschen Informationen die Risiken der Transaktion, werden sie auch keine adäquate (Risiko-) Kompensation, d.h. keine entsprechenden Risikoprämien oder entsprechende vertragliche Sicherungen, nachfragen.[679]

(b) Der ex post Opportunismus

Die Gefahr des Opportunismus besteht jedoch nicht nur ex ante. Als zweiter Problemkreis der eigenständigen vertraglichen Absicherung der Gläubiger ergibt sich die Gefahr des Opportunismus *nach Vertragsschluss* (Risiko des *moral hazard*).[680] Denn auch ex post besteht die Gefahr, dass die aus Informationsasymmetrien und spezifischen Investitionen resultierenden Verhaltensspielräume ausgenutzt werden und sich eine Partei Vorteile auf Kosten der anderen Partei verschafft.[681] Selbst wenn es also den Gläubigern (Kreditgebern) möglich ist, das Risiko einer Transaktion ex ante richtig zu bewerten und entsprechend abzusichern, verbleibt die Gefahr, dass der Schuldner nach Vertragsabschluss Handlungen vornimmt, die das Risiko eines Forderungsausfalls nachträglich erhöhen (die Vertragsbedingungen einseitig ändert oder vertragliche Absprachen verletzt).[682]

Dabei sind verschiedene Formen des ex post Opportunismus denkbar. Im Zusammenhang mit Unternehmen und Haftungsbeschränkung sind zwei dieser versteckten Handlungen (*hidden actions*) besonders bedeutsam.[683] Die erste Handlungsweise ist die nachträgliche Verschiebung des zur Gläubigerbefriedigung bzw. Gläubigerbesicherung notwendigen Vermögens des Unternehmens durch verschiedene Formen der offenen und verdeckten Ausschüttungen an die Anteilseigner (Mitglieder). Die zweite Handlungsweise des Schuldners zulasten des Gläubigers besteht im Eingehen größerer geschäftlicher Risiken durch das Management oder die Anteilseigner, so beispielsweise die Investition in risikoreichere Projekte, die zwar im Falle

---

677 *Hertig/Kanda* (2004), S. 71.
678 *Hertig/Kanda* (2004), S. 72; *Easterbrook/Fischel* (1991), S. 58.
679 *Easterbrook/Fischel* (1991), S. 58.
680 Siehe oben II.4.a.
681 *Armour* (2000), S. 360.
682 *Hertig/Kanda* (2004), S. 71 f.; *Armour* (2000), S. 360; *Mülbert* spricht in diesen Fällen vom Entwertungsrisiko, *Mülbert* (2004), S. 153.
683 Vgl. dazu *Enriques/Macey* (2001), S. 1168 f.; *Mülbert/Birke* (2002), S. 709 ff.; *Hertig/Kanda* (2004), S. 71 f.; *Mülbert* (2004), S. 153; *Cheffins* (1997), S. 79; *Kötz/Schäfer* (2003), S. 67 ff.; *Kirchner* (2005a), S. 196 f.

des Erfolges einen höheren Gewinn für das Unternehmen versprechen, deren Verlustrisiko jedoch größer ist und in ineffizienter Weise auf die Gläubiger des Unternehmens verlagert wird.[684] In all diesen Fällen erhöht sich das Ausfallrisiko der Gläubiger und es besteht die Gefahr, dass ihnen nicht kompensierte Insolvenzrisiken (Ausfallrisiken) aufgebürdet werden.

(c) Möglichkeiten und Grenzen einer selbstständigen Problemlösung der vertraglichen Gläubiger

Nachdem die relevanten Regelungsprobleme der vertraglichen Gläubiger dargelegt wurden, verbleibt nunmehr die Frage, ob diese Gläubiger sich gegen die beschriebenen Risiken selbst sichern können. Nur insofern eine selbstständige Sicherung der Gläubiger nicht möglich ist, wird ein staatlicher (zwingender) Schutz erforderlich.

Die Regelungsprobleme der vertraglichen Gläubiger stehen im Zusammenhang mit den vor- und nachvertraglichen Informationsasymmetrien und spezifischen Investitionen: Die Bestimmung des Ausfallrisikos einer Transaktion ist an die Beschaffung und Verarbeitung von Informationen gebunden. Erst auf der Grundlage von Informationen über das Unternehmen und seine Gewinn- und Verlusterwartungen sind den Gläubigern die richtige Anpassung ihrer Vertragskonditionen und die Kalkulierung sowie Vereinbarung entsprechender Risikoprämien bzw. vertraglicher Sicherungen möglich.[685]

Für die nachfolgende Untersuchung ist es jedoch wichtig, zu berücksichtigen, dass es nicht um einen vollumfänglichen Schutz der Gläubiger vor jeglichem Ausfallrisiko geht, sondern vielmehr um eine kalkulierte Risikoübernahme.[686] Dabei ist auch zu berücksichtigen, dass die Gläubiger unterschiedliche Risikoneigungen aufweisen können.

Bei der Frage nach den Möglichkeiten privater Mechanismen der Gläubiger zur Lösung des Problems der ex ante Informationsasymmetrien macht es Sinn, zwei Situationen zu unterscheiden[687]:

Zum einen gibt es die Situation, in der es für den Gläubiger aufgrund des hohen Transaktionsvolumens auch unter Berücksichtigung der dem Gläubiger entstehenden Kosten lohnend ist, entsprechende Informationen über den Schuldner einzuholen und auf diese Weise vorhandene Informationsasymmetrien abzubauen (*screening*). In diesen Fällen wird der Gläubiger auf der Basis der beschafften Informationen eine Risikoprämie entsprechend dem tatsächlichen Risiko kalkulieren und/oder entsprechende vertragliche Sicherheiten vereinbaren, die ein „gutes“ Ge-

684 *Hertig/Kanda* (2004), S. 71 f.; *Armour* (2000), S. 360; vgl. insbesondere die Beispiele bei *Posner* (1998), S. 431 ff. und *Kötz/Schäfer* (2003), S. 69 f.
685 So auch *Adams* (1991), S. 33.
686 Vgl. *Escher-Weingart* (2001), S. 132, die darauf hinweist, dass eine jederzeitige Leistungsgarantie eines Schuldners – ob juristische oder natürliche Person – faktisch nicht möglich ist. Kritisch zur kalkulierten Risikoübernahme *Roth, G.* (1986) S. 375 ff.
687 Vgl. dazu auch *Davies* (1998), S. 350; *Hertig/Kanda* (2004), S. 72 sowie *Heine/Röpke* (2006), S. 148.

schäft für ihn darstellen.[688] Anderenfalls wird er auf die Transaktion verzichten. Gläubiger mit großem Transaktionsvolumen können sich daher selbst hinsichtlich des ex ante Risikos schützen und ihre Verträge entsprechend aushandeln. Ein staatlicher Schutz durch zwingendes Recht ist in diesen Fällen eher überflüssig.

Davon zu unterscheiden ist zum anderen eine Situation, in der es sich aufgrund eines geringen Transaktionsvolumens für den Gläubiger nicht lohnt, konkrete Informationen über den Schuldner einzuholen und entsprechende Sicherungen zu vereinbaren, weil die Kosten der Informationsbeschaffung und Vertragsverhandlung die möglichen Gewinne einer solchen Transaktion übersteigen.[689] Die Gläubiger mögen in diesen Fällen durchaus eine allgemeine Kenntnis vom möglichen Ausfallrisiko haben, besitzen aber meist keine weitreichenden Informationen über die Solvenz ihres Schuldners. Infolgedessen kann es dazu kommen, dass entweder gesamtwirtschaftlich durchaus erwünschte Transaktionen unterbleiben, da potenzielle Gläubiger eine Übervorteilung befürchten und von der Transaktion absehen, oder dass es zu einem Vertragsschluss ohne entsprechende Risikoprämien oder vertragliche Absicherungen kommt und das Verlustrisiko dann zulasten dieser Gläubiger externalisiert werden kann. Aus dieser Perspektive kann ein zwingender (standardisierter) rechtlicher Schutz notwendig werden.[690]

Das gleiche Unterscheiden bietet sich hinsichtlich der ex post Opportunismusgefahren an. Gegen die erste Handlungsweise – Verschiebung von Vermögen des Unternehmens an die Gesellschafter – können die Gläubiger mit großen Transaktionsvolumen ebenfalls Vorkehrungen in ihren bilateralen Austauschverträgen treffen. So können diese Gläubiger selbst Kapitalerhaltungsvorschriften bzw. Ausschüttungssperren oder besondere Sicherheiten vereinbaren, die sie gegen Vermögensverschiebungen absichern, und/oder sich entsprechende Informations- und Kontrollrechte zur Überwachung der Aktivitäten des Schuldners (*monitoring*) einräumen lassen.[691] Für Gläubiger mit geringem Transaktionsvolumen wird eine solche Vorkehrung wieder ungleich schwieriger zu treffen sein, da sich in Anbetracht des geringen Transaktionskostenvolumens das Aufbringen entsprechender Verhandlungskosten nicht lohnt und darüber hinaus diesen Gläubigern nicht nur die entsprechende Kenntnis, sondern möglicherweise auch die notwendige Verhandlungsmacht für das Aushandeln entsprechender Vorkehrungen fehlen. Zur Absicherung gegen diese Opportunismusgefahren kann für diese Gläubiger ein standardisierter rechtlicher Schutz notwendig werden.

---

688 *Enriques/Macey* (2001), S. 1172. Zu den entsprechenden „Sicherungsmöglichkeiten“ und deren Anreizwirkungen vgl. insbesondere *Stiglitz/Weiss* (1981), S. 393–410, die auf diese im Zusammenhang mit dem Problem der Kreditrationierung eingehen.

689 Vgl. auch *Hertig/Kanda* (2004), S. 72; *Enriques/Macey* (2001), S. 1172; *Mülbert/Birke* (2002), S. 713, die dies auch als Problem fehlender Verhandlungsmacht des Gläubigers sehen.

690 *Hertig/Kanda* (2004), S. 72: “... standard legal protection are essential ...”; mit dieser eher grundsätzlichen Aussage ist jedoch noch nichts darüber ausgesagt, wie dieser mögliche Schutz ausgestaltet sein sollte.

691 *Enriques/Macey* (2001), S. 1172; *Armour* (2000), S. 361; allgemein zum *monitoring Wolff* (1999), S. 125.

Die eigenständige vertragliche Sicherung gegen die zweite Handlungsweise des Schuldners zulasten des Gläubigers, nämlich gegen das Eingehen größerer geschäftlicher Risiken durch das Management oder die Anteilseigner, ist unabhängig vom Transaktionskostenvolumen mit dem Problem verbunden, dass bei unternehmerischem Handeln ex ante die Ereigniswahrscheinlichkeiten nicht bekannt sind und auch die zu erwartenden Gewinne oder Verluste nicht feststehen. Aus diesem Grund erreicht der Selbstschutz hier für alle vertraglichen Gläubigergruppen gleichermaßen seine Grenzen und ein zwingender staatlicher Schutz kann erforderlich werden.

Soweit jedoch aus den dargelegten Opportunismusproblemen die Erforderlichkeit eines zwingenden rechtlichen Schutzes vor allem für die so genannten „kleinen" Gläubiger begründet werden soll, müssen grundsätzlich zwei Dinge in Rechnung gestellt werden.

Zum einen muss berücksichtigt werden, dass die Gläubiger mit geringem Transaktionsvolumen („kleine" Gläubiger) auch in einem Gläubigerschutzsystem ohne zwingende staatliche Schutzvorschriften keinesfalls ganz schutzlos sind. Denn für diese Gläubiger besteht durchaus die Möglichkeit, von den Restriktionen, d.h. den Vertragskonditionen, Sicherungen usw., zu profitieren, die die Gläubiger mit den großen Transaktionsvolumen (*sophisticated creditor*) dem Schuldner in ihren bilateralen Austauschverträgen auferlegen.[692] Soweit diese Restriktionen entsprechende Verhaltensanreize zur Begrenzung der Opportunismusgefahren setzen, wirken sie auch zugunsten der „kleinen" (unbesicherten) Gläubiger. Von den Restriktionen bzw. Vertragskonditionen gehen dann positive externe Effekte aus (*free riding*). Dieser (mögliche) Umbrella-Effekt[693] kann insbesondere in der Situation der Insolvenz zusammenbrechen bzw. von anderen Effekten überlagert oder verdrängt werden, wenn nämlich in der Insolvenzsituation nunmehr die Interessen und die Position der besicherten und der unbesicherten Gläubiger divergieren.[694] Die unterschiedliche Behandlung bzw. Position der Gläubiger in der Insolvenz kann andererseits jedoch auch wieder als Preis verstanden werden, den die „kleinen" Gläubiger zu zahlen haben, um von der (vorherigen) Sicherung der „großen" Gläubiger zu profitieren.

Zum anderen muss bei der Begründung eines zwingenden rechtlichen Schutzes beachtet werden, dass die dargelegten Opportunismusgefahren zwar potenziell vorhanden sind, in der Praxis jedoch nicht die Signifikanz erreichen, wie es zunächst in der theoretischen Darstellung anmutet.[695] Ein Unternehmen muss sich gegenüber

---

692 *Enriques/Macey* (2001), S. 1172; *Mülbert/Birke* (2002), S. 714.

693 Von Umbrella-Effekt spricht man, weil die frei ausgehandelten Schutzstandards der „großen" Gläubiger wie ein Schirm wirken, unter den auch die „kleinen" Gläubiger schlüpfen können. Dieser Umbrella-Effekt entsteht natürlich eben nur, wenn der Schuldner einen Gläubiger hat, der entsprechende Sicherungen vereinbart. Zu diesen und weiteren Problemen des Umbrella-Effekts vgl. *Armour* (2000), S. 361.

694 Vgl. *Cheffins* (1997), S. 80; *Davies* (1998), S. 350; *Eidenmüller* (1999), S. 136 ff.

695 *Enriques/Macey* (2001), S. 1170.

den gegenwärtigen und potenziellen (Vertrags-) Partnern auf den verschiedenen Märkten, wie beispielsweise dem Kapital- oder Gütermarkt, so verantwortlich verhalten, dass es mit diesen ebenfalls in Zukunft Verträge schließen kann, um seine eigenen Ziele zu erreichen bzw. Kooperationsgewinne zu realisieren.[696] Das führt zu der Überlegung, dass durch die Handlungen eines Unternehmens und die dadurch bei seinen Transaktionspartnern eintretenden Handlungsfolgen gleichzeitig neue Handlungsbedingungen für zukünftige Handlungen geschaffen werden. So ist die Kreditaufnahme[697] ein sich wiederholendes Geschäft im Leben eines Unternehmens. Werden Gläubiger geschädigt, wird es für das Unternehmen in der Zukunft schwierig(er) sein, Verträge zu marktüblichen Konditionen zu schließen.[698] Da dies wiederum Auswirkungen auf den Korporationsertrag und somit auch auf die Höhe der Residualansprüche der Anteilseigner hat, werden diese Überlegungen in das Kosten-Nutzen-Kalkül der Anteilseigner eingehen.[699] Das schließt zwar nicht aus, dass es ebenfalls in diesen Situationen zu opportunistischem Verhalten kommt, so vor allem zu offenen oder verdeckten Ausschüttungen an die Anteilseigner.[700]

Wirkliche Relevanz erlangen die Opportunismusgefahren jedoch in zwei Situationen: Zum einen, wenn Unternehmen von vornherein nicht daraufhin gegründet wurden, um wirklich am Marktprozess teilzunehmen und zum anderen in finanziellen Krisensituationen eines bisher am Markt tätigen Unternehmens, d.h. in Situationen (nahe) der Insolvenz.[701]

In diesen Situationen wirken die disziplinierenden Marktkräfte nicht, da die Kosten von zukünftigen Verträgen nicht relevant sind.[702] Kennzeichnend für diese Situationen ist, dass das Unternehmensvermögen nicht mehr ausreichen wird, um alle Gläubigeransprüche gleichermaßen zu befriedigen. Aufgrund der Nachrangigkeit des Eigenkapitals verstärkt sich der Anreiz für die Anteilseigner, dem Unternehmen Vermögen zu entziehen, bevor die Gläubiger auf dieses zugreifen können.[703] Auch besteht für die Anteilseigner der Anreiz, risikoreichere Projekte zu verfolgen, die einen höheren Gewinn versprechen.[704] In diesen Fällen zeigt sich die risikoverstärkende Wirkung der Haftungsbeschränkung besonders deutlich: Im Falle des Erfolges dieser Projekte profitieren die Anteilseigner von den Gewinnen, tragen jedoch

---

696 *Küpper* (1999), S. 53; *Cheffins* (1997), S. 79.
697 Kreditaufnahme ist hier in einem weiten Sinne zu verstehen. So kann die Vorleistung einer Vertragspartei als Kredit an die andere Vertragspartei gesehen werden.
698 *Cheffins* (1997), S. 79; *Enriques/Macey* (2001), S. 1170.
699 *Enriques/Macey* (2001), S. 1170: "Shareholder considering whether to act opportunistically would have to trade off the present gains stemming from such an opportunistic behaviour with the higher interests rate they would have to pay in the future."
700 *Cheffins* (1997), S. 79.
701 *Hertig/Kanda* (2004), S. 72; *Engert* (2006), S. 307; *Mülbert/Birke* (2002), S. 709; *Enriques/Macey* (2001), S. 1168 und S. 1171; *Eidenmüller* (1999), S. 22.
702 Vgl. dazu auch *Mülbert/Birke* (2002), S. 713.
703 *Hansmann/Kraakman* (1991), S. 1920; *Hertig/Kanda* (2004), S. 73; *Cheffins* (1997), S. 75 ff.
704 *Cheffins* (1997), S. 76; *Hertig/Kanda* (2004), S. 73.

im Falle des Misserfolges nicht die nun zusätzlich entstehenden Kosten, die dieses Projekt verursacht.[705]

Als Ergebnis bleibt festzuhalten, dass die vertraglichen Gläubiger prinzipiell in der Lage sind, sich durch entsprechende Vertragskonditionen und/oder Sicherheiten gegen die Opportunismusgefahren, die aus der Unvollständigkeit ihrer bilateralen Austauschverträge und der Haftungsbeschränkung resultieren, zu sichern. Dabei kann für die so genannten „kleinen" Gläubiger durchaus begründet werden, dass ein zwingender staatlicher Schutz aufgrund positiver externer Effekte der Verträge der „großen" Gläubiger entbehrlich ist.[706] Jedoch werden sich die Gläubiger vertraglich nicht gegen jegliche Gefahr der opportunistischen Ausbeutung durch die Anteilseigner schützen können,[707] sodass der Vorteil eines zwingenden staatlichen Schutzes für alle Gläubigergruppen gleichermaßen in Situationen gegeben ist, in denen die Opportunismusgefahren besonders groß sind, so in finanziellen Krisensituationen (Insolvenz) eines Unternehmens.[708] Allerdings kann daraus nicht vorschnell die Forderung nach zwingender staatlicher Regulierung abgeleitet werden, denn es geht nicht darum, Opportunismusgefahren vollständig zu beseitigen, sondern vielmehr darum, die Kosten des Opportunismus ins Gleichgewicht zu bringen mit den Kosten seiner Kontrolle.[709] Dabei ist insbesondere zu berücksichtigen, dass ein (zwingender) rechtlicher Schutz theoretisch betrachtet Kosten reduzieren, praktisch diese jedoch wieder erhöhen kann, wenn er zu strikt (*rigid*) und weitreichend (*instrusive*) ist.[710]

Mit dieser letzten Überlegung ist wieder das Problem der Reziprozität von Restriktionen angesprochen.[711] So müssen bei einer zwingenden gesetzlichen Regelung immer auch die Rechtsfolgewirkungen berücksichtigt werden. Ein zu weitreichender Schutz der Gläubiger verursacht Kosten beim Schuldner, die in sein Kosten-Nutzen-Kalkül eingehen und beispielsweise dazu führen können, dass wirtschaftliche Aktivitäten, die grundsätzlich gewollt sind, ganz unterlassen werden.

(3) Die Regelungsprobleme der deliktischen (unfreiwilligen) Gläubiger

Ausgangspunkt der Überlegungen sind auch bei dieser Gläubigergruppe mögliche aus der Haftungsbeschränkung resultierende, negative externe Effekte. Konkret geht es um die Modifizierung der Verlustübernahmepflicht für die Anteilseigner

---

705 *Cheffins* (1997), S. 77; *Easterbrook/Fischel* (1991), S. 49; *Eidenmüller* (1999), S. 22; *Davies* (1998), S. 349.

706 Kritisch *Schön* (2001), S. 78; *ders.* (2002), S. 4.

707 So auch *Mülbert/Birke* (2002), S. 713, die darauf abstellen, dass es unmöglich oder zumindest zu teuer ist, *bond indentures* oder Kreditverträge auszuhandeln, die die Gläubiger perfekt vor ex post Ausbeutung durch die Anteilseigner schützen können.

708 Vgl. dazu auch *Hertig/Kanda* (2004), S. 72.

709 *Hertig/Kanda* (2004), S. 73.

710 *Hertig/Kanda* (2004), S. 73. Es ist daher auch immer etwas grundsätzlicher zu überlegen, ob die Kosten einer Regulierung nicht höher ausfallen (können) als die Kosten, die durch Fehlanreize verursacht werden – mit der Folge, dass eine Nichtregulierung dann die kostengünstigste Variante wäre; vgl. auch *Coase* ([1960] 1988), S. 132.

711 Siehe oben II.4.b.cc.

und das damit einhergehende Risiko des Forderungsausfalls für diese Gläubigergruppe. Während für die vertraglichen Gläubiger grundsätzlich eine austauschvertragliche Gestaltungsmöglichkeit bis hin zur Verweigerung eines Vertragsabschlusses und somit die Möglichkeit besteht, die Vertragskonditionen den aus der Haftungsbeschränkung resultierenden Risikoeffekten anzupassen, sind die unfreiwilligen Gläubiger gerade dadurch gekennzeichnet, dass sie aufgrund fehlender Wahlmöglichkeit hinsichtlich des Unternehmens als ihr Schuldner ex ante nicht die Möglichkeit haben, sich vor den Gefahren des Forderungsausfalls zu schützen und eine entsprechende Risikokompensation auszuhandeln.[712] Erst durch eine unerlaubte, d.h. gerade nicht vom Konsens getragene Verletzungshandlung, entsteht die Beziehung zwischen diesen Gläubigern und dem Unternehmen.[713]

Grundsätzlich werden Verfügungsrechtseingriffe dieser Art vom Deliktsrecht erfasst und entsprechend sanktioniert.[714] Die Sanktionen greifen jedoch nur gegenüber dem Unternehmen;[715] die persönliche Inanspruchnahme aller Mitglieder und ihrer Agenten wird durch die Haftungsbeschränkung ausgeschlossen. Die Haftungsbeschränkung stellt somit sicher, dass das Privatvermögen der Anteilseigner (Mitglieder) und ihrer Agenten nicht angetastet wird, und ermöglicht es, aus zwingenden Haftungsregimen auszusteigen.[716] Soweit jedoch nur das Unternehmen haftet, steht dessen Solvenz im Mittelpunkt des Interesses. In diesen Gläubigerbeziehungen treten zwar keine ex ante Bewertungsrisiken auf, aber es geht hier ebenso um eine adäquate Vermögensausstattung des Unternehmens (als primären Anspruchsgegner). Damit sind auch hier zunächst ex post Opportunismus-Probleme angesprochen, nämlich die Verringerung des Vermögens des Unternehmens durch Verschieben von Vermögen an die Gesellschafter (Anteilseigner/Mitglieder) oder aber die Investitionen in risikoreichere Projekte.[717]

Jedoch muss darüber hinaus in Rechnung gestellt werden, dass der genaue Forderungsumfang eines deliktischen Gläubigers erst im Falle der konkreten Schädigung eingeschätzt werden kann und somit die Problematik des Entwertungsrisikos nicht im gleichen Gewand auftritt wie bei den vertraglichen Gläubigern. Das Regelungsproblem liegt hier vielmehr in einem Nichterfüllungsrisiko, das weder von den deliktischen Gläubigern noch von den Anteilseignern (Mitgliedern) oder ihren Agenten, letztlich von niemandem, ex ante, d.h. vor Schadenseintritt, konkret bewertet werden kann. Dass eine selbstständige vertragliche Sicherung der deliktischen Gläubiger gegen das Risiko des Forderungsausfalls ausscheidet, bedarf nun

---

712 Siehe oben II.4.c.ee.aaa.(2).

713 Siehe oben II.4.c.ee.aaa.(2) sowie *Lehmann* (1983), S. 92.

714 Siehe oben II.4.c.ee.aaa.(2).

715 Vgl. § 31 BGB, über den das Verschulden dem Unternehmen zugerechnet wird. Daneben besteht zwar noch ein eigener Anspruch gegen den Schädiger selbst, nicht jedoch gegen alle Mitglieder oder Entscheidungsträger des Unternehmens.

716 *Hansmann/Kraakman* (1991), S. 1879: "This rule [limited liability, *Anm. Verf.*] is generally acknowledged to create incentives for excessive risk-taking by permitting corporations to avoid the full costs of their activities"; vgl. auch *Kirchner* (2005a), S. 198.

717 Siehe oben II.2.c.ee.aaa.(2) sowie *Hertig/Kanda* (2004), S. 76.

keiner weiteren Erörterung. Die Erforderlichkeit eines (zwingenden) gesetzlichen Schutzes dieser Gläubigergruppe kann somit begründet werden.

Hinsichtlich der Regelungsprobleme sowohl der vertraglichen als auch der deliktischen Gläubiger bleibt insgesamt festzuhalten, dass sich durchaus Fälle angeben lassen, in denen ein zwingender gesetzlicher Schutz der Gläubiger angebracht erscheint. Damit ist aber nur ein Aspekt der Erforderlichkeit eines zwingend gesetzlichen Gläubigerschutzes herausgearbeitet.

Es verbleibt noch der zweite Aspekt der Erforderlichkeit, die Fragestellung also, welche staatlichen (zwingenden) Maßnahmen für diesen Schutz notwendig sind. Zum einen berührt dies die Frage nach dem Umfang eines solchen Schutzes – dem Regelungsniveau – zum anderen aber auch die Frage, inwieweit dies überhaupt eine gesellschaftsrechtlich zu bewältigende Problemkategorie ist. Angesprochen ist mit letzterem vor allem die Problematik des zweckmäßigsten oder auch transaktionskostengünstigsten, institutionellen Arrangements.

Da die deutschen Gläubigerschutzvorschriften an die dargelegten Regelungsprobleme der Gläubiger adressiert sind, kann zunächst im Rahmen der Wirkungsanalyse untersucht werden, inwieweit diese Vorschriften auch einen Problemlösungsmechanismus für diese Regelungsprobleme darstellen. Auf der Grundlage der in dieser Analyse erzielten Resultate lassen sich dann weitere Aussagen über die Wirkung der Rechtswahlfreiheit auf die Gläubiger entwickeln. Dabei soll außerdem einem bisher eher vernachlässigten Aspekt Aufmerksamkeit geschenkt werden, der Perspektive der Wählenden.

ff. Eine Wirkungsanalyse der Rechtswahlfreiheit

Nachdem das Regelungsproblem der Gläubiger herausgearbeitet wurde, geht es nachfolgend um die Wirkungsanalyse der Rechtswahlfreiheit unter dem Aspekt, welche Wirkung die durch Wahl einer englischen *private limited company* mit Verwaltungssitz in Deutschland bedingte Regelungsänderung auf die Gläubiger hat. Um zu Aussagen über die Wirkung der Rechtswahlfreiheit gelangen zu können, muss zunächst untersucht werden, inwieweit die von der Abwahl betroffenen deutschen Gläubigerschutzvorschriften des Gesellschaftsstatuts einen Problemlösungsmechanismus für die oben dargelegten Regelungsprobleme der Gläubiger bereitstellen.

Die (deutschen) Gläubigerschutzvorschriften sind wie bereits dargelegt im Zusammenhang mit der Anerkennung der eigenen Rechtspersönlichkeit einer juristischen Person und der Haftungsbeschränkung und möglichen daraus resultierenden Risiken – konkret dem sich dadurch „erhöhenden" Ausfallrisiko – für die Gläubiger zu sehen. Daher bilden Haftungsbeschränkung, Kapitalaufbringung und Kapitalerhaltung auch aus ökonomischer Sicht einen einheitlichen Problemkreis.[718] Damit stellt sich die Frage, inwiefern es die Kapitalaufbringung und die Kapitalerhaltungsvorschriften deutschen Zuschnitts vermögen, Gläubiger gegen die dargelegten Risiken

718 *Kirchner* (2004), S. 622.

eines ex ante und ex post Opportunismus der Anteilseigner und/oder ihrer Agenten abzusichern. Aus der Perspektive eines Wettbewerbs mündet dies in die Frage, was sich für die Gläubiger ändert bzw. welche Auswirkungen es auf die Gläubiger hat, wenn Haftungsbeschränkung *erstens* ohne ein gesetzlich vorgegebenes Mindestkapital und entsprechende Kapitalaufbringungsregeln und *zweitens* ohne zwingende (gesellschaftsrechtliche) Kapitalerhaltungsregeln gewährt wird. Unter diesen Aspekten lassen sich dann auch Aussagen über die Wirkung von gesetzlichem Mindestkapital und Kapitalerhaltungsregeln herausarbeiten. Aufgrund der unterschiedlichen Möglichkeiten einer vertraglichen Lösung ist bei der Untersuchung wiederum zwischen den vertraglichen (freiwilligen) und den deliktischen (unfreiwilligen) Gläubigern zu unterscheiden.

aaa. Das gesetzliche Mindestkapitalerfordernis (Stammkapital)

Für die *vertraglichen Gläubiger* geht es um die Frage, inwiefern ein gesetzlich vorgegebenes Mindeststammkapital und entsprechende Kapitalisierungsvorschriften dem Risiko eines Forderungsausfalls entgegenwirken können. Das gesetzlich geforderte Mindeststammkapital verlangt von den Anteilseignern ein gewisses Maß an Eigenkapitalisierung des Unternehmens, wobei die Kapitalaufbringungsvorschriften sicherstellen sollen, dass das satzungsmäßig ausgewiesene Stammkapital dem Unternehmen als Eigenkapital tatsächlich zufließt.

Zunächst lassen sich hier einige grundsätzliche Überlegungen zum Eigenkapital anbringen: Statten die Anteilseigner (Mitglieder) das Unternehmen mit Eigenkapital aus, treten die Anteilseigner (quasi) als Kreditgeber ihrer eigenen unternehmerischen Aktivitäten auf.[719] Aufgrund der Nachrangigkeit des Eigenkapitals gegenüber dem Fremdkapital[720] sichert das Eigenkapital das Fremdkapital gegen die Risiken aus den Verlusten von Unternehmensaktivitäten. Es wirkt darüber hinaus möglichem opportunistischem Verhalten der Anteilseigner und/oder des Managements, insbesondere der Investition in zu risikoreiche Projekte, entgegen.[721] Für die Fremdkapitalgeber (Gläubiger) sinkt dadurch das Risiko eines Forderungsausfalls.[722] Die Eigenkapitalausstattung baut zwar nicht direkt bestehende Informationsasymmetrien zwischen den Gläubigern und dem Unternehmen als Schuldner ab, wirkt aber bestehenden Unsicherheiten entgegen und verringert somit die Notwendigkeit der Vorsorge.

Betrachtet man vor diesem Hintergrund die gesetzlich statuierte Kapitalisierungspflicht des Unternehmens durch das gesetzlich vorgegebene Mindeststammkapital, ergibt sich Folgendes:

Das Stammkapital muss zum Zeitpunkt der Gründung (vollständig) aufgebracht sein und kann dann legal im Geschäftsbetrieb des Unternehmens verbraucht wer-

719 *Adams* (1991), S. 27; *Eidenmüller/Engert* (2005a), S. 105.
720 Vgl. dazu § 32 a GmbHG; *Wiedemann* (1980), § 10 I 1, S. 515.
721 *Kübler* (2003), S. 100; vgl. auch *Davies* (1998), S. 349.
722 Auch hier sei wieder der Hinweis gegeben, dass es nicht um eine vollständige Beseitigung des Ausfallrisikos geht; dies kann und soll nicht gewährleistet werden.

den.[723] Was bleibt, ist die Stammkapitalziffer, die aussagt, was mal da war, aber nicht mehr da sein muss. Ex post opportunistischem Verhalten der Anteilseigner, insbesondere dem Eingehen höherer Risiken, wirken diese Vorschriften nicht entgegen, denn das Problem der Investition in risikoreichere Projekte tritt insbesondere in Situationen auf, in denen die Anteilseigner (und ihre Agenten) „nichts mehr zu verlieren haben", da das Eigenkapital des Unternehmens (fast) vollständig aufgebraucht ist. Mindestkapitalvorschriften können das Eintreten solcher Situationen nicht verhindern, da sie geschäftliche Verluste eines Unternehmens nicht verhindern können.[724] Ebenso können sie ex post Vermögensverschiebungen zwischen dem Unternehmen und den Anteilseignern nicht vermeiden.[725] Daher werden auch die Unsicherheiten der Gläubiger bei der Kreditvergabeentscheidung durch diese Vorschriften nicht beseitigt.

Für die *deliktischen Gläubiger*, die sich nicht selbst gegen das Risiko eines Forderungsausfalls schützen können bzw. bei denen eine kalkulierte Risikoübernahme ausscheidet, steht die Solvenz des Unternehmens im Mittelpunkt. Grundsätzlich können gesetzliche Vorschriften, die eine bestimmte Vermögensausstattung des Unternehmens fordern, diese Gläubiger vor den Risiken eines Forderungsausfalls schützen. Wie bereits dargelegt, führen die Vorschriften über das Mindestkapital und die Kapitalaufbringung jedoch nicht zur Etablierung eines Haftungsfonds, sondern stellen nur die einmalige Aufbringung zum Zeitpunkt der Gründung sicher. Darüber hinaus ist in Rechnung zu stellen, dass gleichfalls die Etablierung eines Haftungsfonds durch das Unternehmen selbst, die Risiken dieser Gläubigergruppe nur bedingt vermindern würde, da der konkrete Schadensumfang erst zum Zeitpunkt des Schadenseintritts bestimmbar wird. Es steht somit in Frage, ob die deliktischen (unfreiwilligen) Gläubiger überhaupt eine gesellschaftsrechtlich zu bewältigende Problemkategorie sind. Damit ist die grundsätzliche Frage angesprochen, wie auf der staatlichen Regulierungsebene (*public ordering*) das Problem unterkapitalisierter Unternehmen hinsichtlich der Zwangsgläubiger bewältigt werden kann.

Zwei unterschiedliche Systeme sind in diesem Zusammenhang denkbar: zum einen ein Haftungsregime, zum anderen ein Versicherungsregime.[726]

Die derzeitigen Regelungen des deutschen Rechts orientieren sich an einem Haftungsregime, konkreter an einem Kombinationsmodell aus zivilrechtlicher Haftung und Sicherung der ökonomischen Werthaltigkeit dieses Anspruches.[727] Da vor allem jedoch ex ante das konkrete Haftungsrisiko des Unternehmens nicht be-

723 Siehe oben IV.2.c.aa.aaa.
724 *Davies* (1998), S. 353.
725 *Kirchner* (2005a), S. 197.
726 Vgl. *Kirchner* (2005a), S. 198; *Schön* (2004), S. 165; *Armour* (2000), S. 372; *Hertig/Kanda* (2004), S. 77. Diskutiert wird auch ein gesellschaftsrechtlicher Schutz mittels Durchgriff bzw. eine unbeschränkte (deliktische) Haftung der Anteilseigner für Ansprüche deliktischer Gläubiger. Für eine ausführliche Auseinandersetzung mit dem Durchgriffsansatz *Escher-Weingart* (2001), S. 137 ff.; für die unbeschränkte Haftung *Hansmann/Kraakman* (1991), S. 1879 ff.
727 *Kirchner* (2005a), S. 198

stimmbar ist, stellt ein solches Regime keine adäquate Problemlösung dar.[728] Das Problem der deliktischen Gläubiger kann daher adäquat nur über eine Versicherung gelöst werden.[729] Diese wäre dann als Pflichtversicherung auszugestalten, da die Unternehmen von sich aus kein Interesse an einer solchen Versicherung hätten. Über eine Pflichtversicherung kann dann auch ein konkretes Schadensereignis, dessen genauer Umfang ex ante unbekannt ist, versichert und damit abgesichert werden.

bbb. Das gesetzliche Kapitalerhaltungserfordernis

Die Kapitalerhaltungsvorschriften wirken den ex post Opportunismusproblemen, konkret dem ex post Entwertungsrisiko, entgegen, da sie verhindern, dass Vermögen vom Unternehmen an die Anteilseigner verschoben wird.[730] Eine spezifische Ausprägung des Kapitalisierungsgedankens findet sich in der Umqualifizierung von Gesellschafterleistungen in Eigenkapital, die damit auch der Kapitalerhaltung unterstehen. Diese Umqualifizierung ist adressiert an die ex post Opportunismus Probleme, die aus den ex post Informationsasymmetrien zwischen Anteilseignern und Gläubigern resultieren. Die Umqualifizierung in Eigenkapital kann dann ein Mechanismus sein, um dem Ausnutzen dieses Informationsvorsprungs entgegenzuwirken.[731] Existieren gesetzliche Kapitalerhaltungsvorschriften, entfällt für die *vertraglichen Gläubiger* die Notwendigkeit, einzelvertraglich entsprechende Absicherungen auszuhandeln. Ohne daraus bereits Aussagen über die Zweckmäßigkeit der deutschen Kapitalerhaltungsvorschriften, vor allem das Für und Wider einer zwingenden gesetzlichen Regelung, ableiten zu wollen, können gesellschaftsrechtlich geregelte Kapitalerhaltungsvorschriften einschließlich der dazu entwickelten Rechtsprechung als kollektive Regelungen des Verfassungsvertrages verstanden werden, die an die Stelle einzelvertraglicher Vereinbarungen treten.[732]

Da die Kapitalerhaltungsvorschriften den ex post Opportunismusproblemen der Unternehmen-Gläubiger-Beziehung entgegenwirken können, wird die Frage nach der Wirkung der Abwahl dieser Vorschriften respektive einer Regeländerung relevant. Es wurde bereits aufgezeigt, dass sich die vertraglichen Gläubiger in ihren bilateralen Austauschverträgen grundsätzlich selbst gegen die Gefahr der ex post Vermögensverschiebungen schützen können.[733] Die Diskussion, ob dies nun allen Gläubigern gleichermaßen möglich ist, soll an dieser Stelle nicht erneut eröffnet

---

728 Soweit eine Lösung über eine persönliche Haftung der Anteilseigner in Erwägung gezogen wird, dürfen auch die Anreize einer solchen Lösung für die wirtschaftliche Betätigung der Anteilseigner nicht unberücksichtigt bleiben.

729 Vgl. dazu *Kirchner* (2005a), S. 198; *Schön* (2004), S. 165; *Armour* (2000), S. 372; *Mülbert/Birke* (2002), S. 725.

730 Vgl. dazu auch *Engert* (2006), S. 302 f.; zur Frage nach der „Sinnhaftigkeit" von Kapitalerhaltungsregeln für den Fall, dass kein gesetzliches Mindestkapital (mehr) vorgeschrieben wäre *Eidenmüller* (2005a), S. 593.

731 Für eine weiterführende kritische ökonomische Analyse vgl. *Engert* (2004), S. 813–841.

732 Vgl. dazu *Armour* (2000), S. 368.

733 Das Beispiel für eine solche Möglichkeit bietet das US-amerikanische Recht mit den so genannten *covenants* in den *financial contracts*, vgl. dazu *Brealey/Myers* (1996), S. 494; *Schön* (2001), S. 78.

werden. Es wurde bereits dargelegt, dass die so genannten kleinen Gläubiger von den Sicherungen der großen Gläubiger profitieren können (Umbrella Effekt). Die Überlegungen zur Wirkung der Regeländerung fokussieren hier vielmehr auf einen anderen Aspekt.

Die etablierten deutschen Kapitalerhaltungsregelungen haben im Zeitverlauf nicht zuletzt durch die Rechtsprechung eine erhebliche Ausdifferenzierung erfahren, deren Funktionsweise den (deutschen) Gläubigern bekannt ist (Erfahrungswissen). Kommt es nun zu Regeländerungen dergestalt, dass Gläubiger entweder auf einen Selbstschutz angewiesen sind oder ausländische Regelungen, möglicherweise auch mit einem geringeren Schutzniveau, angewandt werden, kann sich der Schutz der Gläubiger vorübergehend erheblich verschlechtern, da ihnen entsprechendes Erfahrungswissen im Hinblick auf die Ausgestaltung ihrer risikoangepassten bilateralen Austauschverträge (Funktionsäquivalente) und der Funktions- und Wirkungsweise ausländischer Regelungen fehlt.[734]

Zum Zeitpunkt des Umschaltens von einem alten etablierten auf ein neues Regelungssystem entstehen aufgrund des fehlenden Erfahrungswissens hohe *set up* Kosten.[735] Jedoch werden im Zeitverlauf Lerneffekte auftreten, dadurch dass die Gläubiger nun Erfahrungen mit einer bestimmten rechtlichen Ausgestaltung machen und diese Erfahrung an andere Gläubiger weitergeben bzw. dadurch dass sich im Zeitverlauf auch für die neue Regelung eine entsprechend ausdifferenzierte Rechtsprechung ergibt. Damit verringern sich im Zeitablauf zugleich die Unsicherheiten. Frühe „Anwender“ einer bestimmten Regel erzeugen somit positive externe Effekte, wodurch die Kosten für spätere „Anwender“ sinken.[736] Allein aus dem Auftreten dieser *set up* Kosten und der möglichen vorübergehenden „Verschlechterung“ der Situation der Gläubiger kann aber noch nicht auf das Vorliegen eines die Beschränkung der Niederlassungsfreiheit rechtfertigenden Marktversagenstatbestandes geschlossen werden.

Zusammenfassend ist zunächst festzuhalten, dass ein gesetzlich vorgegebenes Mindestkapital weder die vertraglichen noch die deliktischen Gläubiger vor dem (unkalkulierten) Risiko eines Forderungsausfalls zu schützen vermag. Gleiches gilt bezüglich der Kapitalerhaltungsvorschriften hinsichtlich der deliktischen Gläubiger. Für diese Gläubigergruppe ist nach Problemlösungen außerhalb des Gesellschaftsrechts zu suchen. Konkret kommt eine Pflichtversicherung (*public ordering*) in Betracht. Hinsichtlich der vertraglichen Gläubiger kann durchaus festgestellt werden, dass Kapitalerhaltungsvorschriften grundsätzlich in der Lage sind, der ex post Risikoerhöhung durch Vermögensverschiebungen vom Unternehmen an die Anteilseigner entgegenzuwirken. Jedoch besteht für die vertraglichen Gläubiger die Möglichkeit, eine entsprechende Risikoabsicherung auch einzelvertraglich zu vereinbaren. Wogegen sich die vertraglichen Gläubiger jedoch nur schlecht(er)

---

734 Vgl. zu dieser Problematik *Klausner* (1995), S. 757–852; aber auch *Kirchner* (2004), S. 615.
735 Vgl. auch *Kirchner* (2004), S. 615, der in diesem Zusammenhang von Friktionskosten spricht.
736 *Klausner* (1995), S. 792 ff.; *Heine* (2003), S. 215; *Kirchner* (2004), S. 615 sowie S. 624 f.

selbst sichern können, ist das ex post Opportunismusproblem der Investition in risikoreichere Projekte, als dies bei Vertragsschluss in der Risikokalkulation zugrunde gelegt wurde. Eine Absicherung gegen dieses Problem können aber sogar gesetzliche (zwingende) Kapitalerhaltungsvorschriften nicht leisten.

ccc. Die Gläubigerschutzvorschriften im Wettbewerb – die Perspektive der Wählenden

(1) Vorüberlegungen

Werden die Gläubigerschutzvorschriften in den Wettbewerb miteinbezogen, stehen nunmehr Regelungen zur Abwahl, die die Anreize zu opportunistischem und strategischem Verhalten der Wählenden selbst reduzieren sollen. Die Gläubiger, um deren Schutz es geht, sind an dieser Wahlentscheidung nicht beteiligt, und genau darin werden Probleme und Risiken der Rechtswahl gesehen.[737] Auch die bisherigen Ausführungen in dieser Arbeit berücksichtigten vornehmlich die Perspektive der Gläubiger. Geht es jedoch um Wahlfreiheit und vor allem um Wettbewerbsaspekte, muss auch die Perspektive der Wählenden, d.h. der Nachfrager nach (präferenzgerechten) gesellschaftsrechtlichen Regelungen Berücksichtigung finden. Zu überlegen ist dabei insbesondere, ob sich gleichzeitig für die Wählenden Gründe angeben lassen, trotz bestehender Wahlfreiheit zwingende gläubigerschützende gesellschaftsrechtliche Regelungen nicht abzuwählen.

Es wurde bereits herausgearbeitet, dass der bilaterale Austauschvertrag den vertraglichen Gläubigern die Möglichkeit bietet, den Risiken eines Forderungsausfalls durch entsprechende Gestaltung Rechnung zu tragen. Zu berücksichtigen ist dabei, dass der Abbau von ex ante Informationsasymmetrien durch so genannte *Screening*-Mechanismen und die Aushandlung risikoangepasster Vertragbedingungen Kosten bei den Gläubigern verursachen. Die Höhe der anfallenden Kosten kann nun wiederum zwei mögliche Folgen haben:

Zum einen, dass die Gläubiger diese Kosten nicht aufbringen, den Schuldner daher durchschnittlichen Risikoklassen zuordnen und dementsprechende Risikoprämien bzw. Sicherungen verlangen werden. Unternehmen mit guter Bonität werden diese Risikoaufschläge aber als für ihr Risiko zu teuer einschätzen und von einem Vertrag absehen, auch wenn der Vertrag (die Kreditaufnahme) unter betriebswirtschaftlichen Aspekten grundsätzlich durchaus sinnvoll wäre.[738]

Zum anderen kann die Höhe der anfallenden Kosten die zu erwartenden Tauschgewinne aus der Transaktion übersteigen, sodass eine kalkulierte Risikoübernahme der Gläubiger verhindert wird und infolgedessen der Tausch (Vertragsabschluss) unterbleibt, weil der Gläubiger eine Übervorteilung befürchtet.[739] Darüber hinaus

---

737 Vgl. dazu nur die Diskussion um das *„race to the bottom"* oben III.4.

738 Unternehmen mit schlechter Bonität werden diese Risikoaufschläge hingegen gern annehmen. Zu dem dadurch (potenziell) eintretenden *advers selection*-Prozess und seinen Folgen, vgl. *Stiglitz/Weiss* (1981), S. 393 ff.; siehe ebenfalls *Armour* (2000), S. 359.

739 Vgl. *Wolff* (1999), S. 123.

ist in Rechnung zu stellen, dass die von den Gläubigern nachgefragten Risikoprämien (Risikozinsen/Risikoaufschläge) sowie die vertraglichen Sicherungen Kosten beim Unternehmen verursachen (Kapitalaufnahmekosten). Diese Kosten wiederum schlagen sich in den Korporationsgewinnen des Unternehmens und damit zugleich im Residuum der einzelnen Mitglieder nieder. Somit erlangt die Höhe dieser Kosten auch für den Schuldner (das Unternehmen) Relevanz.

Diese Überlegungen lassen den Schluss zu, dass auch die Unternehmen bzw. die Anteilseigner (und deren Agenten) grundsätzlich ein Interesse daran haben, dass die Risiken von den Gläubigern richtig eingeschätzt und die Vertragskonditionen diesen angepasst werden. Es geht somit für beide Seiten um die Verringerung von Kosten, die sich aus der Unsicherheit und damit verbundenen Opportunismusgefahren in den Tauschbeziehungen ergeben.

(2) Signalisierung (Signaling)

Neben den bereits beschriebenen *Screening*-Mechanismen sind auch *Signaling*-Mechanismen relevant. Die grundlegende Idee ist, dass der Schuldner als besser informierter Akteur seinerseits dazu beiträgt, bestehende Informationsasymmetrien, aus denen die Risiken der Transaktionsbeziehung resultieren, abzubauen. Ein solcher Mechanismus verursacht Kosten beim Schuldner.[740] Diese wird er jedoch grundsätzlich aufzubringen bereit sein, wenn sich dadurch seine Vertragskonditionen bei marktlichen Transaktionen verbessern, kurz, wenn das Signal zur Einsparung von Kosten führt, die ohne ein entsprechendes Signal anfallen würden. Gemäß dem Kosten-Nutzen-Kalkül des Schuldners muss dabei die Summe der Kosteneinsparungen jedoch die Summe der Kosten für das Signal übersteigen.

Ein solches Signal kann durch die Selbstbindung des Unternehmens gesendet werden. Die grundlegende Überlegung ist, dass eine eigene Handlungsbegrenzung den Akteur für seinen Transaktionspartner berechenbarer macht und Erwartungssicherheit herzustellen vermag, weil nunmehr das eigennützige, nur schwer kontrollierbare Verhalten für die Zukunft gebunden wird.[741] Solche Selbstbindungen müssen jedoch, um glaubwürdig und von Dauer zu sein, durch entsprechende Sanktionen geschützt werden,[742] denn trotz des prinzipiellen Interesses an der Vereinbarung besteht für die Parteien zugleich ein Anreiz, im konkreten Handlungsvollzug hiervon abzuweichen.[743]

Im Kontext der marktlichen Transaktionen von Unternehmen sind solche Handlungsbegrenzungen nun in zweierlei Richtung denkbar:

Erstens können diese Handlungsbegrenzungen durch das (ex ante) Angebot bestimmter Vertragsbedingungen im Rahmen der jeweiligen bilateralen Austausch-

740 Vgl. *Wolff* (1999), S. 123.
741 Vgl. dazu auch *Meyer, M.* (2004), S. 169 f., der dies im Rahmen der modelltheoretischen Konzeptualisierung als wechselseitiges Problem im Prinzipal-Agent-Verhältnis aufzeigt.
742 *Meyer, M.* (2004), S. 170.
743 *Meyer, M.* (2004), S. 170.

verträge selbst etabliert werden.[744] Die Glaubwürdigkeit wird dann durch die entsprechende Sanktionierung von Fehlverhalten durch den (staatlichen) Sanktionsmechanismus der Marktregulierungen erzeugt. Dieses Angebot von Handlungsbegrenzungen ist an die ex post Opportunismusprobleme adressiert, es entfaltet jedoch auch eine ex ante Signalwirkung. Beispiel dafür ist das Stellen so genannter „Geiseln“ (*hostages*), die gegen *moral hazard* während der Vertragslaufzeit wirken.[745]

Zweitens können solche Handlungsbegrenzungen aber ebenso im Rahmen der gesellschaftsvertraglichen Regelungen (korporativen Beziehungen) zwischen den Mitgliedern selbst etabliert werden, in dem sich die Mitglieder und ihre Agenten entweder durch eine entsprechende Ausgestaltung des Verfassungsvertrages oder aber auch durch die Wahl einer bestimmten (nationalen) Rechtsform mit sanktionsbewehrten zwingenden Regelungen Verhaltensbegrenzungen auferlegen – sich z.B. bestimmten Pflichten unterwerfen, an deren Nichteinhaltung Sanktionen geknüpft sind und somit „präventiv“ bestimmte Regeln wählen, um bereits potenziellen Vertragspartnern in den Außenbeziehungen zu signalisieren, dass ein bestimmtes Verhalten vermieden wird.[746] In beiden Fällen gleichermaßen führt die von der Handlungsbegrenzung ex post ausgehende ex ante Signalwirkung zum Abbau von Informationsasymmetrien und somit zur Etablierung von Erwartungssicherheit in der Transaktionsbeziehung.

Mit diesen Ausführungen ist jetzt nicht beabsichtigt, die Signalisierung in ihrer ganzen Bandbreite darzustellen.[747] Vielmehr konzentrieren sich die Ausführungen auf *agency-theoretische* Betrachtungen und sollen insbesondere verdeutlichen, dass auch die Unternehmen als besser informierte Vertragspartei ein Interesse daran haben (können), bestehende Informationsasymmetrien in ihren (potenziellen) Transaktionsbeziehungen abzubauen, indem sie ein Signal aussenden, um so dem Transaktionspartner spezifische Informationen zu übermitteln und damit ihre Vertragskonditionen zu verbessern bzw. ihre Kapitalkosten zu verringern. Die adäquate Risikobewertung und Risikoabsicherung einer Transaktion sind daher nicht ausschließlich als einseitiges Problem des Gläubigers, sondern als zweiseitiges Problem von Schuldner (Unternehmen bzw. Anteilseignern und ihren Agenten) und Gläubiger zu betrachten.[748]

Das Signalisierungspotenzial gesetzlicher Vorschriften kann nun wiederum im Kontext von Rechtswahlfreiheit und Wettbewerb für die Wählenden interessant

---

744 Vgl. in diesem Zusammenhang auch *Enriques/Macey* (2001), S. 1172.

745 Vgl. *Williamson* (1983), S. 519–540.

746 Vgl. *Roth, G.* (2005), S. 367 ff. sowie *Iacobucci* (2004), S. 321, der sich in seinem Beitrag jedoch von einer rein agency-theoretischen Betrachtung löst und auf die Signalisierung einer bestimmten Qualität abstellt.

747 Hier bereits ausgeblendet ist, dass mit der Wahl der Rechtsform auch eine bestimmte Qualität signalisiert werden kann, näher zu diesem Signalisierungsaspekt, *Iacobucci* (2004), S. 319–344; mit besonderer Berücksichtigung der deutschen Kapitalschutzvorschriften *Heine/Röpke* (2006), S. 138–160.

748 Vgl. dazu auch *Roth* (2005), S. 367 ff.

werden. Im Hinblick auf eine Integration deutscher gesellschaftsrechtlicher Gläubigerschutzvorschriften in den EU-weiten gesellschaftsrechtlichen Wettbewerb kann dann untersucht werden, inwieweit diese Vorschriften unter Kostenaspekten als Signal geeignet sind.

Auch diesbezüglich können und sollen vorliegend nur einige kurze Überlegungen angestellt werden, die sich auf die Frage beschränken, inwieweit durch die einzelnen Vorschriften Informationsasymmetrien, die hinsichtlich der Bewertung von Ausfallrisiken bestehen, abgebaut werden können. Da das Signal Kosten für das Unternehmen (den Schuldner) verursacht, wird es – unter betriebswirtschaftlichen Gesichtspunkten – bestimmte Signale nur wählen, wenn die Kosten für das Signal geringer sind als die Kosteneinsparung die sich aus einem Vergleich der Situation mit und ohne Signal ergeben.

(3) Die Signalwirkung des Mindeststammkapitals

Es wurde bereits dargelegt, dass eine Eigenkapitalbeteiligung der Anteilseigner den bestehenden Unsicherheiten in Transaktionsbeziehungen entgegenwirkt. Damit erlangt das Eigenkapital durchaus Relevanz hinsichtlich der Anbahnung und Aufrechterhaltung von (Finanzierungs-)Verträgen.[749]

Sehr verkürzt dargestellt: Ohne eigene Kapitalbeteiligung müssten die Anteilseigner mit höheren Entgeltforderungen (Risikozuschlägen) der Fremdkapitalgeber rechnen oder aber es käme kein Vertrag zustande.[750] Auch wenn die Anteilseigner kein originäres Interesse an einer eigenen Kapitalbeteiligung haben, kann dies jedoch zur Verbesserung ihrer Finanzierungskosten führen. Für die Anteilseigner kann daher durchaus ein Interesse bestehen, nicht nur entsprechendes Eigenkapital aufzubringen, sondern dies auch glaubwürdig zu signalisieren. Gesetzliche Mindestkapitalvorschriften und Kapitalaufbringungsvorschriften im Recht der GmbH zielen auf eine Eigenkapitalausstattung des Unternehmens.

Doch was genau kann dadurch signalisiert werden? Grundsätzlich wird durch das satzungsmäßig festgelegte Stammkapital nur ein Signal dahingehend ausgesendet, dass zum Zeitpunkt der Gründung eine bestimmte Kapitalisierung erfolgte. Dieses Kapital kann jedoch im normalen Geschäftsbetrieb insbesondere in Fällen des unternehmerischen Misserfolges aufgezehrt werden. Nicht völlig ausgeblendet werden soll, dass das Eigenkapital in Zeiten des unternehmerischen Erfolges aber ebenso anwachsen kann, nicht hingegen das Stammkapital.[751] Letzteres wäre nur durch eine entsprechende Kapitalerhöhung möglich. Der Informationsgehalt der Stammkapitalziffer für die Gläubiger ist in allen Fällen gleichermaßen gering. Im

---

749 Es ist nicht nur das Eigenkapital allein, sondern die Kapitalstruktur eines Unternehmens insgesamt, die Einfluss auf dessen Finanzierungsmöglichkeiten nimmt, vgl. dazu *Mayer/Sussman* (2001), S. 457–466; *Pagano/Volpin* (2001), S. 502–519. Es geht daher um eine spezifische Mischung von Eigen- und Fremdkapital, die die Finanzierungskosten (Kapitalaufnahmekosten) minimiert, vgl. dazu *Brealey/Myers* (1996), S. 474–505.

750 Vgl. *Kirchner* (2005a), S. 197; *Eidenmüller/Engert* (2005a), S. 105.

751 *Heermann* (2002), S. 31.

Ergebnis bedeutet dies, dass ein gesetzliches Mindestkapitalerfordernis als Signal untauglich ist, weil die tatsächliche Höhe der Eigenkapitalisierung eines Unternehmens nicht angezeigt werden kann; dass die Kosten für dieses (untaugliche) Signal den Nutzen aus dem Signal übersteigen.[752] Daher werden andere Mechanismen relevant, mit denen die Eigenkapitalausstattung eines Unternehmens glaubwürdig signalisiert werden kann.

(4) Die Signalwirkung der Kapitalerhaltung

Zu einer anderen Einschätzung der Signalwirkung kann man hingegen hinsichtlich der Kapitalerhaltungsregeln einschließlich des Eigenkapitalersatzrechts, das durch die Rechtsprechung eine erhebliche Ausdifferenzierung erfahren hat und immer wieder gegen Umgehungsversuche abgesichert wurde,[753] kommen. Sanktionsbedrohte Kapitalerhaltungsregeln können glaubwürdig eine ex post Handlungsbegrenzung signalisieren und somit bestehende ex post Informationsasymmetrien und daraus resultierende ex post Gefahren einer Risikoerhöhung entgegenwirken. Für die Gläubiger entfällt damit die Notwendigkeit einer eigenständigen vertraglichen Absicherung, was insbesondere für kleine Gläubiger mit geringem Transaktionsvolumen relevant wird.

Grundsätzlich kann somit durch die Wahl eines sanktionsbedrohten Kapitalerhaltungsregimes ein glaubwürdiges Signal gesendet werden. Unter Kostenaspekten – Kosten für das Signal und Kosteneinsparung durch das Signal – stellt sich dann die Frage nach der zweckmäßigsten Ausgestaltung eines solchen Regimes. Es geht also um die Frage oder vielmehr um die „Suche“ nach dem transaktionskostengünstigsten institutionellen Arrangement. Hier könnte man nun wieder argumentieren, dass die genauen Kosten verschiedener – potenzieller und tatsächlicher – institutioneller Gestaltungsvarianten wohl niemand so genau kennt und gleichzeitig die Frage nach der zweckmäßigsten Ausgestaltung auf statischem Wege nicht eindeutig beantwortet werden kann.[754] Die Überlegung ist daher, die Frage der zweckmäßigsten Ausgestaltung dem Wettbewerb als Entdeckungsverfahren zu überlassen. Wettbewerb setzt aber – eine mittlerweile fast schon triviale Einsicht – voraus, dass die Akteure die Wahl zwischen verschiedenen Kapitalerhaltungsregimen haben. Wird ein bestimmtes Kapitalerhaltungsregime, wie bei der GmbH, zwingend vorgeschrieben, scheint auf den ersten Blick der Wettbewerb als Entdeckungsverfahren ausgeschlossen. Aus der Wettbewerbsperspektive läge daher die Forderung nahe, Kapitalerhaltung dispositiv auszugestalten und auf diesem Wege unterschiedliche Gestaltungsoptionen zuzulassen. Die Forderung nach dispositiver Ausgestaltung eines Kapitalerhaltungsregimes ließe sich zudem noch untermauern mit dem Argument, dass Kapitalerhaltungsvorschriften auch einzelvertraglich ver-

---

752 Vgl. auch *Kirchner* (2005a), S. 197.

753 Vgl. die Quellenhinweise in Fn. 481 und Fn. 500.

754 Vgl. nur die Diskussion um die Frage nach den Vor- und Nachteilen situativer oder nominalkapitalorientierter Ausschüttungssperren, so u.a. *Mülbert* (2004), S. 159 ff.; *Schön* (2004), S. 168 ff.; *Eidenmüller* (2005a), S. 594; aber auch *Engert* (2006), S. 296 ff., insbesondere S. 310 ff.

einbart werden könnten und damit zwingende rechtliche Regelungen normativ nicht zu rechtfertigen wären.[755]

Unter Signalisierungsgesichtspunkten ist jedoch zu berücksichtigen, dass der Wert eines Signals steigt, wenn es standardisiert wird, d.h. standardisierte Informationen durch das Signal an den Rechtsverkehr ausgesendet werden. Zwingende gesetzliche Regelungen führen zu einer solchen Standardisierung und damit auch zur Verringerung von *Screening*-Kosten für die Gläubiger. Daher ließe sich hier argumentieren, dass eine zwingende staatliche Regelung die Vertragsbeziehung zwischen den Vertragsparteien verbessern kann. Womit nun die Frage nach einer Lösung verbleibt, die einerseits Wahlmöglichkeiten eröffnet und der Privatautonomie Rechnung trägt, andererseits aber auch den Informationswert von Signalen erhöht und letztlich dadurch kostensenkend wirkt.

Eine Lösung über zwingende gesetzliche Regelung scheint auf den ersten Blick ausgeschlossen, denn zwingendes Recht beschränkt die Privatautonomie und verhindert eine abweichende einzelvertragliche Gestaltung. Bezieht man in diese Überlegungen jedoch die sich nunmehr aus dem Wettbewerb von Teilrechtsordnungen selbst eröffnenden Möglichkeiten ein, ließe sich wie folgt argumentieren:

Auf der nationalen Ebene schaltet zwingendes (nationales) Recht die Privatautonomie und somit die Vertragsfreiheit aus. Optionscharakter können aber ebenfalls zwingende Kapitalschutzregime auf der Ebene des Regulierungswettbewerbs erhalten, wenn nämlich Wahlfreiheit zwischen den verschiedenen (zwingenden) nationalen Regimen hergestellt wird (Parteiautonomie/Exit-Option). Dann wird der Parteiwille über das zwingende Recht gestellt und es wird der durch die zwingenden Vorschriften den Wählenden genommene Dispositionsspielraum hinsichtlich der Abbedingung einzelner Normen auf der Ebene der Rechtswahl (Regulierungswettbewerb) wieder eröffnet.[756] Die Rechtswahlfreiheit ermöglicht es den Wählenden dann beispielsweise auch, zwingende deutsche gesellschaftsrechtliche Regelungen zu vermeiden. Zwei wichtige Bedingungen sind dabei:

Zum einen, dass die Wahlmöglichkeiten der Akteure nicht beschränkt werden, d.h. Rechtsnachfrager (dauerhaft) die Möglichkeit haben müssen, aus bestimmten Regimen herauszuoptieren.

---

755 So auch *Mülbert* (2004), S. 157: „Wollte also der Gesetzgeber den Parteien die Kosten des Aushandelns von *financial covenants* ersparen, würde es genügen, das gesetzliche Kapitalschutzregime als Optionsmodell verfügbar zu machen."; vgl. auch *Armour* (2000), S. 367.

756 Diese Überlegungen liegen auch in einem völlig anderen Kontext den Entscheidungsgründen des EuGH im Urteil *Alsthom Atlantique* zugrunde. In dem Fall sah die Verkäuferin in der strengen französischen Verkäuferhaftung eine Ausfuhrbeschränkung i.S.v. Art. 29 EG. Das lehnte der EuGH ab und stützte seine Entscheidung u.a. auf die Erwägung, dass die Parteien eines internationalen Kaufvertrages das anwendbare Recht wählen und somit zugleich französische Verkäuferhaftung vermeiden können, EuGH v. 24.11.1991 – Rs. C-339/89, Slg. 1991, I-107, Rdn. 14; vgl. dazu auch *Riesenhuber* (2003), Rdn. 92 ff.

Zum anderen, dass der Wettbewerb dauerhaft offengehalten werden muss, d.h. es den Staaten als Rechtsanbietern frei stehen muss, ihr eigenes Angebot fortzuentwickeln und beispielsweise dispositive Regime anzubieten.[757]

Können die wählenden Akteure aus bestimmten zwingenden Regimen herausoptieren, wird die auf der nationalen Ebene eingeschränkte Privatautonomie durch die nunmehr eröffnete Parteiautonomie ersetzt und ermöglicht eine präferenzgerechte Rechtswahl bei gleichzeitigem Erhalt möglicher Kostenvorteile eines standardisierten Signals.[758] In dem durch diese Rechtswahl angestoßenen Wettbewerbsprozess kann wiederum Wissen über die präferenzgerechte Ausgestaltung von rechtlichen Regelungen, so auch beispielsweise über die zweckmäßigste Ausgestaltung eines Kapitalerhaltungsregimes gewonnen werden.

ddd. Ergebnis

Zusammenfassend bleibt insbesondere festzuhalten, dass die richtige Risikobewertung einer Transaktion nicht nur ein Problem des Gläubigers, sondern auch grundsätzlich ein Problem des Schuldners ist. Auch für den Schuldner besteht ein grundsätzliches Interesse daran, die aus den Erwartungsunsicherheiten entstehenden Kosten zu minimieren. Ein möglicher Mechanismus dafür ist die Signalisierung. Während aus betriebswirtschaftlicher Sicht die Signalwirkung der deutschen Mindestkapital- und Kapitalaufbringungsvorschriften sehr gering ist, können Kapitalerhaltungsregelungen grundsätzlich als ein glaubwürdiges Signal gesehen werden. Dann verbleibt jedoch – vor allem unter Kostengesichtspunkten – die Frage nach der zweckmäßigsten Ausgestaltung der Kapitalerhaltungsregeln. Diese Frage kann dem Wettbewerb als Entdeckungsverfahren überlassen werden. Die Entdeckung der zweckmäßigsten institutionellen Gestaltung im Wettbewerb ist jedoch nur möglich, wenn dieser Wettbewerb zugleich funktionsfähig ist.

Während für die deutschen Gläubigerschutzvorschriften des Gesellschaftsstatuts, insbesondere die Kapitalaufbringungs- und -erhaltungsvorschriften, dargelegt werden konnte, dass ihre Integration in den EU-weiten gesellschaftsrechtlichen Wettbewerb nicht zu einem Wettbewerbsversagen führt, verbleibt als letzter Schritt dieser Arbeit zu untersuchen, ob die unterschiedlichen nationalen Teilrechtsordnungen so miteinander kompatibel sind, dass eine funktionsfähige Gesamtrechtsordnung hergestellt werden kann. Ausgewählten Bereichen, die insbesondere unter Gläubigerschutzgesichtspunkten Relevanz erlangen, wendet sich der nachfolgende Abschnitt zu.

gg. Die Kompatibilität von Teilrechtsordnungen

Sowohl bei der Wahl einer ausländischen Rechtsform als auch bei einer nachträglichen grenzüberschreitenden Verwaltungssitzverlegung eines Unternehmens sind

---

757 Vgl. zu dieser Bedingung auch oben III.3.
758 Siehe zu der Frage, ob sich zwingende Regelungen auch jenseits der traditionellen Marktversagensargumente begründen lassen *Aghion/Hermalin* (1990), S. 381–409.

Satzungs- und Verwaltungssitz nicht identisch. Durch dieses Auseinanderfallen von Verwaltungs- und Satzungssitz können nunmehr im Rahmen der wirtschaftlichen Aktivitäten von Unternehmen, insbesondere bedingt durch unterschiedliche kollisionsrechtliche Anknüpfungen, verschiedene nationale (Teil-) Rechtsordnungen betroffen sein.

Versteht man zwingende rechtliche Regelungen als Problemlösungsmechanismen für Regelungsprobleme aufgrund von Marktversagenstatbeständen, stellt sich dann die Frage, ob bei einem Zusammenwirken von solchen zwingenden rechtlichen Regelungen der Teilrechtsordnungen verschiedener nationaler Rechtsordnungen Inkompatibilitäten auftreten.

Inkompatibilitäten können insbesondere dadurch auftreten, dass die nationalen Rechtsordnungen jeweils unterschiedliche Mechanismen für eine Problemlösung bereitstellen und/oder Mechanismen aus verschiedenen, aufeinander abgestimmten Elementen bestehen, die sowohl innerhalb einer nationalen Rechtsordnung als auch im Vergleich zu anderen Rechtsordnungen in kollisionsrechtlich unterschiedlichen Rechtsgebieten (Statuten) angesiedelt sind. Aus der rechtlichen Perspektive entstehen solche Inkompatibilitäten dadurch, dass durch das Zusammenwirken verschiedener nationaler Teilrechtsordnungen rechtlich widersprüchliche Regelungen, Regelungslücken und/oder Überregulierungen auftreten. Somit kann die Leistungsfähigkeit eines Problemlösungsmechanismus durch Effekte anderer Teilrechtsordnungen beeinträchtigt werden.

Für den Wettbewerb als Entdeckungsverfahren, in dem es um die Generierung von Wissen über die zweckmäßigste Problemlösung geht, hat dies dann zur Folge, dass Aussagen über die Systemleistung verwässert werden. Verdeutlicht werden kann diese Problematik am Gläubigerschutz. Sind nämlich die einzelnen Elemente eines nationalen Gläubigerschutzkonzepts in unterschiedlichen Teilrechtsordnungen geregelt und dadurch aus der kollisionsrechtlichen Perspektive unterschiedlichen Statuten, wie dem Gesellschaftsstatut, Insolvenz- und Deliktsstatut, zugeordnet und erfasst die Wahlentscheidung der Akteure, weil begrenzt auf das Gesellschaftsstatut, nicht die Konzepte in ihrer Gesamtheit, kann die Veränderung bzw. der Wegfall einzelner Systemelemente durch die Geltung etwa des Delikts- oder Insolvenzrechts des Verwaltungssitzstaates zu Inkonsistenzen führen. Dadurch wird die Systemleistung insgesamt herabgesetzt. Aus der Perspektive des Gläubigerschutzes erlangt dies insbesondere Bedeutung, wenn beim Zusammenwirken verschiedener nationaler Teilrechtsordnungen Regelungslücken entstehen und dadurch Marktversagenstatbestände auftreten. Für die dieser Arbeit zugrunde gelegten Fallkonstellation geht es dann konkret um die Frage, ob bei der Wahl einer englischen *private limited* in Deutschland Marktversagenstatbestände auftreten, die bei der Wahl dieser Rechtsform in England nicht auftreten oder dort Gegenstand zwingender rechtlicher Regelungen sind, die jedoch nicht dem Gesellschaftsstatut unterliegen und somit auch nicht von der Rechtswahlentscheidung erfasst werden.

Der bisherige Problemaufriss erfasst vordergründig die Perspektive der Gläubiger bzw. des Gläubigerschutzes. Das Problem von Inkompatibilitäten hat grundsätzlich jedoch noch einen weiteren Aspekt, nämlich die Beschränkung der Wahlfreiheit und damit des Wettbewerbs durch die Anwendung von zwingenden rechtlichen Regelungen anderer Teilrechtsordnungen auf ausländische Gesellschaften. Es geht mithin auch um die Berücksichtigung der Perspektive der Wählenden. Kommt es durch das Zusammenwirken von zwingenden rechtlichen Regelungen der Teilrechtsordnungen verschiedener nationaler Rechtsordnungen zu Überregulierungen oder aber auch zu rechtlich widersprüchlichen Regelungen, kann daraus eine Einschränkung der Rechtswahlfreiheit und somit des Wettbewerbs folgen, weil der Wahlakt durch das Anwenden von Vorschriften nationaler Teilrechtsordnungen, die nicht von der Abwahl betroffen sind, überlagert wird. Infolgedessen wird dann nicht mehr ausschließlich das präferenzgerechte Rechtsangebot gewählt. Die Funktionsfähigkeit eines Wettbewerbs hängt somit gleichfalls von der Anschlussfähigkeit der gewählten Teilrechtsordnung an die anderen Teilrechtsordnungen des Zuzugstaates ab.

Die nachfolgenden Ausführungen fokussieren zunächst auf die Perspektive des Gläubigerschutzes. Die in diesem Zusammenhang erzielten Ergebnisse und Aussagen sind dann jedoch auch aus der Perspektive der Wählenden näher zu betrachten. Im Ergebnis geht es darum, die Interessen des Gläubigerschutzes mit den Interessen der Wählenden in Einklang zu bringen.

Die Gewährleistung der Funktionsfähigkeit des Wettbewerbs ist Aufgabe der Meta-Ordnung. Die Niederlassungsfreiheit des EG wurde bereits als Metaregel für den Wettbewerb herausgearbeitet. Auch im Kontext der Inkompatibilitäten zeigt sich wieder die Integrationswirkung der Niederlassungsfreiheit: Zwar wird der Gläubigerschutz als „zwingender Belang des Allgemeininteresses" anerkannt,[759] jedoch fordert der Grundsatz der gegenseitigen Anerkennung grundsätzlich, dass nationale Wertungsunterschiede und unterschiedliche Regelungsniveaus hinsichtlich des Gläubigerschutzes akzeptiert werden.[760] Eine Grenze ist jedoch dann aufgezeigt, wenn es zu Inkompatibilitäten zulasten des Gläubigerschutzes zwischen verschiedenen Teilrechtsordnungen kommt. Aus der Gläubigerschutzperspektive geht es vorrangig um die Identifizierung von Regelungslücken. Solche Regelungslücken können aber grundsätzlich nur dann auftreten, wenn ebenso die Herkunftsrechtsordnung eine entsprechende Regelung enthält, die jedoch außerhalb des Gesellschaftsstatuts angesiedelt ist und dadurch von der Wahlentscheidung nicht erfasst wird. Ökonomisch gewendet heißt das, dass Regelungslücken nur dann entstehen können, wenn Marktversagenstatbestände in der Herkunfts- und in der Zuzugrechtsordnung gleichermaßen identifiziert und staatlich geregelt werden.

Für die im Kontext der Niederlassungsfreiheit relevante Frage nach der Anwendbarkeit zwingender nationaler Regelungen des Zuzugstaates resultiert daraus Folgendes:

---

759 Vgl. oben IV.2.c.dd.
760 Siehe dazu oben IV.1.a.bb.(1) (d), IV.1.b. und IV.2.c.dd.

Unter Kompatibilitätsaspekten ergibt sich ein starkes Argument für die Anwendbarkeit nationaler Regelungen des Zuzugstaates, wenn im Recht des Herkunftsstaates eines Unternehmens ein Problem als regelungsbedürftig identifiziert und daher einer entsprechenden zwingenden rechtlichen Regelung unterstellt wird. Diese konkrete rechtliche Regelung wird dann aber von der Rechtswahl nicht erfasst. Jedoch bleibt die Niederlassungsfreiheit in diesen Fällen der Maßstab für das Anwenden der nationalen Regelungen des Zuzugstaates, denn es gilt, auch die Perspektive der Wählenden zu berücksichtigen. Und aus dieser ist nicht jegliche rechtliche Regelung des Zuzugstaates für die Lückenfüllung geeignet und erforderlich. Daher ist die Anwendung zwingender rechtlicher Regelungen des Zuzugstaates, sofern von ihr eine Beschränkung der Niederlassungsfreiheit ausgeht, nur in dem Maße möglich, wie diese nach dem 4-Konditionen-Test[761] gerechtfertigt ist.

Für die Anwendbarkeit zwingender rechtlicher Regelungen anderer Teilrechtsordnungen auf ausländische Gesellschaften stellt die Niederlassungsfreiheit somit den Maßstab dar, denn die Geltung der Niederlassungsfreiheit ist nicht auf das Gesellschaftsstatut begrenzt. Vielmehr ist sie unabhängig von der kollisionsrechtlichen Anknüpfung und es ist daher auch der Gebrauch zwingender rechtlicher Regelungen außerhalb des Gesellschaftsstatuts an der Niederlassungsfreiheit zu messen. Denn Beschränkungen der Niederlassungsfreiheit und damit der Rechtswahlfreiheit und des Wettbewerbs können sich nicht nur aus der Anwendung nationaler Vorschriften im Rahmen des Gesellschaftsstatuts (im Wege der so genannten Sonderanknüpfungen) ergeben, sondern auch aus der Anwendung nationaler Vorschriften anderer Teilrechtsordnungen, d.h. zwingender rechtlicher Regelungen, die unter kollisionsrechtlichen Aspekten anderen Statuten als dem Gesellschaftsstatut zugeordnet werden. Eine Einschränkung ist jedoch insofern geboten, als nicht alle rechtlichen Regelungen des Zuzugstaates dem Beschränkungsverbot und damit dem Rechtfertigungserfordernis unterliegen, denn ausländische Rechtsformen sind dem „allgemeinen Verkehrsrecht", d.h. den Marktregulierungen des Zuzugstaates unterworfen, die nicht diskriminierend angewendet werden dürfen.[762]

Insbesondere hinsichtlich der Anwendung nationaler rechtlicher Regelungen anderer Teilrechtsordnungen des Zuzugstaates ist dann der Frage nachzugehen, ob diese eine Marktzutrittsbeschränkung darstellen, da sie einen Eingriff in die Subjekteigenschaft (Eingriff in die korporativen Strukturen) zur Folge haben und somit dem Beschränkungsverbot unterstehen, oder ob diese Regelungen nur eine tätigkeitsbezogene Beschränkung darstellen und einem bloßen Diskriminierungsverbot unterliegen.

Die dargelegten Probleme sollen nachfolgend wieder am konkreten Beispiel der nach Deutschland ziehenden *private limited company* untersucht werden. Zunächst geht es dann um die (kollisionsrechtliche) Frage, welche nationale Rechtsordnung

761 Siehe oben IV.1.a.bb.bbb.(1).
762 *Horn* (2004), S. 899; *Schanze/Jüttner* (2003b), S. 667: Wird durch diese Verkehrsregeln jedoch der freie Marktzugang wesentlich behindert, unterliegen auch diese Regeln dem Beschränkungsverbot. Siehe auch oben IV.1.b.

für die Statute außerhalb des Gesellschaftsstatuts angewandt werden und inwieweit hier Wahlmöglichkeiten bestehen. Dann kann die Frage nach der Kompatibilität näher untersucht werden. Die Untersuchung beschränkt sich dabei jedoch darauf, den Kompatibilitätsaspekt an ausgewählten Regelungen zu verdeutlichen. Wie bereits dargestellt und mehrfach erwähnt, kommt dem Insolvenzrecht beim Gläubigerschutz nach englischem Recht eine bedeutende Rolle zu, aber auch das deutsche Recht schützt die Gläubiger durch insolvenz- sowie deliktsrechtliche Regelungen. Daher soll dem Insolvenz- und dem Deliktsrecht nachfolgend besondere Aufmerksamkeit geschenkt werden.

aaa. Das Insolvenzrecht

Inkompatibilitäten können sich als Problem des Wettbewerbs von Teilrechtsordnungen überhaupt nur ergeben, wenn Teilrechtsordnungen aus verschiedenen nationalen Rechtsordnungen angeschlossen werden müssen. Während für das Gesellschaftsstatut die Gründungsrechtsordnung maßgeblich ist,[763] ist die maßgebliche Rechtsordnung für die Insolvenz bzw. das anwendbare nationale Insolvenzrecht gesondert zu ermitteln.

(1) Die einschlägige Rechtsordnung

Für die Frage des anwendbaren Insolvenzrechts ist in der Europäischen Union mit Ausnahme Dänemarks die Europäische Insolvenzverordnung (EuInsVO)[764] maßgeblich. Zunächst regelt Art. 3 Abs. 1 EuInsVO die Internationale Zuständigkeit. Die Frage nach dieser Zuständigkeit und die nach dem anwendbaren Recht sind nicht voneinander zu trennen, denn es gilt der Grundsatz der lex fori concursus (Insolvenzstatut): Das Insolvenzverfahren und seine Wirkungen werden vom Recht des Staates geregelt, in dem das Verfahren eröffnet wird (vgl. 4 EuInsVO).[765] In ihrem Geltungsbereich ersetzt die Verordnung das Kollisionsrecht der einzelnen Mitgliedstaaten durch eine einheitliche Regelung. Die Verweisungen der Verordnung auf nationales Recht sind Sachnormverweisungen; es gilt das unmittelbar berufene Sachrecht des betreffenden Mitgliedstaates.[766] Für die Frage nach der Kompatibilität von Teilrechtsordnungen bleibt zunächst festzuhalten, dass sich die Insolvenz einer ausländischen Kapitalgesellschaft (juristischen Person) im Schnittpunkt von Internationalem Insolvenzrecht und Internationalem Gesellschaftsrecht vollzieht; der Regelungsbereich der lex fori concursus ist von dem Gesellschaftsstatut abzugrenzen.[767]

Die EuInsVO weist in Art. 3 Abs. 1 S. 1 die Eröffnungszuständigkeit einem nationalen Gericht desjenigen Mitgliedstaates zu, „in dessen Gebiet der Schuldner

---

763 Siehe oben IV.1.a.bb.(1)(d) und IV.1.b.

764 Verordnung (EG) Nr. 1346/2000 des Rates über Insolvenzverfahren vom 29. Mai 2000, ABl. EG Nr. L 160, S. 1 v. 20.6.2000.

765 *Schack* (2002), Rdn. 1086; *Siehr* (2001), § 55, S. 539.

766 *Huber, P.* (2001), S. 151; *Grundmann* (2004), § 4, Rdn. 133.

767 *Ebenroth* (1988), S. 142; *Schack* (2002), Rdn. 1086.

den Mittelpunkt seiner hauptsächlichen Interessen hat" (*centre of main interest*). Als Interessenmittelpunkt soll der Ort gelten, an dem der Schuldner gewöhnlich der Verwaltung seiner Interessen nachgeht und damit für Dritte feststellbar ist.[768] Mit Interessen sind die wirtschaftlichen Interessen gemeint.[769] Dieser tatsächliche Interessenmittelpunkt wird in der Regel mit dem effektiven Verwaltungssitz i.S. der Sitztheorie identisch sein.[770] Für eine englische *private limited company* mit Verwaltungssitz in Deutschland ergibt sich aus dieser Regelung die Zuständigkeit deutscher Gerichte und damit die Anwendbarkeit deutschen Insolvenzrechts.[771] Womit dann auch die Frage der Kompatibilität präzisiert werden kann: Es geht dann um das Zusammenwirken von englischem Gesellschaftsrecht und deutschem Insolvenzrecht.

In diesem Zusammenhang sei jedoch noch auf Art. 3 Abs. 1 S. 2 EuInsVO hingewiesen. Diese Vorschrift enthält eine Vermutungsregel für Gesellschaften (und juristische Personen), wonach bis zum Beweis des Gegenteils der Satzungssitz als Mittelpunkt ihrer hauptsächlichen Interessen angenommen wird. Die widerlegliche Vermutungsregel in Art. 3 Abs. 1 S. 2 EuInsVO soll, da die genaue Bestimmung des Mittelpunktes der Interessen des Schuldners Schwierigkeiten bereiten kann, die Bestimmung erleichtern.[772] Jedoch entbindet die Vermutungsregel das Gericht nicht von seiner Pflicht, den tatsächlichen Interessenmittelpunkt des Schuldners von Amts wegen zu ermitteln. Wenn der so bestimmte tatsächliche Interessenmittelpunkt in einem anderen Staat als dem des Satzungssitzes liegt, ist die Vermutungsregel widerlegt;[773] auf den satzungsmäßigen Sitz kommt es somit letztlich nur an, wenn sich kein tatsächlicher Interessenmittelpunkt feststellen lässt.[774]

---

768 *Huber, P.* (2001), S. 140; zur Diskussion um die Feststellung des *Centre of Main Interest* (COMI) vgl. u.a. *Mankowski* (2005), S. 368–373 sowie *Pannen/Riedemann* (2004), S. 646–651.

769 *Huber, P.* (2001), S. 140.

770 *Huber, P.* (2001), S. 141.

771 Zu (möglichen) Anknüpfungsfragen in diesem Kontext für den Fall masseloser Insolvenzen, in dem gerade kein Insolvenzverfahren eröffnet wird, vgl. *Eidenmüller* (2005b), S. 1621.

772 *Huber, P.* (2001), S. 140 f.

773 *Huber, P.* (2001), S. 141.

774 *Schack* (2002), Rdn. 1060; *Huber, P.* (2001), S. 141: Die Vermutung erlangt dann Bedeutung als Zweifelsregel. An dieser Stelle soll jedoch noch auf einen weiteren Punkt aufmerksam gemacht werden: Insbesondere unter dem Aspekt des Gläubigerschutzes und potenzieller Kompatibilitätsprobleme stellt sich jedoch die Frage, ob nicht in Anpassung an die EuGH-Entscheidungen die gerichtliche Zuständigkeit und damit auch das Insolvenzverfahren an den Errichtungsort, d.h. den Satzungssitz angeknüpft werden sollte. So die grundsätzlichen Überlegungen von *Meilicke* (2003), S. 1272. Auf den ersten Blick ist dieser Überlegung etwas abzugewinnen, da so gewährleistet wäre, dass auch die insolvenzrechtlichen Elemente des Gläubigerschutzkonzepts der Gründungsrechtsordnung zur Anwendung kämen. Bei diesen theoretischen Überlegungen darf dann jedoch auch nicht der praktische Gehalt einer solchen Lösung außer Acht gelassen werden. Die Gläubiger, um deren Schutz es geht, sind bei einer solchen Lösung auf ein Verfahren in einer ihnen nicht vertrauten Rechtsordnung verwiesen, was sich bei Gesellschaften, deren einziger Bezug zur englischen Rechtsordnung die Rechtsform ist, für die Gläubiger als ein so großer Nachteil erweisen kann, dass er die Vorteile einer solchen Lösung auf- möglicherweise sogar überwiegt.

(2) Die Gläubigerschutzvorschriften des Insolvenzstatuts

Im Weiteren ist nun zu untersuchen, welche gläubigerschützenden Regelungen der deutschen Rechtsordnung dem Insolvenzstatut zugeordnet werden, d.h. als insolvenzrechtliche zu qualifizieren sind. Denn die insolvenzrechtliche Qualifikation bedeutet, dass diese Regelungen nicht von der gesellschaftsrechtlichen Rechtswahl erfasst werden, und es stellt sich dann die Frage, ob sie auch unter Geltung der Niederlassungsfreiheit auf ausländische Kapitalgesellschaften Anwendung finden. Unter Kompatibilitätsaspekten geht es um die Frage, ob die Gläubigerschutzelemente des ausländischen Gesellschaftsstatuts kompatibel mit den insolvenzrechtlichen Elementen des deutschen Gläubigerschutzes sind. Bei dieser Frage sind sowohl die Gläubigerschutzinteressen als auch die Interessen der Wählenden zu berücksichtigen.

Gemäß Art. 4 Abs. 1 EuInsVO gilt für das Insolvenzverfahren und seine Wirkungen das Insolvenzrecht des Mitgliedstaates, in dem das Verfahren eröffnet wurde (lex fori concursus). Ergänzt wird die Regelung des Art. 4 Abs. 1 durch Art. 4 Abs. 2 EuInsVO, in dem das Recht des Staates der Verfahrenseröffnung als maßgeblich insbesondere für die nicht abschließend aufgezählten Regelungsgegenstände statuiert wird. Ausnahmeregelungen zu Art. 4 finden sich in Art. 5–15 EuInsVO. Hinsichtlich der Bestimmung der Regelungsbereiche des Insolvenzstatuts taucht nun wieder die Frage auf, welche Normen bzw. rechtlichen Regelungen als insolvenzrechtlich einzuordnen sind und somit nach Maßgabe der EuInsVO zur Anwendung kommen. Diese Frage erlangt insbesondere im Hinblick auf die Kompatibilität von englischem Gesellschaftsrecht und deutschem Insolvenzrecht Relevanz. Hier kann diese Problematik jedoch nicht in ihrer ganzen Bandbreite erörtert werden. Die Ausführungen beschränken sich daher auf eine Abgrenzung von Insolvenzstatut und Gesellschaftsstatut in Bezug auf konkrete Normen, die im Kontext des Gläubigerschutzes relevant werden. Hintergrund ist nicht zuletzt, dass die deutschen Regelungen des Gesellschaftsstatuts bei der Wahl einer *private limited company* zur Disposition stehen, während die englischen insolvenzrechtlichen Vorschriften aufgrund der Anknüpfung an den „Mittelpunkt der wirtschaftlichen Interessen" für eine Gesellschaft mit Verwaltungssitz in Deutschland grundsätzlich nicht anwendbar sind. Es ist daher – unter dem Aspekt einer funktionsfähigen Gesamtrechtsordnung – der Frage nachzugehen, ob nunmehr Marktversagenstatbestände im Gläubigerschutz auftreten, weil Elemente des englischen Gläubigerschutzsystems, die sich an dieses Problem richten, in Deutschland aufgrund ihrer Qualifikation nicht angewandt werden, da sie nicht zum gewählten englischen Gesellschaftsstatut gehören. Anlass für diese Überlegung bietet der Umstand, dass die *wrongful trading rule* als ein wesentliches Element des englischen Gläubigerschutzkonzepts begriffen wird[775] und diese Regelung eine insolvenzrechtliche ist.[776] Untermauert

775 Vgl. dazu oben IV.2.c.bb.ccc.

776 *Davies* (2003), S. 373 f.; vgl. auch *Strauß* (2001), S. 55 ff. Für die französische *action en comblement du passif* Regelung, die der englischen *wrongful trading* Regelung entspricht, hat der EuGH dies festgestellt, vgl. EuGH v. 22.2.1979 – Rs. 133/78, Slg. 1979, 733 (Gourdain/Nadler); a.A.: *Schumann* (2004), S. 748.

wird Letzteres vor allem durch die Diskussion um diese Regelung im Zusammenhang mit der Reform des englischen Gesellschaftsrechts. Der von der *Company Law Review* unterbreitete Vorschlag der Aufnahme einer entsprechenden Pflicht in den gesellschaftsrechtlich geregelten Pflichtenkatalog der *directors* wurde von der Regierung zurückgewiesen, da von einer solchen Regelung Anreize für die *directors* zu übervorsichtigem Wirtschaften ausgehen könnten.[777]

Bevor näher auf einzelne Normen und ihre Qualifikation eingegangen wird, sollen zunächst einige grundsätzliche Überlegungen zur Funktion und Wirkung des Insolvenzrechts angestellt werden, da sich daraus auch Aussagen über die Funktion und Wirkung einzelner Normen ableiten lassen und damit Fragen der Kompatibilität bearbeitet werden können.

(a) Zur Funktion und Wirkung des Insolvenzrechts

Geht es um die Funktion und Wirkung des Insolvenzrechts, muss man zunächst in Rechnung stellen, dass sich die unterschiedlichen nationalen Insolvenzrechte (im weitesten Sinne) zwar gleichermaßen an bestimmte finanzielle Situationen des Schuldners und daraus resultierende Probleme richten, ihnen jedoch verschiedene „Philosophien" zugrunde liegen[778]; die verschiedenen nationalen Insolvenzrechte verfolgen unterschiedliche Zwecke. Im englischen Recht stehen – wie auch im US-amerikanischen Recht – der Schutz und der Erhalt des Schuldners als Marktteilnehmer im Mittelpunkt.[779] Im Mittelpunkt des deutschen Insolvenzrechts hingegen steht der Schutz der Gläubiger, und sein Hauptzweck ist die bestmögliche Haftungsverwirklichung.[780] Diese unterschiedlichen Philosophien wirken sich auf die konkrete insolvenzrechtliche Verfahrens- bzw. Normgestaltung aus. Aus den unterschiedlichen Zwecken kann jedoch nicht generell auf eine Beschränkung der Niederlassungsfreiheit geschlossen werden, sofern auf eine *private limited company* englischen Rechts mit Verwaltungssitz in Deutschland deutsches Insolvenzrecht angewendet wird. Hier ließe sich argumentieren, dass das Insolvenzrecht des Zuzugstaates grundsätzlich eine Standortbedingung (allgemeine Verkehrsregel) darstellt, was jedoch nicht ausschließt, dass einzelne als insolvenzrechtlich zu qualifizierende Vorschriften aufgrund ihrer Auswirkungen auf die korporativen Strukturen und damit auf die Niederlassungsfreiheit dem Beschränkungsverbot und somit ihre Anwendung dem Rechtfertigungserfordernis unterstehen. Auf diesen Punkt wird noch zurückzukommen sein. Zunächst geht es jedoch um eine generellere Betrachtung.

---

777 Siehe oben IV.2.c.bb.ccc. sowie *Davies* (2003), S. 199.

778 Für einen Überblick über unterschiedliche Ansätze des Insolvenzrechts in verschiedenen Ländern mit weiteren Literaturhinweisen siehe die Studie von *Berglöf/Rosenthal/Thadden* (2001); aber auch *Armour/Cheffins/Skeel* (2002) sowie *La Porta/Lopez-de-Silanes/Shleifer/Vishny* (1998), S. 1113–1155, insbesondere S. 1134 ff.

779 Vgl. *Armour/Cheffins/Skeel* (2002), S. 14 und S 21 ff.; *Brealey/Myers* (1996), S. 508.

780 Vgl. § 1 InsO sowie *Balz* (2000), S. 8; *Pape/Uhlenbruck* (2002), Rdn. 100.

Die Funktion und die Wirkung des Insolvenzrechts sind (wieder) im Zusammenhang mit Informationsasymmetrien und spezifischen Investitionen sowie den daraus resultierenden Opportunismusproblemen zu sehen.

Zum einen verstärken sich, wie bereits dargelegt, insbesondere in finanziellen Krisensituationen bzw. wirtschaftlichen Notlagen eines haftungsbeschränkten Unternehmens als Schuldner die Anreize für die Anteilseigner und ihre Agenten für opportunistisches Verhalten, da die disziplinierenden Wirkungen des Marktmechanismus entfallen und damit grundsätzlich auch der Anreiz, Gläubigerinteressen mit in das Entscheidungskalkül einzubeziehen.[781] Vielmehr noch ist – wie bereits mehrfach dargelegt – in der Situation, in der sich das Unternehmen der Insolvenz[782] nähert, der Anreiz für die Anteilseigner (Mitglieder) besonders hoch, entweder dem Unternehmen Vermögen zu entziehen oder in risikoreiche Projekte zu investieren, um so den Fortbestand des Schuldners (Unternehmen) zu sichern.[783]

Zum anderen erlangen aber auch (mögliche) Risiken aus den Informationsasymmetrien zwischen den unterschiedlichen Gläubigern des Unternehmens Relevanz, die es den besser informierten Gläubigern ermöglichen, im Wege der (Einzel-) Zwangsvollstreckung beispielsweise noch Befriedigung aus der insgesamt unzureichenden Vermögensmasse des Schuldners – dann potenziell auch zu Lasten der schlechter informierten Gläubiger – zu erlangen.[784] Es entsteht somit ein Kollektivgutproblem (*collective action problem*), das einer kollektiven Lösung bedarf.[785] Zwar bedeutet kollektive Lösung, wie oben bereits ausgeführt, nicht ausschließlich staatliche Normsetzung, jedoch werden für die Frage institutioneller Lösungsmechanismen zum einen wieder Transaktionskosten relevant, zum anderen aber auch die Notwendigkeit der Durchsetzung durch eine externe Instanz, wie beispielsweise staatliche Gerichte. So wird aufgrund der Informationsasymmetrien zwischen den zum Teil rechtlich unverbundenen Beteiligten über den Bestand und den Liquidationswert des Schuldnervermögens, aber auch über den möglichen Ertragswert einer Sanierung eine (private) Verhandlungslösung zwischen den Beteiligten mit hohen Kosten verbunden sein. In vielen Fällen wird daher eine rechtlich unstrukturierte Verhandlung an der Höhe der damit verbundenen Informations- bzw. Transaktionskosten scheitern.[786] Aufgabe des Insolvenzrechts ist es nun, die Anreize für einen Akteur, aus seinen Informationsvorsprüngen gegenüber anderen Akteuren Vorteile zu ziehen, zu reduzieren. Das Insolvenzverfahren bewirkt u.a. einen Vollstreckungsstopp und erzwingt kollektives Handeln.[787]

---

781 Siehe oben IV.2.c.ee.aaa.(2)(c).

782 Insolvenz ist (im deutschen Recht) der rechtliche Oberbegriff für Zahlungsunfähigkeit, drohende Zahlungsunfähigkeit und Überschuldung, *Pape/Uhlenbruck* (2002), Rdn. 55.

783 Vgl. *Hertig/Kanda* (2004), S. 73; *Eidenmüller* (1999), S. 22; *Davies* (1998), S. 349 sowie oben IV.2.c.ee.aaa.(2)(c).

784 *Balz* (2000), S. 6 und 11; *Eidenmüller* (1999), S. 18.

785 Unter Kollektivgutproblem (*collective action problem*) versteht man das Problem, dass das Verhalten der Individuen nicht vereinbar ist mit ihren Interessen als Gruppe, vgl. dazu im Kontext der Insolvenz *Armour* (2000), S. 362 sowie *Eidenmüller* (1999), S. 19 ff.

786 *Balz* (2000), S. 6.

787 *Balz* (2000), S. 6.

Darüber hinaus kommt dem Insolvenzrecht aber auch eine Präventionsfunktion zu. Im Insolvenzverfahren wird dem Schuldner die Alleinverfügungsbefugnis über seine Vermögensmasse entzogen. Für Unternehmen als Schuldner bedeutet dies nun, dass den Anteilseignern (und ihren Agenten) die Entscheidung über den Ressourceneinsatz entzogen wird; sie verlieren die Verfügungsgewalt über die Ressourcen des Ressourcenpools. Es kommt damit auch zu einer Entwertung ihrer Verfügungsrechte.[788] Für das Verhalten des Schuldners bzw. seiner Eigentümer hat dieser angedrohte Verlust von Verfügungsrechten disziplinierende Wirkung (*regulatory threat*); bestimmte Aktivitäten – somit auch gläubigergefährdende Handlungen – werden unterbleiben.[789] Somit wirkt auch das Insolvenzrecht den Unsicherheiten entgegen, die aus den Informationsasymmetrien zwischen Schuldner und Gläubiger entstehen. Das Insolvenzrecht wirft sozusagen seinen Schatten voraus.[790]

(b) Das deutsche Antragsprinzip

Vor dem Hintergrund der bisherigen allgemeinen Ausführungen zur Funktion und Wirkung des Insolvenzrechts soll nachfolgend etwas konkreter das deutsche Insolvenzverfahren beleuchtet werden. Dabei geht es jedoch nicht darum, das Verfahren im Einzelnen zu beleuchten, sondern vielmehr kennzeichnende Merkmale herauszuarbeiten, die insbesondere die Auslösung des Verfahrens betreffen, da diese die Schnittstelle zwischen Gesellschaftsstatut und Insolvenzstatut markiert[791] und daher insbesondere im Kontext der gesellschaftsrechtlichen Rechtswahlfreiheit Bedeutung erlangen kann.

Das deutsche Insolvenzverfahren ist dadurch gekennzeichnet, dass es nur beim Vorliegen der abschließend benannten Insolvenzgründe – Überschuldung und Zahlungsunfähigkeit sowie unter engeren Voraussetzungen drohender Zahlungsunfähigkeit, §§ 16 ff. InsO – und auch nur auf Antrag eröffnet wird (§ 13 Abs. 1 S. 1 InsO). Das Antragsprinzip stellt sicher, dass die Beteiligten im Vorfeld des Insolvenzverfahrens die Möglichkeit einer außergerichtlichen Sanierung oder einer stillen Liquidation nutzen können, denn durch das Antragserfordernis wird die Einleitung eines Insolvenzverfahrens zur Disposition der Beteiligten gestellt.[792] Das Insolvenzverfahren kann somit als ein staatliches Angebot eines regulierten und strukturierten Verfahrens gesehen werden, um den aufgrund von Informations-

---

788 Vgl. *Balz* (2000), S. 8; *Eidenmüller* (1999), S. 23.
789 *Schmidt, R.* (1980), S. 34: Die „Universalexekution" als Drohung gegen den Schuldner und damit als Anreiz dürfte wirksamer sein als die „Individualexekution" in Form der Zwangsvollstreckung durch einen einzelnen Gläubiger.
790 Vgl. *Williamson* (2005b), S. 32.
791 Man kann die Insolvenz als häufige Möglichkeit des Ausscheidens aus dem Markt ansehen. Sie stellt damit die „dritte Phase" im Leben eines Unternehmens dar, nach der „ersten Phase" Eintritt des Unternehmens in den Markt und der „zweiten Phase" Agieren des Unternehmens auf dem Markt, vgl. dazu *Ehricke* (2001), S. 76. Das Insolvenzrecht bildet genuin den Schlusspunkt eines Gesellschaftsrechts, vgl. *Grundmann* (2004), § 4, Rdn. 133.
792 *Pape/Uhlenbruck* (2002), Rdn. 325.

asymmetrien entstehenden möglichen Marktversagenstatbeständen zu begegnen, soweit eine Verhandlungslösung ausscheidet.[793]

In den Fällen, in denen eine private Verhandlungslösung nicht erzielt werden kann, wird die Frage der Antragsberechtigung relevant. Eine Antragsberechtigung ergibt sich aus § 13 Abs. 1 S. 2 InsO für den Gläubiger (Gläubigerantrag/Fremdantrag) und den Schuldner (Eigenantrag) zunächst grundsätzlich gleichermaßen. Soweit der Schuldner eine juristische Person ist, ist jedes Mitglied des Vertretungsorgans antragsberechtigt (§ 15 InsO). Bei haftungsbeschränkten Unternehmen als Schuldner, das heißt, bei juristischen Personen bzw. bei Unternehmen, in denen kein persönlich haftender Gesellschafter eine natürliche Person ist, wird aus diesem Angebot, ein staatlich strukturiertes Verfahren zu nutzen, jedoch auf Schuldnerseite eine Pflicht (vgl. § 64 GmbHG, § 92 AktG, aber auch §§ 130a, 177a HGB). Begründet wird dies damit, dass die Legitimität der haftungsbeschränkten, unternehmerischen Tätigkeit entfällt, wenn die Gesellschaft insolvent ist[794]; sie muss aus dem Markt ausscheiden. Auch die gesetzlich normierte Insolvenzantragspflicht der Geschäftsführer eines insolventen haftungsprivilegierten Unternehmens wird in der rechtswissenschaftlichen Diskussion wiederum als Preis verstanden, der für die beschränkte Haftung der Gesellschafter zu zahlen ist.[795]

Im Kontext der Rechtswahlfreiheit stellt sich nun in erster Linie die Frage, ob diese Pflicht insolvenzrechtlich oder gesellschaftsrechtlich zu qualifizieren ist. Dahinter steht die Frage, ob, bzw. unter welchen Bedingungen, die Vorschriften auch auf ausländische haftungsprivilegierte Kapitalgesellschaften mit Verwaltungssitz in Deutschland Anwendung finden. Ebenso stellen sich diese Fragen für die eng mit der Antragspflicht verknüpften Haftungstatbestände, zum einen die so genannte Insolvenzverschleppungshaftung gegenüber den Gläubigern gemäß §§ 823 Abs. 2 BGB i.V.m. 64 Abs. 1 GmbHG und zum anderen die Haftung der Geschäftsführer wegen Masseschmälerung gemäß § 64 Abs. 2 GmbHG.[796]

(c) Die Insolvenzantragspflicht, § 64 Abs. 1 GmbHG

Für die Frage nach der Qualifikation der Insolvenzantragspflicht leistet Art. 4 Abs. 2 EuInsVO keine Hilfestellung. Zwar weist die Verordnung die Voraussetzungen, unter denen das Verfahren eröffnet wird, der lex fori concursus zu, spricht damit wohl aber nur die Insolvenzeröffnungsgründe an, nicht hingegen die Antrags-

---

793 *Balz* (2000), S. 6.
794 *Goette* (2004), S. 54.
795 *Pape/Uhlenbruck* (2002), Rdn. 329.
796 Aus der umfangreichen Literatur zu diesem Thema vgl. u.a.: *Altmeppen* (2005), S. 1912 ff.; *ders.* (2004), S. 100 ff.; *Eidenmüller* (2005b), S. 1620 f.; *Hirte/Mock* (2005), S. 474 ff.; *Röhricht* (2005), S. 505 ff.; *Eidenmüller - Eidenmüller* (2004), § 9, Rdn. 25 ff.; *Schumann* (2004), S. 745 ff.; *Ulmer* (2004), S. 1207 ff.; *Spindler/Berner* (2004), S. 11 f.; *Borges* (2004), S. 736 ff.; *Müller* (2003), S. 414 ff.; *Zimmer* (2003), S. 3889 f.; *Schanze/Jüttner* (2003b), S. 670; *Weller* (2003b), S. 520–524; für eine Aufarbeitung des mittlerweile sehr verästelten Meinungsstands in der Literatur siehe insbesondere *Huber, U.* (2005a), S. 311 ff.

pflicht.[797] Da der Katalog des Art. 4 Abs. 2 EuInsVO nun aber nicht abschließend ist, kann daraus umgekehrt auch nicht geschlossen werden, dass die Insolvenzantragspflicht nicht insolvenzrechtlich zu qualifizieren ist.

Für die Frage nach der Qualifikation der Insolvenzantragspflicht kann sowohl an ökonomische als auch an juristische Überlegungen angeknüpft werden:

Zum einen an die asymmetrische Informationsverteilung zwischen dem Schuldner und den Gläubigern hinsichtlich der wirtschaftlichen Situation des Schuldners und daraus resultierenden Opportunismusproblemen sowohl im Verhältnis Schuldner-Gläubiger als auch im Verhältnis der Gläubiger untereinander, die insbesondere im Stadium der Insolvenz besondere Relevanz erlangen.

Zum anderen auch an das dem deutschen Insolvenzrecht zugrunde liegende Antragsprinzip sowie die Einheitlichkeit des Verfahrens, was insbesondere bedeutet, dass das Insolvenzverfahren nicht zwangsläufig zur Liquidation des Schuldners führt, sondern gleichermaßen unter Einbeziehung der Gläubiger auch die Möglichkeit der Reorganisation eröffnet.[798]

Als klassisch bezeichnet werden kann das bereits dargelegte Argument der sich verschärfenden Opportunismusgefahren in finanziellen Krisensituationen haftungsbeschränkter Schuldner. Dieses Argument soll nun noch um eine Überlegung erweitert werden:

Die finanzielle Krisensituation eines Unternehmens ist dadurch gekennzeichnet, dass das eigentliche Risikokapital, nämlich das Eigenkapital des Unternehmens, weitestgehend aufgebraucht ist. Einerseits hat diese für die Anteilseigner als vorrangige Financiers des Risikokapitals zur Folge, dass sie in einem Liquidationsverfahren keine Ausschüttungen mehr zu erwarten haben. Andererseits hat das aber auch zur Folge, dass nunmehr die Gläubiger (Fremdkapitalgeber) die maßgebliche Finanzierungsrolle im Unternehmen einnehmen. Somit werden die Anteilseigner in der Finanzierungsrolle durch die Gläubiger quasi ersetzt, denn ist das Eigenkapital aufgebraucht, tragen die Gläubiger (Fremdkapitalgeber) das unternehmerische Risiko, da (weitere) Verluste aus den Unternehmensaktivitäten (fast vollständig) bei Gläubigern anfallen.[799] Die Folge davon ist, dass nunmehr auch die Unternehmensaktivitäten vorrangig die Interessen der Gläubiger berühren.

Alle Gläubiger haben wiederum ein Interesse daran, dass die ihnen insgesamt zur Verfügung stehende Haftungsmasse möglichst groß ist.[800] Soweit der Schuldner ein haftungsprivilegierter korporativer Akteur ist, sind die Gläubiger aufgrund von Vermögenstrennung und Haftungsbeschränkung für die Befriedigung ihrer Forderungen ausschließlich auf das Vermögen des Unternehmens (Schuldners) angewiesen. Aufgrund der daraus resultierenden Anreizsituation für die Anteilseigner (des

797 So auch *Ulmer* (2004), S. 1207; vgl. auch *Eidenmüller – Eidenmüller* (2004), § 9, Rdn. 25.
798 Vgl. § 1 InsO sowie insbesondere *Paulus* (2005), S. 309–326.
799 Vgl. *Brealey/Myers* (1996), S. 485 ff.; *Eidenmüller* (1999), S. 18.
800 *Eidenmüller* (1999), S. 18.

korporativen Akteurs/Schuldners) einerseits und des bereits dargelegten Kollektivgutproblems zwischen den Gläubigern andererseits wird – wenn eine zeitnahe vertragliche Vereinbarung (*private ordering*) zwischen den einzelnen Akteuren nicht möglich ist – das Angebot eines strukturierten Verfahrens, das sicherstellt, dass es zu keinen weiteren Schädigungen der Gläubiger durch die Anteilseigner und ihre Agenten, aber auch durch die „vorrangige" Befriedigung einzelner Gläubiger kommt, besonders relevant.

Dem trägt die InsO durchaus Rechnung, indem sie den Gläubigern eine entsprechende Antragsbefugnis für die Eröffnung eines (staatlichen) Insolvenzverfahrens einräumt. Der Erfolg eines Insolvenzverfahrens hängt jedoch von der rechtzeitigen Eröffnung ab, denn nur solange noch Vermögenswerte vorhanden sind, d.h. die Massehaltigkeit sichergestellt ist, haben die Gläubiger zumindest eine Chance auf Befriedigung.[801] Die Rechtzeitigkeit des Antrags setzt jedoch Informationen über die wirtschaftliche (finanzielle) Situation des Schuldners voraus, die für die Gläubiger als Außenseiter des Unternehmens schwerer zu erlangen, in jedem Fall aber (unter ihnen) ungleichmäßig verteilt sind. Insbesondere kleine, oft unbesicherte Gläubiger werden diese Informationen regelmäßig wohl eher nicht haben. Mögliche Interessenkonflikte zwischen den unterschiedlichen Gläubigern – den „großen" und „kleinen" bzw. den besicherten und unbesicherten – treten in dieser Situation besonders deutlich zu Tage, denn damit fallen auch die Anreize, ein entsprechendes Verfahren einzuleiten, unterschiedlich aus. Einen wesentlich besseren Informationszugang hat der Schuldner selbst, im Fall einer juristischen Person insbesondere das Geschäftsführungsorgan. Gemäß der InsO wird diesem ebenfalls eine Antragsbefugnis eingeräumt.

Zwar kann nicht grundsätzlich ausgeschlossen werden, dass auch der Schuldner bzw. die Anteilseigner und ihre Agenten ein Interesse an der Eröffnung eines Insolvenzverfahrens über das Schuldnervermögen haben, jedoch realisiert sich in der Insolvenz der angedrohte Verlust von Verfügungsrechten der Anteilseigner und auch der Agenten, was die Anreize, ein solches Verfahren einzuleiten, grundsätzlich erheblich verringert.[802] Vielmehr sind die Anteilseigner wohl eher auf eine eintretende Besserung der Situation des Unternehmens spekulierend und Nachteile für die Gläubiger in Kauf nehmend darauf bedacht, den notwendigen Schritt zum Insolvenzgericht so lange wie möglich hinauszuzögern.[803] Stellt man nun jedoch in Rechnung, dass aufgrund der finanziellen Situation eines Unternehmens im Stadium der Insolvenz die Finanzierungsrolle der Gläubiger überwiegt und Unternehmensaktivitäten vorrangig deren Interessen berühren, diese mithin quasi in die

---

801 *Förster* (2000), S. 340; vgl. auch *Eidenmüller* (1999), S. 23.
802 Mögliche Interessenkonflikte zwischen den Anteilseignern und ihren Agenten, sprich den Geschäftsführern, bleiben bei dieser Betrachtung weitestgehend ausgeblendet, vgl. dazu *Goette* (2004), S. 55; *Pilgram* (1999), S. 40 ff.
803 *Goette* (2004), S. 55.

Rolle der Anteilseigner schlüpfen,[804] kann aus dieser Situation nunmehr auch eine Verpflichtung des Managements (der Geschäftsführer) auf die Gläubigerinteressen abgeleitet werden. Die Geschäftsführer werden zu den Agenten der Gesamtheit der Gläubiger.[805]

Das Bild, dass die Gläubiger in der Krise die Rolle der Anteilseigner hinsichtlich der Unternehmensfinanzierung einnehmen, ist jedoch rechtlich unscharf, denn die Gläubiger werden nicht zu Anteilseignern (Mitgliedern) mit entsprechenden Rechten und Pflichten – es kommt insbesondere nicht zu einem Wechsel in den Rechtspositionen[806] –, vielmehr bleiben die Gläubiger im Wesentlichen rechtlich unverbunden, und die Verfahrensregelungen zur Strukturierung von Entscheidungs- und Verteilungsregelungen der Unternehmensverfassung finden auf diese keine Anwendung. Das heißt dann aber auch, dass sie Verfahrensregelungen zur Bewältigung von Entscheidungs- und Verteilungsproblemen – konkreter des auftretenden Kollektivgutproblems – brauchen. Grundsätzlich ist dies durch private Vereinbarung, d.h. durch eine vertragliche Lösung zwischen den verschiedenen Gläubigern möglich. Dem tragen sowohl die Insolvenzordnung mit dem Antragsprinzip als auch die 3-Wochen-Frist des § 64 Abs. 1 GmbHG[807] durchaus Rechnung. Denn zumindest in einem engen zeitlichen Rahmen kann die Möglichkeit einer gütlichen Einigung des Schuldners mit seinen Gläubigern außerhalb eines Insolvenzverfahrens ausgelotet werden.[808] Scheitert eine solche private Verhandlung bzw. Einigung bietet das Insolvenzverfahren den Beteiligten ein strukturiertes Verfahren einschließlich eines Durchsetzungsmechanismus zur Begrenzung von Opportunismus und vor allem zur Bewältigung des Kollektivgutproblems, wobei ein solches Verfahren nach der deutschen InsO – zumindest nach der gesetzlichen Wertung – nicht zwangsläufig zur Liquidation des Schuldners (des Unternehmens) führen muss.[809]

Auch wenn § 64 Abs. 1 GmbHG auf den ersten Blick als GmbH-rechtliche Organpflicht ausgestaltet ist, was zunächst die Vermutung einer gesellschaftsrechtlichen Qualifizierung nahelegt, zeigt sich auf den zweiten Blick, dass es sich dabei letztlich

---

804 *Davies* (2003), S. 372. Diese Sichtweise findet sich (auch) im US-amerikanischen Recht: In der Insolvenz schlüpfen die Gläubiger bei der Entscheidung über Liquidation oder Reorganisation in die Rolle der dominanten *Shareholder* und übernehmen die Kontrolle, um so viel wie möglich von ihrem investierten Fremdkapital zu retten. Siehe zu dieser Argumentation *Brealey/Myers* (1996), S. 487 ff.

805 Vgl. dazu auch *Goette* (2004), S. 55, der dies dahingehend beschreibt, dass der Geschäftsführer vom Gesetzgeber in die Pflicht zur Wahrung der Interessen der Allgemeinheit genommen wird.

806 Vgl. *Eidenmüller* (1999), S. 24. Es ist jedoch auch nicht ausgeschlossen, dass die Gläubiger Anteile am Unternehmen (Schuldner) übernehmen und somit zu Anteilseignern werden, jedoch erfolgt dieser Wechsel der Rechtspositionen im Rahmen des Insolvenzverfahrens nicht automatisch.

807 Diese 3-Wochenfrist stellt eine Höchstfrist dar, vgl. dazu *Lutter/Hommelhoff – Lutter/Kleindiek* (2004), § 64, Rdn. 31.

808 Zu der in diesem Kontext relevanten Problematik einer positiven Fortführungsprognose und eines Entscheidungsspielraums vgl. BGH v. 6.6.1994, BGHZ 126, 181, 199 sowie *Fleischer* (2004), S. 458 f.

809 Vgl. auch *Paulus* (2005), S. 309 ff., der nachdrücklich auf die in Deutschland noch immer eher missachtete Möglichkeit der Sanierung eines Unternehmens im Insolvenzverfahren hinweist.

um eine Pflicht der Geschäftsführer gegenüber den Gläubigern handelt, dass sie deren Interessen dient und an die besondere Situation eines haftungsbeschränkten korporativen Akteurs im konkreten Stadium der Insolvenz gerichtet ist, die zu einem Kollektivgutproblem (*collective action problem*) der Gläubiger untereinander führt. Werden die Geschäftsführer im Stadium der Insolvenz zu Agenten der Gläubiger, sprechen gute Gründe dafür, die Insolvenzantragspflicht nicht (mehr) als GmbH-rechtliche bzw. gesellschaftsrechtliche Organpflicht zu qualifizieren. Da dieser Rollentausch und die damit einhergehende Verpflichtung der Geschäftsführer auf die Interessen der Gläubiger gerade an die besondere Situation der Insolvenz anknüpfen, liegt hier eine insolvenzrechtliche Qualifikation der Insolvenzantragspflicht näher.[810] Dass aus der Antragsberechtigung (Antragsbefugnis) eine Antragspflicht wird, kann dann wiederum mit dem entstehenden Prinzipal-Agent-Verhältnis und den damit verbundenen Problemen, die aus den Informationsasymmetrien einschließlich des Kollektivgutproblems resultieren, sowie mit der größtmöglichen Haftungsverwirklichung[811] begründet werden.

Festzuhalten bleibt, dass die Insolvenzantragspflicht, d.h. die Pflicht, das Unternehmen beim Vorliegen der Insolvenzgründe (Zahlungsunfähigkeit und Überschuldung) in ein strukturiertes Verfahren zu überführen, nicht nur adressiert ist an die Probleme und Risiken des opportunistischen Verhaltens der Anteilseigner und ihrer Agenten (Entscheidungsträger des Unternehmens), sondern auch an die Probleme und Risiken, die für Unternehmensgläubiger aus dem Verhalten anderer Unternehmensgläubiger resultieren. Vereinfacht ausgedrückt schützt das Insolvenzverfahren den Gläubiger nicht nur vor dem Schuldner bzw. dessen Anteilseignern, sondern auch vor den anderen Gläubigern. Aus der kollisionsrechtlichen Perspektive spricht daher viel dafür, die Pflicht der Geschäftsführer, beim Vorliegen der Insolvenzauslösungstatbestände die Eröffnung eines Insolvenzverfahrens zu beantragen, insolvenzrechtlich zu qualifizieren.[812]

(d) Die Insolvenzverschleppungshaftung, §§ 823 Abs. 2 BGB i.V.m. 64 Abs. 1 GmbHG

§ 64 Abs. 1 GmbHG statuiert nur eine Antragspflicht. Diese Regel (Pflicht) ist jedoch nicht selbstdurchsetzend. Vielmehr werden Verhaltensanreize, hier in Gestalt des Anreizes für den Geschäftsführer, diese Pflicht zu erfüllen, erst durch die Sanktionierung des Pflichtverstoßes gesetzt.[813] In diesem Lichte kann nunmehr die Insol-

810 Für eine insolvenzrechtliche Qualifikation vgl. u.a. *Eidenmüller* (2005b), S. 1620; *Eidenmüller – Eidenmüller* (2004) § 9, Rdn. 25 ff.; *Huber, U.* (2005a), S. 311 ff.; *Borges* (2004), S. 739 f.; *Zimmer* (2003), S. 3589 f.; *Müller* (2003), S. 416; nicht eindeutig *Hirte/Mock* (2005), S. 475; a.A: gegen eine insolvenzrechtliche Qualifikation: *Spindler/Berner* (2004), S. 12; für eine gesellschaftsrechtliche Qualifikation vgl. u.a. *Schumann* (2004), S. 746; im Ergebnis *Schanze/Jüttner* (2003b), S. 670.

811 *Eidenmüller* spricht hier von „Haftungsverwirklichung unter Knappheitsbedingungen", *Eidenmüller* (1999), S. 18.

812 Zur Anknüpfung der Insolvenzantragspflicht im Fall masseloser Insolvenz an das Recht des Staates, in dem das Hauptinsolvenzverfahren hypothetisch zu eröffnen ist, vgl. *Eidenmüller* (2005b), S. 1621.

813 Vgl. zu dieser Thematik allgemein *Homann/Suchanek* (2005), S. 105 f.

venzverschleppungshaftung des §§ 823 Abs. 2 BGB i.V.m. 64 Abs. 1 GmbHG gesehen werden. Denn eine unmittelbare Sanktionierung eines Pflichtverstoßes enthält der § 64 Abs. 1 GmbHG selbst nicht. Führt man die Überlegung weiter, dass der Geschäftsführer letztlich zum Agenten der Gläubiger und damit für deren Interessenwahrung zentral wird, kann daraus auch eine Verantwortlichkeit (Haftung) des Geschäftsführers gegenüber den Gläubigern hergeleitet werden, sofern er die ihm – in diesem Verhältnis – auferlegten Pflichten verletzt. Untermauert wird diese Möglichkeit der direkten Inanspruchnahme (Außenhaftung)[814] dadurch, dass die deutsche Insolvenzrechtsphilosophie vom Schutz der Gläubiger geprägt ist. Für die Frage nach der Qualifikation der Insolvenzverschleppungshaftung ergibt sich aus diesen Überlegungen Folgendes:

Die Insolvenzverschleppungshaftung dient der Effektuierung der Insolvenzantragspflicht.[815] Letztere wurde bereits als insolvenzrechtlich qualifiziert. Der Rückgriff auf den Haftungstatbestand des § 823 Abs. 2 BGB, der an sich eine Norm des deutschen Deliktsrechts ist, führt noch nicht zu einer deliktsrechtlichen Qualifizierung des Haftungstatbestandes insgesamt. Denn ohne die als Schutzgesetz einzuordnende Antragspflicht des § 64 Abs. 1 GmbHG käme es nicht zum Deliktstatbestand.[816] Aufgrund der Funktion des Verschleppungstatbestandes, entsprechende Verhaltensanreize im Falle der Insolvenz der Gesellschaft zu setzen und damit spezifischen insolvenzrechtlichen Zwecken zu dienen, dominiert der insolvenzrechtliche Charakter des Schutzgesetzes den an sich deliktsrechtlichen Tatbestand, sodass daraus eine insgesamt insolvenzrechtliche Qualifikation des Haftungstatbestandes hergeleitet werden kann.[817]

(e) Die Haftung wegen Verstoß gegen die Masseerhaltungspflicht, § 64 Abs. 2 GmbHG

Schließlich verbleibt auch hinsichtlich des § 64 Abs. 2 GmbHG die Frage nach der kollisionsrechtlichen Qualifizierung. Die insolvenzrechtliche Qualifikation der Insolvenzverschleppungshaftung wurde aus der Funktion dieses Haftungstatbestands als Sanktionsmechanismus für die Insolvenzantragspflicht hergeleitet. Zwar

---

814 Die unterschiedliche Geltendmachung von Alt- und Neugläubigerschaden soll hier zurückgestellt werden, vgl. zu dieser Problematik u.a. *Altmeppen* (2005), S. 1912ff.; *Röhricht* (2005), S. 508f.

815 *Eidenmüller – Eidenmüller* (2004), § 9, Rdn. 32; *Müller* (2003), S. 417.

816 Vgl. zu dieser Argumentation *Ulmer* (2004), S. 1207 f., der jedoch anders als die hier vertretene Auffassung § 64 Abs. 1 GmbHG als GmbH-rechtliche Organpflicht und damit gesellschaftsrechtlich qualifiziert und somit insgesamt zu einer gesellschaftsrechtlichen Qualifizierung der Insolvenzverschleppungshaftung (und auch des Haftungstatbestandes des § 64 Abs. 2 GmbHG) kommt. Vgl. auch *Röhricht* (2005), S. 507.

817 So auch *Eidenmüller – Eidenmüller* (2004), § 9, Rdn. 32; *Röhricht* (2005), S. 507; *Müller* (2003), S. 417; im Ergebnis wohl auch *Borges* (2004), S. 744; a.A.: gegen eine insolvenzrechtliche Qualifikation *Ulmer* (2004), S. 1207f.; *Schanze/Jüttner* (2003b), S. 670, die von der Maßgeblichkeit des Deliktsstatutes ausgehen; ebenso wohl auch *Schumann* (2004), S. 748; für eine gesellschaftrechtliche Qualifikation *Spindler/Berner* (2004), S. 12.
Verallgemeinernd für Fragen der Haftung aus § 823 Abs. 2 i.V.m. Schutzgesetz *Eidenmüller* (2005b), S. 1620.

stellt § 64 Abs. 2 GmbHG keine unmittelbare Sanktionierung eines Verstoßes gegen die Insolvenzantragspflicht dar, jedoch dient auch diese Haftungsnorm der Effektuierung der Insolvenzantragspflicht.[818] Denn durch die Etablierung einer Masseerhaltungspflicht bereits ab Vorliegen der Insolvenzgründe Überschuldung oder Zahlungsunfähigkeit kommt es zu einer Vorverlagerung der Wirkungen der Insolvenzeröffnung.[819]

Ziel ist es, spätere Insolvenzgläubiger möglichst weitgehend vor einer Schmälerung der ihnen als Gesamtheit zur Verfügung stehenden Masse in der Phase zwischen Eintritt der Insolvenz und der Überführung in ein strukturiertes Verfahren zu schützen.[820] § 64 Abs. 2 GmbHG soll dabei nicht nur dem Problem der sich verschärfenden Opportunismusgefahren, konkret der Verschiebung von Vermögen des Schuldners, sondern vor allem auch den sich aus Informationsasymmetrien zwischen den verschiedenen Gläubigern ergebenden Problemen, konkret der vorrangigen Befriedigung besser informierter Gläubiger, entgegenwirken. Als „Zahlungen" im Sinne des § 64 Abs. 2 GmbHG werden grundsätzlich alle Leistungen erfasst, die zu einer Minderung des Gesellschaftsvermögens führen einschließlich der Befriedigung von Gläubigerverbindlichkeiten.[821] Der auf den ersten Blick als organschaftliche Pflicht ausgestaltete § 64 Abs. 2 GmbHG schützt nicht die insolvenzreife Gesellschaft, sondern dient den Interessen der Gläubiger angesichts der spezifischen, im Stadium der Insolvenz bestehenden Gefahren.[822] Daher spricht viel dafür, auch diese Norm genauso wie schon aus ähnlichen Erwägungen die Antragspflicht und die Verschleppungshaftung als insolvenzrechtlich zu qualifizieren.[823]

Zusammenfassend bleibt somit festzuhalten, dass sich der Kanon aus Insolvenzantragspflicht (§ 64 Abs. 1 GmbHG), Insolvenzverschleppungshaftung (§ 823 Abs. 2 i.V.m. § 64 Abs. 1 GmbHG) und Masseschmälerungshaftung (§ 64 Abs. 2 GmbHG) an die Opportunismusgefahren und vor allem an das mögliche Kollektivgutproblem zwischen den unterschiedlich informierten und unterschiedlich gesicherten Gläubigern in finanziellen Krisensituationen (Insolvenz) eines Unternehmens richtet, in denen die Unternehmensfinanzierung maßgeblich durch die Gläubiger erfolgt. Aus dieser funktionellen Betrachtung heraus spricht viel dafür, diese Vorschriften auch als insolvenzrechtlich zu qualifizieren.

Die vorangegangenen Ausführungen konzentrierten sich ausschließlich auf den Komplex der Insolvenzauslösung, da diese als Schnittstelle zwischen dem Gesellschafts- und dem Insolvenzstatut identifiziert wurde. Auch wenn das materielle

---

818 Vgl. in diesem Zusammenhang auch *Huber, U.* (2005a), S. 341, der jedoch von einer Sanktion für die Verletzung der Insolvenzantragspflicht spricht.

819 *Goette* (2004), S. 59.

820 *Goette* (2004), S. 58 f.; *Röhricht* (2005), S. 509.

821 Bei § 64 Abs. 2 (S. 1) GmbHG handelt es sich daher nicht um eine Schadensnorm, sondern um einen Ersatzanspruch eigener Art, vgl. dazu *Röhricht* (2005), S. 509 f. sowie *Lutter/Hommelhoff – Lutter/Kleindiek* (2004), § 64, Rdn. 58; BGH v. 8.1.2001, ZIP 235, 239.

822 *Goette* (2004), S. 63.

823 Vgl. auch *Goette* (2004), S. 63; im Ergebnis wohl auch für eine insolvenzrechtliche Qualifikation *Borges* (2004), S. 737 und S. 744.

Insolvenzrecht durch die EuInsVO weitestgehend der lex fori concursus unterstellt ist und sich daraus die Anwendbarkeit des deutschen Insolvenzrechts auf eine *private limited company* ergibt, soll dennoch nachfolgend einer insolvenzrechtlichen Regelung besondere Aufmerksamkeit geschenkt werden. Denn in § 135 InsO wird an ein grundlegendes Element des deutschen Gläubigerschutzkonzepts angeknüpft, nämlich an das Eigenkapitalersatzrecht. Damit stellt sich auch für diese konkrete Regelung die Frage nach der Qualifikation.

(f) Anfechtung und Eigenkapitalersatz

Anders als die Insolvenzantragspflicht werden insolvenzrechtliche Anfechtungstatbestände ausdrücklich in Art. 4 Abs. 2 (m) EuInsVO benannt: Die insolvenzrechtlichen Anfechtungstatbestände richten sich nach dem Recht des Staates der Verfahrenseröffnung und werden somit als Bestandteil der lex fori concursus qualifiziert. Gegenstand dieser insolvenzrechtlichen Anfechtungstatbestände[824] sind Gläubiger benachteiligende Rechtshandlungen durch Verminderung des Schuldnervermögens, wobei es weniger auf eine juristische als vielmehr auf eine wirtschaftliche Betrachtung ankommt.[825] Das Anfechtungsrecht soll im Insolvenzverfahren ermöglichen, Vermögensverschiebungen zum Nachteil der Gläubigergesamtheit aus dem Zeitraum vor dem Insolvenzverfahren rückgängig zu machen.[826] Damit wird vor allem auch der Tatsache Rechnung getragen, dass im Vorfeld des Insolvenzverfahrens oftmals versucht wird, dem Schuldner Vermögen zu entziehen oder durch wirtschaftlich betrachtet unsinnige Maßnahmen auf Kosten der Masse kurzfristig Liquidität zu erzielen.[827]

Eine spezielle Regelung im gesellschaftsrechtlichen Kontext, die auch im Hinblick auf die Rechtswahlfreiheit relevant wird, enthält § 135 InsO. Danach ist die Rückzahlung oder die Besicherung eigenkapitalersetzender (Gesellschafter-) Darlehen oder vergleichbarer Forderungen eine anfechtbare Rechtshandlung. Trotz der Zuweisung der Anfechtungstatbestände zum Insolvenzstatut stellt sich hier die Frage nach der Anwendbarkeit der Vorschrift auf ausländische Unternehmen, denn das Kapitalersatzrecht ist Ausfluss des deutschen Kapitalschutzsystems, das durch seine wesentlichen Elemente Kapitalaufbringung und -erhaltung geprägt wird.[828] So gilt die gesellschaftsrechtliche Vermögensbindung gemäß § 30 Abs. 1 GmbHG jederzeit und ohne Anbindung an ein Insolvenzverfahren:[829] Während der gesamten Lebensspanne der Gesellschaft dürfen analog § 30 Abs. 1 GmbHG Darlehen, die eigenkapitalersetzenden Charakter gemäß § 32a GmbHG haben, nicht zurückgezahlt

824 Einen kurzen, aber eingängigen Überblick über das Anfechtungsrecht bietet *Paulus* (2004), S. 605–608.

825 *Braun – de Bra* (2004), § 129, Rdn. 23.

826 *Braun – de Bra* (2004), § 129, Rdn. 1; *Paulus* (2004), S. 605; sofern mangels Masse die Eröffnung des Insolvenzverfahrens abgeleht oder eingestellt wird, kommt mit vergleichbarer Zielsetzung das AnfG zur Anwendung.

827 *Braun – de Bra* (2004), § 129, Rdn. 3.

828 Siehe oben III.2.c.aa.aaa.

829 *Raiser/Veil* (2006), § 38 I, Rdn. 14.

werden, soweit dadurch der Wert des Gesellschaftsvermögens unter den Betrag des Stammkapitals sinken würde.[830]

Während also das Anfechtungsrecht ausdrücklich dem Insolvenzstatut zugewiesen ist, ist das Eigenkapitalersatzrecht als gesellschaftsrechtlich zu qualifizieren.[831] Diese Unterscheidung erweist sich außerdem bei der Frage als hilfreich, ob und in welchem Umfang § 135 InsO auf ausländische Gesellschaften anzuwenden ist. Es ist somit zwischen dem Anfechtungsrecht und der inhaltlichen Bestimmung der anfechtbaren Handlung zu unterscheiden. Das Anfechtungsrecht ist insolvenzrechtlich zu qualifizieren, die Bestimmung dessen, was unter das Kapitalersatzrecht fällt, hingegen gesellschaftsrechtlich.[832] Damit ist es die Gründungsrechtsordnung einer Gesellschaft, die bestimmt, welche Finanzierungsleistungen als Eigenkapitalersatz zu bewerten sind, die dann der deutschen insolvenzrechtlichen Anfechtung unterliegen.[833]

Die vorangegangenen Ausführungen haben gezeigt, dass durch die Statutenbestimmung und die kollisionsrechtliche Qualifikation eines Tatbestandes eine erste Problemverortung bei der Frage der Anwendbarkeit von inländischen Normen auf ausländische Kapitalgesellschaften erfolgt. Die Bestimmung eines inländischen Insolvenzstatuts und die Qualifikation eines Tatbestandes als insolvenzrechtlich entbinden jedoch nicht davon, die Anwendbarkeit der inländischen Tatbestände auf ausländische Kapitalgesellschaften an den Vorgaben der Niederlassungsfreiheit zu messen.

Für die vorliegend aufgeworfene Fragestellung der Kompatibilität von Teilrechtsordnungen bedeutet die insolvenzrechtliche Qualifikation der Antragspflicht, der Verschleppungshaftung und der Masseschmälerungshaftung nunmehr, dass im Fall der *private limited company* mit Verwaltungssitz in Deutschland dem Problem der Anschlussfähigkeit von englischem Gesellschaftsstatut und deutschem Insolvenzstatut unter Geltung der Niederlassungsfreiheit nachgegangen werden muss. Dieser Problematik widmet sich der nachfolgende Abschnitt.

(g) Die Anschlussfähigkeit des Insolvenzrechts

Während die Verfahrensregeln des Insolvenzrechts, d.h. die Regelungen des strukturierten Marktaustritts eines Unternehmens einschließlich der darin zum Ausdruck kommenden unterschiedlichen Schutzphilosophien, als Standortbedingungen in den unterschiedlichen nationalen Rechtsordnungen gesehen werden können, mit der Folge, dass von diesen – soweit nicht diskriminierend angewandt – grundsätzlich keine Beschränkung der Niederlassungsfreiheit ausgeht, ist dies für

830 BGH v. 24.3.1980, BGHZ 76, 326, 330.
831 Siehe dazu auch oben IV.2.c.cc.bbb.
832 *Zimmer* (2003), S. 3589; *Eidenmüller – Eidenmüller* (2004), § 9, Rdn. 42 f.; a.A: für eine ausschließlich insolvenzrechtliche Qualifikation hingegen *Ulmer* (2004), S. 1207.
833 So auch *Zimmer* (2003), S. 3589; *Müller* (2003), S. 417; a.A.: Eingehend zu dieser Thematik und mit einem zwischen Rechtssprechungsregeln einerseits und gesetzlichen Regeln andererseits differenzierenden Ergebnis, *Huber, U.* (2005b), S. 131–221, insbesondere S. 212 ff.

die Frage der Auslösung des Insolvenzverfahrens nicht so eindeutig zu beantworten. Zwar ist die Verfahrenseröffnung, insbesondere die Festlegung der Eröffnungsgründe, gemäß Art. 4 Abs. 2 EuInsVO ebenfalls der lex fori concursus zugewiesen, jedoch ist zum einen die sanktionsbewehrte Antragspflicht davon gerade nicht zwingend erfasst und zum anderen sind auch die Verordnungsregeln nicht per se niederlassungsfreiheitsfest;[834] Auslösungsfrage und Verfahrensfrage sind somit auseinanderzuhalten.[835]

Die Eröffnung des Insolvenzverfahrens markiert den Grenzpunkt privatautonomer Entscheidungsmöglichkeiten und hat zur Folge, dass die Anteilseigner – zumindest zeitweise – die Verfügungsrechte am Schuldner bzw. die Verfügungsbefugnis über das Schuldnervermögen verlieren.[836] Dieser Verlust von Verfügungsrechten kann durchaus als Eingriff in die korporativen Strukturen gesehen werden. Nun ist dies jedoch keine Besonderheit des deutschen Insolvenzrechts, sondern kennzeichnet im Grundsatz gleichsam alle nationalen Insolvenzrechtsordnungen.[837] Dennoch verbleibt die Frage, ob von den Bedingungen bzw. Voraussetzungen, unter denen ein solches Verfahren ausgelöst wird, konkret von der Fixierung des Zeitpunktes, für den ein Marktaustritt zwingend gesetzlich angeordnet wird, und von den daran anknüpfenden sanktionsbewehrten Pflichten eine Beschränkung der Niederlassungsfreiheit ausgehen kann.

Beim Beantworten der Frage nach der Kompatibilität von Teilrechtsordnungen und der damit ebenso berührten Frage nach der Anwendbarkeit zwingender deutscher (insolvenzrechtlicher) Vorschriften auf ausländische Kapitalgesellschaften unter den Maßgaben der Niederlassungsfreiheit wird – wie bereits dargelegt – zunächst relevant, ob die Herkunftsrechtsordnung des Unternehmens ein bestimmtes Regelungsproblem identifiziert sowie eine entsprechende Problemlösung enthält und ob diese von der Rechtswahl erfasst wird.

(aa) Die Regelungslücke bei der Rechtswahl

Der Blick auf die englische Rechtsordnung zeigt, dass diese keine dem § 64 Abs. 1 GmbHG vergleichbare Vorschrift kennt, die den Geschäftsleitern eine Pflicht zur Anmeldung der Insolvenz auferlegt.[838] Das englische Recht wählt hier vielmehr den Weg über die *wrongful trading rule* (s. 214 IA (1986))[839], d.h. die Androhung einer persönlichen Haftung, um entsprechende Verhaltensanreize zu setzen.[840] Aufgrund der insolvenzrechtlichen Qualifikation der *wrongful trading rule* des *Insolvency Act*

---

834 Auch die Rechtsetzung durch die EG ist grundsätzlich an den Vorgaben der Grundfreiheiten zu messen; die Grundfreiheiten haben den Rang einer konstitutionellen Regel, die den Maßstab für die „darunterliegenden“ (post-konstitutionellen) Ebenen sowohl der EG als auch der Mitgliedstaaten darstellen.

835 Vgl. auch *Hirte/Mock* (2005), S. 474 f.

836 Siehe oben IV.2.c.gg.aaa.(2)(a).

837 Vgl. *Hertig/Kanda* (2004), S. 73; vgl. auch *Armour/Cheffins/Skeel* (2002), S. 21 ff.

838 *Habersack/Verse* (2004), S. 177; *Schall* (2005), S. 972 sowie *Hertig/Kanda* (2004), S. 73.

839 Siehe dazu auch oben IV.2.c.bb.ccc.

840 *Davies* (2003), S. 199.

(1986)[841] wird diese Regelung jedoch nicht in einem deutschen Insolvenzverfahren angewandt.[842]

Ohne dass dabei eine vertiefte Analyse oder rechtsvergleichende Auseinandersetzung beabsichtigt ist,[843] soll kurz auf die Funktion der *wrongful trading rule* des englischen Rechts eingegangen werden.

Die *wrongful trading rule* richtet sich an die Opportunismusprobleme, mit denen sich vor allem die unbesicherten Gläubiger eines Unternehmens konfrontiert sehen. Sie soll hinsichtlich der unbesicherten Gläubiger die gleichen Verhaltensanreize setzen wie eine persönliche Sicherung durch die Entscheidungsträger des Unternehmens gegenüber den „großen" Gläubigern, die eine solche Sicherung selbst in ihren Verträgen vereinbaren können.[844] Die *wrongful trading rule* erlegt den *directors* und *shadow directors* eine Verhaltenspflicht gegenüber den Gläubigern auf, die in genau dem Moment ausgelöst wird, in dem die Gefahr opportunistischen Verhaltens besonders groß ist, wenn nämlich die *directors* wissen oder wissen sollten, dass beim realistischen Betrachten keine vernünftige Chance (*reasonable prospect*) besteht, eine insolvenzbedingte Liquidation (*insolvent liquidation*)[845] der Gesellschaft zu vermeiden.[846] Die *wrongful trading rule* soll somit genauso wie die Insolvenzantragspflicht den (sich verschärfenden) Opportunismusproblemen in finanziellen Krisensituationen eines haftungsprivilegierten Unternehmens entgegenwirken, in denen die Gläubiger faktisch in die Rolle der Finanziers eines Unternehmens schlüpfen.

Während in Deutschland positiv-rechtlich eine sanktionsbewehrte Insolvenzantragspflicht statuiert wird, die an die objektiven Insolvenzauslösungstatbestände bzw. Insolvenzgründe Überschuldung und Zahlungsunfähigkeit anknüpft, droht die englische Rechtsordnung eine Haftung für den Fall an, dass nicht rechtzeitig Maßnahmen ergriffen werden, um den den Unternehmensgläubigern drohenden Schaden so gering wie möglich zu halten.[847] Dabei bleibt jedoch (relativ) offen, welche Maßnahmen konkret zu ergreifen sind, vor allem aber kann auch eine überschuldete Gesellschaft fortgeführt werden, sofern die Fortführungsprognose positiv ausfällt.[848] Eine Haftung nach der *wrongful trading rule* des s. 214 IA (1986) greift nur ein, wenn die Gesellschaft insolvenzbedingt in einem *winding up* Verfahren liquidiert wird.[849]

---

841 Vgl. *Davies* (2003), S. 373 f.; aber auch die Ausführungen oben unter III.2.c.bb.ccc.

842 Vgl. auch *Eidenmüller – Eidenmüller* (2004), § 9, Rdn. 33.

843 Vgl. dazu *Schall* (2005), S. 965 ff.; *Strauß* (2001), insbesondere S. 41 ff. sowie im Kontext der Überlegungen zu einer „*wrongful trading rule*" auf Gemeinschaftsebene *Habersack/Verse* (2004), S. 174 ff.; *Fleischer* (2004), S. 455 ff.

844 *Davies* (1998), S. 350.

845 "... a company goes into insolvent liquidation if it goes into liquidation at a time when its assets are insufficient for the payment of its debts and other liabilities and the expenses of the winding up.", s. 214 Abs. 6 IA (1986); vgl. auch *Strauß* (2001), S. 45.

846 *Davies* (1998), S. 351, vgl. auch oben IV.2.c.bb.ccc.

847 Vgl. auch *Hertig/Kanda* (2004), S. 73; *Strauß* (2001), S. 47.

848 *Schall* (2005), S. 970; *Davies* (1998), S. 348 ff.

849 Zu den unterschiedlichen Verfahren vgl. *Tolmie* (1998), S. 135 ff.; *Schumann* (2004), S. 746 f.

Die *wrongful trading rule* begründet keine allgemeine Pflicht der *directors*, sondern ist als persönlicher Rechtsbehelf des Liquidators auf das Insolvenzverfahren beschränkt.[850] Diese – nicht unumstrittene – Beschränkung auf das insolvenzbedingte Liquidationsverfahren beruht offenbar auf der Überlegung, dass Verfahren, die auf die Fortführung des Unternehmens gerichtet sind, nicht durch die Geltendmachung von Ansprüchen aus s. 214 IA (1986) gefährdet werden sollen.[851]

Damit sind zunächst zwei Dinge festzuhalten:

Zum einen, dass die englische Rechtsordnung ebenso wie die deutsche die sich aus finanziellen Krisensituationen eines haftungsbeschränkten korporativen Akteurs insbesondere für die Gläubiger ergebenden Risiken als regelungsbedürftige Sachverhalte erkennt und einen Mechanismus etabliert, der für die Geschäftsleiter entsprechende Verhaltensanreize setzen soll, in finanziellen Krisensituationen nicht nur die Interessen der Anteilseigner, sondern vor allem auch die der Gläubiger – der Fremdkapitalgeber – in ihr Entscheidungskalkül mit einzubeziehen.[852] Dass der Regelungsmechanismus dabei unterschiedlich ausfällt, ist an dieser Stelle zunächst zweitrangig.

Zum anderen bleibt festzuhalten, dass die diese Probleme betreffende Regelung der englischen Rechtsordnung – die *wrongful trading rule*, s. 214 IA (1986) – aufgrund der insolvenzrechtlichen Qualifikation nicht von der Rechtswahl erfasst wird.

Im System des Gläubigerschutzes entsteht somit bei der Wahl eines deutschen Verwaltungssitzes durch die unterschiedliche kollisionsrechtliche Anknüpfung (Qualifizierung) der einzelnen Systemelemente eine (Regelungs-) Lücke.[853] Kommt die *wrongful trading rule*, s. 214 IA (1986) nicht zur Anwendung, stellt sich die Frage, wie entsprechende Verhaltensanreize auch bei einer *private limited company* mit Verwaltungssitz in Deutschland gesetzt werden können.

Entsprechende Verhaltensanreize könnten durch die als insolvenzrechtlich zu qualifizierende Insolvenzantragspflicht, die Insolvenzverschleppungshaftung und den Haftungstatbestand des § 64 Abs. 2 GmbHG gesetzt werden, da die Qualifikation grundsätzlich dazu führt, dass diese Vorschriften im Wege der kollisionsrechtlichen

850 *Schall* (2005), S. 972. Zu den Problemen der rechtlichen Geltendmachung solcher Ansprüche aufgrund der damit verbundenen Kosten siehe *Davies* (2003), S. 199.

851 *Habersack/Verse* (2004), S. 183.

852 Vgl. auch *Hertig/Kanda* (2004), S. 73.

853 Ein Einwand gegen das Bestehen einer solchen Lücke wird von *Schall* erhoben, denn nach wie vor komme das *Common Law* zur Anwendung, das ebenfalls eine Haftung der *directors* statuiere, die dem Gesellschaftsstatut zuzurechnen sei, *Schall* (2005), S. 973 f. In einem anderen Zusammenhang, aber ebenfalls mit dem Ergebnis, dass im Fall der Verwirklichung des Tatbestandes des *wrongful trading* immer auch eine Haftung der *directors* wegen Verletzung der *duties for the benefits of creditors* gegeben sein wird, *Habersack/Verse* (2004), S. 200. Im Kontext der Insolvenz und den damit verbundenen Risiken und möglichen Regelungsproblemen für die Gläubiger verbleibt dennoch die Frage, ob das (noch) nicht sehr ausdifferenzierte *Common Law* hier tatsächlich die *wrongful trading rule* ersetzen kann. Im Kontext der Durchgriffshaftung bzw. persönlicher Haftung der Anteilseigner aufgrund Delikts kann man hingegen zu einer anderen Einschätzung gelangen, siehe dazu auch unten IV.2.c.gg.bbb.(2)(c)(bb).

Substitution ebenso auf die Geschäftsleiter (*directors*) einer *private limited company* mit Verwaltungssitz in Deutschland angewandt werden.[854] Die Anwendung dieser Vorschriften ermöglicht es grundsätzlich, auftretende Lücken zu schließen und entsprechende Anreize zu setzen.[855]

(bb) Die Anwendbarkeit der deutschen Regelungen im Lichte der Geltung der Niederlassungsfreiheit

Aus der Gläubigerschutzperspektive lässt sich bereits ein starkes Argument für eine niederlassungsrechtlich unbedenkliche Anwendung der Vorschriften ziehen, denn anderenfalls würde bei einer *private limited company* mit Verwaltungssitz in Deutschland ein sowohl von der englischen als auch von der deutschen Rechtsordnung als regelungsbedürftig identifiziertes Problem nicht geregelt werden.[856] Bei der Beurteilung der Anwendbarkeit der deutschen Vorschriften im Lichte der Niederlassungsfreiheit muss jedoch neben der Gläubigerschutzperspektive ebenfalls die Perspektive der Wählenden Berücksichtigung finden. Allein das Auftreten einer Regelungslücke rechtfertigt für sich noch nicht das Anwenden jeglicher deutscher (inländischer) Normen zur Lückenfüllung. Vielmehr gilt es zu untersuchen, ob das Anwenden konkreter Normen mit der Niederlassungsfreiheit vereinbar ist. Es gilt demnach zu untersuchen, ob durch die Anwendung der deutschen als insolvenzrechtlich zu qualifizierenden Vorschriften Überregulierungen und damit Beschränkungen der Niederlassungsfreiheit auftreten, die gegebenenfalls dem Rechtfertigungserfordernis (4-Konditionen-Test) unterliegen.

Insolvenzantragspflicht:

Das Insolvenzverfahren stellt einen geordneten Marktaustritt eines korporativen Akteurs sicher. Wann ein korporativer Akteur aus dem Markt auszuscheiden hat, wird grundsätzlich durch die Insolvenzauslösungstatbestände der jeweiligen Rechtsordnung bestimmt. Im deutschen Recht knüpft die Antragspflicht an die Insolvenzgründe an mit der Folge, dass beim Vorliegen von Zahlungsunfähigkeit oder Überschuldung ein entsprechender Antrag zu stellen ist. In der englischen (bzw. britischen) Rechtsordnung hingegen löst allein das Vorliegen der Insolvenzgründe[857] noch nicht per se eine Pflicht zur Antragsstellung oder gar eine strafrechtliche oder zivilrechtliche Verantwortlichkeit (Haftung) für die Geschäftsleiter aus, wenn die Geschäfte der Gesellschaft trotzdem weitergeführt werden. Die Haftung knüpft somit nicht (ausschließlich) an die Insolvenzgründe an. Der haftungsrelevante Zeitpunkt ist hier vielmehr, wenn keine vernünftigen Aussichten (*no reasonable*

854 Vgl. auch *Eidenmüller* (2005b), S. 1620 f.
855 Vgl. *Eidenmüller – Eidenmüller* (2004), § 9, Rdn. 33.
856 Vgl. auch *Eidenmüller – Eidenmüller* (2004), § 9, Rdn. 33; *Eidenmüller* (2005b), S. 1621; a.A.: *Schall* (2005), S. 974 f.
857 S. 123 (1) (e) IA (1986): "being unable to pay its debts" (cash-flow-test) oder s. 123 (2) IA (1986): "the value of the company's assets is less than the amount of its liabilities, taking into account its contigent and prospective liabilities" (balance-sheet-test). Vgl. auch *Davies* (1998), S. 348.

prospect) mehr bestehen und eine insolvenzbedingte Liquidation der Gesellschaft absehbar ist.[858] Eine Haftung können die Geschäftsleiter nur vermeiden, wenn sie zu diesem Zeitpunkt das Unternehmen in ein staatlich strukturiertes Verfahren überführen.

Diesen Ausführungen entsprechend ist die hier zu untersuchende Frage zu präzisieren. Denn es geht nicht darum, ob die Pflicht, einen entsprechenden Antrag zu stellen, als solche die Niederlassungsfreiheit beschränkt, denn auch in der englischen Rechtsordnung ist ab bzw. zu einem bestimmten Zeitpunkt ein entsprechender Antrag für die Geschäftsleiter die einzige Möglichkeit, einer Haftung zu entgehen. Es geht vielmehr um die Frage, ob von der Fixierung des „pflichtauslösenden" Zeitpunkts, die in der englischen Rechtsordnung (*no reasonable prospect*) anders als in der deutschen Rechtsordnung (Überschuldung oder Zahlungsunfähigkeit) ausfällt, eine Beschränkung der Niederlassungsfreiheit ausgeht.[859]

Durch diese Zeitpunkte wird bestimmt, wann die jeweilige Rechtsordnung einem korporativen Akteur die Teilnahme, d.h. die unbeschränkte Tätigkeit, am Markt versagt und somit eine Grenze für privatautonome Entscheidungsmöglichkeiten setzt. Damit handelt es sich hierbei um eine tätigkeitsbezogene Beschränkung. Wird die deutsche Insolvenzantragspflicht, die an die Insolvenzgründe Zahlungsunfähigkeit und Überschuldung anknüpft, auf die englische *private limited company* angewendet, kann das also nur dann eine Beschränkung der Niederlassungsfreiheit darstellen, wenn dadurch der Marktzugang dieser Gesellschaft signifikant behindert oder erschwert wird.[860] Wird eine signifikante Marktzugangserschwernis festgestellt, unterliegt diese dem Rechtfertigungserfordernis, wonach die Anwendbarkeit der deutschen gläubigerschützenden Vorschriften nur dann gerechtfertigt ist, wenn diese Regelungen geeignet und erforderlich sind.[861]

Bereits für die Frage, ob überhaupt eine Beschränkung der Niederlassungsfreiheit vorliegt, in jedem Fall aber – soweit man dies noch bejahen möchte – bei der Frage der Rechtfertigung dieser Beschränkung, ist in Rechnung zu stellen, dass die verschiedenen nationalen Insolvenzverfahren unterschiedlich ausgestaltet sind, was nicht zuletzt durch die dieser Ausgestaltung zugrunde liegenden unterschiedlichen (Schutz-)Philosophien zu begründen ist. Diese Philosophien spiegeln sich jetzt zugleich darin wider, welcher Zeitpunkt bzw. Umstand von einer Rechtsordnung

---

858 Siehe oben IV.2.c.gg.aaa.(2)(g)(aa). Ist das Unternehmen insolvent, d.h. liegen die in s. 123 IA (1986) genannten Insolvenzgründe vor, besteht jedoch für die Gläubiger des Unternehmens genauso wie im deutschen Recht jederzeit die Möglichkeit, einen entsprechenden Antrag bei Gericht zu stellen, vgl. *Davies* (1998), S. 349.

859 Vgl. dazu auch *Huber, U.* (2005a), S. 328 ff. und S. 348 ff.

860 Siehe oben IV.1.b.

861 Grundsätzlich müssen für die Rechtfertigung der Beschränkung der Niederlassungfreiheit 4 Konditionen erfüllt sein, vgl. oben IV.1.a.bb.bbb.(1). Vorliegend sind die ersten beiden Konditionen (diskriminierungsfreie Anwendung und zwingende Belange des Allgemeininteresses) erfüllt, sodass es nunmehr um Geeignetheit und Erforderlichkeit der Maßnahme geht.

als maßgeblich erachtet wird, die privatautonome Entscheidungsmöglichkeit der Akteure durch ein (zwingend) gesetzlich ausgestaltetes Verfahren zu ersetzen.[862]

Da eine Beschränkung der Niederlassungsfreiheit – wenn überhaupt – von dieser (unterschiedlichen) Fixierung des relevanten Zeitpunkts ausgehen könnte und diese Ausdruck der Schutzphilosophien der nationalen Insolvenzrechte ist, ist somit der Frage nachzugehen, ob von diesen unterschiedlichen Philosophien – nicht zu rechtfertigende – Beschränkungen der Niederlassungsfreiheit ausgehen können.

Für das Gesellschaftsrecht (im engeren Sinne), das ebenfalls von unterschiedlichen historisch gewachsenen Schutzphilosophien geprägt ist, die ihren Niederschlag in den konkreten Systemausgestaltungen gefunden haben – erinnert sei hier an den starken ex ante Kapitalschutz des deutschen Gesellschaftsrechts – wurde bereits herausgearbeitet, dass der Grundsatz der gegenseitigen Anerkennung verlangt, dass die unterschiedliche Systemausgestaltung akzeptiert wird mit der Folge, dass deutsche gläubigerschützende, gesellschaftsrechtliche Regelungen auch im Wege der Sonderanknüpfung keine Anwendung auf ausländische Kapitalgesellschaften finden können.[863] Das Argument unterschiedlicher Schutzphilosophien rechtfertigt damit im Gesellschaftsrecht (im engeren Sinne) nicht die Beschränkung der Niederlassungsfreiheit.

Gilt dies nun außerdem im Kontext gesellschaftsrechtlicher Rechtswahlfreiheit für das Insolvenzrecht? Für das Insolvenzrecht generell ist dies wohl abzulehnen, denn wie bereits mehrfach ausgeführt, ist es nicht Aufgabe der Niederlassungsfreiheit, die gesamte Rechtsordnung des Zuzugstaates unter dem Aspekt einer möglichen Beschränkung auf den Prüfstand zu heben. Jedoch kann dies anders für die an der Schnittstelle zwischen Insolvenz- und Gesellschaftsstatut angesiedelten Auslösungstatbestände bewertet werden. Einerseits werden Antragspflicht des § 64 Abs. 1 GmbHG, Verschleppungshaftung und Masseschmälerungshaftung zum einen und *wrongful trading* zum anderen als Elemente des jeweiligen nationalen Schutzkonzepts für Unternehmensgläubiger gesehen. Andererseits stehen diese Tatbestände jeweils in Wechselwirkung mit den durchaus unterschiedlich ausgestalteten nationalen Insolvenzverfahren.

Aus der Perspektive eines Wettbewerbs als Entdeckungsverfahren liegt die Forderung nahe, alle Elemente eines Gläubigerschutzkonzepts in den Wettbewerb mit einzubeziehen, um auf diesem Wege die zweckmäßigste Problemlösung zu entdecken. Jedoch bleibt die gesellschaftsrechtliche Rechtswahlfreiheit auf das Gesellschaftsstatut beschränkt, und unter dieser Maßgabe muss die Frage der Kompatibilität von Teilrechtsordnungen bewertet werden.

Kehrt man an dieser Stelle die Überlegungen insofern um, als man fragt, was die Rechtsfolgen wären, wenn man eine – nicht zu rechtfertigende – Beschränkung der

---

862 Vgl. dazu *Paulus* (2005), S. 321: Das Insolvenzrecht bildet so etwas wie den Fluchtpunkt des Wirtschaftsrechts einer jeden nationalen Rechtsordnung, also den Hintergrund, an dem man sich ausrichtet, um ihn zu vermeiden bzw. zu umgehen.

863 Siehe insbesondere oben IV.2.c.dd.

Niederlassungsfreiheit feststellen würde, käme man im Ergebnis zur Unanwendbarkeit der Insolvenzantragspflicht, der Insolvenzverschleppungshaftung und der Masseschmälerungshaftung, da diese an das Vorliegen der deutschen Insolvenzgründe (Zahlungsunfähigkeit und Überschuldung) als maßgeblichen Zeitpunkt anknüpfen. Es entstünde im konkreten Fall der *private limited company* eine Regelungslücke,[864] womit die bereits aufgeworfene Frage des Lückenschlusses aktuell blieb. Bei einer wie auch immer ausgestalteten Lösung – zu denken wäre an eine dem englischen Recht angepasste Regelung[865] – muss jedoch Berücksichtigung finden, dass die „Auslösungstatbestände" bzw. die maßgeblichen Auslösungszeitpunkte komplementär zur Verfahrenausgestaltung sind und Modifizierungen der Auslösung das Kompatibilitätsproblem ins Insolvenzverfahren verlagern würden mit der Folge, dass nunmehr ebenso die Systemleistung des Insolvenzrechts insgesamt herabgesetzt werden könnte.[866] Unter dem Aspekt der Kompatibilität von Gesellschafts- und Insolvenzstatut sprechen dann gute Gründe dafür, insbesondere im Interesse einer funktionsfähigen Gesamtrechtsordnung, auch auf eine englische *private limited company* mit deutschem Verwaltungssitz die deutschen Insolvenzauslösungstatbestände nebst Handlungspflichten der Geschäftsleiter anzuwenden.[867]

Geht von der unterschiedlichen Fixierung des maßgeblichen Zeitpunkts für einen zwingenden Marktaustritt keine – ungerechtfertigte – Beschränkung der Niederlassungsfreiheit aus, kann es also auch keine Beschränkung der Niederlassungsfreiheit sein, wenn den Geschäftsführern einer *private limited company* genau wie bei der GmbH die Pflicht auferlegt wird, beim Vorliegen von Überschuldung oder Zahlungsunfähigkeit einen entsprechenden Antrag zu stellen.[868] Denn die positivrechtliche Ausgestaltung als Pflicht der Geschäftsführer im deutschen Recht ist in ihrer Wirkung der englischen Regelung vergleichbar:

Zu dem Zeitpunkt, ab dem keine vernünftigen Aussichten (*no reasonable prospect*) mehr bestehen, ist die Überführung des Unternehmens in ein staatlich strukturiertes Verfahren die einzige Möglichkeit für die Geschäftsleiter, einer entsprechenden

---

864 Siehe auch oben IV.2.c.gg.aaa.(2)(g)(aa).

865 Vgl. für die Diskussion um die Einführung der *wrongful trading rule* auf europäischer Ebene, *Habersack/Verse* (2004), S. 174 ff.; *Fleischer* (2004), S. 455 ff.

866 Die nahe liegende Forderung wäre dann die europaweite Vereinheitlichung sowohl der Auslösungstatbestände als auch des materiellen Insolvenzrechts. Das Für und Wider dieser Überlegungen kann jedoch im Rahmen dieser Arbeit nicht weiter verfolgt werden, vgl. dazu *McBryde/Flessner/Kortmann* (2003).

867 Vgl. in diesem Zusammenhang auch *Huber, U.*, der die Geltung der deutschen Auslösungstatbestände auch für ausländische Gesellschaften hier vorrangig aus der EuInsVO ableitet, denn gem. Art. 4 Abs. 2 EuInsVO sind die Eröffnungstatbestände der lex fori concursus zu entnehmen. Darüber hinaus führt er aus: „Gewiß ist auch die EuInsVO, als europäisches Sekundärrecht, an die Grundfreiheiten des EG-Vertrags gebunden. Es wäre aber kein sinnvolles Verständnis der Niederlassungsfreiheit, wenn man daraus eine Immunität von Auslandsgesellschaften gegenüber dem Insolvenzrecht des Niederlassungsstaats ableiten würde, die im Widerspruch zu Grundprinzipien des internationalen Insolvenzrechts stünde, die in allen Mitgliedstaaten anerkannt sind.", *Huber, U.* (2005a), S. 348; vgl. in diesem Kontext auch *Ulmer* (2004), S. 1205.

868 *Huber, U.* (2005a), S. 348; vgl. auch *Zimmer* (2003), S. 3590, der jedoch von einer gerechtfertigten Beschränkung ausgeht; a.A.: *Hirte/Mock* (2005), S. 475 ff., die im Ergebnis zu einer nicht zu rechtfertigenden Beschränkung kommen.

Haftung wegen *wrongful trading* zu entgehen. Darüber hinaus muss man in Rechnung stellen, dass die Antragspflicht sich an das Kollektivgutproblem der unterschiedlich informierten Gläubiger richtet und einen geordneten Marktaustritt einer Gesellschaft mit beschränktem Haftungsfonds sicherstellt.[869] Sie ist somit keine primär organschaftliche Pflicht, die ihre Begründung im Gesellschaftsvertrag (Verfassungsvertrag) findet, sondern in erster Linie eine Pflicht gegenüber der Gesamtheit der Gläubiger, die in der Krisensituation die Finanzierung der Unternehmensaktivitäten übernehmen. Auch trifft die Antragspflicht die Geschäftsführer einer ausländischen Kapitalgesellschaft weder rechtlich noch tatsächlich stärker als die einer inländischen.[870]

Insolvenzverschleppungshaftung:

Der Zweck der Insolvenzverschleppungshaftung besteht, wie bereits dargelegt, vor allem in der Sanktionierung eines Verstoßes gegen die Insolvenzantragspflicht (Effektuierung der Antragspflicht[871]). Die Haftung greift im Wesentlichen dann, wenn der Versuch, die Geschäfte weiterzuführen, erfolglos war und es anschließend zum Zusammenbruch der Gesellschaft kommt und infolgedessen zu einem Ausscheiden aus dem Markt.[872] Sie ist keine im engeren Sinn korporativ wirkende Regelung, da sich die Haftung auf die Insolvenzantragspflicht bezieht und diese primär als Pflicht des Geschäftsführers gegenüber der Gesamtheit der Gläubiger interpretiert werden kann. Es ist bereits fraglich, ob mit dieser Haftung überhaupt eine signifikante Marktzugangserschwerung verbunden ist.[873] In jedem Fall wäre eine Beschränkung der Niederlassungsfreiheit durch eine solche Haftungsandrohung grundsätzlich gerechtfertigt,[874] da es um das Durchsetzen eines geordneten Marktaustritts geht. Darin unterscheidet sich diese Haftung von der gesellschaftsrechtlichen bzw. deliktsrechtlichen Durchgriffshaftung.[875]

Haftung (Ersatzpflicht) wegen Masseschmälerung (§ 64 Abs. 2 GmbHG):

Die Ausführungen zur Insolvenzverschleppungshaftung gelten in gleichem Maße für die Haftung wegen Masseschmälerung. Auch diese bezweckt anders als die gesellschaftsrechtliche und deliktsrechtliche (Durchgriffs-) Haftung einen geordneten Marktaustritt.[876]

---

869 Vgl. auch *Eidenmüller* (2005b), S. 1621.
870 *Eidenmüller* (2005b), S. 1621.
871 *Eidenmüller* (2005b), S. 1621.
872 *Huber, U.* (2005a), S. 349.
873 Dies ablehnend *Eidenmüller* (2005b), S. 1621.
874 Einschränkungen könnten sich möglicherweise hinsichtlich des Haftungsumfangs ergeben, da s. 214 IA (1986) nicht zwischen den Altgläubigern (Quotenschaden) und den Neugläubigern (negatives Interesse) unterscheidet, sondern auch den Anspruch der Neugläubiger auf den Quotenschaden beschränkt, vgl. dazu *Habersack/Verse* (2004), S. 211, die eine Übernahme der *wrongful trading rule* in das deutsche Recht wegen der „Schlechterstellung“ der Neugläubiger ablehnen. Siehe in diesem Kontext aber auch *Fleischer* (2004), S. 460 f.
875 *Eidenmüller* (2005b), S. 1621.
876 *Eidenmüller* (2005b), S. 1621.

Zusammenfassend bleibt somit festzuhalten, dass für die Frage der Kompatibilität und die damit einhergehende Frage nach dem Vorliegen einer Beschränkung der Niederlassungsfreiheit im Verhältnis zwischen deutschem und englischem bzw. britischem Recht nicht der Schutzkanon aus Antragspflicht, Verschleppungs- und Masseschmälerungshaftung als solcher, sondern vielmehr der pflichtauslösende Zeitpunkt maßgeblich ist. Denn dieser Zeitpunkt markiert, wann eine Rechtsordnung den Marktaustritt eines korporativen Akteurs zwingend anordnet und marktliches (privatautonomes) Handeln zugunsten eines strukturierten Verfahrens einschränkt. Es steht bereits infrage, ob diese tätigkeitsbezogene Beschränkung überhaupt eine Beschränkung der Niederlassungsfreiheit darstellt, in jedem Fall aber ist eine solche Beschränkung insbesondere mit Blick auf eine funktionsfähige Gesamtrechtsordnung gerechtfertigt. Daher kommen die deutschen Insolvenzauslösungstatbestände und die an diese anknüpfenden Pflichten einschließlich ihrer Sanktionsandrohungen zugleich bei einer *private limited company*, deren Mittelpunkt der hauptsächlichen Interessen in Deutschland liegt, zur Anwendung.

bbb. Das Deliktsrecht

In gleichem Maße wie beim Insolvenzrecht stellt sich auch hinsichtlich des Deliktsrechts unter dem Aspekt der Kompatibilität von Teilrechtsordnungen im Wettbewerb zunächst die kollisionsrechtliche Frage nach der einschlägigen Rechtsordnung bzw. dem anwendbaren nationalen Recht.

(1) Die einschlägige Rechtsordnung

Eine konkrete kollisionsrechtliche Regelung für die Fragen des Deliktsstatuts findet sich (derzeit) auf der europäischen Ebene nicht.[877] Die EuGVVO (Art. 5 Abs. 3)[878] regelt den Deliktsgerichtstand und erklärt das Gericht am Erfolgsort einer unerlaubten Handlung für zuständig, jedoch handelt es sich dabei lediglich um eine Regelung der Internationalen Zuständigkeit, und die vorliegend relevante kollisionsrechtliche Frage nach dem anwendbaren Sachrecht wird davon nicht (unmittelbar) berührt. Das Kollisionsrecht der außervertraglichen Schuldverhältnisse ist somit weiterhin nationales Recht.

Das deutsche EGBGB enthält anders als hinsichtlich des Gesellschaftsstatuts in Art. 40 ff. eine positivrechtliche Regelung für das Deliktsstatut. Gemäß Art. 40 EGBGB kommt es für die Anknüpfung auf den Handlungsort einer deliktischen Schädigung an – das anwendbare Recht ist das Recht des Handlungsortes.[879] Jedoch kann der Verletzte (Geschädigte) ebenso verlangen, dass das Recht des Staates zur

---

877 Eine Verordnung des Europäischen Parlaments und des Rates über das auf außervertragliche Schuldverhältnisse anzuwendende Recht („Rom II") liegt bisher erst als (geänderter) Vorschlag der Kommission vor, vgl. dazu auch *Wagner* (2005), S. 1756.

878 Verordnung (EG) Nr. 44/2001 des Rates vom 22. Dezember 2000 (Brüssel I), ABl. EG Nr. L 12, S. 1 v. 16.1.2001, ber. ABl. Nr. L 307, S. 28 v. 24.11.2001. Diese Verordnung gilt nicht für und in Bezug auf Dänemark, insoweit bleibt das EuGVÜ anwendbar.

879 Vgl. auch *Rauscher* (2002), S. 273.

Anwendung kommt, in dem der Erfolg eingetreten ist (Art. 40 Abs. 1 und 2 EGBGB). Das Deliktsstatut bestimmt sich somit nach dem Handlungs- bzw. Erfolgsort einer Schädigung.

Für den konkreten Fall einer *private limited company* mit Verwaltungssitz in Deutschland liegt es nahe, dass der Handlungsort, aber auch der Erfolgsort, insbesondere wenn es um deutsche Gläubiger dieses Unternehmens geht, in Deutschland sein wird. Damit wird grundsätzlich deutsches Deliktsrecht angewandt. Das wiederum führt zu der Frage nach den gläubigerschützenden Vorschriften des deutschen Deliktsrechts und vor allem zu ihrer Anwendbarkeit auf die englische *private limited company* beziehungsweise ausländische Gesellschaften überhaupt.

Beim Herausarbeiten der deutschen Gläubigerschutzvorschriften des Deliktsstatuts müssen grundsätzlich die Abgrenzung zum Gesellschaftsstatut (Qualifikation) einerseits sowie die Ausnahmeklausel des Art. 41 EGBGB (Anknüpfung) andererseits berücksichtigt werden. Letztere gestattet die Abweichung von den typisierenden Anknüpfungsregeln in Art. 40 Abs. 1 und 2 EGBGB zugunsten eines anderen Rechts, mit dem der zu beurteilende Sachverhalt eine wesentlich engere Verbindung aufweist. Art. 41 Abs. 2 Nr. 1 EGBGB eröffnet dabei die Möglichkeit einer akzessorischen Anknüpfung der deliktischen Ansprüche an ein anderes Statut, zu dem eine vorher existente, besondere rechtliche oder tatsächliche Nähebeziehung der Beteiligten besteht.[880] Damit werden hinsichtlich der Gläubigerschutzvorschriften nicht nur die Frage der Qualifikation eines Haftungstatbestandes als deliktisch, sondern auch die Frage der (kollisionsrechtlichen) Anknüpfung des Deliktsstatuts relevant. Konkret geht es dann darum, ob über Art. 41 Abs. 2 Nr. 1 EGBGB eine akzessorische Anknüpfung an das Gesellschaftsstatut möglich ist mit der Folge, dass auch die deliktische Haftung der Gründungsrechtsordnung einer Gesellschaft zu entnehmen ist.

(2) Die Gläubigerschutzvorschriften des Deliktsstatuts

Relevante Haftungstatbestände im Kontext des Gesellschaftsrechts und da speziell des Gläubigerschutzes sind vor allem § 823 Abs. 2 BGB und § 826 BGB, aber ebenso § 823 Abs. 1 BGB. Angesichts der Ansiedlung dieser Haftungstatbestände im deutschen Deliktsrecht liegt auf den ersten Blick eine deliktische Qualifikation nahe, und die Anwendbarkeit dieser Haftungsnormen wäre im Falle eines deutschen Deliktsstatuts (Art. 40 EGBGB) auch bei einer *private limited company* grundsätzlich eröffnet.

(a) Der „Sonderfall“ der Haftung für Existenzvernichtung

Bereits die Frage der Qualifikation und dabei vor allem die Abgrenzung von Delikts- und Gesellschaftsstatut erlangen Relevanz hinsichtlich der Tatbestände der so genannten *Durchgriffshaftung*. Grundsätzlich wurde bereits festgestellt, dass der Durchgriff als gesellschaftsrechtlich zu qualifizieren ist und Durchgriffstat-

---

880 *Rauscher* (2002), S. 279.

bestände sich somit nach dem Gesellschaftsstatut richten.[881] Eine gewisse Sonderrolle kann man, wie ebenfalls bereits dargelegt, der Haftung wegen eines so genannten existenzvernichtenden Eingriffs zusprechen, da diese Haftung in der deutschen (höchstrichterlichen) Rechtsprechung sowohl auf eine gesellschaftsrechtlich begründete Durchgriffshaftung[882] als auch auf den deliktischen Tatbestand des § 826 BGB[883] gestützt wird.[884] Während die Durchgriffshaftung gesellschaftsrechtlich zu qualifizieren ist, könnte die Begründung der Haftung aus § 826 BGB für eine deliktische Qualifikation sprechen. Auf den ersten Blick entscheidet somit bereits die Haftungsbegründung – Durchgriff oder Delikt – die Frage, ob dieser Gläubigerschutztatbestand angewandt werden kann, denn während bei einer gesellschaftsrechtlichen Qualifikation ein Anwenden auf die dem englischen Gesellschaftsstatut unterliegenden *private limited company* ausscheidet, eröffnet die deliktsrechtliche Qualifikation des § 826 BGB zunächst grundsätzlich die Möglichkeit der Anwendung auf ausländische Gesellschaften, sofern ein deutsches Deliktsstatut ermittelt wird, weil die Rechtswahl ja grundsätzlich nur das Gesellschaftsstatut erfasst.[885]

Neben der Qualifikationsfrage wird – wie bereits dargelegt – aus der juristischen Perspektive auch die Frage der Anknüpfung des Deliktsstatuts und insbesondere die Ausnahmeregelung des Art. 41 EGBGB relevant. Aus Letzterer lassen sich bereits Gründe ableiten, ebenfalls einen als deliktisch zu qualifizierenden, jedoch spezifisch die Gesellschaftssphäre betreffenden Tatbestand wie etwa die Existenzvernichtungshaftung akzessorisch an das Gesellschaftsstatut anzuknüpfen[886] mit der Folge, dass im konkreten Fall der *private limited*, aufgrund der damit entstehenden Maßgeblichkeit des englischen Deliktsstatuts, dieser Haftungstatbestand keine Anwendung findet.

Begründet werden kann die Maßgeblichkeit des englischen Deliktsstatuts damit, dass die Haftung wegen Existenzvernichtung an die Verletzung gesellschaftsrechtlicher Pflichten anknüpft, die ihre Grundlage im Verfassungsvertrag zwischen den Mitgliedern haben.[887] Darüber hinaus kommt in dieser Haftung auch die Grenze zum Ausdruck, die die deutsche Rechtsordnung der Zuerkennung der Haftungsprivilegierung setzt. Damit weist die Verantwortlichkeit der Gesellschafter wegen Existenzvernichtung eine wesentlich engere Verbindung zum Gesellschaftsstatut auf. Deshalb ist eine solche Verantwortlichkeit kollisionsrechtlich nicht gem. § 40 EGBGB, sondern akzessorisch an das Gesellschaftsstatut anzuknüpfen (Art. 41 EGBGB).[888]

---

881 Siehe oben IV.2.c.cc.ccc. sowie *Ulmer* (2004), S. 1208.
882 BGH v. 24.6.2002, NJW 2002, 3024, 3025 (KBV).
883 BGH v. 20.9.2004, NJW 2005, 145; aber auch BGH v. 24.6.2002, NJW 2002, 3024 (KBV).
884 Vgl. auch oben IV.2.c.cc.ccc.
885 So differenzierend im Ergebnis wohl *Schumann* (2004), S. 749; für eine (insgesamt) deliktische Qualifikation und Anwendbarkeit auf ausländische Gesellschaften *Schanze/Jüttner* (2003b), S. 670; ohne die Frage der Qualifikation explizit zu erörtern, aber für eine Anwendbarkeit auf ausländische Gesellschaften *Altmeppen* (2004), S. 101.
886 Vgl. *Eidenmüller* (2005b), S. 1620.
887 Vgl. auch *Eidenmüller* (2005b), S. 1620.
888 *Eidenmüller* (2005b), S. 1620.

An dieser Stelle kann zunächst festgehalten werden, dass Qualifikations- und Anknüpfungsfragen vor allem aus der juristischen Perspektive durchaus den Weg für einen Problemzugang weisen. Führt das Beantworten dieser Fragen, im Gegensatz zu dem vorliegend gefundenen Ergebnis, zu einer umfassenden Anknüpfung an das deutsche Deliktsstatut, muss die Anwendbarkeit deutscher deliktischer Gläubigerschutzvorschriften auf eine *private limited company* an den Vorgaben der Niederlassungsfreiheit geprüft werden. Entsprechendes gilt, wenn ebenfalls abweichend vom vorliegend gefundenen Ergebnis die Haftung wegen existenzvernichtenden Eingriffs insolvenzrechtlich qualifiziert wird.[889]

Bevor die Vereinbarkeit mit der Niederlassungsfreiheit für den konkreten Fall der Existenzvernichtungshaftung geprüft wird, soll zunächst jedoch ein Blick auf weitere deliktische Haftungstatbestände, vor allem § 823 Abs. 2 BGB sowie § 826 BGB, geworfen werden, da sich bei diesen ebenso die Frage der Qualifikation respektive Anknüpfung stellen kann.

(b) Die Haftungstatbestände der §§ 823 und 826 BGB

Verallgemeinert man die Ausführungen zur Existenzvernichtungshaftung, ließe sich argumentieren, dass eine gesellschaftsrechtliche Anknüpfung in all den Fällen geboten ist, in denen die persönliche Haftung der Gesellschafter (Mitglieder/Anteilseigner) auf der Verletzung gesellschaftsrechtlicher Pflichten, d.h. solcher, die aus der Unternehmensverfassung (korporativer Vertrag) erwachsen, beruht und im Ergebnis die von der jeweiligen Rechtsordnung gesetzten Grenzen der Zuerkennung der Haftungsprivilegierung markiert.

Das ließe sich *zum einen* über eine gesellschaftsrechtliche Qualifikation des Haftungstatbestandes begründen, was insbesondere bei § 823 Abs. 2 BGB i.V.m. einem gesellschaftsrechtlichen Schutzgesetz der Gründungsrechtsordnung in Betracht kommt, da in diesem Fall dem Gesellschaftsstatut die haftungsbegründende Wertung entnommen wird,[890] *zum anderen* aber auch über die akzessorische Anknüpfung der deliktischen Haftung an das Gesellschaftsstatut (Art. 41 EGBGB).

Jedoch gilt die Maßgeblichkeit der Gründungsrechtsordnung eines Unternehmens nicht uneingeschränkt. In den Fällen, in denen die Haftungstatbestände unterschiedslos für natürliche und juristische Personen gelten, die Haftung also nicht auf der Verletzung gesellschaftsrechtlicher Pflichten beruht, ist im deliktsrechtlichen Kontext die Anknüpfung des Deliktsstatuts an den Handlungs- bzw. Erfolgsort, wie in Art. 40 EGBGB statuiert, geboten.[891] Es sei jedoch noch einmal klargestellt, dass

---

889 *Weller* (2003a), S. 210.
890 Vgl. *Eidenmüller* (2005b) S. 1620 sowie die Argumentation zur Insolvenzverschleppungshaftung, oben IV.2.c.gg.aaa.(2)(d).
891 *Eidenmüller* entwickelt in diesem Zusammenhang folgende Leitlinie für die Abgrenzung von Gesellschaftsstatut und Deliktsstatut: Das Gesellschaftsstatut regelt die Haftung der Organe und der Gesellschafter in ihrer Funktion als solche, das Deliktsstatut demgegenüber die Verantwortlichkeit nach für jedermann geltendem Recht sowie die Zurechung entsprechenden (deliktischen) Verhaltens zur Gesellschaft, *Eidenmüller – Eidenmüller* (2004), § 4, Rdn. 8. Als Beispiel ließe sich hier

diese Anknüpfung nicht allein aus der deliktischen Qualifikation einer Norm gefolgert werden kann, sondern bei einem konkreten Sachverhalt festgestellt werden muss, ob die deliktische Verantwortlichkeit auf die Verletzung gesellschaftsrechtlicher Pflichten zurückzuführen ist oder nicht.[892]

Wie bereits angeklungen, weisen Qualifikations- und Anknüpfungsfragen den Weg für einen (juristischen) Problemzugang und ermöglichen eine Problemverortung. Es gibt bereits gute Gründe – nämlich die entsprechende Qualifikation oder auch Anknüpfung –, die dafür sprechen, dass deutsche Haftungstatbestände zum Schutz von Unternehmensgläubigern grundsätzlich keine Anwendung auf ausländische Kapitalgesellschaften mit deutschem Verwaltungssitz finden. Insbesondere für den Fall, dass aber hinsichtlich der Qualifikation oder der Anknüpfung ein anderes Ergebnis erzielt wird, ist das Anwenden der deutschen deliktischen Haftungstatbestände an der Niederlassungsfreiheit zu messen. Soweit von ihnen eine Beschränkung der Niederlassungsfreiheit ausgeht, untersteht die Anwendung dem Rechtfertigungserfordernis; soweit sie keine Beschränkung darstellen, gebietet die Niederlassungsfreiheit eine nicht diskriminierende Anwendung der Vorschriften.

(c) Die Anschlussfähigkeit des Deliktsrechts

Wie bereits dargelegt, ist Bedingung für die Funktionsfähigkeit des gesellschaftsrechtlichen Wettbewerbs die Kompatibilität von Teilrechtsordnungen unter der Geltung der Niederlassungsfreiheit. Kommt man als Ergebnis der Anknüpfungsprüfung auch bei einer englischen *private limited company* mit deutschem Verwaltungssitz zur Maßgeblichkeit des deutschen Deliktsstatuts, stellt sich bezüglich der Anwendbarkeit deutscher deliktischer Gläubigervorschriften zunächst die Frage, ob die Herkunftsrechtsordnung ein bestimmtes Regelungsproblem gleichermaßen identifiziert und eine entsprechende Problemlösung enthält und ob diese Problemlösung von der Rechtswahl erfasst wird. Es geht somit in erster Linie um die Identifizierung einer Regelungslücke.

(aa) Die Regelungslücke bei der Rechtswahl

Für den konkreten Haftungstatbestand des existenzvernichtenden Eingriffs stellt sich die Frage, ob das entsprechende Regelungsproblem von der englischen Rechtsordnung gleichermaßen erkannt und bewertet wurde. Die persönliche Haftung der Gesellschafter aufgrund der Verletzung gesellschaftsrechtlicher Pflichten zeigt grundsätzlich die gesellschaftlich gebotenen Grenzen der Gewährung eines Haftungsprivilegs auf.

---

die Haftung aus § 823 Abs. 2 BGB i.V.m. § 263 StGB anbringen; diese Haftung begründet die Verantwortlichkeit nach für jedermann geltendem Recht, siehe auch *Schumann* (2004), S. 746. Anders ist dies jedoch bei einer Verantwortlichkeit nach § 826 BGB zu bewerten, in diesen Fällen kann nicht „pauschal" von einer allgemeinen Verkehrsregel ausgegangen werden; a.A.: wohl *Ulmer* (2004), S. 1205 und S. 1207.

892 Vgl. in diesem Zusammenhang auch *Schumann* (2004), S. 746, der nur für gesellschaftsrechtliche Vorfragen im Rahmen der deliktischen Haftung die Gründungsrechtsordnung für maßgeblich hält.

Die englische Rechtsordnung identifiziert ebenso die Fälle von „Missbrauch“ der Haftungsbeschränkung (*abuse of limited liability*) als regelungsbedürftiges Problem und etabliert entsprechende Mechanismen, um diesem Missbrauch entgegenzuwirken. Zu nennen sind dabei etwa die Fälle des *lifting/piercing the corporate veil*, konkret des Durchgriffs in Betrugskonstellationen (*fraud exception*), in denen die Gesellschaft als *„mere sham“* erscheint, d.h. die gesellschaftsrechtlichen Strukturen „missbräuchlich“ genutzt werden.[893] Weitere Mechanismen sind die *directors disqualification* nach dem *Companies Directors Disqualification Act* (CDDA (1986)) sowie die vom *Common Law* entwickelten *duties for the benefits of creditors*, die anders als die *wrongful trading rule* gesellschaftsrechtlich zu qualifizieren sind.[894] Da diese Mechanismen aufgrund ihrer gesellschaftsrechtlichen Qualifikation von der Rechtswahl erfasst werden, spricht bereits sehr viel dafür, dass hinsichtlich dieses konkreten Regelungsproblems keine Regelungslücken bei der Integration einer *private limited company* in die deutsche Rechtsordnung auftreten.[895] Die von der Wahlentscheidung erfassten Elemente des Gläubigerschutzkonzepts der Herkunftsrechtsordnung setzen bereits entsprechende Restriktionen und somit Verhaltensanreize, sodass eine darüber hinausgehende persönliche Haftung der Gesellschafter für die Verletzung dem Schutz der Gläubiger dienender gesellschaftsrechtlicher Pflichten nicht erforderlich ist.

Fehlt es an einer Regelungslücke, besteht bereits aus der Gläubigerschutzperspektive kein Bedürfnis zum Anwenden der deutschen Gläubigerschutzvorschrift der Haftung für Existenzvernichtung.[896]

Verallgemeinernd ließe sich an dieser Stelle ausführen, dass die Fälle, in denen die persönliche Haftung der Gesellschafter auf die Verletzung gesellschaftsrechtlicher Pflichten zurückzuführen ist und somit – trotz unterschiedlicher dogmatischer Begründung – einer Durchgriffshaftung gleichkommt, die Grenzen der Zuerkennung des Haftungsprivilegs durch die Rechtsordnung aufzeigen. In welchen Grenzen einem korporativen Akteur eine Haftungspriviligierung zuerkannt wird, ist der Gründungsrechtsordnung zu entnehmen. Da wie im Fall der *private limited* aufgezeigt die für diese Frage maßgeblichen Normen von der Rechtswahl erfasst werden, entsteht keine Regelungslücke bei der Rechtswahl.

Gilt ein deliktischer Haftungstatbestand hingegen unterschiedslos für juristische und natürliche Personen (korporative und individuelle Akteure), kann er als Standortbedingung des Zuzugstaates gesehen werden, von dem lediglich eine tätigkeitsbezogene Beschränkung ausgehen kann. Ein Marktzutritt wird damit nicht signifikant beeinträchtigt mit der Folge, dass diese Haftungstatbestände lediglich nicht

---

893 Siehe oben IV.2.c.bb.bbb. sowie *Schall* (2005), S. 966.
894 *Schall* (2005), S. 973 ff.; *ders.* (2006), S. 1229; siehe auch die Darstellungen unter IV.2.c.bb.bbb.
895 Im Ergebnis so auch *Schall* (2006), S. 1230.
896 *Eidenmüller* (2005b), S. 1620. Auch unter dem Gesichtpunkt des Missbrauchs scheidet eine Anwendung der Rechtsprechungsgrundsätze über den existenzvernichtenden Eingriff aus, da die „Umgehung“ der Haftung durch die Wahl einer ausländischen Rechtsform eine im Wettbewerb erwünschte Regelungsarbitrage darstellt, vgl. dazu *Eidenmüller – Eidenmüller* (2004), § 3, Rdn. 105.

diskriminierend angewendet werden müssen und damit dann auch grundsätzlich auf die Mitglieder und Agenten ausländischer Kapitalgesellschaften Anwendung finden. Damit zeigt sich am Beispiel des Deliktsrechts einmal mehr die Integrationswirkung der Niederlassungsfreiheit.

ccc. Ergebnis Kompatibilität

Zusammenfassend bleibt festzuhalten, dass die Kompatibilität verschiedener nationaler Teilrechtsordnungen eine wichtige Bedingung für einen funktionsfähigen Regulierungswettbewerb darstellt. Selbst wenn vorliegend der Gläubigerschutz im Mittelpunkt der Betrachtung stand, hat diese Bedingung doch allgemeine Gültigkeit und trifft für andere Regelungsgegenstände gleichermaßen zu.

Aus der juristischen Perspektive werden für das Bearbeiten des Kompatibilitätsproblems vor allem Fragen der kollisionsrechtlichen Qualifikation und der Statutenanknüpfung, d.h. der Bestimmung der maßgeblichen Rechtsordnung, relevant, da sich danach zunächst bestimmt, welche nationalen Regelungen überhaupt zur angewandt werden können. Jedoch erfolgt dadurch nur eine erste Problemverortung insofern, als allein eine entsprechende Qualifikation und Statutenbestimmung nicht davon entbinden, die Anwendbarkeit eines konkreten Tatbestandes auf die Vereinbarkeit mit der Niederlassungsfreiheit hin zu überprüfen, weil die Gewährleistung der Niederlassungsfreiheit von der kollisionsrechtlichen Einordnung unabhängig und nicht nur auf das Gesellschaftsstatut beschränkt ist.[897] Die Niederlassungsfreiheit ist gleichzeitig der Maßstab für das Beantworten der Kompatibilitätsfrage. Sie ermöglicht es, Gläubigerschutzinteressen und die Interessen der Wählenden zum Ausgleich zu bringen.

Für den in dieser Arbeit konkret zu untersuchenden Fall einer nach Deutschland ziehenden *private limited company* konnte für ausgewählte, für den Gläubigerschutz ebenfalls relevante Bereiche des Insolvenz- und Deliktsrechts festgestellt werden, dass eine Anschlussfähigkeit zwischen dem englischen Gesellschaftsstatut und dem deutschen Insolvenz- bzw. Deliktsrecht hergestellt werden kann. Daraus können jedoch weder eine allgemein gültige Aussage für alle EU-Auslandsgesellschaften noch allgemeine Aussagen für die Kompatibilität von Teilrechtsordnungen überhaupt abgeleitet werden. Vielmehr gilt es, das Kompatibilitätsproblem stets im Auge zu behalten. Soweit die verschiedenen nationalen Rechtsordnungen Problemlösungsmechanismen in unterschiedlichen (kollisionsrechtlichen) Statuten ansiedeln, muss für die Funktionsfähigkeit eines Regulierungswettbewerbs die Frage der Kompatibilität für jeden Einzelfall erneut aufgeworfen und geprüft werden.

Unter dem Aspekt des Wettbewerbs als Entdeckungsverfahren ist das Ansiedeln der verschiedenen Elemente eines (nationalen) Gläubigerschutzkonzepts in verschiedenen Teilrechtsordnungen wegen der unterschiedlichen kollisionsrechtlichen Qualifizierung der Elemente jedoch ambivalent zu beurteilen. Zwar stellt die Niederlassungsfreiheit sicher, dass nationalen Schutzinteressen eines Mitgliedstaates

---

897 Vgl. auch *Hirte/Mock* (2005), S. 475.

nicht durch das Ausweichen auf Statute außerhalb des vom Wahlakt erfassten Gesellschaftsstatuts grundsätzlich Bestandsschutz gewährleistet wird, jedoch führt die Ansiedlung in verschiedenen Statuten dazu, dass ein nationales Gläubigerschutzkonzept nicht in seiner Gesamtheit in den Wettbewerb geht.

Im konkreten Fall des englischen Gläubigerschutzkonzepts hat die Begrenzung der Rechtswahlfreiheit auf das Gesellschaftsstatut einerseits und die insolvenzrechtliche Qualifikation der *wrongful trading rule* andererseits zur Folge, dass ein wesentliches Element des englischen Gläubigerschutzes nicht in den gesellschaftsrechtlichen Wettbewerb mit einbezogen wird. Gleichzeitig werden aber Elemente des deutschen Gläubigerschutzes, konkret die Insolvenzantragspflicht und ihre Sanktionstatbestände, durch die insolvenzrechtliche Qualifikation und ihre Anwendbarkeit auf ausländische Gesellschaften dem unmittelbaren Wettbewerbsprozess entzogen.

Soweit die Anschlussfähigkeit von unterschiedlichen Elementen sichergestellt wird, kann zwar ebenfalls in diesem Wettbewerb etwas über die Systemleistung Gläubigerschutz entdeckt werden, jedoch ist ein Verwässern des Systems nicht völlig auszuschließen, denn die Frage der Beschränkung der Niederlassungsfreiheit und ihrer Rechtfertigung enthält immer einen Interpretationsspielraum. Das muss jedoch wohl als Preis verstanden werden, der zu zahlen ist, wenn historisch unterschiedlich gewachsene Rechtsordnungen im Wettbewerb stehen, denn die Funktionsfähigkeit des Wettbewerbs hängt zugleich von der Funktionsfähigkeit der sich aus unterschiedlichen nationalen Teilrechtsordnungen zusammensetzenden Gesamtrechtsordnung ab.

V. Ergebnisse

Durch die Rechtsprechung des EuGH zur Niederlassungsfreiheit von Gesellschaften (Art. 43, 48 EG) wird der Grundsatz der gegenseitigen Anerkennung (Herkunftslandprinzip) auch im Bereich der Niederlassungsfreiheit von Gesellschaften etabliert. Den Rechtsnachfragern steht es damit nunmehr grundsätzlich frei, aus dem Angebot der EU-Mitgliedstaaten dasjenige Gesellschaftsrecht zu wählen, das ihren Präferenzen am besten entspricht. Hierdurch entsteht ein Regulierungswettbewerb zwischen den europäischen (mitgliedstaatlichen) Gesellschaftsrechten.

An der gesellschaftsrechtlichen Rechtswahl grundsätzlich nicht beteiligt sind jedoch die Akteure der Außenbeziehungen eines Unternehmens, namentlich die Gläubiger. Deren Interessen können allerdings insofern negativ betroffen sein, als durch die Wahlfreiheit auch zwingende gesellschaftsrechtliche Regelungen zur Disposition stehen, die eine Rechtsordnung im Hinblick auf den Dritt- bzw. Gläubigerschutz geschaffen hat.

Ein wichtiges Ziel der vorliegenden Arbeit ist es daher zu untersuchen, welche Wirkung die Rechtswahlfreiheit für diese externen Transaktionspartner eines Unternehmens hat.

Versteht man zwingende rechtliche Regelungen als Problemlösungsmechanismen für Informations- und Anreizprobleme in interpersonellen Beziehungen, kann die Wirkung der Rechtswahlfreiheit auf die Akteure der Außenbeziehungen eines Unternehmens nur adäquat untersucht werden, wenn die Regelungsprobleme in einem *ersten Schritt* theoretisch herausgearbeitet werden. In einem *zweiten Schritt* ist dann durch eine Wirkungsanalyse konkreter zur Disposition stehender rechtlicher Regelungen aus normativer Perspektive zu prüfen, inwiefern der Problemlösungsmechanismus zwingender Regeln durch Regulierungswettbewerb ausgehebelt wird.

Die Rechtswissenschaft selbst bietet aufgrund des Mangels eines eigenen Handlungs- bzw. Akteursmodells kein geeignetes Instrumentarium für die im *ersten Schritt* nötige Kausalanalyse von Regeln. Daher ist notwendigerweise auf einen sozialwissenschaftlichen Ansatz zurückzugreifen.

Die Neue Institutionenökonomik, konkret ihr Forschungsgebiet Theorie der Unternehmung, bietet ein geeignetes Instrumentarium für die Analyse gesellschaftsrechtlicher Regelungen. Aus der Sicht der Neuen Institutionenökonomik werden Unternehmen als ein Netzwerk von unvollständigen Verträgen (*nexus of contracts*) zwischen verschiedenen Ressourceneignern verstanden. Aus dieser Betrachtungsweise folgt, dass die Regelungsprobleme eines Unternehmens als Vertragsprobleme abbildbar sind und die real existierenden Rechtsformen als spezifische Lösungsmechanismen dieser Vertragsprobleme interpretiert werden können.

Die Idee, ein Unternehmen als ein Netzwerk von Verträgen zu verstehen, hat den Vorteil, dass sie es erlaubt, zwischen korporativen (gesellschaftsvertraglichen) und bilateralen (austauschvertraglichen) Beziehungen zu unterscheiden und so dem vor allem in der (deutschen) Rechtswissenschaft relevanten Unterscheiden von Innen- und Außenverhältnis eines Unternehmens Rechnung zu tragen. Diese Unterscheidung erfolgt anhand der Mitgliedschaft im Vertragsnetzwerk eines Unternehmens.

Die juristische Konzeption des Unternehmens ist an die ökonomische Theorie der Unternehmung anschlussfähig, wenn ein enger Mitgliedschaftsbegriff zugrunde gelegt und die Mitgliedschaft dadurch gekennzeichnet wird, dass die Gegenleistung nicht in einem festen Kontrakteinkommen, sondern in einem Bündel von Rechten und Pflichten besteht. Wesentliche Rechte sind die Mitentscheidungsrechte und der Residualanspruch am Korporationsgewinn. Damit bietet die Theorie der Unternehmung einen geeigneten Bezugsrahmen für die Wirkungsanalyse (gesellschafts-)rechtlicher Regelungen.

Im *zweiten Schritt* wird dann die Wirkungsanalyse des durch Rechtswahlfreiheit ermöglichten Regulierungswettbewerbs relevant. In diesem Wettbewerb ist es den Staaten als Rechtsanbieter möglich zum einen zu entdecken, welches gesellschaftsrechtliche Angebot von den Nachfragern präferiert wird, und zum anderen das eigene nationale Angebot anzupassen oder sogar innovativ fortzuentwickeln. Der Wettbewerb wird somit zum Entdeckungsverfahren. Denn auch wenn es auf der Basis einer positiven Wirkungsanalyse vorhandener gesellschaftsrechtlicher Regelungen bereits grundsätzlich möglich ist, Aussagen über die Wirkung verschiedener nationaler Regelungen zu erzielen, verbleibt dennoch die grundsätzliche Frage nach dem Ausgestalten des zweckmäßigsten institutionellen Arrangements zur Lösung bestehender Informations- und Anreizprobleme in interpersonellen Beziehungen.

Der Wettbewerb als Entdeckungsverfahren bietet einen Mechanismus zur Lösung dieses Wissensproblems. Voraussetzung ist jedoch, dass dieser Wettbewerb funktionsfähig ist. Dies bedeutet vor allem, dass die Wahlfreiheit nicht zu einem Wettbewerbsversagen führen darf, in dem beispielsweise die Position von Gläubigern systematisch verschlechtert wird.

Als konkrete Probleme sind hier zu nennen: die „ersatzlose" Abwahl zwingender gläubigerschützender Vorschriften und die Inkompatibilität von Teilrechtsordnungen.

Dass gläubigerschützende, gesellschaftsrechtliche Vorschriften grundsätzlich von der Abwahl betroffen sein können, ergibt sich aus ihrer Zugehörigkeit zum Gesellschaftsstatut. Denn die Wahlfreiheit wird im Rahmen des Gesellschaftsstatuts ausgeübt, und Gegenstand des Gesellschaftsstatuts sind nicht nur die (zwingenden) gesellschaftsrechtlichen Regelungen des Innenverhältnisses, sondern auch die des Außenverhältnisses eines Unternehmens. Da – wie am deutschen und englischen Gläubigerschutz aufgezeigt werden kann – der Gläubigerschutz ein Gesamtkonzept darstellt und nicht ausschließlich aus gesellschaftsrechtlich zu qualifizierenden Elementen besteht, wird im Wettbewerb der Teilrechtsordnungen die Anschlussfähigkeit verschiedener nationaler Teilrechtsordnungen relevant. Es müssen nämlich die Elemente der verschiedenen Gläubigerschutzkonzepte so ineinandergreifen, dass sich immer wieder eine funktionsfähige Gesamtrechtsordnung ergibt.

Strukturierende Wirkung in diesem Wettbewerb geht von der Niederlassungsfreiheit der Art. 43, 48 EG aus. Die Niederlassungsfreiheit ist der Maßstab für die Rechtswahlfreiheit einerseits und die Schutzanliegen der Mitgliedstaaten, d.h. die Anwendbarkeit zwingender nationaler Regelungen des Zuzugstaates, andererseits. Im Wettbewerb der Teilrechtsordnungen hat die Niederlassungsfreiheit die Funktion einer Metaregel. Unter ihrer Geltung kann der Gläubigerschutz in den Wettbewerb integriert und können dabei gleichzeitig die Interessen der Wählenden und die der Gläubiger zum Ausgleich gebracht werden.

Die Niederlassungsfreiheit etabliert den Grundsatz der gegenseitigen Anerkennung und trägt somit den Interessen der Wählenden Rechnung. Jedoch kann die Niederlassungsfreiheit auch beschränkt werden, wenn zwingende Belange des Zuzugstaates dies erfordern.

Der Gläubigerschutz ist vom EuGH grundsätzlich als „zwingender Belang" anerkannt worden. Aber was genau heißt „erforderlich" in diesem Zusammenhang? Die Beurteilung dessen, was zum Schutz der Gläubiger erforderlich ist, ist keine einseitige Angelegenheit des Zuzugstaates (Niederlassungsstaates). Insofern muss ebenso die Herkunftsrechtsordnung in die Betrachtung mit einbezogen werden, denn der Grundsatz der gegenseitigen Anerkennung wirkt auch hinsichtlich der Identifizierung eines Regelungsbedarfs.

Somit bedeutet gegenseitige Anerkennung nicht nur, dass die Rechtsordnungen gegenseitig akzeptieren müssen, dass Regelungsprobleme mit unterschiedlichen Mechanismen gelöst und dabei unterschiedliche Schutzniveaus etabliert werden, sondern auch, dass unterschiedliche Marktversagenstatbestände identifiziert werden. Das heißt letztlich, dass ein unterschiedliches Bewerten von Regelungsnotwendigkeiten in den verschiedenen Rechtsordnungen anerkannt werden muss.

Nur wenn ein Marktversagenstatbestand in der Herkunfts- und Zuzugsrechtsordnung gleichermaßen identifiziert und der institutionelle Problemlösungsmechanismus für diesen Marktversagenstatbestand aufgrund seiner (kollisionsrechtlichen) Qualifikation nicht von der gesellschaftsrechtlichen Rechtswahl erfasst wird, ist ein Gebrauch der zwingenden gläubigerschützenden Vorschriften des Niederlassungsstaates angezeigt. Die Anwendung der Gläubigerschutzvorschriften des Zuzugstaates auf ausländische (Kapital-) Gesellschaften kommt daher nur in Betracht, wenn durch die Rechtswahl eine Regelungslücke entsteht, weil eine Gläubigerschutzvorschrift des Herkunftsstaates quasi nicht mitgebracht wird. Jedoch ist auch in diesen Fällen das Anwenden der Gläubigerschutzvorschriften des Zuzugstaates an der Niederlassungsfreiheit zu messen. Insbesondere müssen diese Maßnahmen bzw. Regelungen für den Schutz der Gläubiger geeignet sein und dürfen nicht über das hinausgehen, was für den Schutz erforderlich ist.

Die Frage der Beschränkbarkeit der Niederlassungsfreiheit und die Frage nach dem Vorliegen eines Wettbewerbsversagens knüpfen an Marktversagenstatbestände an. *Marktversagen* bedeutet, dass systematische Probleme innerhalb (Opportunismus) und außerhalb (externe Effekte) eines Vertrages auftreten, die von den Parteien nicht mehr selbst zu angemessenen Kosten verhandelt werden können. Von *negativen externen Effekten* spricht man, wenn das Nutzenniveau eines Akteurs beeinträchtigt wird, ohne dass diese Beeinträchtigung Gegenstand freiwilliger Abmachungen ist. In den Außenbeziehungen eines Unternehmens wird insbesondere die Frage nach so genannten negativen externen Effekten der korporativen Beziehungen auf die Außenbeziehungen relevant. Externe Effekte können vor allem vom Haftungsprivileg der Gesellschaften ausgehen.

Weil eine zwingende rechtliche Regelung im Kontext von Externalitäten erst dann gefordert ist, wenn zwischen dem „Verursacher" und dem „Betroffenen" eine Verhandlungslösung über das Problem ausscheidet, ist ein Unterscheiden zwischen den vertraglichen (freiwilligen) und den deliktischen (unfreiwilligen) Gläubigern eines Unternehmens geboten.

Grundsätzlich ist es nämlich den vertraglichen Gläubigern möglich, durch entsprechende Konditionen in ihren bilateralen Austauschverträgen mit dem Unternehmen die aus der Haftungsbeschränkung resultierenden Risiken zu beherrschen. Dabei können die kleinen Gläubiger von den Vertragskonditionen der großen Gläubiger profitieren. Erst im Fall der Insolvenz bricht für sie der Schutzschirm der großen Gläubiger zusammen und es werden besondere Schutzmechanismen für sie erforderlich.

Für die deliktischen Gläubiger sind hingegen von vornherein zwingende staatliche Schutzmechanismen notwendig, weil diese Gläubigergruppe nach Voraussetzung in keiner freiwilligen Vertragsbeziehung zur Gesellschaft steht und der Marktmechanismus nicht als Interessenausgleich fungieren kann.

Für den in der Arbeit konkret untersuchten Fall einer *private limited company* englischen Rechts mit Verwaltungssitz in Deutschland konnte aufgezeigt werden, dass die Wahl einer englischen *private limited company* nicht zu einem Wettbewerbsversagen führt. Die Abwahl deutscher Gläubigerschutzvorschriften des Gesellschaftsstatuts, insbesondere die Regelungen über die Kapitalaufbringung und Kapitalerhaltung, führt nicht zu einem Marktversagen, denn ein gesetzlich vorgegebenes Mindestkapital vermag die vertraglichen Gläubiger nicht vor den Opportunismusgefahren bzw. dem unkalkulierten Risiko eines Forderungsausfalls zu schützen.

Eine andere Bewertung ergibt sich grundsätzlich für die Kapitalerhaltungsvorschriften. Kapitalerhaltungsvorschriften können möglichen ex post Opportunismusproblemen, wie der nachträglichen Risikoerhöhung durch Vermögensverschiebungen an die Anteilseigner, entgegenwirken. Jedoch sind solche Vorschriften als Vertragskonditionen des Austauschvertrages zwischen Gläubiger und Unternehmen verhandelbar, sodass aus der (möglichen ersatzlosen) Abwahl solcher Vorschriften kein Marktversagen resultiert. Für den konkreten Fall der *private limited company* ist zudem in Rechnung zu stellen, dass auch die englische Rechtsordnung zwingende Kapitalerhaltungsvorschriften enthält.

Hinsichtlich der deliktischen Gläubiger ergibt sich, dass die derzeitigen Regelungen des deutschen Rechts, die sich an einem Haftungsregime, konkreter an einem Kombinationsmodell aus zivilrechtlicher Haftung und Sicherung der ökonomischen Werthaltigkeit dieses Anspruches orientieren, keinen adäquaten Schutz und damit auch keinen zweckmäßigen Problemlösungsmechanismus für diese Gläubigergruppe bieten. Die Abwahl der deutschen Vorschriften führt daher schon aus diesem Grunde nicht zu einer Verschlechterung der Position dieser Gläubiger. Grundsätzlich ist das Problem der deliktischen Gläubiger über ein Pflichtversicherungsregime zu lösen.

Unter Kompatibilitätsaspekten werden insbesondere als deliktisch und insolvenzrechtlich zu qualifizierende Gläubigerschutztatbestände relevant. Für den untersuchten Fall der *private limited company* mit deutschem Verwaltungssitz ist die persönliche deliktische Verantwortlichkeit der Gesellschafter und Geschäftsführer für die Verletzung gesellschaftsrechtlicher Pflichten über die Anknüpfungsregel des Art. 41 EGBGB der Gründungsrechtsordnung zu entnehmen. Deutsche deliktische Gläubigerschutzvorschriften kommen insoweit nicht zur Anwendung. Anders ist dies zu beurteilen für die als insolvenzrechtlich zu qualifizierenden Gläubigerschutztatbestände Insolvenzantragspflicht (§ 64 Abs. 1 GmbHG), Insolvenzverschleppungshaftung (§ 823 Abs. 2 BGB i.V.m. § 64 Abs. 1 GmbHG) und Masseerhaltungshaftung (§ 64 Abs. 2 GmbHG). Im Interesse einer funktionsfähigen Gesamtsrechtsordnung werden diese auf die *private limited company* angewandt.

Für das ausgewählte Beispiel der *private limited company* mit deutschem Verwaltungssitz konnte somit festgestellt werden, dass sich auch unter Einbeziehung gläubigerschützender, gesellschaftsrechtlicher Vorschriften ein funktionsfähiger Wettbewerb der Gesellschaftsrechte in der Europäischen Union entwickeln kann.

Literaturverzeichnis

Adams, Michael (1991): Eigentum, Kontrolle und beschränkte Haftung, Baden-Baden.

Adams, Michael (2002): Ökonomische Theorie des Rechts, Band 1, Konzepte und Anwendungen, Frankfurt a.M. u.a.

Aghion, Philippe/Hermalin, Benjamin E. (1990): Legal Restrictions on Private Contracts Can Enhance Efficiency, in: Journal of Law Economics & Organization, Vol. 6, S. 381–409.

Albert, Hans (1980): Traktat über kritische Vernunft, 4. Auflage, Tübingen.

Alchian, Armen A./Demsetz, Harold (1972): Production, Information Costs, and Economic Organization; in: American Economic Review, Vol. 62, S. 777–795.

Altmeppen, Holger (2004): Schutz vor europäischen Kapitalgesellschaften, in: NJW, 57. Jg., S. 97–104.

Altmeppen, Holger (2005): Änderungen der Kapitalersatz- und Insolvenzverschleppungshaftung aus deutsch-europäischer Sicht, in: NJW, 58. Jg., S. 1911–1915.

Armour, John (2000): Share Capital and Creditor Protection: Efficient Rules for a Modern Company Law, in: Modern Law Review, Vol. 63, S. 355–378.

Armour, John (2006): Legal Capital: An outdated Concept?, Working Paper No. 320, Centre for Business Research (CBR), University of Cambridge.

Armour, John/Cheffins, Brian/Skeel, David A. Jr (2002): Corporate Ownership Structure and the Evolution of Bankruptcy Law in the US and UK, Working Paper No. 226, ESRC Centre for Business Research (CBR), University of Cambridge.

Ayres, Ian/Gertner, Robert (1989): Filling Gaps in incomplete Contracts: An economic Theory of Default Rules, in: Yale Law Journal, Vol. 99, S. 87–130.

Bachmann, Gregor (2001): ECLR Grundtendenzen der Reform geschlossener Gesellschaften in Europa, Dargestellt am Beispiel des britischen Reformprozesses und der Europäischen Privatgesellschaft, in: ZGR, 30. Jg., S. 351–384.

Balz, Manfred (2000): Die Ziele der Insolvenzordnung, in: Arbeitskreis für Insolvenz- und Schiedsgerichtswesen e.V., Köln (Hrsg.), Kölner Schrift zur Insolvenzordnung, 2. Auflage, Berlin, S. 3–22.

Bar, Christian von/Mankowski, Peter (2003): Internationales Privatrecht, Band I, Allgemeine Lehren, 2. Auflage, München.

Baumbach, Adolf/Hueck, Alfred (2006): GmbH-Gesetz, 18. Auflage, München.

Bayer, Walter (2003): Die EuGH-Entscheidung „Inspire Art“ und die deutsche GmbH im Wettbewerb der europäischen Rechtsordnungen, in: BB, 58. Jg., S. 2357–2366.

Bebchuk, Lucian A. (1992): Federalism and the Corporation: The Desirable Limits on State Competition in Corporate Law, in: Harvard Law Review, Vol. 105, S. 1435–1510.

Behrens, Peter (1986): Die ökonomischen Grundlagen des Rechts, Tübingen.

Behrens, Peter (1988): Niederlassungsfreiheit und Internationales Gesellschaftsrecht, in: RabelsZ 52, S. 498–525.

Behrens, Peter (1998): Kommentar [zu Kerber, Wolfgang, Zum Problem einer Wettbewerbsordnung für den Systemwettbewerb], in: Jahrbuch für Neue Politische Ökonomie, Bd. 17, Tübingen, S. 231–236.

Behrens, Peter (2003): Das Internationale Gesellschaftsrecht nach dem Überseering-Urteil des EuGH und den Schlussanträgen zu Inspire Art, in: IPRax, 23. Jg., S. 193–207.

Behrens, Peter (2004): Gemeinschaftsrechtliche Grenzen der Anwendung inländischen Gemeinschaftsrechts auf Auslandsgesellschaften nach *Inspire Art*, in: IPRax, 24. Jg., S. 20–26.

Berglöf, Erik/Rosenthal, Howard/Thadden, Ernst-Ludwig von (2001): The Formation of Legal Institutions for Bankruptcy: A Comparative Study of the Legislative History, Mimeo (Workingpaper).

Blaurock, Uwe (1998): Europäisches und deutsches Gesellschaftsrecht – Bilanz und Perspektiven eines Anpassungsprozesses, in: ZEuP, 6. Jg, S. 460–483.

Blaurock, Uwe (2005): Mindestkapital und Haftung bei der GmbH, in: Damm, Reinhard/Heermann, Peter/ Veil, Rüdiger (Hrsg.), Festschrift für Thomas Raiser zum 70. Geburtstag am 20. Februar 2005, Berlin, S. 3–22.

Blankart, Charles B. (2004): Öffentliche Finanzen in der Demokratie, 5. Auflage, München.

Börzel, Tanja A./Hosli, Madeleine O. (2003): Brussels between Bern and Berlin: Comparative Federalism meets the European Union, in: Governance, Vol. 16, S. 179–202.

Borges, Georg (2004): Gläubigerschutz bei ausländischen Gesellschaften mit inländischem Sitz, in: ZIP, 25. Jg., S. 733–744.

Braun, Eberhard (Hrsg.) (2004): Insolvenzordnung (InsO), Kommentar, 2. Auflage, München.

Brealey, Richard A./Myers, Stewart C. (1996): Principles of Corporate Finance, 5. Auflage, New York St. Louis u.a.

Brennan, Timothy J. (1997): Die ökonomische Analyse des Rechts aus philosophischer Sicht: Gesellschaftspolitische Ziele im Kontext des Rechts, in: Ott, Claus/Schäfer, Hans-Bernd (Hrsg.), Effiziente Verhaltenssteuerung und Kooperation im Zivilrecht, Tübingen, S. 283–309.

Brödermann, Eckart/Iversen, Holger (1994): Europäisches Gemeinschaftsrecht und Internationales Privatrecht, Tübingen.

Buchanan, James M./Tullock, Gordon (1962): The Calculus of Consent, Ann Arbor.

Buchanan, James M. (1984): Grenzen der Freiheit, Tübingen.

Buchanan, James M. (1987): The Constitution of Economic Policy, in: American Economic Review, Vol. 77, S. 243–250.

Cary, Bill (1974): Federalism and Corporate Law: Reflections upon Delaware, in: Yale Law Journal, Vol. 83, S. 663–707.

Cheffins, Brian (1997): Company Law; Theory, Structure and Operation, Oxford.

Coase, Ronald H. ([1937] 1988): The Nature of the Firm, in: Coase, R.H., The Firm, the Market and the Law, Chicago London, S. 33–55.

Coase, Ronald H. ([1960] 1988): The Problem of Social Cost, in: Coase, R.H., The Firm, the Market and the Law, Chicago London, S. 95–156.

Colemann, James S. (1979): Macht und Gesellschaftsstruktur, Tübingen *(übersetzt und mit einem Nachwort von Viktor Vanberg)*.

Daines, Robert (2001): Does Delaware Law Improve Firm Value?, in: Journal of Financial Economics, Vol. 62, S. 525–558.

Dammann, Jens (2004): Amerikanische Gesellschaften mit Sitz in Deutschland – Zugleich eine Anmerkung zu BGH 29.1.2003 – VIII ZR 155/02, in: RabelsZ 68, S. 607–652.

Dauses, Manfred A. (Hrsg.) (2004): Handbuch des EG-Wirtschaftsrechts, Band I, Stand: 13. Ergänzungslieferung 5/2004, München.

Davies, Paul L. (1998): Legal Capital in Private Companies in Great Britain, in: AG, 43. Jg., S. 346–354.

Davies, Paul L. (2003): Gower and Davies' Principles of Modern Company Law, 7. Auflage, London.

Demaret, Paul (1996): A Short Walk in the Realm of Subsidiarity, in: Buxbaum, Richard M./Hertig, Gérard/Hirsch, Alain/Hopt, Klaus J. (Hrsg.), European Economic and Business Law, Berlin, S. 13–31.

Drygala, Tim (2006): Stammkapital heute – Zum veränderten Verständnis vom System des festen Kapitals und seinen Konsequenzen, in: ZGR, 35. Jg., S. 587–637.

Easterbrook, Frank H./Fischel, Daniel R (1985): Limited Liability and the Corporation, in: University of Chicago Law Review, Vol. 52, S. 89–117.

Easterbrook, Frank H./Fischel, Daniel R. (1991): The Economic Structure of Corporate Law, Cambridge, Massachusetts, London, England.

Ebenroth, Carsten Th. (1988): Die Inlandswirkungen der ausländischen lex fori concursus bei Insolvenz einer Gesellschaft, in: ZZP, Bd. 101, S. 121–151.

Ebenroth, Carsten Th./Eyles, Uwe (1989): Die innereuropäische Verlegung des Gesellschaftssitzes als Ausfluß der Niederlassungsfreiheit? (Teil 1), in: DB, 42. Jg., S. 363–372.

Ehricke, Ulrich (1999): Zur Begründbarkeit der Durchgriffshaftung in der GmbH, insbesondere aus methodischer Sicht, in: AcP, Bd. 199, S. 257–304.

Ehricke, Ulrich (2001): Anforderungsprofil an eine Europäische Privatgesellschaft, die Einsatzmöglichkeiten und ihre gesellschaftsvertragliche Ausgestaltung nach dem Statut, in: Hommelhoff, Peter/Helms, Dietmar (Hrsg.), Neue Wege in die Europäische Privatgesellschaft, Köln, S. 17–78.

Eidenmüller, Horst (1999): Unternehmenssanierung zwischen Markt und Gesetz, Köln.

Eidenmüller, Horst (2002): Wettbewerb der Gesellschaftsrechte in Europa, in: ZIP, 23. Jg., S. 2233–2245.

Eidenmüller, Horst (Hrsg.) (2004): Ausländische Kapitalgesellschaften im deutschen Recht, München.

Eidenmüller, Horst (2005a): Europäisches und deutsches Gesellschaftsrecht im europäischen Wettbewerb der Gesellschaftsrechte, in: Lorenz, Stephan/Trunk, Alexander/Eidenmüller, Horst/Wendehorst, Christiane/Adolff, Johannes (Hrsg.), Festschrift für Andreas Heldrich zum 70. Geburtstag, München, S. 581–595.

Eidenmüller, Horst (2005b): Geschäftsleiter- und Gesellschafterhaftung bei europäischen Auslandsgesellschaften mit tatsächlichem Inlandssitz, in: NJW, 58. Jg., S. 1618–1621.

Eidenmüller, Horst/Engert, Andreas (2005a): Die angemessene Höhe des Grundkapitals der Aktiengesellschaft, in: AG, 50. Jg., S. 97–108.

Eidenmüller, Horst/Engert, Andreas (2005b): Rechtsökonomik des Mindestkapitals im GmbH-Recht, in: GmbHR, 96. Jg., S. 433–438.

Eisenberg, Melvin Aron (1983): The Modernization of Corporate Law: An Essay for Bill Cary, in: Miami Law Review, Vol. 37, S. 187–212.

Elazar, Daniel J (1987): Exploring Federalism, Tuscaloosa.

Engert, Andreas (2004): Die ökonomische Begründung der Grundsätze ordnungsgemäßer Unternehmensfinanzierung, in: ZGR, 33. Jg., S. 813–841.

Engert, Andreas (2006): Solvenzanforderungen als gesetzliche Ausschüttungssperre bei Kapitalgesellschaften, in: ZHR, 170. Bd., S. 296–335.

Enriques, Luca/Macey, Jonathan R. (2001): Creditors versus capital formation: The case against the European legal capital rule, in: Cornell Law Review, Vol. 86, S. 1165–1204.

Erlei, Mathias/Leschke, Martin/Sauerland, Dirk (1999): Neue Institutionenökonomik, Stuttgart.

Escher-Weingart, Christina (2001): Reform durch Deregulierung im Kapitalgesellschaftsrecht – Eine Analyse der Reformmöglichkeiten unter besonderer Berücksichtigung des Gläubiger- und Anlegerschutzes, Tübingen.

Fama, Eugene (1986): Agency problems and the theory of the firm, in: Journal of Political Economy, Vol. 88 (1980), S. 288–307, wiederabgedruckt in: Putterman, Louis, The Economic Nature of the Firm – A Reader, Cambridge New York u.a., S. 196–208.

Fehl, Ulrich/ Oberender, Peter (2004): Grundlagen der Mikroökonomie, 9. Auflage, München.

Fleischer, Holger (2004): Erweiterte Außenhaftung der Organmitglieder im Europäischen Gesellschafts- und Kapitalmarktrecht, Insolvenzverschleppungshaftung, Kapitalmarktinformation, Tätigkeitsverbote, in: ZGR, 33. Jg., S. 437–479.

Förster, Andreas (2000): System einer Insolvenzauslösung bei der GmbH, Berlin.

Forsthoff, Ulrich (2000): Niederlassungsrecht für Gesellschaften nach dem Centros-Urteil des EuGH: Eine Bilanz, in: EuR, 35. Jg., S. 167–196.

Freedman, Judith (2000): Limited Liability: Large Company Theory and Small Firms, in: Modern Law Review, Vol. 63, S. 317–354.

Frenz, Walter (2004): Handbuch Europarecht, Band 1, Europarechtliche Grundfreiheiten, Berlin Heidelberg.

Frey, Bruno S./Eichenberger, Reinhard (1999): The New Democratic Federalism for Europe, Cheltenham.

Frowein, Georg Abraham (2001): Grenzüberschreitende Sitzverlegung von Kapitalgesellschaften, Frankfurt a. M. u.a.

Geimer, Reinhold (2001): Internationales Zivilprozeßrecht, 4. Auflage, Köln.

Gelter, Martin (2004): Wettbewerbsbedingungen im europäischen Gesellschaftsrecht, in: ZfRV, 45. Jg., S. 170–186.

Gerum, Elmar (1999): Unternehmensverfassung, Mitbestimmung und Stiftungen, in: Korff, Wilhelm et. al. (Hrsg.), Handbuch der Wirtschaftsethik, Band 3 (Ethik wirtschaftlichen Handelns), Gütersloh, S. 149–165.

Goette, Wulf (2004): Zur systematischen Einordnung des § 64 Abs. 2 GmbHG, in: Haarmeyer, Hans/Hirte, Heribert/Kirchhof Hans-Peter/Graf von Westphalen, Friedrich (Hrsg.), Verschulden Haftung Vollstreckung Insolvenz, Festschrift für Gerhart Kreft, S. 53–64.

Gordon, Scott (1976): The New Contractarians, in: Journal of Political Economy, Vol. 84, S. 573–590.

Grabitz, Eberhard/Hilf, Meinhard (2004): Das Recht der Europäischen Union, Kommentar, Band I, EUV/EGV, Stand: 23. Ergänzungslieferung 1/2004, München.

Gröner, Helmut (1983): Property Rights Theorie und staatlich regulierte Industrien, in: Schüller, Alfred (Hrsg.), Property Rights und ökonomische Theorie, München, S. 219–240.

Grossman, Sanford/Hart, Oliver (1986): The Costs and Benefits of Ownership: A Theory of Lateral and Vertical Integration, in: Journal of Political Economy, Vol. 94, S. 691–719.

Großfeld, Bernhard/Luttermann, Claus (1989): Zur Auslegung der EWGVtr Art 52, 58, in: JZ, 44. Jg., S. 386–387.

Grothe, Helmut (1988): Die „ausländische Kapitalgesellschaft & Co.“: Zuverlässigkeit grenzüberschreitender Grundtypvermischungen und Anknüpfung des Gesellschaftsstatuts unter besonderer Berücksichtigung des europäischen Gemeinschaftsrechts, Köln.

Grundmann, Stefan (2004): Europäisches Gesellschaftsrecht, Heidelberg.

Haas, Ulrich (2006): Mindestkapital und Gläubigerschutz in der GmbH, in: DStR, 44. Jg., S. 993–1000.

Habersack, Mathias (2006): Europäisches Gesellschaftsrecht, 3. Auflage, München.

Habersack, Matthias/Verse, Dirk (2004): Wrongful Trading – Grundlage einer europäischen Insolvenzverschleppungshaftung?, in: ZHR, 168. Bd., S. 174–215.

Hachenburg (1992): Gesetz betreffend die Gesellschaft mit beschränkter Haftung (GmbHG), Großkommentar, Erster Band, Allgemeine Einleitung; §§ 1–34, 8. Auflage, Berlin New York.

Halbhuber, Harald (2001): Limited Company statt GmbH? Europarechtlicher Rahmen und deutscher Widerstand, Ein Beitrag zur Auslegung von Art. 48 EG und zum Europäischen Gesellschaftsrecht, Baden-Baden.

Halen, Curt Christian von (2001): Das Gesellschaftsstatut nach der Centros-Entscheidung des EuGH, Heidelberg.

Hansmann, Henry/Kraakman, Reinier (1991): Toward unlimited Shareholder Liability for Corporate Torts, in: Yale Law Journal, Vol. 100, S. 1879–1934.

Hansmann, Henry/Kraakman, Reinier (2000): Organizational law as asset partitioning, in: European Economic Review, Vol. 44, S. 807–817.

Hansmann, Henry/Kraakman, Reinier (2004a): What is Corporate Law, in: Kraakman, Reinier R./Davies, Paul/Hansmann, Henry/Hertig, Gerard/Hopt, Klaus J./Kanda, Hideki/Rock, Edward B. (Hrsg.), Anatomy of Corporate Law, Oxford, S. 1–19.

Hansmann, Henry/Kraakman, Reinier (2004b): Agency Problems and Legal Strategies, in: Kraakman, Reinier R./Davies, Paul/Hansmann, Henry/Hertig, Gerard/Hopt, Klaus J./Kanda, Hideki/Rock, Edward B. (Hrsg.), Anatomy of Corporate Law, Oxford, S. 21–31.

Hart, Oliver (1989): An economist's perspektive on the theory of the firm, in: Columbia Law Review, Vol. 89, S. 1757–1774.

Hart, Oliver/Moore, John (1990): Property Rights and the Nature of the Firm, in: Journal of Political Economy, Vol. 98, S. 1119–1158.

Hayek, Friedrich A. von (1945): The Use of Knowledge in Society, in: American Economic Review, Vol. 35, S. 519–530.
Hayek, Friedrich A. von (1968): Der Wettbewerb als Entdeckungsverfahren, Kiel.
Heine, Klaus (2003): Regulierungswettbewerb im Gesellschaftsrecht, Berlin.
Heine, Klaus (2006): Interjurisdictional Competition and the Allocation of Constitutional Rights: a Research Note, in: International Review of Law and Economics, Vol. 26, S. 33–41.
Heine, Klaus/Kerber, Wolfgang (2002): European Corporate Laws, Regulatory Competition and Path Dependence, in: European Journal of Law and Economics, Vol. 13, S. 47–71.
Heine, Klaus/Röpke, Katarina (2006): Die Rolle von Qualitätssignalen – eine ökonomische und juristische Analyse am Beispiel der deutschen Kapitalschutzvorschriften, RabelsZ 70, S. 138–160.
Heermann, Peter (2002): Materielle Unterkapitalisierung und sog. Haftungsdurchgriff, in: Theobald, Wolfgang (Hrsg.), Entwicklungen zur Durchgriffs- und Konzernhaftung, Berlin, S. 7–58.
Hertig, Gerard/Kanda, Hideki (2004): Creditor Protection, in: Kraakman, Reinier R./Davies, Paul/ Hansmann, Henry/Hertig, Gerard/Hopt, Klaus J./Kanda, Hideki/Rock, Edward B. (Hrsg.), Anatomy of Corporate Law, Oxford, S. 69–99.
Hesse, Günther (1983): Zur Erklärung der Änderung von Handlungsrechten mit Hilfe der ökonomischen Theorie, in: Schüller, Alfred (Hrsg.), Property Rights und ökonomische Theorie, München, S. 79–110.
Hirte, Heribert/Mock, Sebastian (2005): Wohin mit der Insolvenzantragspflicht?, in: ZIP, 26. Jg., S. 474–478.
Hodgson, Geoffrey M. (2002): The Legal Nature of the Firm and the Myth of the Firm-Market Hybrid, in: International Journal of the Economics of Business, Vol. 9, S. 37–60.
Homann, Karl/Kirchner, Christian (1995a): Das Subsidiaritätsprinzip in der Katholischen Soziallehre und in der Ökonomik, in: Gerken, Lüder (Hrsg.), Europa zwischen Ordnungswettbewerb und Harmonisierung, Berlin u.a., S. 45–69.
Homann, Karl/Kirchner, Christian (1995b): Ordnungsethik, in: Jahrbuch für Neue Politische Ökonomie, Bd. 14, Tübingen, S. 189–211.
Homann, Karl (1999): Legitimation von Institutionen, in: Korff, Wilhelm et. al. (Hrsg.), Handbuch der Wirtschaftsethik, Band 2 (Ethik wirtschaftlicher Ordnungen), Gütersloh, S. 50–95.
Homann, Karl/Suchanek, Andreas (2005): Ökonomik – Eine Einführung, 2. Auflage, Tübingen.
Horn, Norbert (2004): Deutsches und europäisches Gesellschaftsrecht und die EuGH-Rechtsprechung zur Niederlassungsfreiheit – Inspire Art, in: NJW, 57. Jg., S. 893–901.
Huber, Peter (2001): Internationales Insolvenzrecht in Europa – Das internationale Privat- und Verfahrensrecht der Europäischen Insolvenzverordnung – in: ZZP, Bd. 114, S. 133–166.
Huber, Ulrich (2000): Rechtsfähigkeit, juristische Person und Gesamthand, in: Schneider, Uwe H./ Hommelhoff, Peter/Schmidt, Karsten/Timm, Wolfram/Grunewald, Barbara/Drygala, Tim (Hrsg.), Deutsches und europäisches Gesellschafts-, Konzern- und Kapitalmarktrecht, Festschrift für Marcus Lutter, Köln, S. 107–139.
Huber, Ulrich (2005a): Die Insolvenzantragspflicht der Geschäftsführer von Auslandsgesellschaften, in: Lutter, Marcus (Hrsg.), Europäische Auslandsgesellschaften in Deutschland, Köln, S. 307–363.
Huber, Ulrich (2005b): Gesellschafterdarlehen in der Inlandsinsolvenz von Auslandsgesellschaften, in: Lutter, Marcus (Hrsg.), Europäische Auslandsgesellschaften in Deutschland, Köln, S. 131–221.
Hueck, Götz/Windbichler, Christine (2003): Gesellschaftsrecht, 20. Auflage, München.
Iacobucci, Edward M. (2004): Toward a Signaling Explanation of the Private Choice of Corporate Law, in: American Law and Economics Review, Vol. 6, S. 319–344.
Inman, Robert, P./Rubinfeld, Daniel L. (1997): Rethinking Federalism, in: Journal of Economic Perspectives, Vol. 11, S. 43–64.
Jänig, Ronny (2006): Die Company Law Reform Bill: Zur Reform des Gesellschaftsrechts im Vereinigten Königreich, in: RIW, 52. Jg., S. 270–277.

Jensen, Michael C./Meckling, William H. (1976): Theory of the Firm: Managerial Behavior, Agency Costs and Ownership Structure, in: Journal of Financial Economics, Vol. 3, S. 305–360.

Jost, Peter-J. (2001): Die Prinzipal-Agenten-Theorie im Unternehmenskontext, in: Jost, Peter-J. (Hrsg.), Die Prinzipal-Agenten-Theorie in der Betriebswirtschaftslehre, Stuttgart, S. 11–43.

Jost, Peter-J. (Hrsg.) (2001): Die Prinzipal-Agenten-Theorie in der Betriebswirtschaftslehre, Stuttgart.

Kahan, Marcel (2003): Legal Capital Rules and the Structure of Corporate Law: Some Observations on the Differences Between European and U.S. Approaches, in: Hopt, Klaus J./Wymeersch, Eddy (Hrsg.), Capital Markets and Company Law, Oxford, S. 145–149.

Kath, Dietmar (1983): Property Rights und Portfolio-Theorie, in: Schüller, Alfred (Hrsg.), Property Rights und ökonomische Theorie, München, S. 241–270.

Kenntner, Markus (1998): Das Subsidiaritätsprotokoll des Amsterdamer Vertrags, in: NJW, 51. Jg.; S. 2871–2875.

Kerber, Wolfgang (1998): Zum Problem einer Wettbewerbsordnung für den Systemwettbewerb, in: Jahrbuch für Neue Politische Ökonomie, Bd. 17, Tübingen, S. 199–230.

Kerber, Wolfgang (2000): Rechtseinheitlichkeit und Rechtsvielfalt aus ökonomischer Sicht, in: Grundmann, Stefan (Hrsg.), Systembildung und Systemlücken in Kerngebieten des Europäischen Privatrechts, Tübingen, S. 67–97.

Kerber, Wolfgang/Heine, Klaus (2002): Zur Gestaltung von Mehr-Ebenen-Rechtssystemen aus ökonomischer Sicht, in: Ott, Claus/Schäfer, Hans-Bernd (Hrsg.), Vereinheitlichung und Diversität des Zivilrechts in transnationalen Wirtschaftsräumen, Tübingen, S.167–194.

Kersting, Christian (2003): Rechtswahlfreiheit im Europäischen Gesellschaftsrecht nach Überseering, in: NZG, 6. Jg., S. 9–13.

Kilian, Wolfgang (2003): Europäisches Wirtschaftsrecht, 2. Auflage, München.

Kieninger, Eva-Maria (2002a): Rechtsentwicklung im Wettbewerb der Rechtsordnungen, in: Ott, Claus/Schäfer, Hans-Bernd (Hrsg.), Vereinheitlichung und Diversität des Zivilrechts in transnationalen Wirtschaftsräumen, Tübingen, S. 72–107.

Kieninger, Eva-Maria (2002b): Wettbewerb der Privatrechtsordnungen im Europäischen Binnenmarkt, Tübingen.

Kindler, Peter (2003): Auf dem Weg zur Europäischen Briefkastengesellschaft? – Die „Überseering"-Entscheidung des EuGH und das internationale Privatrecht, in: NJW, 56. Jg., S. 1073–1079.

Kirchner, Christian (1983): Ökonomische Analyse des Unternehmensrechts, in: Jahrbuch für Neue Politische Ökonomie, Bd. 2, S. 137–160.

Kirchner, Christian (1992): Wettbewerbstheoretische Ansätze bei Ronald Coase, in: WuW, 41. Jg., S. 584–597.

Kirchner, Christian (1993): Unternehmensorganisation und Vertragsnetz, Überlegungen zu den rechtlichen Bedingungen bei der Institutionenwahl zwischen Unternehmensorganisation und Vertragsnetz, in: Claus Ott/Hans-Bernd Schäfer (Hrsg.), Ökonomische Analyse des Unternehmensrechts, S. 196–215.

Kirchner, Christian (1996): Regulierung durch öffentliches Recht und/oder Privatrecht aus Sicht der ökonomischen Theorie des Rechts, in: Hoffmann-Riem, Wolfgang/Schmidt-Aßmann, Eberhard (Hrsg.), Öffentliches Recht und Privatrecht als wechselseitige Auffangordnungen, Baden-Baden , S. 63–84.

Kirchner, Christian (1997a): Ökonomische Theorie des Rechts, Berlin u.a.

Kirchner, Christian (1997b): Bilanzrecht und Neue Institutionenökonomik: Interdisziplinäre Überlegungen, in: Budde, Dieter/Moxter, Adolf/Offerhause, Klaus (Hrsg.), Handelsbilanzen und Steuerbilanzen, Festschrift für Heinrich Beisse, Düsseldorf, S. 267–283.

Kirchner, Christian (1999a): Formen innerstaatlicher Interaktionsregeln für wirtschaftliche Prozesse, in: Korff, Wilhelm et. al. (Hrsg.), Handbuch der Wirtschaftsethik, Band 2 (Ethik wirtschaftlicher Ordnungen), Gütersloh, S. 127–185.

Kirchner, Christian (1999b): Bedingungen interstaatlicher Institutionalisierung von wirtschaftlichen Prozessen, in: Korff, Wilhelm et. al. (Hrsg.), Handbuch der Wirtschaftsethik, Band 2 (Ethik wirtschaftlicher Ordnungen), Gütersloh, S. 376–389.

Kirchner, Christian (1999c): Formen interstaatlicher Interaktionsregeln für wirtschaftliche Prozesse, in: Korff, Wilhelm et. al. (Hrsg.), Handbuch der Wirtschaftsethik, Band 2 (Ethik wirtschaftlicher Ordnungen), Gütersloh, S. 390–403.

Kirchner, Christian (2002a): Gemeinwohl aus institutionenökonomischer Perspektive, in: Schuppert, Gunnar F./Neidhart, Friedhelm (Hrsg.), Gemeinwohl – Auf der Suche nach Substanz, S. 157–177.

Kirchner, Christian (2002b): Regulierung durch Unternehmensführungskodizes, in: ZfBf, Sonderheft 48, 54. Jg., S. 93–120.

Kirchner, Christian (2004): Zur Ökonomik des legislatorischen Wettbewerbs im europäischen Gesellschaftsrecht, in: Fuchs, Andreas/Schwintowski, Hans-Peter/Zimmer, Daniel (Hrsg.), Wirtschafts- und Privatrecht im Spannungsfeld von Privatautonomie, Wettbewerb und Regulierung, Festschrift für Ulrich Immenga zum 70. Geburtstag, München, S. 607–625.

Kirchner, Christian (2005a): Zur ökonomischen Theorie der juristischen Person – Die juristische Person im Gesellschaftsrecht im Lichte der Institutionenökonomik, in: Damm, Reinhard/Heermann, Peter/Veil, Rüdiger (Hrsg.), Festschrift für Thomas Raiser zum 70. Geburtstag am 20. Februar 2005, Berlin, S. 181–202.

Kirchner, Christian (2005b): Privates Wettbewerbsrecht und Gemeinwohlverwirklichung, in: Kirchhof, Paul (Hrsg.), Gemeinwohl und Wettbewerb, Heidelberg, S. 45–83.

Klausner, Michael (1995): Corporations, Corporate Law, and Networks of Contracts, in: Virginia Law Review, Vol. 81, S. 757–852.

Klose-Mokroß, Lydia (1997): Gläubigerschutz im Kapitalgesellschaftsrecht am Beispiel der Lehre von der verdeckten Sacheinlage, Frankfurt a. M. u.a.

Klose-Mokroß, Lydia (2005a): Die Eintragung der Zweigniederlassung einer englischen „private limited company" in das deutsche Handelsregister (Teil I), in: DStR, 43. Jg., S. 971–975.

Klose-Mokroß, Lydia (2005b): Die Eintragung der Zweigniederlassung einer englischen „private limited company" in das deutsche Handelsregister (Teil II), in: DStR, 43. Jg., S. 1013–1018.

Knobbe-Keuk, Brigitte (1990): Niederlassungsfreiheit: Diskriminierungs- oder Beschränkungsverbot, in: DB, 43. Jg., S. 2573–2584.

Köndgen, Johannes (1993): Die Relevanz der ökonomischen Theorie der Unternehmung für rechtswissenschaftliche Fragestellungen – ein Problemkatalog, in: Ott, Claus/Schäfer, Hans-Bernd (Hrsg.), Ökonomische Analyse des Unternehmensrechts, S. 128–155.

Kötz, Hein/ Schäfer, Hans-Bernd (2003): Judex oeconomicus, Tübingen.

Koop, Michael (1996): Europäische Integration: Rechtsangleichung oder Wettbewerb der Rechtssysteme?, in: Streit, Manfred E./Voigt, Stefan (Hrsg.), Europa reformieren – Ökonomen und Juristen zur zukünftigen Verfaßtheit Europas –, Baden-Baden, S. 54–62.

Kruse, Viola (1997): Sitzverlegung von Kapitalgesellschaften innerhalb der EG, Köln u.a.

Krüsselberg, Hans-Günther (1983): Property Rights-Theorie und Wohlfahrtsökonomik, in: Schüller, Alfred (Hrsg.), Property Rights und ökonomische Theorie, München, S. 45–78.

Krüsselberg, Utz (1993): Theorie der Unternehmung und Institutionenökonomik: Die Theorie der Unternehmung im Spannungsverhältnis zwischen neuer Institutionenökonomik, ordnungstheoretischem Institutionalismus und Marktprozeßtheorie, Heidelberg.

Kübler, Friedrich/Assmann, Heinz-Dieter (2006): Gesellschaftsrecht, 6. Auflage, Heidelberg.

Kübler, Friedrich (2003): The Rules of Capital Under Pressure of the Securities Markets, in: Hopt, Klaus J./Wymeersch, Eddy (Hrsg.), Capital Markets and Company Law, Oxford, S. 95–114.

Küpper, Hans-Ulrich (1999): Entscheidung und Verantwortung im institutionellen Rahmen, in: Korff, Wilhelm et. al. (Hrsg.), Handbuch der Wirtschaftsethik, Band 3 (Ethik wirtschaftlichen Handelns), Gütersloh, S. 39–67.

La Porta, Rafael/Lopez-de-Silanes, Florencio/Shleifer, Andrei/Vishny, Robert W. (1998): Law and Finance, in: Journal of Political Economy, Vol. 106, S. 1113–1155.

Lehmann, Michael (1983): Bürgerliches Recht und Handelsrecht – eine juristische und ökonomische Analyse, Stuttgart.

Leible, Stefan/Hoffmann, Jochen (2002): „Überseering“ und das (vermeintliche) Ende der Sitztheorie, in: RIW, 48. Jg., S. 925–936.
Leible, Stefan/Hoffmann, Jochen (2003): Wie inspiriert ist „Inspire Art“, in: EuZW, 14. Jg., S. 677–683.
Leipold, Helmut (1983): Der Einfluß der Property Rights auf hierarchische und marktliche Transaktionen in sozialistischen Wirtschaftssystemen, in: Schüller, Alfred (Hrsg.), Property Rights und ökonomische Theorie, München, S. 185 218.
Lutter, Marcus (1980): Theorie der Mitgliedschaft – Prolegomena zu einem Allgemeinen Teil des Korporationsrechts –, in: AcP, Bd. 180, S. 84–159.
Lutter, Marcus/Hommelhoff, Peter (2004): GmbHG, Kommentar, 16. Auflage, Köln.
Macey, Jonathan R. (1993): Corporate Law and Corporate Governance a contractual Perspective, in: Journal of Corporation Law, Vol. 18, S. 185–211.
Mankowski, Peter (2002): Europäisches Internationales Privat- und Prozessrecht im Lichte der ökonomischen Analyse, in: Ott, Claus/Schäfer, Hans-Bernd (Hrsg.), Vereinheitlichung und Diversität des Zivilrechts in transnationalen Wirtschaftsräumen, Tübingen, S. 118–151.
Mankowski, Peter (2005): Grenzüberschreitender Umzug und das center of main interests im europäischen Internationalen Insolvenzrecht, in: NZI, 8. Jg., S. 368–373.
Mayer, Colin/Sussman, Oren (2001): The Assessment: Finance, Law, and Groth, in: Oxford Review of Economic Policy, Vol. 17, S. 457–466.
McBryde, William W./Flessner, Axel/Kortmann, S.C.J.J. (Hrsg.) (2003): Principles of European Insolvency Law (Series: Law of Business and Finance, Vol. 4), Deventer.
Meilicke, Wienand (2003): Errichtung einer Zweigniederlassung einer ausländischen GmbH in einem anderen EU-Mitgliedsstaat, in: GmbHR, 94. Jg., S. 1271–1273.
Merkt, Hanno (1995): Das Europäische Gesellschaftsrecht und die Idee des „Wettbewerbs der Gesetzgeber“, in: RabelsZ 59, S. 545–568.
Merkt, Hanno (2001): Unternehmenspublizität, Tübingen.
Meyer, Matthias (2004): Prinzipale, Agenten und ökonomische Methode – Von einseitiger Steuerung zu wechselseitiger Abstimmung, Tübingen.
Meyer, Willi (1983): Entwicklung und Bedeutung des Property Rights-Ansatzes in der Nationalökonomie, in: Schüller, Alfred (Hrsg.), Property Rights und ökonomische Theorie, München, S. 1–44.
Micheler, Eva (2004): Gläubigerschutz im englischen Gesellschaftsrecht, in: ZGR, 33. Jg., S. 324–347.
Mülbert, Peter O./Birke, Max (2002): Legal Capital – Is there a Case against the European Legal Capital Rules?, in: European Business Organisation Law Review, Vol. 3, S. 695–732.
Mülbert, Peter O. (2004): Zukunft der Kapitalaufbringung/Kapitalerhaltung, in: Der Konzern, 2. Jg. S. 151–162.
Müller, Hans-Friedrich (2003): Insolvenz ausländischer Kapitalgesellschaften mit inländischem Verwaltungssitz, in: NZG, 6. Jg., S. 414–418.
Münchner Kommentar (MüKo) (1999): Bürgerliches Gesetzbuch, Band 11, Internationales Handels- und Gesellschaftsrecht, Art. 50–237 EGBGB, 3. Auflage, München.
Mussler, Werner/Wohlgemuth, Michael (1994): Istitutionen im Wettbewerb – Ordnungstheoretische Anmerkungen zum Systemwettbewerb in Europa, Diskussionsbeitrag 05/94 des Max-Planck-Institut zur Erforschung von Wirtschaftssystemen Jena.
Nörr, Knut Wolfgang/Oppermann, Thomas (Hrsg.) (1997): Subsidiarität: Idee und Wirklichkeit, zur Reichweite eines Prinzips in Deutschland und Europa, Tübingen.
Pagano, Marco/Volpin, Paolo (2001): The Political Economy of Finance, in: Oxford Review of Economic Policy, Vol. 17, S. 502–519.
Pannen, Klaus/Riedemann, Susanne (2004): Der Begriff des centre of main interests i.S. des Art. 3 I 1 EuInsVO im Spiegel der aktuellen Rechtsprechung, in: NZI, 7. Jg., S. 646–651.
Pape, Gerhard/Uhlenbruck, Wilhelm (2002): Insolvenzrecht, München.
Paulus, Christoph G./Zenker, Wolfgang (2001): Grenzen der Privatautonomie, in: JuS, 41. Jg., S. 1–9.
Paulus, Christoph G. (2004): Grundlagen des neuen Insolvenzrechts - Anfechtung, Prüfungs- und Berichtstermin, in: DStR, 42. Jg., S. 605–608.

Paulus, Christoph, G. (2005): Die Insolvenz als Sanierungschance – ein Plädoyer, in: ZGR, 34. Jg., S. 309–326.

Peters, Sönke (2000): Der gesellschaftsrechtliche Grundsatz der Einheitlichkeit der Mitgliedschaft, Frankfurt a. M.

Picot, Arnold/Michealis, Elke (1984): Verteilung von Verfügungsrechten in Großunternehmungen und Unternehmensverfassung, ZfB, 54. Jg., S. 252–272.

Pilgram, Thomas (1999): Ökonomische Analyse der bundesdeutschen Insolvenzordnung, Frankfurt a. M.

Popper, Karl R. (1989): Logik der Forschung, 9. Auflage, Tübingen.

Popper, Karl R. ([1945] 2000): Die Autonomie der Soziologie, in: Popper, Karl R./Miller, David (Hrsg.), Lesebuch: ausgewählte Texte zur Erkenntnistheorie, Philosophie der Naturwissenschaften, Metaphysik, Sozialtheorie, 2. durchges. Auflage, Tübingen, S. 337–349.

Posner, Richard A. (1998): Economic Analysis of Law, 5. Auflage, New York.

Putterman, Louis (1986): The economic nature of the firm: overview, in: Puttermann, Louis (Hrsg.), The economic nature of the firm – A reader, Cambridge New York u.a., S. 1–29.

Raiser, Thomas (1999): Der Begriff der juristischen Person – Eine Neubesinnung, in: AcP, Bd. 199, S. 104–144.

Raiser, Thomas (2000): Die Haftungsbeschränkung ist kein Wesensmerkmal der juristischen Person, in: Schneider, Uwe H./Hommelhoff, Peter/Schmidt, Karsten/Timm, Wolfram/Grunewald, Barbara/Drygala, Tim (Hrsg.), Deutsches und europäisches Gesellschafts-, Konzern- und Kapitalmarktrecht, Festschrift für Marcus Lutter, Köln, S. 637–650.

Raiser, Thomas/Veil, Rüdiger (2006): Recht der Kapitalgesellschaften, 4. Auflage, München.

Rauscher, Thomas (2002): Internationales Privatrecht, Heidelberg.

Richter, Rudolf (1991): Institutionenökonomische Aspekte der Theorie der Unternehmung, in: Ordelheide, Dieter/Rudolph, Bernd/Büsselmann, Elke (Hrsg.): Betriebswirtschaftslehre und ökonomische Theorie, Stuttgart, S. 395–429.

Richter, Rudolf (1993): Ökonomische Theorie des Privateigentums: Thema und Variationen, in: Jahrbuch für Sozialwissenschaft, Bd. 44, S. 311–347.

Richter, Rudolf/Furubotn, Eirik G. (2003): Neue Institutionenökonomik, 3. Auflage, Tübingen.

Ricketts, Martin (2002): The Economic of Business Enterprise, An Introduction to Economic Organisation and the Theory of the Firm, 3. Auflage, Cheltenham (UK) Nothampton (MA, USA).

Riesenhuber, Karl (2003): Europäisches Vertragsrecht, Berlin.

Röhricht, Volker (2005): Insolvenzrechtliche Aspekte im Gesellschaftsrecht, in: ZIP, 26. Jg., S. 505–516.

Röpke, Jochen (1983): Handlungsrechte und wirtschaftliche Entwicklung, in: Schüller, Alfred (Hrsg.), Property Rights und ökonomische Theorie, München, S. 111–144.

Röpke, Katarina/Heine, Klaus (2005a): Zur Rolle supranationaler Gesellschaftsformen im Regulierungswettbewerb – eine juristische und ökonomische Betrachtung, in: Tietze, Andrea/McGuire, Mary-Rose et al. (Hrsg.), Europäisches Privatrecht – Über die Verknüpfung von nationalem und Gemeinschaftsrecht, Jahrbuch Junger Zivilrechtswissenschaftler 2004, Stuttgart, S. 265–298.

Röpke, Katarina/Heine, Klaus (2005b): Vertikaler Regulierungswettbewerb und europäischer Binnenmarkt – die Europäische Aktiengesellschaft als supranationales Rechtsangebot, in: ORDO, Bd. 56, S. 157–185.

Röpke, Wilhelm (1949): Die Lehre von der Wirtschaft; 5. Auflage, Erlenbach–Zürich.

Romano, Roberta (1985): Law as a Product: Some Pieces of the Incorporation Puzzle, in: Journal of Law, Economics, and Organization, Vol. 1, S. 225–283.

Romano, Roberta (1993): The Genius of American Corporate Law, Washington.

Romano, Roberta (2002): The Advantage of Competitive Federalism for Securituies Regulation, Washington.

Roth, Günter H. (1986): Zur „economic analysis" der beschränkten Haftung, in: ZGR, 15. Jg, S. 371–382.

Roth, Günter H. (2001): Handels- und Gesellschaftsrecht, 6. Auflage, München.
Roth, Günter H. (2005): Qualität und Preis am Markt für Gesellschaftsformen, in: ZGR, 34. Jg., S. 348–386.
Roth, Günter H./Altmeppen, Horst (2005): Gesetz betreffend die Gesellschaft mit beschränkter Haftung (GmbHG), 5. Auflage, München.
Rowedder, Heinz/Schmidt-Leithoff, Christian (Hrsg.) (2002): Gesetz betreffend die Gesellschaft mit beschränkter Haftung (GmbHG), Kommentar, 4. Auflage, München.
Rubner, Daniel (2005): Abschied von der Existenzvernichtungshaftung, in: DStR, 43. Jg., S. 1694–1701.
Saam, Nicole J. (2002): Prinzipale, Agenten und Macht, Tübingen.
Sadowski, Dieter (2002): Personalökonomie und Arbeitspolitik, Stuttgart.
Schack, Haimo (2002): Internationales Zivilverfahrensrecht, 3. Auflage, München.
Schäfer, Hans-Bernd/Wehrt, Klaus (1989): Ökonomische Analyse des Schadensrechts, ein Überblick, in: Hamburger Jahrbuch für Wirtschafts- und Gesellschaftspolitik, S. 81–106.
Schäfer, Hans-Bernd/Ott, Claus (2000): Ökonomische Analyse des Zivilrechts, 3. Auflage, Berlin Heidelberg.
Schall, Alexander (2005): Englischer Gläubigerschutz bei der Limited in Deutschland, in: ZIP, 26. Jg., S. 967–975.
Schall, Alexander (2006): Anspruchsgrundlagen gegen Direktoren und Gesellschafter einer Limited nach englischem Recht, in DStR, 44. Jg., S. 1229–1238.
Schanze, Erich (1982): Durchgriff, Normanwendung oder Organhaftung?, in: AG, 27. Jg., S. 42–44.
Schanze, Erich/Jüttner, Andreas (2003a): Anerkennung und Kontrolle ausländischer Gesellschaften – Rechtslage und Perspektiven nach der Überseering-Entscheidung des EuGH, in: AG, 48. Jg., S. 30–36.
Schanze, Erich/Jüttner, Andreas (2003b): Die Entscheidung für Pluralität: Kollisionsrecht und Gesellschaftsrecht nach der EuGH-Entscheidung „Inspire Art“, in: AG, 48. Jg., S. 661–671.
Schmidt, Karsten (2002): Gesellschaftsrecht, 4. Auflage, Köln u.a.
Schmidt, Reinhard H. (1980): Ökonomische Analyse des Insolvenzrechts, Wiesbaden.
Schmidtchen, Dieter (1983): Property rights, Freiheit und Wettbewerbspolitik, Walter Eucken Institut, Vorträge und Aufsätze 89, Tübingen.
Schmidtchen, Dieter (1993): Kommentar [zu Köndgen, Johannes: Die Relevanz der ökonomischen Theorie der Unternehmung für rechtswissenschaftliche Fragestellungen – ein Problemkatalog], in: Ott, Claus/Schäfer, Hans-Bernd (Hrsg.), Ökonomische Analyse des Unternehmensrechts, S. 156–167.
Schmidtchen, Dieter (1995): Territorialität des Rechts, Internationales Privatrecht und die privatautonome Regelung internationaler Sachverhalte – Grundlagen eines interdisziplinären Forschungsprogramms, in: RabelsZ 59, S. 56–112.
Schmidt-Trenz, Hans-Jörg (1990): Außenhandel und Territorialität des Rechts: Grundlegung einer neuen Institutionenökonomik des Außenhandels, Baden-Baden.
Smith, Adam ([1776] 1990): Der Wohlstand der Nationen, vollst. Ausgabe nach der 5. Auflage (letzter Hand), Recktenwald, H.C., München.
Schön, Wolfgang (2001): Internationalisierung der Rechnungslegung und Gläubigerschutz, in: WPg Sonderheft, S. 74–79.
Schön, Wolfgang (2002): Wer schützt den Kapitalschutz?, in: ZHR, 166. Bd., S. 1–5.
Schön, Wolfgang (2004): Die Zukunft der Kapitalaufbringung/-erhaltung, in: Der Konzern, 2. Jg., S. 162–172.
Scholz, Franz (Hrsg.) (1993): GmbH Gesetz, I. Band, §§ 1–44, 8. Auflage, Köln.
Schreuder, Hein (1993): Coase, Hayek, and Hierarchy, in: Lindenberg, Siegwart M./Schreuder, Hein (Hrsg.), Interdisciplinary Perspectives on Organization Studies, Oxford New York u.a., S. 39–59.
Schüller, Alfred (1983a): Property Rights, Theorie der Firma und wettbewerbliches Marktsystem, in: Schüller, Alfred (Hrsg.), Property Rights und ökonomische Theorie, München, S. 145–184.

Schüller, Alfred (1983b): Einführung, in: Schüller, Alfred (Hrsg.), Property Rights und ökonomische Theorie, München, S. VII–XXI.

Schumann, Alexander (2004): Die englische Limited mit Verwaltungssitz in Deutschland: Kapitalaufbringung, Kapitalerhaltung und Haftung bei Insolvenz, in: DB, 57. Jg., S. 743–749.

Schumpeter, Joseph A. (1998): Das Wesen und der Hauptinhalt der theoretischen Nationalökonomie, 3. Auflage, unveränderter Nachdruck, der 1970 erschienen 2. Auflage, Berlin.

Siehr, Kurt (2001): Internationales Privatrecht, Heidelberg.

Simon, Herbert A. (1955): A Behavioral Model of Rational Choice, in: Quarterly Journal of Economics, Vol. 69, S. 99–118.

Simon, Herbert A. (1957): Models of Man. Social and Rational, New York.

Sinn, Hans-Werner (1997): The Selection Principle and Market Failure in Systems Competition, in: Journal of Public Economics, Vol. 88, S. 247–274.

Sinn, Hans-Werner (2004): The New Systems Competition, in: Perspektiven der Wirtschaftspolitik, S. 23–38.

Sinn, Stefan (1992): The Taming of Leviathan: Competition among Governments, in: Constitutional Political Economy, Vol. 2, S. 177–196.

Soergel (1990): Bürgerliches Gesetzbuch, Band 2, Schuldrecht I, §§ 241–432, 12. Auflage, Stuttgart u.a.

Spindler, Gerald/Berner, Olaf (2004): Der Gläubigerschutz im Gesellschaftsrecht nach Inspire Art, in: RIW, 50. Jg., S. 7–16.

Stiglitz, Joseph E./Weiss, Andrew (1981): Credit Rationing in Markets with Imperfect Information, in: The American Economic Review, Vol. 71, S. 393–410.

Stiglitz, Joseph E. (1987): principal and agent, in: Eatwell, John/Milgate, Murray/Newman, Peter (Hrsg.), The New Palgrave: A Dictionary of Economics, Volume 3 (K to P), London, S. 966–971.

Strauß, Thomas (2001): Insolvenzbezogene Geschäftsleiterhaftung in Europa, Berlin

Streinz, Rudolf (2003a): Europarecht, 6. Auflage, Heidelberg.

Streinz, Rudolf (Hrsg.) (2003b): EUV/EGV Vertrag über die Europäische Union und Vertrag zur Gründung der Europäischen Gemeinschaft, München.

Streit, Manfred E./Mussler, Werner (1995): Wettbewerb der Systeme zur Verwirklichung des Binnenmarktprogramms?, Diskussionsbeitrag 03/95 (vorläufige Version) des Max-Planck-Institut zur Erforschung von Wirtschaftssystemen Jena.

Subramanian, Guhan (2004): The Disappearing Delaware Effect, in: Journal of Law Economics, and Organization, Vol. 20, S. 32–59.

Suchanek, Andreas/Waldkirch, Rüdiger (1999): Das Konzept der offenen Verträge, Diskussionsbeiträge der Wirtschaftswissenschaftlichen Fakultät der Katholischen Universität Eichstätt, Nr. 128.

Suchanek, Andreas (1994); Ökonomischer Ansatz und theoretische Integration, Tübingen.

Thüsing, Gregor (2003): Efficiency shall prevail, Gedanken zur Effizienz und zu ausländischen Vorläufern des neuen Schadensrechts, in: ZEuP, 11. Jg., S. 745–768.

Tolmie, Fiona (1998): Introduction to Corporate and Personal Insolvency Law, London.

Ulmer, Peter (2004): Gläubigerschutz bei Scheinauslandsgesellschaften – Zum Verhältnis zwischen gläubigerschützendem nationalen Gesellschafts-, Delikts- und Insolvenzrecht und der EG-Niederlassungsfreiheit, in: NJW, 57. Jg., S. 1201–1210.

Vanberg, Viktor (1979): Colemans Konzeption des korporativen Akteurs – Grundlegung einer Theorie sozialer Verbände, in: Coleman, James S., Macht und Gesellschaftsstruktur, Tübingen 1979, S. 93–123.

Vanberg, Viktor (1982): Markt und Organisation, Tübingen.

Vanberg, Viktor (1994): Organizations as constitutional systems, in: Vanberg, Viktor, Rules and Choice in Economics, London, S. 125–143.

Vanberg, Viktor (1997): Subsidiarity, Responsive Government and Individual Liberty, in: Nörr, Knut Wolfgang/Oppermann, Thomas (Hrsg.), Subsidiarität: Idee und Wirklichkeit, Tübingen, S. 253–269.

Vanberg, Viktor (1999): Die Akzeptanz von Institutionen, in: Korff, Wilhelm et. al. (Hrsg.), Handbuch der Wirtschaftsethik, Band 2 (Ethik wirtschaftlicher Ordnungen), Gütersloh, S. 38–50.

Vanberg, Viktor (2005): Market and state: the perspective of constitutional political economy, in: Journal of Institutional Economics, Vol. 1, S. 23–49.

Vanberg, Viktor/Kerber, Wolfgang (1994): Institutional competition among jurisdictions: An evolutionary approach, in: Constitutional Political Economy, Vol. 5, S. 193–219.

Vihanto, Martti (1992): Competition between Local Governments as a Discovery Procedure, in: Journal of Institutional and Theoretical Economics, Vol. 148, S. 411–436.

Voigt, Stefan (2002): Institutionenökonomik, München.

Wagner, Rolf (2005): Zur Vereinheitlichung des Internationalen Privat- und Zivilverfahrensrechts sechs Jahre nach In-Kraft-Treten des Amsterdamer Vertrages, in: NJW, 58. Jg., S. 1754–1757.

Waldkirch, Rüdiger (2002): Unternehmen und Gesellschaft, Zur Grundlegung einer Ökonomik von Organisationen, Wiesbaden.

Weller, Marc-Philippe (2003a): Scheinauslandsgesellschaften nach Centros, Überseering und Inspire Art: Ein neues Anwendungsfeld für die Existenzvernichtungshaftung, in: IPRax, 23. Jg., S. 207–210.

Weller, Marc-Philippe (2003b): Einschränkung der Gründungstheorie bei missbräuchlicher Auslandsgründung?, in: IPRax, 23. Jg., S. 520–524.

Wiedemann, Herbert (1980): Gesellschaftsrecht, Band I, München.

Wieland, Josef (1996): Ökonomische Organisation, Allokation und Status, Tübingen.

Wieland, Josef (1999): Ethische Aspekte wirtschaftlichen Handelns im institutionellen Rahmen, in: Korff, Wilhelm et. al. (Hrsg.), Handbuch der Wirtschaftsethik, Band 3 (Ethik wirtschaftlichen Handelns), Gütersloh, S. 21–39.

Wilhelm, Jan (2003): Zurück zur Durchgriffshaftung – das „KBV"-Urteil des II. Zivilsenats des BGH vom 24.6.2002, in: NJW, S. 175–180.

Williamson, Oliver E. (1975): Markets and Hierarchies, New York.

Williamson, Oliver E. (1983): Credible Commitments: Using Hostages to Support Exchange, in: American Economic Review, Vol. 73, S. 519–540.

Williamson, Oliver E. (1989): Transaction cost economics, in: Schmalensee, Richard/Willing, Robert .D. (Hrsg.), Handbook of Industrial Organization, Bd. 1, Amsterdam, S. 135–182.

Williamson, Oliver E. (1990): Die ökonomischen Institutionen des Kapitalismus, Tübingen.

Williamson, Oliver (1998): Transaction Cost Economics: How its works; where it is headed, in: De Economist 146, No. 1, S. 23–58.

Williamson, Oliver (2005a): Transaction Cost Economics, in: Menard, Claude/Shirley, Mary M. (Hrsg.), Handbook of New Institutional Economics, S. 41–65.

Williamson, Oliver (2005b): The Economics of Governance, Mimeo (Workingpaper)

Wilmowsky, Peter von (1996): Ausnahmebereiche gegenüber EG-Grundfreiheiten?, in: EuR, 31. Jg. , S. 361–375.

Windisch, Rupert (1998): Modellierung von Systemwettbewerb: Grundlagen, Konzepte, Thesen, in: Jahrbuch für Neue Politische Ökonomie, Bd. 17, Tübingen, S. 121–154.

Winter, Ralph K. (1977): State Law, Shareholder Protection, and the Theory of the Corporation, in: Journal of Legal Studies, Vol. 6, S. 251–292.

Winter, Ralph K. (1989): The „Race for the Top Revisited": A Comment on Eisenberg, in: Columbia Law Review, Vol. 89, S. 1526–1529.

Wolff, Birgitta (1994): Organisation durch Verträge, München.

Wolff, Birgitta (1999): Organisationsökonomik, in: Korff, Wilhelm et. al. (Hrsg.), Handbuch der Wirtschaftsethik, Band 3 (Ethik wirtschaftlichen Handelns), Gütersloh, S. 111–131.

Zimmer, Daniel (1996): Internationales Gesellschaftsrecht, Heidelberg.

Zimmer, Daniel (2003): Nach „Inspire Art": Grenzenlose Gestaltungsfreiheit für deutsche Unternehmen?, in: NJW, 56. Jg., S. 3585–3592.

Stichwortverzeichnis

FSC
www.fsc.org
MIX
Papier | Fördert gute Waldnutzung
FSC® C083411

Kolibri 360 GmbH
Ferdinand-Jühlke-Straße 7
99095 Erfurt, Deutschland
produktsicherheit@kolibri360.de